Politische Vierteljahresschrift Sonderheft 8/1977

Deutsche Vereinigung für Politische Wissenschaft

Politik und Wirtschaft

Festschrift für Gert von Eynern

Herausgegeben von Carl Böhret

Springer Fachmedien Wiesbaden GmbH

Ursprünglich erschienen bei Westdeutscher Verlag GmbH, Opladen 1977.
Buchbinderei: W. Langelüddecke, Braunschweig

ISBN 978-3-531-11428-6 ISBN 978-3-322-88630-9 (eBook)
DOI 10.1007/978-3-322-88630-9

GERT VON EYNERN
ZUM 75. GEBURTSTAG

Inhalt

Politikwissenschaft und Ökonomie. Gert von Eynern zum 75. Geburtstag

Von Carl Böhret

Gert von Eynern, Mitbegründer dieser Zeitschrift und einer der Initiatoren der Nachkriegspolitologie, feiert am 29. Dezember 1977 seinen fünfundsiebzigsten Geburtstag.

Ein guter Grund für Schüler und Freunde, aber auch für die Deutsche Vereinigung für Politische Wissenschaft, ihn mit diesem Sonderheft zu grüßen und einen der Wegbereiter der bundesdeutschen Politikwissenschaft nach 1945 zu ehren.

Der Jubilar – mehrmals Geschäftsführender Direktor des Otto-Suhr-Instituts an der Freien Universität Berlin – ist noch heute aktiv mit dieser Universität verbunden; auch seine wissenschaftliche Tätigkeit hat er nicht beendet: Das von ihm initiierte und herausgegebenen „Wörterbuch zur politischen Ökonomie" (1973, 1977) und mehrere Publikationen aus jüngster Zeit zeugen hiervon.

Über Gert von Eynerns farbigen persönlichen und wissenschaftlichen Lebensweg wurde in der Festgabe zu seinem 65. Geburtstag im Jahre 1967 und anderwärts im einzelnen berichtet.[1] Eine Charakterisierung von Eynerns in jener Festschrift gilt noch heute: „Seine starke Wirkung beruht nicht zuletzt darauf, daß er ein Beispiel gibt für politisches Engagement, dessen Voraussetzungen kritisch durchdacht sind und das wissenschaftliche Objektivität daher nicht hindert."[2] Seine hohe Sensibilität für politische und ökonomische Vorgänge wie für soziale Probleme hat sich in den letzten Jahren sogar verstärkt.

Neben aller Distanz zu den gesellschaftlichen Ereignissen und Strukturen aus der reflektierten Erfahrung von sieben Jahrzehnten blieb ein warmes Herz vor allem für jene Menschen und Völker, die noch unfrei und unterdrückt sind. Freiheit und Gerechtigkeit zu stärken und Humanität zu erreichen in solidarischem Denken und Handeln, gehört zur Grundeinstellung Gert von Eynerns, eines „freiheitlichen Sozialisten", wie er seine politische Position wohl selbst einordnen würde.

Die Vielfalt seiner Aktivitäten in Wissenschaft, Wirtschafts- und Verwaltungspraxis, Journalismus und Universitätspolitik haben seine Persönlichkeit mitgeprägt und wurden ihrerseits durch eine aufrechte und unbestechliche Haltung bestimmt. Dabei war und ist er *Neuem* stets aufgeschlossen, gerade weil er fähig ist, *Modischem* mit kritischer Distanz zu begegnen. Diese Form der „Lernfähigkeit" hat Gert von Eynern zu einem geschätzten Partner für Schüler, Kollegen und Freunde gemacht.

Das breite Spektrum seiner in vielen Bereichen erworbenen Erfahrungen – erinnert sei nur an die verantwortungsvollen Tätigkeiten als Redakteur an verschiedenen Zeitschriften, im Statistischen Reichsamt, in mehreren wissenschaftlichen Ausschüssen und wirtschaftspolitischen Institutionen u.a.m. – konnte er wissenschaftlich verarbeiten und in die junge Disziplin „Politologie" transferieren. So trug Gert von Eynern in hohem Maße dazu bei, gerade in der Aufbauphase der Politikwissenschaft die unerläßliche Verbindung von Forschung, Praxisorientierung und Lehre herzustellen und die institutionelle Integration der wiedererweckten Disziplin bis zu deren allgemeiner Anerkennung zu fördern.

Mit kritischem Verstand hat er die Arbeiten seiner Schüler angeregt und an „langem Zügel" begleitet, auch dann, wenn er selbst wissenschaftspolitisch oder methodologisch nicht voll mit ihnen übereinstimmte. So war er sowohl in den aus den USA beeinflußten sozialwissenschaftlichen Methodendiskussionen der späten sechziger Jahre als auch in der Phase der Rekonstruktion der Kritik der Politischen Ökonomie in den frühen siebziger Jahren ein aufmerksamer Zuhörer und kritischer Diskutant, und er blieb dies bis heute.

Seine zahlreichen Publikationen – beginnend mit der beachtenswerten Dissertation („Die Reichsbank", 1928), dann die Untersuchungen über die „wirtschaftliche Macht" und die „öffentliche Bindung", die kritischen Analysen zur Verknüpfung und wechselseitigen Beeinflussung ökonomischer und politischer Systeme, nicht zuletzt sein Lehrbuch „Grundriß der Politischen Wirtschaftslehre", wie auch das „Wörterbuch zur politischen Ökonomie" – beweisen die Fruchtbarkeit seiner wissenschaftlichen Arbeit und die Aktualität seiner Fragestellungen. So galt und gilt Gert von Eynerns wissenschaftliches Hauptinteresse der Frage, wie innerhalb der Gesellschaft die wirtschaftlichen und politischen Subsysteme organisiert und einzelne Elemente miteinander verknüpft sind, wie diese sich gegenseitig beeinflussen, voneinander abhängen, sich verändern. Sein Erkenntnisinteresse richtet sich vor allem auf die Interdependenz von Politik und Wirtschaft. In der Frage nach ökonomischen Grenzen politischer Entscheidungen griff von Eynern auch das Problem des Handlungsspielraums des politisch-administrativen Systems gegenüber seiner Umwelt auf. Mit der Etablierung der „Politischen Wirtschaftslehre" als Lehr- und Prüfungsfach wurde seinem zentralen Anliegen auch wissenschaftspolitische Anerkennung zuteil. Der Verbindung zwischen „Politischem und Ökonomischem" widmete sich Gert von Eynern in Lehre und Forschung also schon zu einer Zeit, als die Politische Ökonomie noch längst nicht wiederentdeckt war.

In dem Beitrag von *Werner Jann* und *Marie Therese Junkers* über die Entwicklung der Lehre von Politik und Ökonomie am Otto-Suhr-Institut – dem engeren Wirkungsbereich von Eynerns – wird gezeigt, wie sich ein spezielles Fach herausbildet, entwickelt und wissenschaftspolitisch in erweiterte Erkenntnisinteressen integriert wird. Das schon historische Verdienst des Jubilars um die vordringliche Verknüpfung von wirtschaftlichen Aspekten und politologischen Fragestellungen wird sichtbar.

Das systemische Verhältnis von Politik und Wirtschaft sucht *Alp Arslan Yenal* aus Überlegungen zu einer politischen Theorie des Wirtschaftssystems zu bestimmen. Er bewegt sich damit im Bereich der durch Gert von Eynern besonders gepflegten Interdependenzüberlegungen. Das „wirtschaftspolitische System" wird als gemeinsame Komponente der politischen und sozialökonomischen Subsysteme verstanden. Handlungs- und Entscheidungsfreiräume des Regierungssystems sind zwar vielfach eingeschränkt, dennoch ist sozialer Wandel möglich und kann aktiv herbeigeführt werden.

Der Beitrag von *Peter Eichhorn et al.* ist einem zentralen Forschungsbereich des Jubilars gewidmet: den öffentlichen Unternehmen. Auf diesem Gebiet hat Gert von

Eynern wichtige Beiträge geleistet und als Mitglied des wissenschaftlichen Beirats der Gesellschaft für öffentliche Wirtschaft auch direkte Verbindungen zur Praxis hergestellt. Besonders bekannt wurden sein Arbeiten zur „öffentliche Bindung" privater Unternehmen. Für viele stellen öffentliche Unternehmen einen Fremdkörper im privatwirtschaftlich-marktwirtschaftlichen System dar; andere sehen in ihnen den „Hecht im Karpfenteich" oder gar einen Markstein auf dem Weg zu einer nicht-kapitalistischen Gesellschaft. Ob öffentliche Unternehmen über die betonte Eigenwirtschaftlichkeit oder über die herausfordernde Gemeinwirtschaftlichkeit zu fördern sind, bleibt ein hervorragendes Diskussionsthema. P. Eichhorn, A. von Ingelheim und B. Rückwardt untersuchen die Position öffentlicher Unternehmen unter besonderer Beachtung der ihnen eigentümlichen Zielfunktionen und der Bedingungen ihrer Verwirklichung.

Karl Kühne beschäftigt sich mit einem zentralen und zugleich umstrittenen Gegenstand der Marx'schen Lehre: mit dem tendenziellen Fall der Profitrate unter langfristigem Aspekt. Für die sozialkritische Position Gert von Eynerns bedeutete das Werk Karl Marx' immer einen Anstoß. Gleichzeitig stand der Jubilar zu einigen zentralen Ansätzen Marxens – vor allem zur Arbeitswertlehre – in einem begründeten distanzierten Verhältnis.

Gert von Eynern hat besonders in der Lehre sehr gern „heiße Eisen" angepackt. Dazu gehörte auch die Beschäftigung mit den Problemen der Rahmenplanung und den Chancen von Lenkungsmaßnahmen. Mit seinen Vorschlägen zur „öffentlichen Bindung" konnte er wichtige instrumentelle Hinweise liefern, dic auch für die jüngere Diskussion um Investitionskontrolle und -lenkung nicht bedeutungslos sein dürften. *Karl Georg Zinn* zieht in seinem Beitrag in mancher Hinsicht ein Fazit – unter Verarbeitung der nicht selten heftigen Diskussionen der vergangenen Monate.

Die Chancen für Reformen scheinen derzeit recht gering zu sein. Das Krisenmanagement beherrscht die Szene. Gründe und Hintergründe für diese Situation und potentielle Entwicklungen zu erforschen, ist das Anliegen einer sozialverpflichteten Politik- und Wirtschaftslehre, wie sie der Jubilar vertritt. *Hans-Hermann Hartwich* untersucht in seinem Beitrag, ob und wie das Sozialstaatspostulat des Grundgesetzes durch die Große Koalition und durch die sozialliberale Reformpolitik materiell gefüllt und weiterentwickelt wurde. Er zeigt, welche vielfältigen Regelungen zu einer insgesamt doch beachtlichen Neuorientierung der Sozialstaatsinhalte geführt haben. Bei aller Begrenzung im politischen und ökonomischen Prozeß ergibt sich doch eine „Weiterentfaltung", die mehr bewirkte als bloß „sozialpolitisch" begründete Sicherungen gegen Risiken.

Gert von Eynern hatte ein sicheres Gespür für brennende Probleme der Gegenwart. Er war bereit zum abgewogenen, aber entschiedenen politischen Engagement. Als kritischer Demokrat sah er die Grenzen des Machbaren, ohne das Wünschenswerte als Richtmaß aus den Augen zu verlieren und für progressive Konzeptionen einzustehen. Reformmöglichkeiten zu erkennen und in seinem Wirkungskreis auszunutzen war und ist ein Anliegen des Jubilars. Mit den Veränderungschancen bei der gegenwärtigen Verfaßtheit unseres politischen und ökonomischen Systems beschäftigt sich *Carl Böhret*. Sein Plädoyer für konzeptionelle statt inkrementale Politik fordert insbesondere von den politischen Parteien die Bereitschaft zur rechtzeitigen Beschäftigung mit zukünftigen Problemen der industriellen Gesellschaft, aber auch Überlegungen zur

Verwirklichung aktiver Demokratie. Aus der Analyse der vielfältigen ökonomischen und gesellschaftlichen Restriktionen müssen realistische Chancen für progressive Veränderungen gewonnen werden.

Planungseuphorie und Computergläubigkeit wurden Mitte der siebziger Jahre abgelöst von Skepsis gegenüber der Chance, mittels abrufbarer Daten jederzeit relevante Informtionen als Basis politisch rationaler Entscheidung und Planung verfügbar zu haben. *Wolfgang Hartenstein* rückt das dennoch Mögliche in den Mittelpunkt seiner Fragen nach der zweckmäßigen Einsetzbarkeit der Computer zur Entscheidungshilfe bei politischen und ökonomischen Planungsproblemen. Er zeigt an Beispielen, wie sich erfolgreiche Lernprozesse beim Technologietransfer ergeben können, welche Voraussetzungen hierfür erfüllt sein müssen. Gerade die „praktische" Seite des Computereinsatzes und die Grenzen der Planbarkeit *trotz* verbesserter Methoden haben Gert von Eynern immer interessiert und zu kritischen Analysen angeregt.

Abschließend beschreibt *Gerhard Himmelmann* die vielgestaltigen Ansätze dessen, was heute alles „Politische Ökonomie" heißt oder sich so nennt. Der Beitrag ist zugleich als ein engagierter Literaturbericht zu verstehen. Es wird deutlich, daß Gert von Eynerns „Politische Wirtschaftslehre" einen nicht unbedeutenden Versuch zu von politologischen Erkenntnisinteressen geleiteten Problemanalysen darstellt.

Rückschauend betrachtet hat Gert von Eynern viele Anstöße für unser Fach gegeben und auf vielfältige Weise die Wissenschaft bereichert. Zweifellos war er einer der Wegbereiter der Politologie und ein Hochschullehrer von beachtlicher Wirkung:

- Er hat wesentlichen Anteil an der Wiedererstehung der Politikwissenschaft in der Bundesrepublik, an ihrer institutionellen Verankerung und ihrem stetigen Ausbau zu einem selbständigen Lehr- und Forschungsgebiet.
- Er hat als akademischer Lehrer eine breite und erfolgreiche Ausstrahlung gehabt. Nicht wenige seiner Schüler sind heute selbst Hochschullehrer, andere haben leitende Positionen im öffentlichen Leben inne.
- Er hat eine vielfältige wissenschaftliche Publizität erreicht. Hier sei nur auf die recht beachtliche Literaturliste und auf die Redaktions- und Herausgebertätigkeiten hingewiesen.
- Er hat in vielen Gremien der Hochschule und außerhalb aktiv mitgewirkt, Kontakt zur Praxis gepflegt und dort erworbene Erfahrungen in die Lehre transferiert.
- Er hat innerhalb seiner engeren Disziplin mit dem Konzept einer „Politischen Wirtschaftslehre" eine Schule doch insoweit gegründet, als die Trennung von politologischer und wirtschaftswissenschaftlicher Analyse wenigstens im Anspruch aufgehoben wurde. Damit war *ein* Anstoß für die Wiederentdeckung der Politischen Ökonomie – diesmal vor allem von seiten der Politikwissenschaft aus – eingeleitet. Zu mehr fehlte im Trubel der Berliner Situation seit 1967 die Zeit und die Muße.

Dieses Sonderheft soll *ein* Zeichen der Dankbarkeit setzen: GERT VON EYNERN HAT SICH UM DIE POLITIKWISSENSCHAFT VERDIENT GEMACHT.

Anmerkungen

1 Interdependenzen von Politik und Wirtschaft. Beiträge zur Politischen Wirtschaftslehre. Festgabe für *Gert von Eynern*, hrsg. von *Carl Böhret* und *Dieter Grosser*, Berlin 1967 (638 S.). Vgl. ferner über *Gert von Eynern:* Die Hochschullehrer der Wirtschaftswissenschaften, 2. Aufl., Berlin 1966, S. 155 f. Who's who in Europe, 3e édition, Bruxelles 1972, S. 987; Wer ist wer? Das Deutsche Who's Who, Frankfurt a.M. 1975, S. 227; Kürschner's Deutscher Gelehrten-Kalender, 12. Ausg., Berlin und New York 1976, S. 674; Internationales Soziologen-Lexikon, hrsg. von *W. Bernsdorf* und *H. Knospe*, Stuttgart (1977, im Erscheinen).

2 Interdependenzen von Politik und Wirtschaft ..., S. 5.

25 Jahre Lehre von Politik und Ökonomie am Otto-Suhr-Institut in Berlin

Eine Dokumentation

Von Werner Jann und Marie Therese Junkers

I. Vorbemerkung

Eine der auffälligsten Entwicklungen seit der Etablierung der Politikwissenschaft in der Bundesrepublik Deutschland nach 1945 ist die zunehmende Bedeutung der Frage nach den „Zusammenhängen" zwischen Politik und Ökonomie. Sowohl die Bestimmung des theoretischen Verhältnisses zwischen diesen beiden Teilbereichen des Gesamtsystems Gesellschaft (etwa mit Begriffen wie Determination, Durchdringung, Dominanz, Interdependenz) wie auch die empirische Analyse der Beziehungen zwischen beiden Subsystemen, war zumindest für einige Zeit eine der zentralen, wenn nicht sogar *die* zentrale Fragestellung innerhalb der politologischen Diskussion.

Im Zusammenhang mit dem Bedeutungswandel dieser speziellen (wenn auch sehr breiten und noch undifferenzierten) Fragestellung ist die Entwicklung einer politologischen Teildisziplin zu sehen: der Politischen Ökonomie. Dabei werden vorläufig unter Politische Ökonomie alle jene Ansätze subsumiert,

> „die ökonomische Dimensionen in die Analyse politischer Prozesse aufnehmen, oder – umgekehrt – die von einem primären Interesse an wirtschaftlichen Vorgängen ausgehend auch deren gesellschaftliche Bedingungen reflektieren."[1]

Wie sich die theoretische und empirische Beschäftigung mit den Zusammenhängen zwischen Politik und Ökonomie etabiliert, entwickelt und verändert hat, soll im folgenden exemplarisch anhand einer „Fallstudie" untersucht werden. Gegenstand dieser Fallstudie ist das Otto-Suhr-Institut (OSI) der Freien Universität Berlin (sowie dessen Vorgänger, die Deutsche Hochschule für Politik (DHfP) und dessen Nachfolger, der Fachbereich Politische Wissenschaft (FB 15) an der Freien Universität), denn an der Deutschen Hochschule für Politik in Berlin wurde die Frage nach den Interdependenzen von Politik und Ökonomie erstmalig explizit thematisiert (und zwar vor allem durch *Gert von Eynern*). Gleichzeitig unternahm man dort auch den ersten Versuch, diese Fragestellung unter der Bezeichnung *Politische Wirtschaftslehre* als „spezielle Politologie", d.h. als ein eigenständiges Fach, innerhalb der Politikwissenschaft zu etablieren.

Ausgangspunkt der durch von Eynern begründeten Politischen Wirtschaftslehre war die Überzeugung, daß kein Gebiet des gesellschaftlichen Lebens optimal analysiert und kritisch gewürdigt werden kann, wenn es isoliert betrachtet wird, da zwischen allen Gebieten eine Fülle von Wirkungszusammenhängen besteht.[2] Die Politische Wirtschaftslehre hatte es sich daher zum Ziel gesetzt, sowohl die Bedeutung der ökonomischen Kräfte, Vorgänge, Motive, Ideen für die politische Willensbildung als auch die Begrenzungen ökonomischer Entscheidungen und Aktionen aus der Politik sowie die ökonomischen und sozialen Wirkungen der politischen Entscheidungen und Aktionen zu untersuchen.[3]

Mit diesem Programm hatte die Politische Wirtschaftslehre vorläufig nur eine wichtige und interessante Fragestellung formuliert, ohne eine genauere Vorstellung oder eine theoretische Konzeption zu entwickeln, wie diese anzugehen wäre. Es kann allerdings kein Zweifel daran bestehen, daß es der Politischen Wirtschaftslehre gelungen war, „das Bewußtsein für die Notwendigkeit einer Politischen Ökonomie als Gesellschaftswissenschaft vorzubereiten."[4]

II. Vorgehensweise

Die im Laufe der Zeit stattgefundenen Verschiebungen von Erkenntnisinteresse, theoretischem Ansatz und Erkenntnisgegenstand im Bereich „Politik und Ökonomie" sollen anhand der in den letzten 25 Jahren an der Deutschen Hochschule für Politik, OSI und FB 15 abgehaltenen Lehrveranstaltungen nachgezeichnet werden.[5] Als Grundlage der historischen Aufarbeitung wurde ein *Klassifikationsschema* erarbeitet, mit dessen Hilfe die Entwicklung der Lehre überschaubar und Änderungen deutlich gemacht werden sollten. Ausgangspunkt dieser Klassifikation der Lehrveranstaltungen über die Zeit bildeten insgesamt 47 Themenbereiche. Jede Veranstaltung über „Politik und Ökonomie" i.w.S. seit der Wiedergründung der Deutschen Hochschule für Politik im Jahre 1949 wurde anhand ihres Titels einem dieser Bereiche zugeordnet.[6] Da es an der Deutschen Hochschule für Politik, am OSI und auch am FB 15 der FU zu jeder Zeit zumindest eine organisatorische Einheit gegeben hat, in deren Aufgabengebiet die Behandlung von ökonomischen Problemen im Zusammenhang mit dem Studium der Politikwissenschaft fiel, wurden in der Regel nur die Lehrveranstaltungen dieser Abteilungen berücksichtigt.[7]

Für die Auswertung wurden die 47 „flächendeckenden" Themenbereiche zu Themenschwerpunkten zusammengefaßt und in drei große, inhaltlich abgegrenzte Blöcke von Lehrveranstaltungen gegliedert, nämlich in:

A. Grundlagen und allgemeine Einführungen,
B. Analysen praktischer Politik und
C. theoretische Fragestellungen.

Die diesen Blöcken untergeordneten aggregierten Themenschwerpunkte lauten für die „Analysen praktischer Politik":

- Wirtschaftspolitik
- Sozialpolitik
- Außenwirtschaftspolitik
- Wirtschaftspolitische Institutionen
- Gewerkschafts-, Tarifpolitik
- Öffentliche Verwaltung

und für die „theoretischen Fragestellungen“:

- Bürgerliche Wirtschaftstheorie
- Politische Wirtschaftslehre
- Funktion des Staates
- Klassenanalyse und Verteilung
- Systemverbesserung und -reform
- Kapitalismusanalyse
- DDR-Wirtschaftssystem und Systemvergleich
- Internationale Wirtschaft und Unterentwicklung

III. Historischer Abriß

Schon bei einer ersten oberflächenlichen Betrachtung der Entwicklung des Lehrangebots auf der Grundlage dieser groben Kategorisierung können drei deutlich unterscheidbare Phasen ausgemacht werden: eine erste *„Phase des Aufbaus“* (1949–1952), darauf folgend eine lange *„Phase der Konsolidierung“* (1953–1966), die durch bemerkenswerte Stabilität der Lehrinhalte gekennzeichnet ist, und ab 1967 eine dritte *„Phase des Aufbruchs“*, in der sich grundlegende Veränderungen vollzogen (siehe Abb. 1).

Diese drei Phasen bilden im folgenden den Ausgangspunkt für eine detaillierte Beschreibung der historischen Entwicklung der Lehrveranstaltungen, wobei die strukturellen Veränderungen der Lehrinhalte erfaßt und erste Ansatzpunkte für mögliche Erklärungen aufgezeigt werden sollen.

1. Phase des Aufbaus 1949–1952

1949 konnte die Deutsche Hochschule für Politik im Bereich „Politik und Ökonomie“ an alte Traditionen anknüpfen, denn schon seit ihrer Gründung im Jahre 1921 hatte es immer zumindest eine Abteilung gegeben, die ökonomische Probleme in das Studium der Politikwissenschaft einbezog. Bei der Neugründung der Deutschen Hochschule für Politik nach dem 2. Weltkrieg entstanden zwei Abteilungen, in denen Lehrveranstaltungen zu diesem Themenbereich angeboten wurden: die Abteilungen 4 „Wirtschaftslehre und Wirtschaftspolitik“ und 5 „Soziale Ordnung und Sozialpolitik“ (Leiter: Gert von Eynern und Otto H. von der Gablentz).

Das Lehrangebot der Aufbauphase war gekennzeichnet durch die herausragende Stellung der *Analyse praktischer Politik*. Insbesondere der Sozialpolitik wurde große Bedeutung beigemessen; zum Teil wurden mehr Veranstaltungen über Sozialpolitik als über Wirtschaftspolitik angeboten. Den zweiten großen Schwerpunkt bildeten bis 1951 die arbeitsrechtlichen Veranstaltungen, in denen individuelles und kollektives Arbeitsrecht, aber auch die zu dieser Zeit sehr umstrittene Frage der Mitbestimmung behandelt wurden. Einen aktuellen Bezug wiesen ebenfalls die Lehrveranstaltungen des dritten Schwerpunktes, der staatlichen Wirtschaftspolitik, auf. Im Vordergrund standen hier die Ordnungspolitik sowie die Geld- und Finanzpolitik.

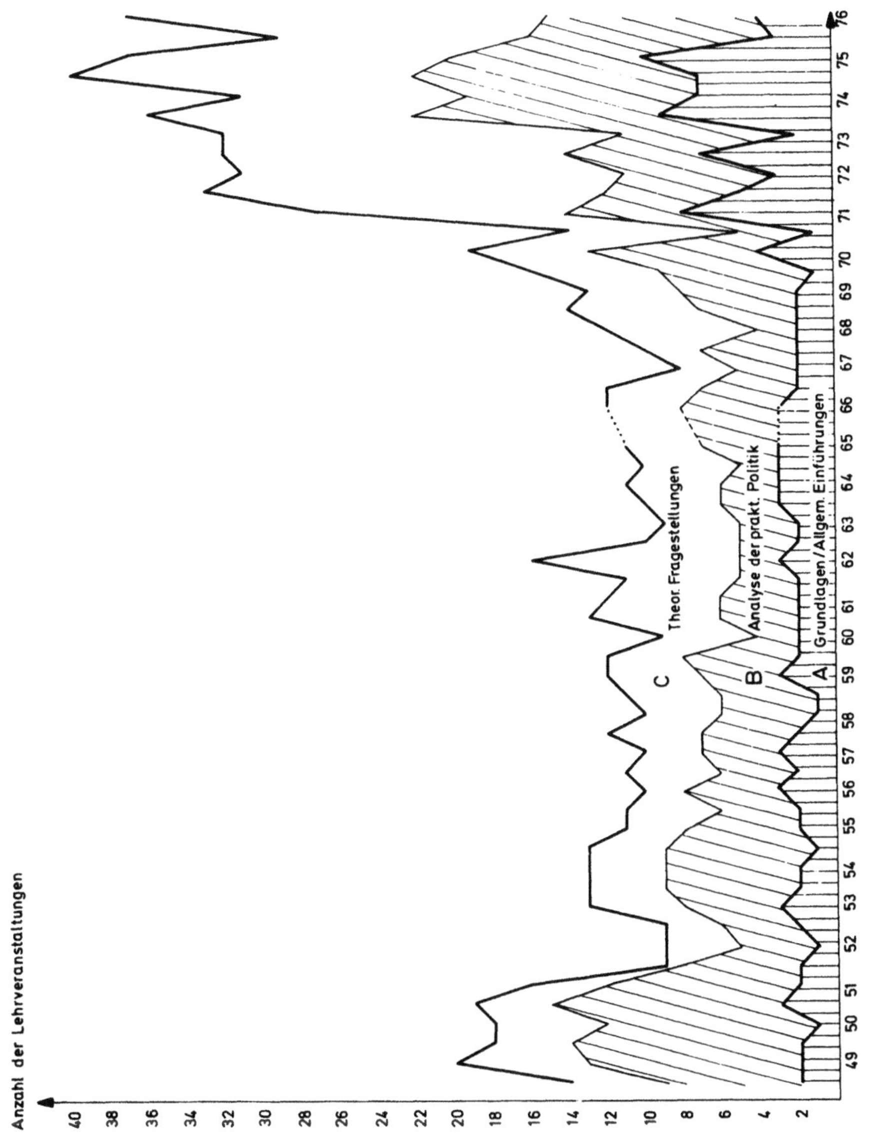

Abb. 1: Entwicklung der Lehrveranstaltungsblöcke

Theoretische und methodische Grundlagen wurden demgegenüber nur in sehr geringem Umfange behandelt. Regelmäßig wurden Veranstaltungen in Statistik und eine Einführung in die Wirtschaftspolitik angeboten.

Im Mittelpunkt der *theoretischen Fragestellungen* standen in dieser Aufbauphase Probleme der Neugestaltung des Wirtschaftssystems der Bundesrepublik Deutschland bei gleichzeitigem Bemühen um eine erste Abgrenzung gegenüber dem sich entwickelnden System in der DDR. Ergänzend zur Analyse konkreter staatlicher Ordnungspolitik wurden theoretische Fragen der Wirtschaftsordnung behandelt. „Wesen und Formen der Gemeinschaft", „Wirtschaftliche Selbstverwaltung" und „Wirtschaftsplanung" waren ebenfalls typische Themen, vor allem der ersten Semester. Nach 1952 tauchten sie im Lehrplan nicht mehr auf; erst zu Beginn der 70er Jahre wurden diese Fragestellungen erneut thematisiert. Regelmäßig angeboten wurden außerdem Lehrveranstaltungen zur Theoriegeschichte und Sozialstruktur.

2. *Phase der Konsolidierung 1953–1966*

Im Jahre 1953 wurden infolge organisatorischer Veränderungen die Abteilungen 4 und 5 der Deutschen Hochschule für Politik zusammengefaßt zu einer neuen Abteilung 3 „Politische Wirtschafts- und Soziallehre", die auch 1959 nach der Eingliederung der Deutschen Hochschule für Politik – von nun an OSI – in die FU beibehalten wurde. Während der Jahre 1953–1966 blieb die Anzahl der Lehrveranstaltungen über Politische Ökonomie bemerkswert konstant. Das relativ umfangreiche Angebot der Aufbauphase stabilisierte sich auf einem Niveau von etwa 11 Veranstaltungen je Semester. Das Übergewicht der Analyse praktischer Politik gegenüber theoretischen Fragestellungen in der Aufbauphase verringerte sich allmählich; seit Anfang der 60er Jahre bildeten die Lehrveranstaltungen zu theoretischen Fragestellungen den zahlenmäßig größten Block.

Als *Grundlagen* wurden in dieser Periode stark praxisorientierte Veranstaltungen angeboten, insbesondere Statistik (häufig als Wirtschafts- und Sozialkunde anhand des statistischen Jahrbuchs) sowie „Der Wirtschaftsteil der Zeitungen".

Bei der *Analyse praktischer Politik* war die staatliche Wirtschaftspolitik Hauptuntersuchungsobjekt. Regelmäßig wurden in diesem Rahmen Veranstaltungen zur Finanzpolitik durchgeführt; Ordnungs- und Geldpolitik – wichtige Probleme in der Aufbauphase der Bundesrepublik Deutschland – verloren an Bedeutung und verschwanden ab 1960 völlig aus dem Lehrangebot. Die Sozialpolitik – dominierend in der Vorperiode – war noch regelmäßig vertreten, jedoch in weit geringerem Umfang. Auffallend ist das begrenzte Interesse, das Fragen des Gemeinsamen Marktes entgegengebracht wurde: Im Zeitraum 1953–1966, in dem der Aufbau der Europäischen Gemeinschaft erfolgte, sind lediglich zwei Veranstaltungen zu diesem Problembereich zu verzeichnen.

Der Block der *theoretischen Fragestellungen* war in dieser Periode gekennzeichnet durch die ansatzweise Begründung der Politischen Wirtschaftslehre. Im Sommersemester 1956 wurden erstmals zwei Lehrveranstaltungen zur Politischen Wirtschaftslehre angeboten. Sie lösten offensichtlich die Einführung in die Wirtschaftspolitik sowie Veranstaltungen zur bürgerlichen Wirtschaftstheorie ab. In den darauffolgenden Jahren bildete sich eine Tradition für drei Veranstaltungen heraus: eine Vorlesung „Einführung in die Politische Wirtschaftslehre", die neben wirtschaftspolitischen Analysen methodische und theoretische Grundkenntnisse vermittelte und zunehmend Ordnungsprobleme wie erste Systemaspekte behandelte, dazu ein begleitendes Colloquium und das (oft einzige) Seminar unter demselben Titel. Im Zusammenhang mit der Politischen Wirtschaftslehre wurden in dieser Periode neue Fragestellungen thematisiert, die sich zusammenfassen lassen als: 1. das Verhältnis zwischen Wirtschaft und Staat in der Geschichte der Wirtschaftstheorie, 2. Probleme wirtschaftlicher Macht/Einfluß/Interessen und 3. die Untersuchung des Verhältnisses von Staat und Wirtschaft anhand historischer Fälle.

Anfang der 60er Jahre wurden erstmals Probleme der Unterentwicklung und der Dritten Welt im Lehrangebot aufgegriffen, allerdings nur für einen kurzen Zeitraum (1960–1962). Veranstaltungen zum Wirtschaftssystem der DDR sowie der Vergleich mit der Bundesrepublik Deutschland waren in dieser Phase von geringer Bedeutung; immerhin fanden im Rahmen der Politischen Wirtschaftslehre zwei Seminare zum Wirtschafts- und Sozialsystem der DDR statt.

3. *Phase des Aufbruchs 1967–1976*

Die sogenannte Studenten-Revolte hat auch die Struktur des OSI und die der dort durchgeführten Lehrveranstaltungen stark beeinflußt. Die wichtigsten organisatorischen Veränderungen waren:

1969 das Vorschaltgesetz mit der Etablierung einer neuen Selbstverwaltungsstruktur (drittelparitätisch besetzter Institutsrat, Gründung von vier Facheinheiten anstelle der früheren Abteilungen),

1970 die Anpassung der OSI-Satzung an das neue Hochschulgesetz (Auflösung des Institutsrats, Bildung des Fachbereichsrats),

1973 die Bildung Wissenschaftlicher Einrichtungen (WE) mit wiederum neuer organisatorischer Gliederung und die auch politisch motivierte Verteilung der Lehrenden auf die einzelnen Wissenschaftlichen Einrichtungen.[8] Seit 1973 ist die Lehre von der Politischen Ökonomie in der Wissenschaftlichen Einrichtung 2 „Institut für ökonomische und soziologische Analyse politischer Systeme" institutionalisiert.

Auffallendste Entwicklung der Aufbruchphase ist der starke Anstieg der Lehrveranstaltungen zur Politischen Ökonomie nach 1968/1969,[9] wobei insbesondere die theoretischen Fragestellungen an Bedeutung gewannen. Entsprechend vergrößerte sich der Lehrkörper des OSI: von 62 Dozenten im Jahre 1966 (davon 13 im Bereich Politische Ökonomie) bis auf 165 im Jahre 1976 (davon 41 im Bereich Politische Ökonomie). Auch die didaktische Gestaltung des Lehrbetriebes wurde wesentlich verändert. Seminare und vor allem Übungen bestimmten ab 1968 das Lehrangebot. Vorlesungen, die schon seit Anfang der 60er Jahre an Bedeutung verloren hatten, verschwanden von 1969–1972 völlig aus dem Lehrprogramm und wurden dann in geringerem Umfang wieder aufgenommen.

Die *Grundlagen der Politischen Ökonomie* wurden Anfang der 70er Jahre erweitert durch zahlreiche Einführungen in die Marx'sche Theorie, die jedoch ab 1974 wieder kontinuierlich abnahmen. Statistikveranstaltungen wurden ab 1972/1973 verstärkt angeboten; sie waren im Gegensatz zu früher sehr theoretisch orientiert und zum Teil auf EDV bezogen.

Die *Analyse praktischer Politik* wies auch in dieser Periode einen betont aktuellen Bezug auf, vor allem die Untersuchungen zur Staatlichen Wirtschaftspolitik. Sie wurden ab 1968 wieder zahlreicher, was zum Teil auf Veranstaltungen über Konjunkturpolitik in den Jahren 1966–1969 und 1974–1976 zurückzuführen ist. Aber auch die Strukturpolitik, insbesondere die regionale Struktur- und Infrastrukturpolitik, die bislang nur sporadisch berücksichtigt wurde, gewann ab 1971 an Bedeutung. Verstärkt und regelmäßig aufgegriffen wurden in dieser Phase Probleme der Außenwirtschaft, vor allem Währungspolitik; in diesem Zusammenhang behandelte man nun auch etwas häufiger Fragen des Gemeinsamen Marktes.

Andere Politikbereiche verloren bzw. gewannen aufgrund veränderter theoretischer Fragestellungen an Bedeutung. So wurde das Thema Sozialpolitik von 1972–1975 nicht mehr behandelt, tauchte aber im Wintersemester 1975/1976 und im Sommersemester wieder auf. Die Themenbereiche „Gewerkschaften" und „Tarifpolitik" entwickelten sich dagegen ab 1969 zu einem zentralen Untersuchungsobjekt der Analyse praktischer Politik – allerdings weniger unter rechtlichen Aspekten wie in der Aufbauphase, sondern mit ausgeprägten politökonomischen Fragestellungen (Bedingungen gewerkschaftlicher Lohnpolitik, politische Probleme der Mitbestimmung). Diese Veranstaltungen wurden in der Mehrzahl von marxistischen Dozenten durchgeführt. Neu war die Entdeckung der öffentlichen Verwaltung durch die Politische Ökonomie ab 1974. Das Lehrangebot zu diesem Themenbereich blieb allerdings sehr begrenzt.

Die *theoretischen Fragestellungen* waren sowohl umfangmäßig als auch inhaltlich den stärksten Veränderungen unterworfen. Zwei Phasen der Entwicklung lassen sich im Lehrangebot dieses Bereichs feststellen: eine Phase der Verunsicherung und Konzeptlosigkeit (1967–1971), danach eine Phase neuer Orientierungen ab 1971. In die erste Phase der Verwirrung und Umorientierung fiel der Niedergang der Politischen Wirtschaftslehre. Diese Entwicklung deutete sich schon 1968 an und wurde 1971 durch das Ausscheiden Gert von Eynerns aus der Lehre am OSI abgeschlossen. Der methodische Ansatz mag zwar von seinen Schülern fortgesetzt worden sein, wurde aber überlagert durch neue Problemstellungen, die in erster Linie durch die marxistische Politische Ökonomie aufgebracht wurden.

Herausragende Entwicklung in der zweiten Phase ab 1971 ist die (auch personelle) Etablierung einer marxistischen Politischen Ökonomie am OSI. Damit zusammenhängend, aber auch infolge kritischer Auseinandersetzung mit diesem Ansatz, bildeten sich völlig neue Fragestellungen heraus, die innerhalb kürzester Zeit einen breiten Raum des gesamten Lehrangebots einnahmen. Hierzu zählen Themenschwerpunkte wie z.B. Funktion des Staates, Kapitalismusanalyse sowie Ansätze zur Systemverbesserung, vor allem politische Planung und Systemreform. Andere Themenbereiche, die während der Konsolidierungsphase völlig bedeutungslos waren, wurden von neuem, aber unter anderen, meist kritischen Aspekten aufgegriffen, so z. B. die von Marxisten wie Nicht-Marxisten geführte Auseinandersetzung mit der bürgerlichen Wirtschaftstheorie. Fragen der Sozialstruktur und Verteilung tauchten in der erweiterten Fragestellung der Klassenanalyse wieder auf. Unterentwicklung und Dritte Welt wurden zum Gegenstand zahlreicher Veranstaltungen im Rahmen der erneuerten Imperialismusforschung.

Zusammenfassend läßt sich für diese Periode feststellen: Das Verhältnis von Staat und Wirtschaft wurde kaum mehr auf der Grundlage des Interdependenzansatzes der Politischen Wirtschaftslehre untersucht, sondern im Hinblick auf ihre systemische Verflechtung. Diese Form der tiefergehenden Verknüpfung von Politik und Ökonomie wurde in erster Linie von marxistisch orientierten Dozenten versucht, zumindest aber durch diese initiiert. In der bürgerlichen Politischen Ökonomie wurde der gesamtgesellschaftliche Bezug der Ökonomie vor allem durch den systemwissenschaftlichen Ansatz – zum Teil in Anknüpfung an und Weiterentwicklung der Politischen Wirtschaftslehre – aufgegriffen.

IV. Zusammenfassung

Die Dokumentation über ca. 25 Jahre Lehre von Politik und Ökonomie am OSI in Berlin gibt in groben Zügen die Entwicklung einer Disziplin wieder, in der Erkenntnisinteresse, theoretischer Ansatz und Erkenntnisgegenstand erheblichem Wandel unterlagen.

(1) Im Vordergrund der Lehrveranstaltungen der Aufbauphase stand die Analyse praktischer Politik, vor allem die Praxis staatlicher Wirtschaftspolitik. Möglichkeiten, Folgen und Wünschbarkeit *politischer Einflußnahme auf die Ökonomie* wurden untersucht. Mit der zunehmenden Bedeutung theoretischer Fragestellungen seit Anfang der 60er Jahre veränderte sich das die Lehrinhalte bestimmende *Erkenntnisinteresse*: Der Einfluß der Politik auf die Ökonomie wurde zwar weiterhin berücksichtigt, zum zentralen Erkenntnisziel entwickelte sich jedoch die Erforschung der wirtschaftlichen und sozialen Grundlagen politischer Entscheidungen, also der *Einfluß der Ökonomie auf die Politik*.

(2) Dieser Wandel des Erkenntnisinteresses stand in engem Zusammenhang mit der Herausbildung neuer *theoretischer Ansätze* der Politischen Ökonomie.

In den Lehrveranstaltungen zur *politischen Wirtschaftslehre* wurde erstmals versucht, die unmittelbaren und mittelbaren ökonomischen Einflüsse auf die Politik zu analysieren. Allerdings konnte das Fernziel, „zu einer generellen ökonomischen Theorie der politischen Systeme vorzustoßen, wobei Unterschiede der „Subsysteme" Wirtschaft und Politik ebenso wie deren vielfältige Wechselbeziehungen erfaßt werden sollen,"[10] nicht mehr erreicht werden. Unbestrittenes Verdienst der Politischen Wirtschaftslehre bleibt jedoch die Thematisierung einer relevanten, die weitere Entwicklung der Politischen Ökonomie vorantreibenden Fragestellung.

Der theoretische Ansatz der Politischen Wirtschaftslehre wurde im Verlauf der Umbruchphase durch drei weitgehend neuartige, vorher am OSI nicht explizit vertretene Ansätze abgelöst:
(a) die kritische Auseinandersetzung mit der „bürgerlichen Wirtschaftswissenschaft",
(b) die „marxistische politische Ökonomie" und
(c) die Ansätze einer umfassenden „Systemreform".
(a) Im Rahmen der *kritischen Auseinandersetzung mit der bürgerlichen Wirtschaftswissenschaft* wurden die Grundannahmen und Ergebnisse sowohl der etablierten Wirtschaftspolitik wie auch der akzeptierten Wirtschaftstheorie analysiert und in Frage gestellt. Anlehnungspunkte dieses Ansatzes waren dabei unorthodoxe deutsche (etwa Preiser) und englische Ökonomen (z. B. Joan Robinson), aber auch die marxistische ökonomische Theorie.
(b) Anspruch und Ansatzpunkt der seit Anfang der 70er Jahre am OSI stark vertretenen *marxistischen Politischen Ökonomie* waren von Anfang an sehr breit gefächert und umfassend angelegt. Die marxistische Politische Ökonomie sollte sowohl die „Kritik der bürgerlichen Wissenschaft" mit einem neuen, parteilichen Wissenschaftsbegriff leisten wie auch die Marx'sche „Kritik der Politischen Ökonomie" weiterführen. Die Klassiker sollten aufgearbeitet, vermittelt und weiterentwickelt werden. Theoretischer und empirischer Schwerpunkt dieses Ansatzes war dabei die Analyse der „Funktion des bürgerlichen Staates" sowie der „Klassen- und Schichtenstruktur der Lohnabhängigen in der BRD".[11]
(c) Ähnlich wie die marxistische Politische Ökonomie umfaßte auch der Ansatz der *Systemreform* ein sehr breites Spektrum inhaltlicher Schwerpunkte. Ziel dieses Ansatzes war es, Möglichkeiten und Grenzen umfassender Gesellschaftsreform theoretisch und empirisch zu bestimmen. Dabei wurden so unterschiedliche Richtungen verfolgt wie die amerikanisch inspirierte Policy Science, Systemtheorie, Planungstheorie und Planungsmethodologie sowie Ansätze der Bestimmung von Handlungsspielräumen und Restriktionen des politischen Systems.

Die hier aufgeführten politökonomischen Ansätze stimmen weitgehend mit den in der Systematik von B. Frey[12] benannten Varianten Politischer Ökonomie überein (s. Abb. 2).[13] Zwei wichtige Richtungen der Politischen Ökonomie waren allerdings im Lehrangebot des OSI nicht vertreten:

- einmal die „Moderne Wirtschaftspolitik", die am OSI nur im Rahmen der „kritischen Auseinandersetzung mit der bürgerlichen Wirtschaftswissenschaft" behandelt wurde, und
- zum anderen die „Ökonomische Theorie der Politik" (auch „Neue Politische Ökonomie"), in der die Methoden der etablierten Wirtschaftswissenschaften auf politische Fragestellungen angewendet werden. Dieser Ansatz wurde zwar in den Lehrveranstaltungen zur Politischen Wirtschaftslehre diskutiert, spielte jedoch keine eigenständige Rolle.

(3) Der *Erkenntnisgegenstand* der Politischen Ökonomie am OSI hat sich während des Untersuchungszeitraums in vielfältiger Weise verändert: Einige Themen tauchten durchgehend von 1949–1976 im Lehrangebot auf (z. B. Finanzpolitik, aktuelle Fragen der Wirtschaftspolitik, Statistik), während andere nur in einem begrenzten Zeitraum

Varianten Politischer Ökonomie (nach B. Frey)		Politökonomische Ansätze am OSI	
Ansatzpunkte	Varianten	1956–1970	ab 1971
Kritik der bestehenden Wirtschaftstheorie	1. Ökonomische „Klassiker" a) England b) Deutschland 2. Alte Linke und orthodoxe Marxisten 3. Neue Linke und "Radicals"		Marxistische Politische Ökonomie
	4. Cambridger Kapitaltheorie (Neo-Keynesianer, Neo-Ricardianer, Neo-Marxisten)		Kritik der bürgerlichen Wirtschaftswissenschaft
Gegenseitige Abhängigkeit von Wirtschaft und Politik	5. Politische Ökonomie der Unorthodoxie		
	6. Politische Wirtschaftslehre	Politische Wirtschaftslehre	
Politikberatung	7. Moderne Wirtschaftspolitik		
	8. Policy Science		Systemreform
Einheitliche Methode und Gemeinsamkeit ökonomischer und politischer Theorie	9. Systemtheorie, Systemdynamik		
	10. Ökonomische Theorie der Politik oder Neue Politische Ökonomie		

Abb. 2: Varianten Politischer Ökonomie und politökonomische Ansätze am OSI[12]

von Bedeutung waren (z.B. „wirtschaftspolitische Institutionen“ bis 1969 und „Öffentliche Verwaltung“ ab 1974). Manche Schwerpunkte wurden in verschiedenen Phasen unter anderen Aspekten behandelt (so z.B. Fragen der Sozialstruktur in der Aufbauphase bis 1954 als soziale Schichtung und erneut ab 1971 als Klassenanalyse). Auffallend ist der aktuelle Bezug der Lehrinhalte. Sie waren oft deutlich beeinflußt durch die jeweils interessierenden gesellschaftlichen, politischen oder ökonomischen Problembereiche und Ereignisse, insbesondere im Bereich der Analyse praktischer Politik: Geld- und Kreditpolitik sowie Fragen der Wirtschaftsordnung waren in der Aufbauphase der BRD von Bedeutung und wurden auch während dieser Zeit in der Lehre behandelt. Die konjunkturellen Krisen der BRD spiegelten sich in den „Boomphasen“ der Lehrveranstaltungen zur Konjunkturpolitik wieder (1966–1969 und 1974–1976).

Offensichtlich kam der Lehre am OSI keine „Vordenkerfunktion“ zu. Bestimmte thematische Schwerpunkte erschienen in der Regel erst dann in den Titeln der Lehrveranstaltungen, wenn sie schon eine gewisse Aktualität erreicht hatten. Man könnte das Lehrangebot daher als weitgehend „nachfrageorientiert“ bezeichnen. Der Aufschwung der marxistischen Lehrinhalte fand z.B. erst nach der sogenannten „Studentenrevolte“ statt, als die Forderungen und der Nachholbedarf der Studenten dies unvermeidlich erscheinen ließen. Keineswegs wurden – was zumindest auch denkbar gewesen wäre – am OSI in kritischen Lehrveranstaltungen die „Revolutionäre“ der Studentenbewegung herangezüchtet.

Zweifellos besteht auch ein Zusammenhang zwischen Lehrinhalten und Veränderungen der theoretischen Fragestellungen: So wurde z.B. die Frage nach „wirtschaftlicher Macht und Interessen“ im Rahmen der Politischen Wirtschaftslehre thematisiert, während die neueren Ansätze vorrangig die Funktion des Staates untersuchten. Schwierig ist jedoch eine Interpretation der Beziehungen zwischen theoretischen Ansätzen, inhaltlichen Schwerpunkten und aktuellen Bezügen. Auf der Grundlage dieser quantitativen Analyse kann kaum mehr festgestellt werden, als daß zwischen allen drei Bezugsgrößen Beziehungen bestehen. In welche Richtung, mit welcher Gewichtung eine Beeinflussung erfolgt, muß hier offen bleiben. Damit werden auch die Grenzen dieser Untersuchung deutlich: Es handelt sich um eine Dokumentation der in Berlin stattgefundenen Entwicklung, die zwar erste Ansatzpunkte für eine mögliche Interpretation liefert, diese allerdings selbst nicht leisten kann.

Anmerkungen

1 Kurt P. Tudyka: „Politische Ökonomie – Ein Desiderat der Politikwissenschaft“, in: PVS 1969, S. 129.

2 Vgl. hierzu Gerhard Weisser: „Die ‚praktischen‘ Aussagen von Politologie und Wirtschaftswissenschaft“, in: Interdependenzen von Politik und Wirtschaft, Festgabe für Gert von Eynern, hrsg. von Carl Böhret und Dieter Grosser, Berlin 1967, S. 99 ff., insbesondere S. 122.

3 So Carl Böhret: „Politische Wirtschaftslehre – Portrait einer Disziplin“, in: Interdependenzen von Politik und Wirtschaft a.a.O., S. 18.

4 Carl Böhret: Artikel „Politische Ökonomie", in: Wörterbuch zur politischen Ökonomie, hrsg. von Gert von Eynern, Opladen 1973, S. 300.

5 Für die Entwicklung einer Fragestellung bzw. Disziplin spielt sicherlich die wissenschaftliche Forschung mindestens eine ebenso bedeutende Rolle wie die Lehre. Die Beschränkung auf eine Analyse von Lehrveranstaltungen scheint uns jedoch vertretbar, da zumindest auf der Ebene der Verlautbarungen die Einheit und die Zusammenhänge zwischen Forschung und Lehre betont wurden und daher als eine der grundlegenden Normen des Wissenschaftsbetriebs angesehen werden kann. Wir gehen also davon aus, daß Veränderungen der politologischen Fragestellungen sich auch in den Inhalten der Lehrveranstaltungen zeigen.

6 Die Titel der Lehrveranstaltungen geben zwar deren Inhalt oft nicht präzise wieder, aber sie deuten sie doch zumindest an. Die bei der Interpretation der Titel der Veranstaltungen auftretenden Verzerrungen sind daher als „systematischer" Fehler anzusehen, der durchgehend auftritt und die Tendenz kaum verändern dürfte.

7 Eine Ausnahme bilden die Kategorien „Internationale Wirtschaft" und „Unterentwicklung", in die auch politökonomische Lehrveranstaltungen der jeweiligen Abteilungen für Außenpolitik und vergleichende Lehre eingezogen wurden. Ähnliches gilt für das Arbeitsrecht. Nicht alle Veranstaltungen der jeweiligen Abteilungen für Politische Wirtschaftslehre/Politische Ökonomie waren jedoch Lehrveranstaltungen der Politischen Ökonomie.

8 Dies führte zu einer Konzentration „unbequemer", d.h. hier vor allem marxistischer Dozenten in der für Politische Ökonomie zuständigen Wissenschaftlichen Einrichtung 2. Auf diese Weise gerieten einige Lehrveranstaltungen in das Programm der Wissenschaftlichen Einrichtung 2, die keinesfalls zur Politischen Ökonomie zählen, sondern eher Innenpolitik oder Politische Theorie zum Gegenstand hatten. Diese Lehrveranstaltungen wurden in unsere Untersuchung nicht einbezogen.

9 Der außergewähnliche Anstieg der Lehrveranstaltungen ist vor allem als Reaktion auf die sprunghafte Entwicklung der Studentenzahlen zu sehen.

10 Böhret: Artikel „Politische Ökonomie" a.a.O., S. 300.

11 Am OSI waren verschiedene marxistische Ansätze vertreten. Der größte Beitrag dürfte von einem Ansatz ausgegangen sein, den man mit dem Begriff der „Kapitallogik" charakterisieren könnte, da es ihm darum geht, die Bewegungsgesetze der Gesellschaft (d.h. sowohl der Politik als auch der Ökonomie) durch die dem Kapital (und damit der kapitalistischen Gesellschaft) immanenten Gesetzmäßigkeiten zu erklären.

12 Bruno S. Frey: „Die Renaissance der Politischen Ökonomie", in: Schweizer Zeitschrift für Volkswirtschaft und Statistik 1974, S. 361.

13 Die Auswahl des OSI für diese Fallstudie scheint auch aus diesem Grunde gerechtfertigt zu sein: Nur wenige Universitäten werden ein derart umfangreiches und repräsentatives Lehrangebot zur Politischen Ökonomie vorweisen können.

Verhältnis von Politik und Wirtschaft. Zur politischen Theorie des Wirtschaftsprozesses

Von Alparslan Yenal

Einleitung

(1) Die wirtschaftspolitische Tätigkeit des Staates in den westlichen Industrieländern findet seit einigen Jahren ein zunehmendes wissenschaftliches Interesse. Die Sozialwissenschaften haben das Thema wiederentdeckt und es mit unterschiedlichem methodologischem Zugang und unter sehr verschiedenen Problemstellungen behandelt. Vor dem Hintergrund der Herausforderung der wirtschaftlichen Steuerungsverantwortung und des wachsenden Legitimationsbedarfs der politischen Entscheidungsträger standen die Fragen nach den Restriktionen des staatlichen Entscheidungsspielraums und der Ableitung der ökonomischen Staatsaufgaben sowie nach der administrativen Rationalität im Mittelpunkt des Forschungsinteresses. Zu diesem, mit „Verhältnis von Politik und Ökonomie" umschriebenen Fragenkomplex soll auch diese Arbeit einen Beitrag leisten. Dabei geht es um die Entwicklung eines Ansatzes zur Erklärung der gegenseitigen Durchdringung von politischen und ökonomischen Prozessen. Das geschieht hier nicht in der Form einer Auseinandersetzung mit den bestehenden Ansätzen.[1]

Auch eine methodologische Diskussion soll hier ausgespart werden. Nicht, weil sie nicht erforderlich ist, sondern weil ich befürchte, daß sie eine „Einbahnstraße" ist: wer sie begeht, meditiert eher im Schatten eines Baumes und kehrt nicht zurück. Eine Rückkehr vom methodologischen Gang in die Realanalyse wäre in dieser Arbeit schon aus Platzgründen nicht möglich. Ich konzentriere mich vielmehr auf die Darstellung von drei *Interdependenzkomplexen politischer und sozialökonomischer Systeme* am Beispiel der Bundesrepublik Deutschland.

Die Problemstellung lautet also, an einem realen Beispiel die politisch relevanten Aspekte der Verflechtung politischer und sozialökonomischer Systeme herauszustellen und zu beurteilen.

(2) Es geht um die Analyse der *System*zusammenhänge. Damit ist die *Konzeptualisierung* der Analyse angedeutet und der Leser an „Systemtheorie" erinnert. Nicht alles, was in den sozialwissenschaftlichen Beiträgen als „Systemtheorie" bezeichnet und als solche kritisiert wurde, war ruhmreich. Wenn die Fehler und die Mißverständnisse bedacht werden, müßte es jedoch gelingen, die als brauchbar erkannten Bestandteile zu retten.

Als gesellschaftliche Teilsysteme haben die politischen und sozialökonomischen Systeme folgende konstitutive Elemente, die ich Basis*variablen* nenne (s. Übersicht auf S. 27). Die Basisvariablen sind aus ihrer Bedeutung für Systemleistungen zu erklären: sie bilden für Systemleistungen die Grundlagen. Was sind aber *Systemlei-*

DAS SOZIALÖKONOMISCHE SYSTEM

(I) BASISVARIABLEN DES POLITISCHEN SYSTEMS (PS)

(1) Wertvorstellungen: der systemimmanente Anspruch
(2) Sozialer Status des Staatsbürgers; Machtverteilung und -kontrolle zwischen den sozialen Gruppen
(3) Sozialisation und Erziehung
(4) Kommunikations- und Informationsnetz
(5) Politische Bildung; Politische Verhaltensweisen und -kontrollen
(6) Regierungssystem (RS): Verfassungsorgane, die die bindenden Entscheidungen zu treffen, zu implementieren und durchzuführen legitimiert sind.
(7) Regulativen des politischen Entscheidungsprozesses wie Wahlsystem, Gesetzgebungsverfahren
(8) „Soziale Quasi-Gesetze" und entscheidungslogische Anforderungen

(II) BASISVARIABLEN DES WIRTSCHAFTSPOLITISCHEN SYSTEMS (WPS)

(1) Strukturprinzipien des des sozialökonomischen Systems
(2) Wirtschaftspolitische Ziele
(3) Wirtschaftspolitische Instrumente
(4) Verhaltenskontrollen

(III) BASISVARIABLEN DES WIRTSCHAFTSSYSTEMS (WS) (WS)

(1) Wirtschaftseinheiten: Die am Wirtschaftsprozeß beteiligten natürlichen und juristischen Personen
(2) Organisationsformen des Produktions- und Verteilungsprozesses
(3) Bedürfnisse nach Gütern Dienstleistungen
(4) Bestand und räumliche Verteilung der Produktionsfaktoren und Anreize für ihren Einsatz
(5) Natürliche Bedingungen
(6) Technologisches Wissen
(7) „Ökonomische Quasi-Gesetze" und entscheidungslogische Anforderungen

stungen? Sie sind Inhalte von Gestaltungszielen, Problemlösungsverfahren und -ergebissen, die nicht a priori ohne Zeit- und Raumdimension festgemacht werden können. Systemleistungen festzuschreiben gehört zu den Fehlern der „Systemtheorie" der ersten Stunde. Systemleistungen können nur in jeweiliger gesellschaftlicher Situation als Gegenstände der politischen und wirtschaftlichen Prozesse ausgemacht werden. Politische und wirtschaftliche Prozesse werden durch die für ihren Inhalt und Ablauf wichtigen, sie bestimmenden gesellschaftlichen und Umweltfaktoren erfaßt und beschrieben; wobei die Wichtigkeit des einzelnen Faktors für den betreffenden Prozeß nur durch Fallstudien erklärt werden kann. Das geschieht in dieser Arbeit am Beispiel der Bundesrepublik Deutschland. Da diese Faktoren für die institutionelle Gestaltung und Ablaufsicherung der Prozesse wichtig und für die Gegenstände der Entscheidungsfindung inhaltsbestimmend sind, werden sie als *konstitutive Elemente* bezeichnet. Die konstitutiven Elemente der politischen und wirtschaftlichen Prozesse stehen miteinander in engem Zusammenhang, bedingen sich gegenseitig und sind Veränderungen unterworfen. Dies wird die anschließende Fallstudie verdeutlichen. Daraus sind begriffliche Konsequenzen für die Konzeptualisierung der Analyse zu ziehen: die betrachteten Prozesse können als *Systeme* und ihre konstitutiven Elemente als „Veränderliche", nämlich als *Basisvariablen* definiert werden. Der Begriff Basisvariable enthält also den Aspekt der Veränderlichkeit eines konstitutiven Systemelements.

(3) Die Konzeptualisierung der Analyse bedarf einiger einschränkender Bemerkungen und Erläuterungen. Die enumerative Nennung der Basisvariablen der Systeme kann nicht befriedigend sein. Die eingehende Untersuchung der sachlichen, komplimentären und/oder abgeleiteten Beziehung der konstitutiven Systemelemente untereinander müßte geleistet werden. Dies könnte eine schlüssigere Strukturierung der Systeme ermöglichen. Trotz dieses Theoriedefizits kann eine elementar-deskriptive Vorgehensweise vermieden werden, wenn der Zusammenhang zwischen den Basisvariablen bei der Untersuchung der thematisierten Systemabhängigkeiten beachtet wird.

Die zwei gesellschaftlichen Teilsysteme, deren gegenseitige Durchdringung hier der Untersuchungsgegenstand ist, sind das politische und das sozialökonomische System. Beide Systeme lassen sich aus verschiedenen Subsystemen bestehend darstellen. Das *sozialökonomische System* wird in dieser Arbeit in zwei Subsysteme, nämlich das wirtschaftspolitische (WPS) und das Wirtschaftssystem (WS) untergliedert. Innerhalb des politischen Systems (PS) wird nur das Regierungssystem (RS) als Subsystem hervorgehoben. Dieses Vorgehen ist mit der spezifischen Problemstellung der Arbeit begründet. Zur Analyse der Verflechtung politischer und sozialökonomischer Systeme müssen die Basisvariablen herausgefunden werden, die die Wirkung des einen Systems auf das andere vermitteln und Systembeziehungen herstellen, d.h. Austauschprozesse zwischen den Systemen regeln. Diese Basisvariablen sind die des wirtschaftspolitischen Systems (WPS). Das WPS erfüllt damit die Rolle eines „Bindeglieds" zwischen politischen und sozialökonomischen Systemen.

Das WPS muß als ein Subsystem dem sozialökonomischen System untergeordnet werden, weil das WPS das Wirtschaftssystem (WS) komplementiert und beide zusammen die Einheit der Wirtschaftswirklichkeit bilden. Die inhaltliche Ausfüllung des Basisvariablen des WPS hängt vom WS *und* PS ab (s. Abb. 1). Bei der Erklärung der Abhängigkeit vom PS muß das RS als ein Subsystem besonders beachtet werden, denn die Basisvariablen des WPS werden von seiner Wirtschaftssteuerungskapazität geprägt.

Für eine andere Problemstellung und Forschungsstrategie mag z.B. die Zusammenfassung soziokultureller Elemente – die hier im PS mit erfaßt werden – im getrennten „normativen" oder „soziokulturellen" Subsystem[2] erkenntnisträchtig sein oder so erscheinen. Diese konstitutiven Elemente neben dem RS als die Basisvariablen des PS zu konzipieren, erwies sich für die Analyse des gestellten Problems als ein brauchbarer Ansatz, zumal sie mit ihrem Bedeutungs- und Ursachenzusammenhang in die Analyse integriert wurden.

Die Basisvariablen konnten hier nicht vollständig behandelt werden, das heißt aber nicht, daß die nicht behandelten für die Problemstellung keine Bedeutung haben.

(4) Das Verhältnis politischer und sozialökonomischer Systeme weist *drei Interdependenzkomplexe* auf:

erstens den Komplex der wirtschaftspolitischen Staatsaufgaben und der gegenseitigen Leistungsangewiesenheit der Systeme,

zweitens die gegenseitigen Abhängigkeiten zwischen dem WPS und den Basisvariablen des politischen Systems und schließlich

drittens die Wechselwirkung vom WPS und den Basisvariablen des Wirtschaftssystems.

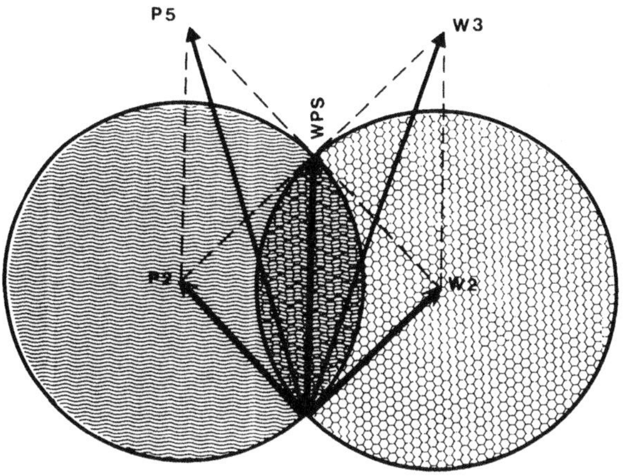

ABB. 1 WIRTSCHAFTSPOLITISCHES SYSTEM ALS GEMEINSAME KOMPONENTE POLITISCHER UND SOZIALÖKONOMISCHER SYSTEME

POLITISCHES SYSTEM
WIRTSCHAFTSSYSTEM
WIRTSCHAFTSPOLITISCHES SYSTEM
P 2 BASISVARIABLEN DES POLITISCHEN SYSTEMS
P 5 ERGEBNISSE WIRTSCHAFTSPOLITISCHER WILLENSBILDUNG
WPS BASISVARIABLEN DES WIRTSCHAFTSPOLITISCHEN SYSTEMS
W 2 BASISVARIABLEN DES WIRTSCHAFTSSYSTEMS
W 3 ERGEBNISSE DES QUASI-AUTONOMEN WIRTSCHAFTSPROZESSES

Für die Gestaltung der wechselseitigen Beziehungen politischer und wirtschaftlicher Systeme haben die wirtschaftspolitischen Elemente die Funktion der Vermittlung und der Leistungsregelung. Das wirtschaftspolitische System erfüllt diese Funktion nur aufgrund des politischen Rückkopplungsprozesses, d.h. aufgrund der Erfolgs- und Systemkontrolle (s. A II. 2) und nur soweit sie inhaltlich stattfinden. Das ist so zu verstehen: die Ergebnisse des Wirtschaftsprozesses z.B. Fehlentwicklungen regionaler Infrastrukturausstattung oder Auswirkungen „quasi ökonomischer Gesetze" wie der Ertragsgesetze werden durch die Erfolgs- und Systemkontrolle dem politischen System übermittelt, und zwar nur soweit sie von den an der politischen Meinungs- und Willensbildung Beteiligten unter den gegebenen Einflußfaktoren inhaltlich wahrgenommen werden (s. Abb. 2). Die darauf folgenden Aktivitäten im politischen System, insbesondere die der Entscheidungsorgane des RS finden ihren Ausdruck in den Basisvariablen des WPS. Die Vorhänge im PS werden also vom WPS dem WS vermittelt.

Für die Erklärung der Verflechtung politischer und sozialökonomischer Systeme sind von zentraler Bedeutung:

(a) die Analyse der doppelten Abhängigkeit des WPS von den Basisvariablen des PS einerseits und von den Basisvariablen des WS andererseits (s. Abb. 1),
(b) die Analyse der Inhalte und der Einflußfaktoren der Erfolgs- und Systemkontrolle (s. Abb. 2).

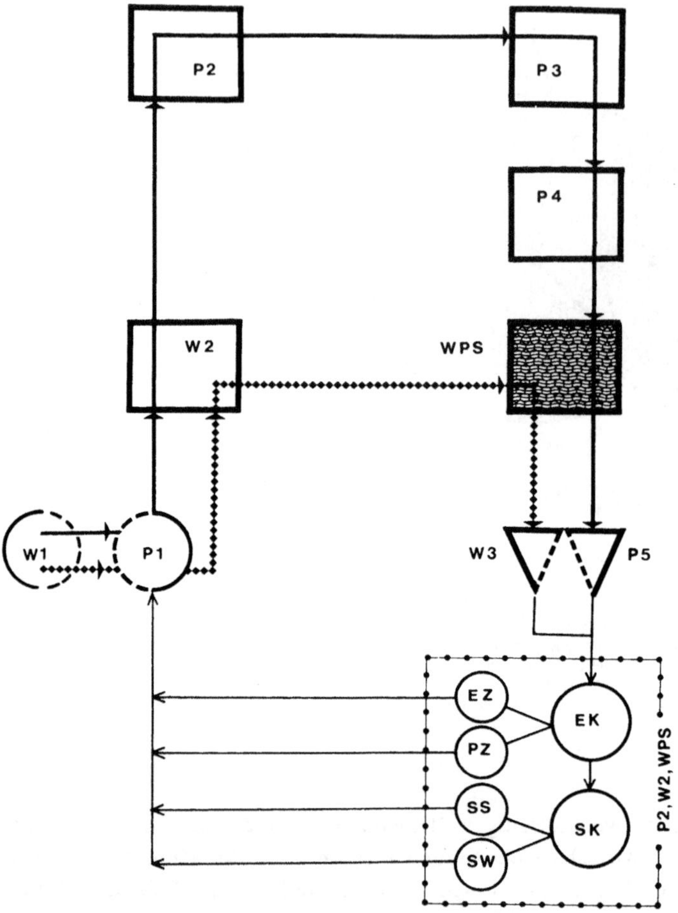

ABB. 2 KREISLAUF DER WIRTSCHAFTSPOLITISCHEN WILLENSBILDUNG UND DES "AUTONOMEN" WIRTSCHAFTSPROZESSES

WIRTSCHAFTSPOLITISCHE WILLENSBILDUNG
QUASI-AUTONOMER WIRTSCHAFTSPROZESS
RÜCKKOPPELUNG DER WIRTSCHAFTSPOLITISCHEN WILLENSBILDUNG
EINFLUSSFAKTOREN DER RÜCKKOPPELUNG

P 1 VERTRETENE INTERESSEN
P 2 BASISVARIABLEN DES POLITISCHEN SYSTEMS
P 3 OUTPUTS DER POL. WILLENSBILDUNG BINDENDE POLITISCHE ENTSCHEIDUNGEN
P 4 REALISIERUNGSVORBEREITUNG UND DURCHFÜHRUNG WIRTSCHAFTSPOLITISCHER ENTSCHEIDUNGEN
P 5 ERGEBNISSE WIRTSCHAFTSPOLITISCHER WILLENSBILDUNG
W 1 WIRTSCHAFTLICHE INTERESSEN
W 2 BASISVARIABLEN DES WIRTSCHAFTSSYSTEMS
WPS WIRTSCHAFTSPOLITISCHES SYSTEM
W 3 ERGEBNISSE DES QUASI-AUTONOMEN WIRTSCHAFTSPROZESSES
EK ERFOLGSKONTROLLE
EZ ERFOLGSZURECHNUNG
PZ PROBLEMZUWEISUNG
SK SYSTEMKONTROLLE
SS SYSTEMSTABILISIERUNG
SW SYSTEMWANDEL

Diese Arbeit will dazu einen Beitrag bringen. Sie erhebt keinen Anspruch auf Vollständigkeit. Sie will den systematischen Versuch unternehmen, die politischen Implikationen des Wirtschaftsprozesses und die für ihn relevanten politischen Entscheidungen bei Berücksichtigung ihrer ökonomischen Bedingungen herauszukristallisieren. Mit diesem Erkenntnisinteresse ist sie ein Beitrag zur „politischen Theorie des Wirtschaftsprozesses". Die Anlage der Arbeit resultiert aus diesem Erkenntnisinteresse. Die Untersuchungsperspektive ist vom PS her auf das WS gestellt. Die Analyse beginnt mit Steuerungsleistungen des RS. Anschließend wird der oben definierte zweite und dritte Interdependenzkomplex behandelt.

(5) Eine abschließende Bemerkung zur *Terminologie:* Das Regierungssystem (RS) ist ein konstitutives Element des politischen Systems[3] (PS), das dafür legitimiert wird und legitimationsbedürftig bleibt, gesellschaftlich bindende Entscheidungen zu produzieren und durchzuführen. Es besteht aus den für diese Aufgabe zuständigen Verfassungsorganen. Ich verwende den Terminus Regierungssystem identisch mit „Staat" oder „politisch-administratives System". Die Termini sollten hier nicht als ein Hinweis auf bestimmte Analyse-Ansätze gedeutet werden.

Die Begriffe „Wirtschaftsstile, -formen, -ordnung, -system" u.a. sind verwirrend, nicht immer eindeutig definiert, und sie werden nicht selten gleichbedeutend verwendet. Ich habe das Wirtschaftssystem und das wirtschaftspolitische System als Subsysteme unterschieden und sie durch ihre Basisvariablen definiert. Sie sind begrifflich auch durch die inhaltliche Bestimmung ihrer gegenseitigen Zusammenhänge erklärt. Sie sind zwei Komponenten der Wirtschaftswirklichkeit. Die Ergebnisse des Wirtschaftsprozesses sind auf diese beiden Komponenten der Wirtschaftswirklichkeit zurückzuführen. Das veranschaulicht der Vektor W3 als die Resultierende von WPS und W2 in Abb. 1. Beide Systeme fasse ich im Oberbegriff *sozialökonomisches System* zusammen. Dieser ist mit der jeweils betrachteten, mit der Raum- Zeit-Dimension abgegrenzten Wirtschaftswirklichkeit identisch.

A ERSTER INTERDEPENZKOMPLEX

Die Leistungsinterdependenz politischer und sozialökonomischer Systeme und das Legitimationsproblem

Problemstellung

Eine a-priori-Feststellung des Umfangs und der Art der wirtschaftspolitischen Aufgaben des Staates ist nicht möglich. Diese sind immer aus den jeweiligen Problemlagen und aus den damit im Zusammenhang stehenden politischen Bedingungen ableitbar. Die Tendenzaussagen, wie z.B. über den größerwerdenden Umfang der Staatsaufgaben[4] beruhen auf der Interpretation und Extrapolation der gegebenen Problemlagen und politischen Bedingungen. In diesem Kapitel befasse ich mich mit den folgenden Fragen:

(a) Welche wirtschaftspolitischen Aufgaben hat ein parlamentarisches Regierungssystem in einem privatkapitalistischen, marktwirtschaftlich koordinierten sozialökonomischen System?
(b) Was sind die Konsequenzen der wirtschaftspolitischen Aufgaben für das Regierungssystem und für den Wirtschaftsprozeß?
(c) Wie entstehen diese Aufgaben? Welche sind ihre Bestimmungsfaktoren?
Die beiden letztgenannten Fragen betreffen die „Leistungsinterdependenz" der Systeme und den Legitimationszwang des Regierungssystems.

I Wirtschaftspolitische Aufgaben des Staates

Das wirtschaftspolitische System[5] besteht aus (a) den Strukturprinzipien, (b) den wirtschaftspolitischen Zielen, (c) den wirtschaftspolitischen Instrumenten und (d) den Verhaltenskontrollen. Die inhaltliche Ausfüllung dieser Elemente macht den wirtschaftspolitischen Aufgabenkomplex aus. Das WPS ist die Resultierende politischer und wirtschaftlicher Systeme.

1. Die Basisvariablen des wirtschaftspolitischen Systems

1.1 Strukturprinzipien

Die Tätigkeiten der am Wirtschaftsprozeß beteiligten Wirtschaftseinheiten finden auf drei Entscheidungs- und Handlungsebenen statt. Die *erste* Entscheidungs- und Handlungsebene ist die innerbetriebliche. Die *zweite* betrifft die Interaktionen der Wirtschaftseinheiten im gesamtgesellschaftlichen Rahmen, z.B. die sich auf den Märkten abspielenden und die nicht marktbestimmten Wirtschaftsbeziehungen. Und die *dritte* Entscheidungs- und Handlungsebene umfaßt den wirtschaftspolitischen Willensbildungsprozeß[6]. Die drei Ebenen sind nicht ohne Beziehungen zueinander, vielmehr bedingen und ergänzen sie sich. Für die Sicherung eines arbeitsteiligen Wirtschaftsprozesses bedürfen die Aktivitäten der Wirtschaftseinheiten der Abgrenzung und der Koordination. Das bedeutet, daß über die Handlungsspielräume der Wirtschaftseinheiten gesamtgesellschaftlich bindende Grundentscheidungen gefällt werden müssen. Die *Grundentscheidungen* betreffen[7]:

(a) den Entscheidungssubjektcharakter[8] der Wirtschaftseinheiten und ihrer Verbände
(b) das Grundmuster der Beziehungen der am Wirtschaftsprozeß beteiligten Personen und Institutionen zueinander
(c) den Zugang zu den Gütern und Dienstleistungen im Produktions- und Verteilungsprozeß; die Verfügungsrechte
(d) die Koordination[9] der Pläne der Wirtschaftseinheiten und ihre Durchführungshandlungen; die Informationsbeschaffung und -vermittlung[10]; Einbau von Entwicklungsimpulsen in den Wirtschaftsprozeß

(e) die Funktionen des Geld- und Kreditwesens
(f) die Bestimmung der wirtschaftspolitischen Entscheidungsträger und ihre Kompetenzen

Durch die inhaltliche Ausfüllung der Grundentscheidungen wird die Struktur des jeweiligen sozialökonomischen Systems auf den drei Entscheidungs- und Handlungsebenen bestimmt[11]. Deshalb können die Grundentscheidungen als die *Strukturprinzipien* des sozialökonomischen Systems bezeichnet werden[12]. Mit einem politischen Entscheidungsakt werden die Strukturprinzipien „gesetzt". Im Regelfall werden sie in den verfassungsrechtlichen Normen festgehalten. Dem RS ist es aufgegeben, sie zu setzen und inhaltlich auszufüllen. Das könnte den Eindruck erwecken, als ob das gegebene RS in einem von Einflüssen rein gehaltenen politischen Vakuum tätig wäre. Dem ist gewiß nicht so. Was ich nur feststellen will, ist, daß der rechtssetzende Akt von dem RS vollzogen wird. Das kann ggfs. lediglich ein Nachvollzug, eine rechtliche Kodifizierung vorgegebener Tatbestände sein. Ohne die historische Dimension und problemorientierte politologische Analyse kann die rechtliche Sanktionierung der Strukturprinzipien nicht erklärt werden. Eine frei und einmalig zu treffende „ordnungpolitische Entscheidung"[13] ist eine voluntaristische Vorstellung, die die neoliberale Schule hochstilisierte. Diese Vorstellung beruht auf einer Staatsauffassung, die sich mit der Realität nicht deckt und der Ideologiekritik nicht standhalten kann. Ich werde in Kap. B. die Determinanten der wirtschaftspolitischen Willensbildung erläutern, die es deutlich machen werden, wie der politische Entscheidungsspielraum eingegrenzt ist.

Welche sind die Strukturprinzipien des sozialökonomischen Systems der BRD? Hier werden die Strukturprinzipien beispielhaft genannt; es soll nur ein Grobraster der Struktur des sozialökonomischen Systems entwickelt werden.

Zu (a) und (b) Die „Wirtschaftsfreiheiten", die im Grundrechtskatalog des Grundgesetzes enthalten sind[14], umschreiben den freien Aktionsraum der am Wirtschaftsprozeß beteiligten Personen, insbesondere des Staatsbürgers. Sie sind nicht nur als die Abwehrrechte gegenüber der Staatstätigkeit, sondern zugleich als das sozial gebundene Grundmuster der Interaktionen der Staatsbürger aufzufassen. Sie werden vor dem Staat grundrechtlich gesichert, aber erst durch die staatliche Sicherstellung der Teilhabe für jeden inhaltlich ausgefüllt.[15] Diese – um sie ohne eine bewertende Rangordnung aufzuzählen – sind:

Art. 1,1 GG Sicherung der Grundrechtsstellung des Einzelnen, der Schutzauftrag des Staates,

Art. 2,1 GG Recht auf die freie Entfaltung der Persönlichkeit[16], auch auf die wirtschaftliche Betätigung: Konsumfreiheit, Unternehmensfreiheit, Vertragsfreiheit,

Art. 3,1 GG Gleichheitssatz,

Art. 9 GG die Vereinigungs-, Koalitionsfreiheit,

Art. 11 GG die Freizügigkeit,

Art. 12 GG Berufswahl- und ausübungsfreiheit,

Art. 14 GG Die Gewährleistung und Bindung des Eigentums und des Erbrechts.

Zu (c) Art. 14 und 15 GG, Verfügungsrechte über das Eigentum, insbesondere über die Produktionsmittel und die Sozialbindung des Eigentums;
Mitbestimmungsrechte der Arbeitnehmer auf Betriebs- und Unternehmensebene; Tarifautonomie der Arbeitsmarktparteien; Streikrecht und Aussperrung.

Zu (d) Existenz der Märkte und damit grundsätzliche Gewährleistung des Marktpreismechanismus; erwerbs- und wettbewerbswirtschaftliche Rationalität, die auf einem hohen technischen Niveau Anwendung findet.

Zu (e) Rechtsnormmäßige Festlegung der Geld- und Währungsordnung, insbesondere Aufgabenbestimmung und Entscheidungskompetenz der Bundesbank.

Zu (f) Wirtschafts- und sozialpolitische Aufgabenteilung zwischen den Gebietskörperschaften; gesamtwirtschaftliche Gestaltungsverantwortung des Bundes; Art. 20,1 GG Sozialstaatspostulat; Art. 109 GG u.a. die Wirtschaftstätigkeit des Staates definierende Gesetzgebungsermächtigungen, insbesondere Art. 72, 2 Nr. 3 GG, Art. 74, Nr. 11 und 16 GG, Art. 91a, 1 Nr. 2 GG, Art. 106 GG; Übertragung von Teilkompetenzen auf die internationalen und supranationalen Institutionen.

Die Strukturprinzipien haben für den Wirtschaftsprozeß und für die Lösung der daraus hervorgehenden Probleme unterschiedliche Relevanz. Sie sind daher nicht gleichwertig. Manches Strukturprinzip hat nur eine ergänzende und/oder korrigierende Funktion, z.B. die betriebliche Mitbestimmung und das Streikrecht gegenüber den Verfügungsrechten, die aus dem Eigentumsrecht an den Produktionsmitteln gefolgert werden. Ihre Verknüpfung miteinander wird oft unterstellt. Die weit verbreitete und beliebte Behauptung der wechselseitigen Bedingtheit von Privateigentum an Produktionsmitteln und marktwirtschaftlicher Koordination resultiert nicht aus einer differenzierten Analyse, sondern beruht auf einer verkürzten Argumentation mit Bekenntnissätzen[17]. Zur Klärung der Komplementarität der Strukturprinzipien ist noch viel theoretische und empirische Arbeit zu leisten. Solange dieses Defizit besteht, sollten keine Als-ob-Ergebnisse, vielmehr Arbeitshypothesen formuliert werden, die plausibel und forschungsträchtig sind. Werden die Strukturprinzipien in dieser Breite herausgestellt und ihre Zusammenhänge, auch ihre Substituierbarkeit bedacht, dann kann nicht behauptet werden, daß mit dem „auf der Ebene der Organisation von Produktionseinheiten bzw. Märkten" gegebenen „Auffangmechanismus"[18] die strukturellen Gestaltungsmöglichkeiten „kategorial erschöpft" seien.

1.2 Wirtschaftspolitische Ziele

Das zweite konstitutive Element des WPS sind die wirtschaftspolitischen Ziele. Sie zu formulieren und in die Praxis umzusetzen liegt in der Verantwortung des RS. Wie sie zur Aufgabe werden – also die eingangs gestellt Frage (c) – klären wir im nächsten Abschnitt.

Was sind die Inhalte, worauf beziehen sich die Ziele? Die wirtschaftswissenschaftliche Literatur enthält eine Vielfalt von Systematisierungen der wirtschaftspolitischen

Ziele.[19] Das Wissenschaftsverständnis und die Untersuchungsperspektive der Autoren sind dabei die wesentlichen Faktoren der gewählten Systematisierungsaspekte. Diese können hier nicht dargestellt werden. Vielmehr soll ein anderer, bei bisherigen Zielanalysen vernachlässigter Zusammenhang hervorgehoben werden. Die wirtschaftspolitischen Ziele haben Probleme zum Inhalt, die (a), die erforderliche inhaltliche Konkretisierung der Strukturprinzipien betreffen und (b), die sich als Folgen der bestehenden Strukturprinzipien ergeben. Sie stehen also zu den Strukturprinzipien in enger Beziehung. Die Konkretisierungsprobleme sind solche, die die Realisierung des systemimmanenten Anspruchs betreffen: z.B. die inhaltlich vergleichbare Realisierung der „Wirtschaftsfreiheiten" für jeden Staatsbürger oder die Sicherung des Konkurrenzprinzips. Die Ziele, die sich mit dieser Kategorie von Problemen, also mit der konsequenten Durchsetzung der bestehenden Strukturprinzipien befassen, nenne ich *Systemstrukturziele*. Dies sind in der BRD, um sie beispielhaft zu erwähnen, eigentums- und wettbewerbspolitische Ziele und das Ziel der Mitbestimmungsrechte der Arbeitnehmer im Unternehmen.

Die zweite Kategorie der Probleme sind die Folgeprobleme der Strukturprinzipien. Die Folgeprobleme entstehen, weil die gegebenen Strukturprinzipien für einige sozialökonomische Forderungen überhaupt keine bzw. keine politisch akzeptablen Lösungen bieten, oder das Verhalten der Wirtschaftseinheiten in dem ihnen durch die Strukturprinzipien gewährten Entscheidungs- und Handlungsspielraum zu den Ergebnissen führt, die in der politischen Willensbildung als Probleme erkannt werden. Die ersteren Folgeprobleme nenne ich *Funktionsmängel*[20] und die letzteren *Leistungsmängel* der Strukturprinzipien. Mit diesen Mängeln hat sich die Wirtschaftspolitik auseinanderzusetzen und Zielperspektiven zu entwickeln und zu verwirklichen.

Aus den Funktionsmängeln erwachsen wirtschaftspolitische Zielsetzungen, die darauf gerichtet sind, die bestehenden Strukturprinzipien zu *ersetzen* oder zu *ergänzen*.[21] Und die wirtschaftpolitischen Ziele, die die Leistungsmängel zum Gegenstand haben, sind auf die *Korrektur* der als Probleme erkannten Ergebnisse des Wirtschaftsprozesses gerichtet. In der bundesrepublikanischen Wirtschaftswirklichkeit dienen die im Bereich der Infrastrukturtätigkeit des Staates formulierten Ziele zur *Ergänzung*, und die im engeren Sinne stabilitätspolitischen Ziele, wie die Vollbeschäftigung und Geldwertstabilität zu *ex-post-Korrekturen*.

Dieser Systematisierungsansatz stellt die wirtschaftspolitischen Ziele in den Systemzusammenhang. Das Unterscheidungskriterium ist die Kausalbeziehung der Ziele zur Systemstruktur. Ob der Systemzusammenhang in der politischen Willensbildung so erkannt und damit die Zielkonflikte nicht nur als eine Frage der Effizienz und Wirkungsweise von wirtschaftspolitischen Instrumenten behandelt wird, hängt von den Bedingungen ab, die den Prozeß der Systemlegitimation bestimmen. Eine nur auf den Prozeß der politischen Legitimation konzentrierte Systemkrisentheorie[22] kann aber zur ursächlichen Klärung der Zielkonflikte, d.h. der Zielrealisierungsprobleme, die systemstrukturell bedingt sind, nicht wesentlich beitragen.

1.3 Wirtschaftspolitische Instrumente

Zur Realisierung wirtschaftspolitischer Ziele stehen dem RS im Rahmen der Globalsteuerungskonzeption die fiskalpolitischen und geldpolitischen Instrumente zur Verfügung[23]. Die herrschende Wirtschaftswissenschaft hat zur Herausbildung von Steuerungsinstrumenten und zur Analyse ihrer Wirkungsketten beträchtlich beigetragen, ohne allerdings die Diskussion über die alternativen Problemlösungsverfahren, die nicht mit den bestehenden Strukturprinzipien konform sind[24], konsequent zu führen und die Probleme ihrer politischen Durchsetzung ernsthaft zu behandeln. Die ideologisch hochstilisierte Verteidigung der als den Strukturprinzipien immanent betrachteten Ziele, wie des Wirtschaftswachstums und des privaten Konsumwohlstandes in der BRD, hat die problemlösungsorientierte Auseinandersetzung über die umfassende Prozeßsteuerungsverantwortung des Staates blockiert bzw. fehlgeleitet. Die konzeptionellen Systemgrundlagen der „Sozialen Marktwirtschaft" wurden politisch immunisiert und ihre Folgeprobleme ohne zukunftssichernde Perspektive punktuell interventionistisch angegangen. Auch die programmierte „zweite Phase der Sozialen Marktwirtschaft"[25] enthielt zur Behebung der Funktions- und Leistungsmängel keine wirksamen Instrumente. Darin ist nur die deutlich werdende Erkenntnis bemerkswert, neben den eng eingegrenzten, im Grunde auf die Wettbewerbspolitik beschränkten Systemstrukturzielen, die Relevanz und Legitimität auch jener wirtschaftspolitischen Ziele anzuerkennen, die die Ergänzung der Strukturprinzipien und die Korrektur der Ergebnisse des Wirtschaftsprozesses zum Gegenstand haben. Aber die Verwirklichung dieser Ziele steht unter der Einschränkung, daß sie mit *marktkonformen Mitteln* versucht werden darf. Die programmierte zweite Phase der „Sozialen Marktwirtschaft" wurde durch die Einführung der Globalsteuerung überholt, ohne jedoch das Marktkonformitätspostulat gänzlich aufzuheben. Das Gesetz zur Förderung der Stabilität und des Wachstums der Wirtschaft (StabG) hält im § 1 ausdrücklich fest, daß die dort aufgezählten vier wirtschaftspolitischen Ziele „im Rahmen der marktwirtschaftlichen Ordnung" zu realisieren seien[26].

Was ist an der wirtschaftspolitischen Handlungsmaxime der Marktkonformität der einzusetzenden Instrumente zu kritisieren?

(1) Es ist nicht möglich, die wirtschaftspolitischen Mittel nach ihrer Wirkungsweise und -dauer auf den Marktpreismechanismus vorweg als marktkonform oder -inkonform zu klassifizieren[27]. Dafür ist unser Wissen über die Neben- und Fernwirkungen der Mittel zu ungenau und unvollständig.

(2) Wird die Marktkonformität zur Handlungsanweisung, verhilft sie dazu, die Frage nach den Funktions- und Leistungsmängeln der Strukturprinzipien abzuwerten. Was der privatkapitalistisch gestaltete Marktpreismechanismus nicht erfüllen kann[28], wird zur nebensächlichen Fragestellung. Das durch den Markt ermittelte Preissystem unterliegt als Allokationsinstrument Einschränkungen u. a.

(a) an externen Effekten[29],
(b) der Nichtberücksichtigung nicht-kaufkräftiger Bedürfnisse,
(c) Instabilitäten werden reproduziert,
(d) nur die ex-post-Koordination wird ermöglicht,

(e) nur die jeweiligen Angebots- und Nachfragepositionen werden berücksichtigt, während zukünftige Relationen nicht einbezogen werden.

Der Marktpreismechanismus wird durch das Konformitätspostulat seines Instrumentencharakters entkleidet und als Selbstzweck tabuisiert.

(3) Die dem statischen Modell der vollkommenen Konkurrenz[30] immanenten Ziele werden als Optimum festgeschrieben[31]. Damit wird versucht, das sozialökonomische System aus sich heraus zu legitimieren. Die Relevanz der sich auf die Folgeprobleme der Strukturprinzipien beziehenden wirtschaftspolitischen Ziele für die Betroffenen, insbesondere für den abhängig Erwerbstätigen, wird mit der „Eigenwertigkeit der Strukturprinzipien" nicht abgewogen. Wenn dies im Zusammenhang mit dem Marktkonformitätspostulat überhaupt geschieht, ist es nur eine Konzession zu der nachträglicher Korrekturtätigkeit, oder anders gesagt dem reaktiven Inkrementalismus des Staates.

(4) Das Theorem der kumulativen Staatsintervention[32], das aus dem Systemerhaltungsinteresse heraus die Marktkonformitätsforderung zu flankieren sucht, basiert auf den Voraussetzungen des Modells der vollkommenen Konkurrenz, die nicht in die Praxis umsetzbar sind, so daß dieser Ansatz der Begründungsstrategie für die Marktkonformität als die wirtschaftspolitische Handlungsmaxime verfehlt ist. Die Annahmen über die Handlungsweise der wirtschaftspolitischen Entscheidungsträger, daß diese an der Realisierung einer Zielsetzung festhielten ohne eine kritische Zwischenbilanz der negativen Auswirkungen zu ziehen und ohne die Bereitschaft zur Revision, sowie die Annahmen über die politischen Entscheidungskontrollen sind der Ausfluß einer Staatsauffassung, die sich mit der Wirklichkeit der demokratischen Willensbildung nicht deckt. Die unverdrossene Wiederholung macht das Theorem zwar nicht wahr, aber schafft eine ideologische Immunisierungsfront im Dienste der Erhaltung der bestehenden Strukturprinzipien.

1.4 Verhaltenskontrollen

Wenn die wirtschaftspolitischen Instrumente die gewünschten Wirkungen erzielen sollen, müssen die Adressaten der einzelnen Maßnahmen die erwartete Reaktion zeigen. Je größer jedoch der autonome Entscheidungsspielraum und die Chance der Gegenstrategie des angesprochenen Wirtschaftssubjektes ist, desto wahrscheinlicher wird sein abweichendes Verhalten[33]. Es ist eine grobe Vereinfachung, in der finanziellen Sanktion[34] und Gratifikation des Marktpreismechanismus die wichtigste Verhaltenskontrolle[35] zu erblicken. Durch die Wettbewerbsfunktionen[36] allein können die Marktbeziehungen und die Determinanten des Marktverhaltens nicht erklärt werden. Ganz zu schweigen von außermarktmäßigen Beziehungen, die verständlicherweise andersartiger Verhaltenskontrollen als die der marktpreismechanistischen Sanktionen bedürfen. Daher ist es für die Theoriebildung, soll sie über die „Modellplatonie" herauswachsen[37], und für die Wirtschaftspolitik unerläßlich, die marktsoziologischen Problemaspekte zur Kenntnis zu nehmen und zu verarbeiten. Eine Lohntheorie z.B. ist ohne die politischen und sozialen Bezüge nur ein entscheidungslogisches Kalkül mit sehr dürftigem explikativem Gehalt.

Bei den gegebenen Möglichkeiten der Wirtschaftseinheiten, den wirtschaftspolitischen Maßnahmen auszuweichen und sie durch Gegenstrategien zu konterkarrieren, kann es für die Wirtschaftspolitik keine Erfolgsgarantie, sondern mehr oder weniger eine Erfolgserwartung geben, und auch dies nur soweit die wirtschaftspolitische Perspektive mit den Interessen der Adressaten parallelisiert wird[38]. Andernfalls bedarf der wirtschaftspolitische Entscheidungsträger der effektiveren Verhaltenskontrollen als die dem Marktpreissystem immanenten und angepaßten Kontrollen. Damit erwächst dem RS für die wirtschaftspolitische Erfolgssicherung ein Tätigkeitsbereich der Verhaltenskontrollen.

2. *Das wirtschaftspolitische System als Resultierende politischer und wirtschaftlicher Systeme*

Das wirtschaftspolitische System können wir als einen Vektor, gebildet aus vier Basisvariablen definieren. Zwischen den Basisvariablen existiert ein innerer Zusammenhang. Der Beziehung der wirtschaftspolitischen Ziele zu den Strukturprinzipien kommt eine besondere Bedeutung zu, weil diese die Folgeprobleme, die sich aus den Strukturprinzipien ergeben, zum Gegenstand haben. Jede Basisvariable enthält ihrerseits mehrere Bestandteile. Die wirtschaftspolitischen Ziele z.B. bestehen aus den Systemstrukturzielen und aus denjenigen, die zur Ergänzung oder Korrektur der Strukturprinzipien dienen. Die einzelnen Bestandteile der Basisvariablen machen die wirtschaftspolitischen Teilaufgaben des RS aus. Diese können wir in zwei Kategorien erfassen[39]:

(a) die rechtlich verbindliche Einführung oder Sanktionierung der Strukturprinzipien des sozialökonomischen Systems,

(b) die inhaltliche Ausfüllung und Weiterbildung der Systemstruktur. Die Ergänzungs- und Korrekturfunktionen des RS gehören hierzu.

Diese kategoriale Unterscheidung von Staatsaufgaben wird in den nächsten Abschnitten als Kriterium für Systementwicklung und -wandel und für die Beschreibung der systembedingten Abhängigkeiten des wirtschaftspolitischen Handelns verwendet.

Wie ist der Zusammenhang zwischen dem WPS und den Basisvariablen des PS einerseits und den des WS andererseits zu erklären? Die Basisvariablen des WPS sind Outputs der politischen Willensbildung. Wirtschaftspolitische Instrumente z.B., die zur Verwirklichung eines wirtschaftspolitischen Zieles eingesetzt werden, sind als Steuerungsleistungen des RS ein Ergebnis der politischen Willensbildung. Für den politischen Willensbildungsprozeß über die Basisvariablen des WPS sind die Basisvariablen des PS und WS – die in der Einleitung der Arbeit definiert wurden – zwei Gruppen von Determinanten. Diese bestimmen den Inhalt und Ablauf und damit das Ergebnis der Willensbildung. Welche Bedeutung dabei den einzelnen Basisvariablen des PS und WS zukommt, hängt von der konkreten Problemlage und von der Rückkopplung der politischen Willensbildung ab. Fassen wir die Basisvariablen des PS und WS in zwei *Basisvektoren* zusammen, so läßt sich der Vektor WPS als die Resultierende der Basisvektoren politischer und wirtschaftlicher Systeme erklären.

Die Abb. 1 veranschaulicht diesen Zusammenhang. Als die Resultierende der Basisvektoren ist das WPS die gemeinsame Komponente politischer und sozialökonomischer Systeme. Es ist das Wirkungsfeld der Basisvariablen des politischen und des Wirtschaftssystems und erfüllt für die beiden Systeme die Funktion des Umweltreglers. Für die weiteren Arbeitsschritte ergibt sich daraus die Konsequenz, daß das WPS aus der Sicht dieser doppelten Abhängigkeit, von dem Basisvektor des PS und dem des WS, analysiert und seine Rückwirkungen beachtet werden müssen. Der zweite und dritte Interdependenzkomplex, die in den nächsten Kapiteln behandelt werden, befassen sich mit dieser Problemstellung.

II. Die Leistungsinterdependenz der Systeme und die Inhaltsbestimmung der Rückkopplung der politischen Willensbildung

Die Leistungsinterdependenz hat für das RS die Folge des Aufgabenzuwachses und des Erfolgszwanges. Damit gewinnt der Erwerb der Massenloyalität an Bedeutung. Die Rückkopplung der politischen Willensbildung wird inhaltlich durch die Erfolgs- und Systemkontrolle hergestellt.

1. Die Leistungsinterdependenz

Für den gesicherten Ablauf eines arbeitsteiligen Wirtschaftsprozesses sind die im wirtschaftspolitischen Aufgabenkatalog enthaltenen politisch-administrativen Leistungen unabdingbar. Diese Notwendigkeit bringt für die Regierungs- und Wirtschaftssystempaare ein Abhängigkeitsverhältnis von gegenseitigen Leistungen mit sich. Das WPS erfüllt für das WS eine unerläßliche Komplementaritätsfunktion. Denn erst dadurch werden die Beziehungen und Tätigkeiten der am Wirtschaftsprozeß Beteiligten gestaltet und sichergestellt. In dem privatkapitalistisch-marktwirtschaftlich koordinierten sozialökonomischen System ist außerdem die Erfüllung der Infrastrukturaufgaben des RS für die privaten Wirtschaftsinteressen, insbesondere für die private Investitionstätigkeit, ein existentielles Erfordernis. Aus der funktionalen Zuordnung des WPS wird also ersichtlich, daß die Arbeitsweise des sozialökonomischen Systems und die Lösungen der sich daraus ergebenden Probleme von den politisch-administrativen Leistungen abhängig sind, also von der wirtschaftspolitischen Aufgabenerfüllung des RS. Das bedeutet die Abhängigkeit des sozialökonomischen Systems von den Leistungen des RS. Das ist eine Seite des Abhängigkeitsverhältnisses. Wodurch ist die Kehrseite charakterisiert?

Die Verwirklichung der wirtschaftspolitischen Korrektur- und Ergänzungsaufgaben ist für das pluralistisch-parlamentarische RS der wichtige funktionale Rechtfertigungsgrund. Von den Wählern wird die Systemfunktionalität am Verwirklichungsgrad der politisch-administrativen Leistungen gemessen und beurteilt.

Der wirtschaftspolitische Entscheidungs- und Handlungsspielraum des RS ist jedoch durch zwei Bedingungsebenen eingeschränkt. *Einmal* durch die im PS vorgegebenen

Faktoren, wie die Kompetenzverteilung im Bundesstaat, die administrative Problemverarbeitungs- und Planungskapazität, die Mitwirkung der Interessenverbände an der politischen Willensbildung, die politische Sozialisation und Verhaltensweisen der Staatsbürger, und zum *zweiten* durch die Ergebnisse des Wirtschaftsprozesses. Die letztere Bedingungsebene interessiert uns hier, denn sie macht die Kehrseite des Abhängigkeitsverhältnisses zwischen dem Regierungs- und sozialökonomischen System aus. Die Ergebnisse des Wirtschaftsprozesses sind nämlich mit den beabsichtigten und den erwarteten Ergebnissen der Wirtschaftspolitik im Regelfall nicht identisch. Die freien Gestaltungsrechte, die Möglichkeit der Abwehrhaltung der Wirtschaftssubjekte, wie wir sie im Zusammenhang mit denVerhaltenskontrollen problematisiert haben, die Wirkungsfolgen der wirtschaftspolitischen Instrumente und die „Zielkonflikte" sind Ursachen der Abweichung der Ist- und Sollergebnisse. Deshalb muß in dem privatkapitalistisch-marktwirtschaftlich koordinierten sozialökonomischen System von einem *„quasi-autonomen Wirtschaftsprozeß"* gesprochen werden. Abb. 2 veranschaulicht diesen Sachverhalt.

Aus den Ergebnissen des Wirtschaftsprozesses erwächst für das RS eine zweifache Abhängigkeit:

(a) RS muß auf die Ergebnisse mit wachstums- und stabilitätspolitischen Entscheidungen *reagieren*. Die wirtschaftspolitischen Handlungen müssen eingeleitet werden, um die von den Soll-Werten abweichenden systemimmanenten Instabilitätszustände zu korrigieren.

(b) Die Erfüllung der *Ergänzungsaufgaben*, nämlich der materiellen und inmateriellen Infrastruktur wird problematisch. Die Beschaffung der dafür erforderlichen finanziellen Mittel wird von der „Leistungsfähigkeit der Wirtschaft" bestimmt[40].

Auch der Änderung der Staatsquote[41] sind Grenzen gesetzt. „Die Belastbarkeit der Wirtschaft" ist unter den unveränderten Strukturprinzipien nicht erprobbar.[42] Die leiseste Absichtserklärung ruft Abwehrreaktionen auf; die Adressaten proben schon den Aufstand.

2. *Zur Inhaltsbestimmung der Rückkopplung der politischen Willensbildung*

Von den wirtschaftspolitischen Aktivitäten oder vom Handlungsverzicht des RS werden die Staatsbürger in sehr unterschiedlichem Maße betroffen. Wir stellten oben die Bedingtheit der Erfüllung der Infrastrukturaufgaben durch die finanziellen Restriktionen fest. Welche Infrastrukturbereiche fallen dem „Sparprogramm" zum Opfer? Wer ist durch die größer werdenden Mängel in diesen Bereichen direkt und besonders benachteiligt? Sind es nicht doch diejenigen, deren Freiheit und soziale Sicherheit nach dem folgerichtigen Verständnis des Sozialstaates[43] der inhaltlichen Ausfüllung im hohen Maße bedürfen? Oder ein anderer Fall: Die Frage der Inflationsbetroffenheit. Auch wenn die Wichtigkeit des Problems in bezug auf die anderen Ziele relativiert wird[43a], ist die unterschiedliche Belastung durch die Einkommens- und Vermögensverteilungskonsequenzen unbestritten. Ähnliches gilt auch für andere Problemlagen.

Wenn die Unterschiede an Betroffenheit größer und die reaktive Politik umfangreicher sowie die Korrekturen dringlicher werden, gerät das RS unter den Rechtfertigungsdruck. Der „Wohlfahrtsstaat" ist für die erfolgreiche Schlichtung der gegenseitigen Interessen verpflichtet, er bedarf für die Durchsetzung von Kompromissen und für den Machtgebrauch zur Erfüllung seiner Für- und Vorsorgeverantwortung der politischen Unterstützung. Er kann sich durch die wirtschaftspolitischen Erfolge Massenloyalität verschaffen[44]. In dem pluralistisch-parlamentarischen RS ergibt sich daraus für die Regierungsprateien die Konsequenz, an den Wahlterminen orientierte politische Erfolgszyklen[45] zu veranstalten. Wie sich diese gegenüber den Konjunkturzyklen verhalten, wird von den Prioritäten mitbestimmt, die den wirtschaftspolitischen Zielen zuerkannt werden.

Wie aber und unter welchen Bedingungen beurteilen die unterschiedlich betroffenen Wähler die wirtschaftspolitische Tätigkeit des Staates? Die *Erfolgskontrolle* ist für die Urteilsbildung und Interessenableitung der Wähler der erste und wichtige Ansatzpunkt. Der Vergleich der Ist-Ergebnisse des Wirtschaftsprozesses (a) mit den Soll-Werten der Wirtschaftspolitik, also der Vergleich von W3 mit P5 in der Abb. 2, und (b) mit den Interessen, die artikuliert, aber politisch von einer konfliktträchtigen Gruppe nicht vertreten wurden und/oder mit den vertretenen Interessen, die politisch nicht durchgesetzt werden konnten und/oder mit den nicht politisch artikulierten potentiellen Interessen ist der Inhalt der Erfolgskontrolle. Die Erfolgskontrolle findet unter den systemcharakteristischen Bedingungen statt, die für das politisch relevante Resultat richtungsweisend sind. Ich werde diese unten kurz darstellen. Zunächst soll eine *Klassifizierung* der möglichen Resultate der Erfolgskontrolle vorgenommen werden.

(1) Die Feststellung des wirtschaftspolitisch erfolgreichen oder des an der unzureichenden Zielrealisierung schuldigen Entscheidungsträger ist ein naheliegender Aspekt der Erfolgskontrolle. Der Wähler, die Einflußverbände, informelle Gruppen und für die Interorgankontrolle vorgesehene Verfassungsorgane und Institutionen haben, so verschieden auch ihre Kontrollperspektiven sind, ein Interesse daran, die politischen Machtträger, also die Verfassungsorgane und die von ihnen beauftragten öffentlichen Institutionen zur Verantwortung zu ziehen. Die Erfolgskontrolle hat unter diesem Aspekt die Funktion der *Erfolgszurechnung* (EZ in Abb. 2) bzw. der Herausstellung der Erfolgslosigkeit.

(2) Wenn die Outputs des Wirtschaftsprozesses und der wirtschaftspolitischen Willensbildung für die anstehenden Probleme als nicht befriedigende bzw. wirksame Lösungen bewertet werden, ergibt sich daraus wiederum ein Problemlösungsauftrag an die politischen Instanzen. Die Erfolgskontrolle erfüllt hier die Funktion der Problemfeststellung und der *Problemzuweisung* (PZ in Abb. 2). In dieser Funktion der Erfolgskontrolle liegt die wesentliche Ursache der Herausforderung der Problemlösungskapazität des RS. Genügt die Problemlösungskapazität den Anforderungen nicht, gerät das RS unter den Legitimationsdruck[46].

Die Beurteilungskriterien für die Outputs wandeln sich, weil sich das Anspruchsniveau, die Erwartungsinhalte und die Wertvorstellungen verändern. Damit enstehen neue Problemstellungen, die im „Wohlfahrtsstaat" tendenziell zur Erweiterung der Staatsaufgaben führen, aber auch ihre inhaltliche Neuordnung verursachen können.

Die Möglichkeit der inhaltlichen Neuordnung der Staatsaufgaben zu verleugnen würde ein kategorisches Abstreiten des systemischen Lernprozesses bedeuten, und das ist eine unhaltbare Behauptung.
(3) Die Erfolgskontrolle kann Anlaß für eine intensive Ursachenanalyse sein. Wenn dies geschieht, werden nicht die Symptome, sondern die in den Strukturprinzipien liegenden Ursachen der wirtschaftspolitischen Probleme thematisiert und diskutiert. Eine so angelegte Ursachenanalyse beispielsweise der wirtschaftspolitischen Zielkonflikte[47], hört nicht auf mit der Herausarbeitung der Problemzusammenhänge in der wirtschaftspolitischen Mittelwahl und -durchführung, sie hat vielmehr die Beziehung zwischen der Systemstruktur und den wirtschaftspolitischen Zielen zum Gegenstand. Die sich auf die Systemstruktur erstreckende Ursachenanalyse befaßt sich ebenfalls mit den Basisvariablen des PS. Dabei wird die ursächliche Bedeutung der Basisvariablen des PS für die Realisierungsbarkeit der Problemlösungsalternativen untersucht. Hierzu gehört auch die Frage nach der administrativen Rationalität des RS als eine Determinante seiner Problemlösungskapazität.
Die Ursachenanalyse, die so verstanden und vorgenommen wird, erfüllt die Funktion der *Systemkontrolle* (SK in Abb. 2).
(4) Die Systemkontrolle hat einen weiteren Inhalt. Die Ergebnisse des Wirtschaftsprozesses und der wirtschaftspolitischen Willensbildung werden nicht nur ursächlich erklärt, sondern unter dem Aspekt des systemimmanenten Anspruchs beurteilt. Die Wertvorstellungen, die Freiheit, sozialer Frieden und Gerechtigkeit u.a., die das Normensystem der Gesellschaft ausmachen, werden als die Beurteilungskriterien herangezogen. Der Legitimationsprozeß des Systems erhält damit einen normativen Gehalt.

Die politischen Schlußfolgerungen, die aus der Systemkontrolle gezogen werden, haben zwei Interessenperspektiven, die der ***Systemstabilisierung*** und des ***Systemwandels*** (SS und SW in Abb. 2). Das Kriterium für Systemstabilisierung und -wandel[48] ist die inhaltliche Betroffenheit der Strukturprinzipien des sozialökonomischen Systems bzw. der Basisvariablen des PS. Ein Wandel des sozialökonomischen Systems liegt also nur dann vor, wenn aus der Systemkontrolle die politischen Forderungen erwachsen, die auf die Inhaltsänderung eines oder mehrerer Strukturprinzipien abzielen und auch durchgesetzt werden. Wobei die systemische Relevanz des betroffenen Prinzips jeweils aus der konkreten Systemlage beachtet werden muß.
Wenn infolge der Systemkontrolle die Forderung nach zusätzlicher Staatstätigkeit innerhalb der Kategorie der wirtschaftspolitischen Ergänzungs- und Korrekturaufgaben gestellt wird, ist sie zunächst als ein politisches Interesse an der *Systementwicklung* zu verstehen. Führt das zu einem Aufgabenzuwachs, bedeutet es noch nicht, daß ein Wandel der Systemstruktur erfolgt. Dies könnte nur als ein „Wandel im System"[49] aufgefaßt werden.

Die Eigendynamik der wachsenden Ergänzungs- und Korrekturaufgaben und das kritische Bewußtsein der Träger der Systemkontrolle können die Problematisierung der Systemstruktur hervorbringen. Z.B., schließt die zunehmende reaktive Sozialpolitik den Systemwandel nicht aus[50]. Sie kann vielmehr die Systemgrenzen deutlich werden lassen, so daß die Strukturprinzipien zum Gegenstand der Ursachenanalyse gemacht werden. Die Tragfähigkeit der Systementwicklung für den Systemwandel kann nur durch die Untersuchung der Einflußfaktoren der Erfolgskontrolle (s. den nächsten Abschnitt) beantwortet werden.

Die zunehmende Staatstätigkeit kann aber auch zur *Systemstabilisierung*, also zur Erhaltung der Strukturprinzipien dienen. Dafür muß sie allerdings die Erfolgskontrolle positiv bestehen. Die wachsenden Einkommens- und Vermögensverteilungskorrekturen des Staates z.B., erfüllen die Funktion der Systemstabilisierung[51].

3. Einflußfaktoren der Erfolgs- und Systemkontrolle

Wir haben oben die möglichen Resultate der Erfolgskontrolle klassifiziert. Die Frage, unter welchen Einflußfaktoren die Erfolgskontrolle bzw. Systemkontrolle stattfindet, soll nun beantwortet werden. Was durch die Erfolgskontrolle herausgestellt und problematisiert wird und was die politischen Schlußfolgerungen aus der Systemkontrolle im einzelnen sein können, wird damit bestimmt, daß der Meinungs- und Willensbildungsprozeß über die Erfolgs- bzw. Systemkontrolle unter dem Einfluß von Systemelementen abläuft, die für die politischen und sozialökonomischen Systeme konstitutiv sind. Das heißt, daß die Erfolgs- und Systemkontrolle dieselben Elemente zum Gegenstand hat, die auch die Meinungs- und Willensbildung über die Systemkontrolle inhaltlich und prozessual beeinflussen oder abgrenzen. In Abb. 2 ist dieser Bedingungsrahmen mit P2, W2, WSP gekennzeichnet. Dieser Zusammenhang ermöglicht es, die Erfolgs- und Systemkontrolle im Interesse der Systemerhaltung zu lenken. Hier sollen einige Einflußfaktoren am Beispiel der Bundesrepublik Deutschland angeführt werden, die für einen „Wohlfahrtsstaat“ charakteristisch sind.

(1) Das auf dem partiellen Rationalitätsverständnis basierende *ökonomische Kalkül* prägt auch das politische Verhalten der Entscheidungssubjekte, die die Erfolgs- und Systemkontrolle durchführen. Die „ökonomische Konditionierung“[52] des Staatsbürgers beeinflußt seine politischen Entscheidungen und sein Gruppenverhalten. Er nimmt gegenüber den gesellschaftlich-relevanten Fragen die Haltung eines „Trittbrettfahrers“ ein[53]. Die schmalspurige Sicht des Privatinteresses, das durch die ökonomischen Interessen dominiert wird, beherrscht die Erfolgsanalyse der wirtschaftspolitischen Tätigkeit des Staats. Das führt dazu, daß die kurzfristigen Interessen und Erfolge höher bewertet, die zukunftssichernden Problemlösungen geringgeschätzt werden[54]. Damit ist auch die unvergleichlich niedrige Rangordnung zu erklären, die den öffentlichen Gütern zuerkannt wird. Die Korrekturaufgaben des Staates wachsen, die reaktive Wirtschaftspolitik überwiegt, absorbiert die politischen Kräfte und überschattet die politischen Konflikte, die in den Strukturprinzipien des sozialökonomischen Systems begründet sind. Dadurch wird die Systemkontrolle mehr und mehr verdrängt.

(2) *Die Verabsolutierung des Wirtschaftswachstums* ist eine systemtypische Erscheinung[55]. Sie ist eine Konsequenz der Funktionsweise der privatkapitalistisch-marktwirtschaftlich organisierten Koordination der wirtschaftlichen Entscheidungen und Handlungen. Andererseits ist die Funktion des Wirtschaftswachstums: die ökonomischen Interessengegensätze erfolgreich zu schlichten, der wirtschaftspolitische

Grund, dem „stetigen und angemessenen Wachstum" im Zielkatalog eine hohe Priorität einzuräumen. Zu der Priorität des Wirtschaftswachstums im wirtschaftspolitischen Kalkül in der BRD trug nicht zuletzt die Ideologie der „Sozialen Marktwirtschaft" bei, wonach die „soziale Komponente" durch das Wirtschaftswachstum gewährleistet erschien[56]. Die Reduzierung der Beurteilung des Wirtschaftswachstums und ja sogar des Systemvergleichs auf das quantitative Kriterium der Wachstumsraten verengte das Blickfeld[57] der Erfolgs- und Systemkontrolle. Die Entstehungs-, Verwendungs- und Verteilungsaspekt des Bruttosozialproduktes[58], die infrastrukturpolitischen Konsequenzen und Grenzen des Wirtschaftswachstums werden nur dann in der politischen Willensbildung beachtet oder aktualisiert, wenn die Fehlentwicklung nicht mehr leicht zu kaschieren, z.B. die Umweltbelastung[59] nicht zu übersehen ist.

(3) Die sogar sehr deutlich wahrnehmbaren Probleme, wie die Umweltbelastung, können durch eine geschickt angelegte Informationsaufbereitung, -vermittlung und -auswertung verniedlicht werden. Die Wichtigkeit und Problematik des *Informationssystems* und der verfügbaren Information wird in den Fällen besonders deutlich, in denen die für ihre Beurteilung erforderlichen Informationsmaterialien von den politischen Entscheidungsträgern ausgearbeitet werden. Damit kann die Erfolgs- und Systemkontrolle schon in ihrem Ansatz fehlgeleitet werden. Das gilt z.B. für die Erfolgskontrolle der Subventionen[60] und der Infrastrukturinvestitionen[61] in der BRD. Wie soll dann eine kritische Beurteilung der Staatstätigkeit und der Staatsquote am Sozialprodukt vorgenommen werden?

(4) Nicht nur die Informationen müssen zugänglich und verwertbar sein, sondern der Wähler, der letztlich die Erfolgs- und Systemkontrolle reflektieren müßte, bedarf der *politischen Bildung* auf einem hinreichenden Niveau, die ihn befähigt, die Informationen beurteilen und politisch aktiv werden zu können. Man müßte mehr als Zweckoptimismus üben, um das repräsentative politische Bildungsniveau und die Politik der verschiedenen Entscheidungsträger für die politische Bildung als annähernd befriedigend zu bezeichnen. Wenn allerdings die Dogmen und Vorurteile als der wohlbehütete gesellschaftliche Bestand verewigt werden und die Immunisierungsstrategien für die Problemursachen aufgehen sollen, dann kann dafür das politische Bildungsniveau freilich nicht niedrig genug sein.

(5) Was leistet die *Wissenschaft* zur Erfolgs- und Systemkontrolle? Wie schwer es der orthodoxen Wirtschaftswissenschaft gefallen ist – und heute noch fällt – die gesamtgesellschaftliche Rationalität von dem privatwirtschaftlichen Entscheidungskalkül zu unterscheiden und praxisrelevante Theorien zu bieten, ist ein entmutigender Tatbestand.[62] Was z.B. in der Konzeption der Messung des Bruttosozialprodukts[63] geboten und was daran orientiert und daraus abgeleitet wurde, ist im Hinblick auf einen wirklichkeitsrelevanten Erklärungsbeitrag sehr dünn und ideologisch suspekt. Die modellplatonische Beziehung der Wachstumstheorie[64] zur Wirklichkeit, die Diskrepanz zwischen Preis- und Wettbewerbstheorie und der Praxis sind beispielhaft für „Wissenschaftsleistungen", deren Nutzeffekt mehr als fragwürdig sein dürfte.

Vor diesem Hintergrund sind die noch so unvollkommenen neueren Ansätze zur politischen Ökonomie[65] und der systemanalytischen Beiträge[66] zur politischen Entscheidungsfindung, so berechtigt auch die Kritik[67] an ihnen ist, ermutigend und förderungswürdig.

B ZWEITER INTERDEPENDENZKOMPLEX

Die wirtschaftspolitische Willensbildung

Die *Problemstellung* dieses Abschnittes ist die Analyse der Wechselbeziehungen zwischen den Basisvariablen des PS und den konstitutiven Elementen des WPS. Diese Analyse muß sich auf einige wichtige Aspekte konzentrieren. Hier werden Probleme der Globalsteuerung, die sich aus der Struktur des RS ergeben, und der Interdependenzgrad zwischen dem Regierungs- und dem sozialökonomischen System behandelt.

I Interessen, Entscheidungsträger und Entscheidungskoordination

Nicht alle Interessen werden vertreten und durchgesetzt. Die Angewiesenheit der politischen Entscheidungsträger auf die Massenloyalität, die informationellen Restriktionen und die mangelhafte Koordination der wirtschaftspolitischen Entscheidungen reduzieren die Wirksamkeit der wirtschaftspolitischen Instrumente.

1. Vertretene Interessen und ihre Durchsetzbarkeit

(1) Die pluralistisch-parlamentarische Demokratie, die grundsätzlich die Möglichkeit der Interessenartikulierung und der institutionellen Vertretung vielfältiger Interessen bietet, hat durch die Paarung mit dem privatkapitalistisch-marktwirtschaftlich koordinierten sozialökonomischen System bei der heute erreichten Komplexität Interessenselektionsmechamismen erhalten bzw. entwickelt[68]. Das sind nicht nur die rechtsnormförmig bestehenden Entscheidungsprozeßregulative wie die Wahlgesetze und Geschäftsordnungen, sondern dazu gehören, schwieriger durchschaubar, die Verschleierung und Immunisierung bestimmter Interessen[69], die Unvergleichbarkeit der Machtgrundlagen und die Konfliktträchtigkeit der Interessengruppen. Die Entscheidungsprozeßregulative sorgen dafür, daß bestimmte Interessen nicht repräsentiert werden können. Als die Interessen der Minderheiten liegen sie generell im Schatten der „Schutzwürdigkeitserklärung" der Mächtigen.

(2) Die einäugige ökonomische Rationalität und die Trittbrettfahrer-Mentalität verhindern es, daß manches Allgemeininteresse organisiert vertreten wird. Damit bleiben viele Problemlösungen, obwohl sie alle betreffen, auf der Strecke[70], z.B. die der Inflation[71], des Verbraucherschutzes usw.

(3) Ideologisch aufgebaute Barrieren grenzen das Bestehende ohne Differenzierung gegen legitime Fragen und Interessen kategorisch ab. Ein problemlösungsorientierter Diskussionsbeitrag, der die Dringlichkeit und Wertigkeit einer Zielsetzung z.B. der konsequent verstandenen Vollbeschäftigung und der Arbeitssicherung bei beruflicher und regionaler Flexibilität höher bewertet als das bestehende Strukturprinzip der privaten und unkoordinierten Investitionsentscheidungen, wird als Angriff gegen die „Soziale Marktwirtschaft" pauschal abqualifiziert. Diese Abgrenzung wird durch

den Rekurs auf die „Wohlstandserfolge", die die Marktwirtschaft legitimieren sollen, ohne sie allerdings hinsichtlich ihrer sozialen Kosten abzufragen, flankiert. Die Frage, wie sozial die „Soziale Marktwirtschaft" ist, ist auch nur zulässig, wenn sie auf die Ebene der korrigierenden und nur schlichtenden „Sozialpolitik" gestellt wird. Daß die Systembeschwörung allein die „Soziale Marktwirtschaft" nicht rettet, wird übersehen[72]. Einen wesentlichen Zweck jedenfalls erfüllt diese Erhaltungsstrategie: Aussortierung von Interessen, so daß einige nicht von den Verfassungsorganen getragen werden, die beauftragt sind, gesellschaftlich bindende Entscheidungen zu treffen.

(4) Die Zielreduktion[73], die die wirtschaftspolitischen Entscheidungsträger in besonderer Form veranstalten, läßt manches Interesse der abhängig Erwerbstätigen unberücksichtigt. Die Bezeichnung der vier nach dem Willen des Gesetzgebers (§ 1 StabG) gleichzeitig und gleichrangig zu realisierenden Ziele als „magisches Viereck",[74] die den Adressaten die Nicht-Machbarkeit suggerieren soll, oder die Behauptung der Alternativlösbarkeit von Inflation und Vollbeschäftigung und damit die Suche nach der „zumutbaren Problemkombination" oder jeweils situationsbedingte Festlegung der Rangordnung der Ziele[75], sind Beispiele dieser Art von Zielreduktion.

Es ist auch bemerkenswert, welche Verwendung ein wissenschaftlicher Beitrag zur Erklärung des Zusammenhangs zwischen der Inflation und Arbeitslosigkeit, nämlich die „modifizierte Philipps-Kurve" in der öffentlichen Meinungsbildung findet. Was die Philipps-Kurve[76] in der Theorie nicht leistet, soll sie nun in der Wirtschaftspolitik bei der Suche nach der zumutbaren Kombination von Arbeitslosigkeit und Inflation vollbringen[77]. Der beabsichtigte Effekt ist, den Zielkonflikt nicht auszutragen und den Verzicht auf die gleichrangige Realisierung beider Ziele den Betroffenen nahe zu legen. Wenn sich aber die Bezeichnung *magisch* auf das Korsett „im Rahmen der marktwirtschaftlichen Ordnung", wie es im Gesetz heißt, beziehen sollte, warum wird dann der Rahmen nicht thematisiert?

(5) Einige der politisch vertretenen Interessen können nicht verwirklicht werden, weil sie nicht konfliktträchtig und/oder die Interessenverbände für die politischen Parteien nicht gleich wichtig oder mächtig sind. Andererseits leistet die vergleichbare Macht der Interessenverbände keine Gewähr für die Realisierung einer zukunftgestaltenden Politik. Vielmehr ist die Existenz der gleichmächtigen Vetogruppen ein wesentlicher Grund der Nicht-Entscheidungen, die den Status quo fördern.

2. *Wirtschaftspolitische Entscheidungsträger und das Koordinationsproblem in der Globalsteuerung*

Obwohl die Wichtigkeit der Rolle der wirtschaftspolitischen Entscheidungsträger, gerade wegen der ökonomischen Einschränkungen des Gestaltungsspielraums im privatkapitalistischen System unbestritten ist, wurde die Analyse der Problemverarbeitungskapazität der Entscheidungsorgane und des verwaltungsinternen Handlungsprozesses bis vor wenigen Jahren sträflich vernachlässigt. Hier soll der Aspekt der Entscheidungskoordination in der Globalsteuerung angeschnitten werden.

Im föderalistischen Aufbau der BRD sind die wirtschaftspolitischen Kompetenzen auf die verschiedenen Entscheidungsebenen verteilt. Die wirtschafts- und finanzpolitisch verantwortlichen Exekutiv- und Gesetzgebungsorgane des Bundes, der Länder, der Gemeinden und die für die Geld- und Währungspolitik unabhängige Bundesbank sind die legitimierten letztinstanzlichen Entscheidungsträger.[78] Hierzu gehören auch die internationalen und übernationalen Institutionen, sofern ihnen Entscheidungsbefugnisse übertragen wurden. In der Analyse der wirtschaftspolitischen Willensbildung müssen die Rolle der öffentlichen Institutionen wie die Sozialversicherungsträger, Industrie- und Handelskammer, die von den letztinstanzlichen Entscheidungsträgern mit weitreichenden Befugnissen für die Problemlösung und Gesetzesdurchführung beauftragt werden und die Einflußmöglichkeiten der Interessenverbände[79] mit berücksichtigt werden. Ein anderer für den Handlungsspielraum der Entscheidungsträger wichtiger Gesichtspunkt ist die Kapazität der für die Implementation und Durchführung der wirtschaftspolitischen Entscheidungen zuständigen Verwaltungsorgane.

Die Globalsteuerung[80] hat „den wirtschaftspolitischen Stil" der „Sozialen Marktwirtschaft" aufgrund der Notwendigkeit, die Stabilitäts- und Wachstumsprobleme zu lösen, durch die folgende Grundhaltung[81] gewandelt[82]:

(a) Das RS hat ausdrücklich die politische Verantwortung für den gesamtwirtschaftlichen Prozeß übernommen. Damit wurde die gesamtwirtschaftliche Steuerung seine stetige Aufgabe.

(b) Nicht nur die Stabilitätspolitik, sondern die wachstumspolitisch orientierte Strukturpolitik und Daseinsvorsorge gehören zur wirtschaftspolitischen Tätigkeit des Staates.

Kann das aber geleistet werden?

Die Globalsteuerung hat ideologisch-ordnungspolitische, theoretisch-konzeptionelle, verteilungspolitische, instrumentell-analytische und politisch-institutionelle Kritik erfahren[83]. Ich befasse mich mit der letzteren Kritik, mit der Frage nämlich, ob durch die Globalsteuerung politisch-institutionelle Folgen entstanden und noch zu erwarten sind, und ob die stabilitäts- und infrastrukturpolitischen Aufgaben unter den bestehenden Bedingungen des föderalistischen Staates verwirklicht werden können?

Die Neufassung des Art. 109 GG[84] und im StabG vorgesehene Institutionen der Kooperation und Koordination der an der wirtschaftspolitischen Willensbildung maßgeblich Beteiligten sowie die einschlägigen instrumentellen Erweiterungen und die zur Erfolgskontrolle dienliche Berichterstattungs- und mittelfristige Finanzplanungspflicht[85] der Bundesregierung haben tendenziell zweierlei bewirkt: *erstens* die stärkere Konzentration der wirtschaftspolitischen Leitungsaufgaben beim Bund und *zweitens* die starke Verlagerung des Entscheidungszentrums von den Legislativorganen zur Regierung und Verwaltung. Die Strukturprinzipien des RS und des sozialökonomischen Systems wurden jedoch davon nicht betroffen, so daß nur eine „Systementwicklung mit der Tendenz zur Systemstabilisierung erfolgt ist.

Die nachfragesteuerungsorientierte Stabilitätspolitik hat bisher die Erwartungen nicht einlösen können.[86] Sie scheint vielmehr durch die Stagflation vollends überfordert zu sein.

Die infrastrukturpolitischen Zielsetzungen und die Erhöhung des Anteils der investiven an den Gesamtausgaben des Staates, d.h. die Erhöhung der realen staatlichen Investitionsquote konnten ebenfalls nicht verwirklicht werden.[87] Die prozyklische Investitionspolitik bei den asymetrisch verlaufenen Konjunkturzyklen[88] und die stärkere Betroffenheit des öffentlichen Sektors[89] von der inflationären Entwicklung sowie der starke Anstieg der laufenden Ausgaben sind die wichtigsten „*ökonomischen Gründe*" dieser Erfolgslosigkeit.

Folgende im RS verankerten Bedingungen müssen noch als „*politische Gründe*" dieser Entwicklung angeführt werden:

(1) Im föderalistischen Staat haben die Gebietskörperschaften unterschiedliche wirtschaftliche Aufgabenstellung und Finanzierungsquellen[90]. Dadurch entstehen anders geartete Abhängigkeiten der Parteien und der Exekutivorgane von den Interessenverbänden, den Wählerschichten und den Wahlterminen[91]. Deshalb ist eine übereinstimmende Zielverwirklichung nicht zu erwarten[92].

(2) Die Gemeinden und Länder haben einen Anteil von ca. 80 % an den öffentlichen Sachinvestitionen. Damit verfügen sie zusammen über eine große stabilitätspolitisch wichtige und reagible Finanzmasse. Insbesondere die Gemeinden sind jedoch aufgrund ihrer Aufgabenart, ihrer politischen Abhängigkeitsstruktur, ihres wirtschaftspolitischen Informationsdefizits und nicht zuletzt wegen des Gemeindesteuersystems nicht in der Lage und nach dem StabG nicht verpflichtet[93], den vom Bund signalisierten stabilitätspolitischen Gleichschritt zu tun oder einzuhalten[94]. Der Konjunkturrat und Finanzplanungsrat als die Koordinationsgremien haben keine Kompetenzen für die rechtsverbindlichen Beschlüsse.

(3) In den Boomphasen ist die Chance für die finanzpolitische Parallelisierung der Gebietskörperschaften sehr gering. Die uneinschränkte Einbeziehung der Gemeinden und die wirksame Koordinierung der mehrjährigen Finanzplanungen auch unter dem Aspekt der konjunkturellen Wirkung öffentlicher Haushalte[95] sind noch zu lösende politische Probleme. Die inhaltliche Abstimmung der Ziele zwischen Bund und Ländern ist über die Gemeinschaftsaufgaben (Art. 91a und 91b GG) hinaus erforderlich.

(4) Die Aufgabenverteilung, die Ziel- und Instrumentenkoordinierung zwischen den Ministerien und zwischen den nachgeordneten für die Realisierungsvorbereitung und Durchführung der politischen Entscheidungen zuständigen Organen sind auf allen Ebenen weitgehend reformbedürftig[96]. Die Entscheidungshilfeverfahren wie die Planungstechniken[97], die Systemanalyse können keine politischen Entscheidungen ersetzen, aber sie können Alternativen und Folgewirkungen herausstellen, das politische Kalkül transparenter machen und die Praxisumsetzung der Entscheidungen rationalisieren. Die Relevanz der administrativen Rationalität für die Problemlösungsansätze ist unbestritten. Wenn der planenden Tätigkeit ökonomisch bedingte Grenzen gegeben sind, heißt das aber nicht, wie der überwiegende Teil der Krisentheorien generalisierend folgern, daß die Problemlösungs- und Lernkapazität des RS durch die Rationalisierung der Inter- und Intraorganbeziehungen nicht erhöht werden könnte[98].

(5) Die Unabhängigkeit der Bundesbank bringt in das Koordinationsproblem der Wirtschaftspolitik weiteren Sprengstoff. Die Parallelisierung der geld- und fiskalpolitischen Maßnahmen, die von den voneinander nach ihren Kompetenzen unabhängigen Organen

des RS getroffen werden, bedarf in jeder Konjunkturlage erneut politischer Anstrengung. Für die bundesrepublikanische Wirtschaftspolitik waren die bisherigen Erfahrungen nicht immer positiv. Die geld- und fiskalpolitischen Maßnahmen durchkreuzen sich nicht selten.

(6) Die stabilitäts- und allokationspolitisch begründeten Forderungen müssen mit dem Postulat der Erweiterung der Mitwirkungsmöglichkeiten der Bürger an der politischen Willensbildung, im besonderen Maße auf kommunaler Ebene, abgewogen werden. Dies ist ein Problem, das aufgrund der immanenten Wertvorstellungen des PS gelöst werden muß. Die Problemlösungsalternativen können letztlich nur legitimiert werden, wenn sie dem Wertanspruch des Systems genügen.

(7) Durch die Übertragung wirtschaftspolitischer Teilkompetenzen auf die übernationalen Institutionen wurde den nationalen Entscheidungsorganen ein weiteres Problem der Ziel- und Mittelkoordination aufgebürdet. Der zunehmende internationale Konjunkturzusammenhang[99] erfordert seinerseits die Synchronisierung nationaler Wirtschaftspolitiken[100]. Die Regierungssysteme der westlichen Industrieländer sind aber für diese Aufgaben nicht aufgerüstet.

Ohne die politischen Voraussetzungen zu erfüllen, können die stabilitäts-, wachstums- und strukturpolitischen Zielsetzungen, kurz, die die Ergebnisse des Wirtschaftsprozesses korrigierenden und ergänzenden Staatsaufgaben nicht realisiert werden. Das pluralistisch-parlamentarische RS hat auf das berechtigte, allerdings undifferenzierte hohe Anspruchsniveau des Staatsbürgers seinerseits mit der Steigerung des Zielrealisierungsanspruchs, z.B. mit dem gesetzlichen Realisierungsauftrag des Zielkatalogs im § 1 des StabG und im Bereich der Gemeinschaftsaufgaben reagiert. Dies führte dazu, daß die „reflexive und reaktive Abhängigkeit" des RS mit seiner abnehmenden „Autonomie" (s. II.) zunahmen.

II Der Interdependenzgrad und die Autonomie des Regierungssystems

Die reflexive und reaktive Abhängigkeit und die relative Autonomie des RS sind die Beurteilungskriterien für den Interdependenzgrad der Systeme. Die Autonomie des RS ist seine Möglichkeit, über eine Problemlösungsalternative den Konflikt auszutragen, der dadurch entsteht, daß die Alternative mit einem Strukturprinzip des sozialökonomischen Systems nicht konform, aber zieleffizient ist.

1. Reflexive und reaktive Abhängigkeit des RS

(1) Aus den wirtschaftspolitischen Grundentscheidungen über die Strukturprinzipien des sozialökonomischen Systems ergeben sich für die Entscheidungsorgane in einem pluralistisch-parlamentarischen RS zwei Konsequenzen: *erstens* das Legitimationsproblem und *zweitens* die Handlungsgrenzen.

Die politischen Entscheidungen haben ihre Produzenten zu verantworten. Damit sie aber zur Verantwortung gezogen werden können, muß die Rückkopplung der politischen Willensbildung durch die Erfolgs- und Systemkontrolle (s. Abb. 2) inhaltlich konkretisiert werden. Die eigenen Entscheidungen in der Erfolgs- und Systemkontrolle legitimieren zu müssen, bringt die Entscheidungsorgane in die Abhängigkeit von dem Erfolg und den Folgen getroffener Entscheidungen.

Die zweite Konsequenz ist die Selbstbindung der Regierungsorgane an die Strukturprinzipien. Das bedeutet, daß sie bestimmte Handlungen hinsichtlich ihrer wirtschaftspolitischen Gestaltungsaufgaben zu unterlassen oder aber zu übernehmen haben. Damit werden den Verfassungsorganen einerseits Handlungsgrenzen gezogen und andererseits Handlungsimperative gegeben[101]. Beispielsweise wird im Art. 14 GG einerseits die rechtsinstitutionelle Garantie des Eigentums und des Erbrechts verankert und andererseits die Inhalts- und Schrankenbestimmung dem Gesetzgeber aufgegeben.

Die Abhängigkeit, die durch die beiden Konsequenzen der Grundentscheidungen über die Strukturprinzipien bedingt ist, nenne ich *reflexive Abhängigkeit des RS*. Die reflexive Abhängigkeit des RS besteht auch im Bezug auf die Basisvariablen des PS und auf die eigene Struktur. Ich habe dies am Beispiel der politischen Bedingungen der Globalsteuerung dargestellt.

(2) Die andere Kategorie der Abhängigkeit, die aus den Strukturprinzipien für das RS entsteht, ist *die reaktive Abhängigkeit*. Diese hat im privatkapitalistisch-marktwirtschaftlich koordinierten sozialökonomischen System zweierlei Ursachen: Die relative Autonomie, die die Wirtschaftseinheiten in diesem System besitzen, ermöglicht, daß sie den wirtschaftspolitischen Entscheidungen und den Wirkungen der eingesetzten Instrumente ausweichen und je nach ihrem Machtpotential unterschiedlich wirksame Gegenstrategien anwenden können. Handeln die Wirtschaftseinheiten so und wird an der bisherigen wirtschaftspolitischen Zielsetzung festgehalten, so werden die Entscheidungsträger ihrerseits darauf *reagieren* müssen. Zweitens müssen die Ergebnisse des Wirtschaftsprozesses, insbesondere die Neben- und Fernwirkungen wirtschaftspolitischer Mittel *korrigiert* werden, z.B. die sozialpolitischen Folgen der konjunkturpolitischen Maßnahmen[102]. Die Aktualisierung der reaktiven Abhängigkeit bedarf ebenfalls der funktionierenden Rückkopplung durch die Erfolgs- und Systemkontrolle. Die jeweiligen Inhalte der Erfolgs- und Systemkontrolle sind situationsbedingt (s. AII. 2., 3.). Deshalb können auch über die Aktualisierung und den Probleminhalt der reflexiven sowie der reaktiven Abhängigkeit des RS nur *Tendenzaussagen* gemacht werden.

Die beiden Abhängigkeitskategorien bieten sich als ein Unterscheidungsmerkmal für den Systemwandel an. Eine Änderung der reflexiven Abhängigkeit signalisiert den *Systemwandel*, und eine Änderung der reaktiven Abhängigkeit weist auf die *Systementwicklung* hin.

2. *Der Interdependenzgrad zwischen RS und dem sozialökonomischen System und die Autonomie des RS*

Der Zuwachs der wirtschaftspolitischen Aufgaben läßt vermuten, daß die wechselseitige Abhängigkeit der Systeme aufgrund ihrer Leistungsangewiesenheit (s. A II.) zugenommen hat[103], d.h. der Interdependenzgrad gestiegen ist. Das mag für eine Feststellung in erster Problemannäherung genügen, aber der Begriff des Interdependenzgrades bedarf der operationalen Spezifizierung[104]. Der Interdependenzgrad der Systeme wird durch die folgenden Beurteilungskriterien bestimmt. Die reflexive und reaktive Abhängigkeit des RS sind die ersten zwei *Beurteilungskriterien für den Interdependenzgrad*. Die Analyse der beiden Abhängigkeitskategorien, die – wie aus ihrer Definition hervorgeht – im Zusammenhang gesehen werden müssen, ermöglicht eine empirisch überprüfbare Aussage über den Interdependenzgrad. Ein aktuelles, politisch relevantes Gewicht erhalten die reflexive und reaktive Abhängigkeit durch den Rückkopplungsprozess, also durch die jeweiligen Ergebnisse der Erfolgs- und Systemkontrolle. Darin besteht die Bedeutung der Erfolgs- und Systemkontrolle und der sie beeinflussenden Faktoren (s. A II.3.) für die Handlungsstrategien zur Schaffung von relativer Autonomie des RS.

Das dritte Beurteilungskriterium ist die *Autonomie des RS*. Ich definiere sie als die Möglichkeit der Konfliktaustragung über die Problemlösungsalternativen. Ich schränke allerdings den Konfliktbezug der Alternativen für die Fälle ein, daß der Konflikt dadurch entsteht, daß eine Alternative im hohen Maße zieleffizient ist, aber mit einem oder mehreren Strukturprinzipien des sozialökonomischen Systems inkonform ist. Die Zieleffizienz bedeutet das Zielrealisierungsmaß eines wirtschaftspolitischen Instruments. Das Autonomiekriterium stellt ein wichtiges Entscheidungsproblem heraus, das sich bei der Realisierung der wirtschaftspolitischen Aufgaben ergibt. Die Aufgabenart und der Aufgabenzuwachs als die Teilaspekte der Wirtschaftspolitik werden mit der Problemlösungsperspektive, die jeweils durch die Entscheidung für eine Problemlösungsalternative verwirklicht wird, ergänzt. Für die Bestimmung des Interdependenzgrades werden also drei entscheidungstheoretische Kriterien verwendet.

3. *Das finale Element politischer und sozialökonomischer Systeme*

Die Wertvorstellungen über die Würde des Menschen, über seine Rolle in der Gesellschaft und über das gesellschaftliche Dasein machen das *normative Element* des PS aus. Es ist der Mindestkonsens, den die Mitglieder der Gesellschaft zu tragen und zu tradieren bereit sind. Es erfüllt damit eine Integrationsfunktion. Als die wichtigste Basisvariable[105] des PS werden die Wertvorstellungen in den essentiellen Verfassungsnormen, wie in den Grundrechten, näher bestimmt und finden auch in den weiteren konstitutiven Elementen des PS insbesondere in der Struktur des RS, in der politischen Machtverteilung und ihrer institutionellen Kontrolle, ihren Ausdruck. Im sozialökonomischen System werden die Wertvorstellungen durch die Strukturprinzipien konkretisiert[106]. Der normative Begründungs- und Legitimationsversuch beispielsweise der privatkapitalistischen Wirtschaftsstruktur oder der wirtschaftspolitischen Leitbilder hat diesen Aspekt der Strukturprinzipien zum Gegenstand[107].

Das normative Element ist der immanente Systemanspruch und damit die Legitimationsbasis gesamtgesellschaftlich relevanter politischer Entscheidungen und Handlungen. Die Wertvorstellungen bedürfen jedoch fortwährend der inhaltlichen Ausfüllung. Das bedeutet für die Strukturprinzipien, daß sie sich im Wirtschaftsprozess hinsichtlich ihres Wertgehaltes bewähren müssen: sie stehen unter einem permanenten Legitimationszwang. Andernfalls verwirken sie ihre Existenzberechtigung, weil sie die vergleichbare Realisierung der Werte für alle an dem Wirtschaftsprozeß Beteiligten nicht mehr gewährleisten. Machen wir uns das an einem Beispiel deutlich: Die privatkapitalistische Entscheidungsstruktur in dem Produktions- und Verteilungsprozeß, die durch das Privateigentumsprinzip an den Produktionsmitteln garantiert wird und die nicht wettbewerblich organisierte marktwirtschaftliche Koordination beeinträchtigen, wenn nicht aufgrund ihrer Instabilitätsfolgen sogar verhindern, die vergleichbare Realisierung der Wertvorstellungen über die freiheitliche Selbstverwirklichung des Menschen. Um es auch an einem gängigen Systemanspruch zu exemplifizieren: Die Konsumentensouveränität[108] und die davon abhängige sogenannte ,,vikarische Funktion des Unternehmers" haben sich unter den Bedingungen des privatkapitalistisch-marktwirtschaftlichen Systems in die Produzentensouveränität umgeschlagen[109].

Welche Bedeutung kommt nun den wirtschaftspolitischen Zielen im Bezug auf das normative Element des PS zu? Die wirtschaftspolitischen Ziele entstehen dadurch, daß die Wertvorstellungen auf die aktuellen und/oder prognostizierten Problemzustände projiziert werden. Dies geschieht realiter durch die Erfolgs- und Systemkontrolle. Zugleich gewinnen die Werte, z.B. Gerechtigkeit, materielle Freiheit und Sicherheit, mit der Umsetzung eines Zieles, z.B. der Vollbeschäftigung, in die Wirklichkeit einen in der gegebenen Problemlage, z.B. der strukturellen Arbeitslosigkeit konkretisierten Inhalt, also einen Realitätsbezug. Wenn auch die Ziele wie die Strukturprinzipien eine normative Komponente besitzen, ist es dann einsichtig und unabweislich, das für eine Zielrealisierung wirksame aber wegen seiner Neben- und Fernwirkungen mit einem bestehenden Strukturprinzip inkonforme Problemlösungsverfahren nur so zu beurteilen, daß das zu realisierende Ziel und das tangierte Strukturprinzip unter dem Aspekt ihrer Wertbezogenheit verglichen werden, d.h., daß sie der Gegenstand einer ,,Güteabwägung" gemacht werden müssen. Das ist keine leichte, aber eine unverweigerliche Aufgabe, die bisher nicht ernst genug genommen wurde. Sie wird jedoch, was nicht verwundert, von der öffentlichen Diskussion mit dem Vorwurf der ,,Ideologiekopflastigkeit" verbannt. Was dann die Szene der inkrementalistischen, ad hoc reagierenden, ja asthmatischen Wirtschaftspolitik im ,,Wohlfahrtsstaat" füllt, ist beladen mit Ideologie par exellence, freilich mit einer Ordnungssicherungsideologie[110]. Mit der Unterscheidung der Wirtschaftsordnungspolitik – die immer die bestehende Ordnung meint – und der Prozeßpolitik werden die Strukturprinzipien zum Selbstzweck und damit verlieren sie ihre instrumentelle Funktion für die unter den veränderten Problemsituationen stets erforderliche Sinnerfüllung der Werte. Und andererseits werden den Zielen durch ihre Unterordnung zu den Strukturprinzipien ihr jeweiliger Wertgehalt aberkannt.

Wenn in der Debatte über ein alternatives wirtschaftspolitisches Instrument das Bekenntnis zur ,,Sozialen Marktwirtschaft" ohne die Differenzierung und Problematisierung abverlangt wird, oder es zum Ritual zu werden droht, so bedeutet das nichts anderes als ein Immunisierungsmanöver, wodurch die Diskussion über die Problemlösungsalternativen mindestens erschwert, ja eigentlich blockiert wird, mit der Konsequenz, daß die Autonomie des RS wieder ein Stück mehr beschnitten wird.

Aufgrund des gemeinsamen finalen Elements weisen das RS und das sozialökonomische System eine *Affinität* auf. Ihre Strukturen sind die affinen Bilder des normativen Elements des PS. Wenn die Analyse der Wirklichkeit der Modellkonstruktion zuliebe nicht geopfert wird, ist der Affinitätsbegriff operational brauchbar. Dafür müssen z.B. die Strukturprinzipien, wie oben geschehen, problematisiert werden. Die Verzerrung der affinen Bilder in der Wirklichkeit z.B. des Sozialstaatspostulats[111] als grundgesetzlicher Konkretisierungsauftrag muß untersucht werden.
Wenn aber die Systemaffinität theorie-puristisch verstanden und an einem Wert oder an einer Verhaltensmaxime z.B. der formalen Rationalität festgemacht wird, entstehen auf einem Holzwege „wissenschaftliche" Konstrukte folgender Art: hier steht der souveräne Wähler mit dem Stimmzettel und dort der souveräne Konsument mit dem Geldschein in der Hand, hier animiert er den wetteifernden Stimmen-, dort den konkurrierenden Gewinnmaximierer usw.[112]. Diese Konstrukte können von einem fixen Punkt abgeleitete stringente Interdependenzen und Affinität aufzeichnen[113]. Das wäre aber zu hübsch, um die Wirklichkeit abzubilden.[114]

C DRITTER INTERDEPENDENZKOMPLEX

Basisvariablen des WS und die Wirtschaftspolitik

Die *Problemstellung* dieses Kapitels ist die Analyse der Grenzen der Wirtschaftspolitik, die durch die Basisvariablen des WS gesteckt werden, und die Beeinflussung dieser durch die Wirtschaftspolitik. Dies läßt sich in Abb. 1 wie folgt verdeutlichen: Wir haben uns im Kap. B mit der Beziehung zwischen P2 und WPS exemplarisch beschäftigt. Jetzt wechseln wir die Blickrichtung und untersuchen die Interdependenz von W2 und WPS.

I „Allgemeinökonomische" Determinanten der Wirtschaftspolitik

In jedem sozialökonomischen System müssen die ökonomischen Grundprobleme gelöst werden. Die Strukturprinzipien (WPS (1)) stecken dafür den Rahmen ab. Die Autonomie der Wirtschaftseinheiten, die Produktionsfaktoren, natürliche Bedingungen und die quasi-ökonomischen Gesetze sowie die entscheidungslogischen Anforderungen sind die „Entscheidungsdaten", die der Wirtschaftspolitik vorgegeben sind.

1. Allgemeinökonomische Probleme

Im Wirtschaftsprozeß müssen grundlegende Fragen[115] beantwortet werden, die die Produktion und Verteilung von Gütern betreffen, die für die Erfüllung der materiellen und immateriellen Bedürfnisse zur Verfügung gestellt werden. Die wichtigsten dieser Fragen sind:

(a) Welche Güter und Dienstleistungen und wieviel zur Erreichung welcher gesellschaftlichen und privaten Zielsetzungen sollen produziert werden? Daraus ergeben sich die Informations- und Zielprioritätsprobleme.

(b) Wie ist der Entscheidungsprozeß über die Frage (a) gestaltet? Wer und mit welcher Macht ist daran beteiligt? Dies betrifft die Unternehmensverfassung und die wirtschaftspolitische Willensbildung.

(c) Welche Produktionsfaktoren und natürliche Bedingungen sind vorgegeben? Das Problem ist die quantitative und qualitative Restriktion der Produktionsbasis.

(d) Wie ist das Allokationsproblem zu lösen? Wie und auf welchem technologischen Niveau wird produziert? Die Grundfrage ist die optimale Nutzung des Produktionspotentials und die Ermittlung von Anreizen zur Einbringung von Faktoren in den Produktionsprozeß.

(e) Wie werden die produzierten Güter und Dienstleistungen verteilt? Das Problem ist die Feststellung der Einkommens- und Vermögensanteile, die den Wirtschaftseinheiten zukommen sollen und der Konfliktaustragungsformen.

Die Probleme, die durch diese Fragen definiert sind, nenne ich allgemeinökonomische Probleme.

Geht man bei der Behandlung dieser Fragen von einem axiomatischen System aus, zu dessen wohlbehüteten und von der herrschenden Wirtschaftstheorie stets erfolgreich hinübergeretteten Bestandteilen z.B. das „Knappheitstheorem“, „Extremalprinzip“, die „Zweckrationalität“ als Verhaltensmaxime und die „Konsumentensouveränität“ gehören, werden die ursprünglichen Zusammenhänge zwischen den Problemen, die durch diese Fragen definiert sind und den konstitutiven Elementen des WPS überdeckt und die Zugänge dazu überschüttet. Die Arbeiten, die sich um diese Kernfragen bemühten und das „Sachgebiet des ökonomischen und sein Verhältnis zur Kulturwirklichkeit Wirtschaft“ zum Forschungsgegenstand hatten[116], scheinen in Vergessenheit geraten zu sein. Es würde sich lohnen, sie zu überdenken.

2. *Quasi-autonomer Wirtschaftsprozeß*

(1) Die Wirtschaftseinheiten erhalten in jedem sozialökonomischen System einen bestimmten durch die Strukturprinzipien gewährleisteten freien Entscheidungs- und Handlungsspielraum. Je nach dem Verwirklichungsgrad der Wirtschaftsfreiheiten besitzen sie eine Gestaltungsautonomie. Gehören hierzu, wie im privatkapitalistisch-marktwirtschaftlichen System, die Verfügungsrechte über Produktionsmittel, hat das zur Folge, daß die Gestaltung des Produktionsprozesses und generell die Lösung des Allokationsproblems dem privatwirtschaftlichen Entscheidungskalkül unterliegen.

Die Autonomie der Wirtschaftseinheiten ist für die Wirtschaftspolitik ein „Entscheidungsdatum“. Dieses ist aber nicht unbeeinflußbar. Es kann sogar durch eine wirtschaftspolitische Grundentscheidung über ein alternatives Strukturprinzip aufgehoben werden. Auf die Realisierungsbedingungen einer solchen Entscheidung habe ich bei der Analyse des ersten Interdependenzkomplexes hingewiesen.

(2) Die Produktionsfaktoren, insbesondere die natürlichen Ressourcen können nicht unbegrenzt vermehrt und substituiert werden. Das bedeutet, daß das Wirtschaftswachstum und die Gestaltungsmöglichkeiten der Wirtschaftspolitik durch diese Tatbestände auf Grenzen stoßen. Die Rohstoffabhängigkeit[117] der Bundesrepublik z.B. ist für die Außenwirtschaftspolitik ein wichtiges Faktum. Dieses zusammen mit den Folgen der exportorientierten[118] Produktionsstrategie der Unternehmen, die eine solche Strategie aufgrund ihrer Entscheidungsfreiheit verfolgen konnten, trugen zum Dilemma der bundesrepublikanischen Wirtschaftspolitik beträchtlich bei. Eine aktive Strukturpolitik erfährt dabei deutliche Bremswirkungen und wird auf die Reparaturen von Ergebnissen beschränkt.
(3) Die Wissenschafts- und Forschungspolitik des Staates kann die technologische Entwicklung fördern, ihre Richtung und Anwendung beeinflussen. Sie kann jedoch mit den autonomen Forschungsplänen der Großunternehmen und der multinationalen Konzerne in Widerspruch und in die Abhängigkeit von ihnen geraten[119]. Darüber hinaus haben die Unternehmen durch ihre freien Investitionsentscheidungen die Chance, die Verwendung der Technologie weitestgehend selbst zu bestimmen.
(4) Die ökonomischen Quasi-Gesetze[120] und Theorien haben ihre Geltung im Rahmen der Strukturbedingungen des sozialökonomischen Systems. Die Wirtschaftspolitik kann sie nicht beliebig ignorieren; sie kann auch Opfer falscher „Theorien" werden[121].

Diese hier kurz skizzierte Beziehung der Basisvariablen des WS zum WPS macht die Grenzen der staatlichen Wirtschaftspolitik deutlich. Deshalb existiert unter den gegebenen Bedingungen des privatkapitalistisch-marktwirtschaftlichen Systems ein quasiautonomer Wirtschaftsprozeß (s. Abb. 2), der zwar durch die wirtschaftspolitischen Elemente (WPS (2)–(4)) beeinflußbar ist, aber seinerseits der Wirtschaftspolitik „Daten" setzt.

II Internationale Wirtschaftsverflechtung und nationale Wirtschaftspolitik

Die Tätigkeit der multinationalen Unternehmen, die Erfordernisse einer weltweiten Ressourcenbewirtschaftung und der Neuordnung der weltwirtschaftlichen Arbeitsteilung sind neuere Problembereiche der nationalen Wirtschaftspolitik.

(1) Die über die nationalen Grenzen hinaus tätigen und kooperierenden Unternehmen (WS (1)) haben die Wirtschaftspolitik vor neue Probleme gestellt[122], die nicht mit konventionellen Mitteln der außenwirtschaftlichen Absicherung gelöst werden können. In allen Teilbereichen der Wirtschaftspolitik sind weitere Ergänzungs- und Korrekturaufgaben des RS entstanden: wettbewerbs-, konjunktur-, struktur-, technologiepolitische und finanzwirtschaftliche Maßnahmen werden notwendig, um die die wirtschaftspolitischen Ziele konterkarierenden Aktivitäten der multinationalen Unternehmen zu „kontrollieren". Die nationale Wirtschaftspolitik wird sich deshalb mit der aktuellen Frage befassen müssen, einen Verhaltenskodex für multinationale Unternehmen zu schaffen; eine Frage, die die bestehenden Strukturprinzipien des sozialökonomischen Systems tangiert und Probleme aufwirft, die nur international zu lösen sind.

(2) Der Wirtschaftsprozeß in den Industrieländern mit den Folgen der Ressourcenvergeudung und -vernichtung, mit den umweltbelastenden Produktionsverfahren (WS (2), (4–6)) und die Anstrengungen der Entwicklungsländer, um ein Mindestmaß an Lebensstandard zu verwirklichen, geben Anlaß, die herkömmlichen Denk- und Argumentationsmuster der nationalen Wirtschaftspolitik zu überprüfen.

Die arbeitsteilige, zukunftsbedachte Versorgung und Verwendung der nicht reproduzierbaren Rohstoffe[123] und gerechte Verteilung der Nutzen des internationalen Handels sind Probleme, die bisher ignoriert werden konnten. Sie haben jedoch einen solchen Dringlichkeitsgrad erreicht, daß ihre Lösungen nicht vertagt werden können. Wie immer sie auch gelöst werden, wird das wirtschaftspolitische System Änderungen erfahren. Von diesem Anpassungsprozeß werden wahrscheinlich alle Basisvariablen des WPS betroffen sein. Nicht nur die wirtschaftspolitischen Instrumente bedürfen der gründlichen Überholung, sondern vor allem müssen die wirtschaftspolitischen Ziele überdacht werden und andere Prioritäten erfahren. Dabei wird der Konflikt mit den bestehenden Strukturprinzipien nicht ausbleiben.

(3) Schließlich sind die Bemühungen der Entwicklungsländer um die Realisierung einer neuen Weltwirtschaftsordnung[124] eine Herausforderung für die nationale Wirtschaftspolitik. Die Forderungen der Dritten Welt setzen an den Basisvariablen des WS an und zielen auf die Änderung der bisherigen wirtschaftspolitischen Haltung, z.B. der protektionistischen Handelspraktiken ab. Mit den Scheinargumenten wie das Plädoyer für die Erhaltung der freiheitlichen Weltwirtschaftsordnung – das wohl die Freiheit der Mächtigen meint – wird man der Herausforderung der Wirtschaftspolitik nur auf Zeit begegnen können. Was Not tut, ist die Einsicht in die Notwendigkeit einer Weltwirtschaftspolitik, die die nationalen Züge der Wirtschaftspolitiken auf das hinreichende Minimum reduziert.

Anmerkungen

1 S. hierzu die Arbeiten, die einen kritischen Überblick über die verschiedenen Ansätze zur Klärung dieser Fragen bringen: *Frey, B.S.*: „Die Renaissance der Politischen Ökonomie", in: Schweiz. Zeitschrift für Volkswirtschaft und Statistik 110, 1974; *Esser, J.*, Einführung in die materialistische Staatsanalyse, Frankfurt a.M. 1975; *Abromeit, H.*: „Zum Verhältnis von Staat und Wirtschaft im gegenwärtigen Kapitalismus", in: Politische Vierteljahresschrift 17, 1976.

2 So bei *Offe, C.*: „Krisen und Krisenmanagement: Elemente einer politischen Krisentheorie", in: *Jänicke, M.* (Hrsg.): Herrschaft und Krise, Opladen 1973,S. 213, und bei *Scharpf, F.W.*: Politische Durchsetzbarkeit innerer Reformen, Göttingen 1974, S. 6.

3 Vgl. hierzu die Kritik an der Begriffassung *N. Luhmanns* von *Ronge, V.*: „Politisches System oder Staat?" in: ders., *Weihe, U.* (Hrsg.): Politik ohne Herrschaft?, München 1976, S. 18 ff.

4 Vgl. *Pütz, Th.*: „Wirtschaftliche Entwicklung und zunehmende Staatstätigkeit", in: Zeitschrift für Nationalökonomie, 20, 1960; *Geyer, H.*: „Kritische Anmerkungen zur Frage nach den Grenzen der staatlichen Aktivität in der Marktwirtschaft", in: *Timm, H.*, *Haller, H.* (Hrsg.): Beiträge zur Theorie der öffentlichen Ausgaben, Berlin 1967.

5 Vgl. *Schachtschabel, H.G.:* Wirtschaftspolitische Konzeptionen, Stuttgart 1967, S. 26 ff.; *Seraphim, H.J.:* Theorie der allgemeinen Wirtschaftspolitik, Göttingen 1962, 2. Aufl.; *Pütz, Th.:* „Zur Typologie wirtschaftspolitischer Systeme", in: Jahrbuch für Sozialwissenschaft 15, 1964, S. 135 f.; ders.: „Die wirtschaftspolitische Konzeption", in: *Seraphim, H.J.* (Hrsg.): Zur Grundlegung wirtschaftspolitischer Konzeptionen, Berlin 1960, S. 11 ff. Vgl. zur Konzeptualisierung, die hier vertreten wird, *Braun, G.:* Politische Ökonomie für den Sozialkundeunterricht, Hamburg 1976, S. 19 ff.

6 Vgl. hierzu *Leipold, H.:* Wirtschafts- und Gesellschaftssysteme im Vergleich, Stuttgart 1976, S. 89 ff.

7 In der Literatur über „Wirtschaftsordnungen" werden generell die Grundentscheidungen (c) und (d) thematisiert. Das hat zu einer undifferenzierten Betrachtung und Beurteilung der realen Systemprobleme geführt. Das bipolare Ordnungsdenken der neoliberalen Schule hat dies besonders gefördert. S. dazu *Eucken, W.*: Grundlagen der Nationalökonomie, 6. Aufl., Berlin 1950; *Hensel, K.P.*: Einführung in die Zentral verwaltungswirtschaft, Stuttgart 1954, S. 163 ff.; DERS.: Grundformen der Wirtschaftsordnung, Marktwirtschaft-Zentralverwaltungswirtschaft, München 1972. S. kritisch hierzu *von Beckerath, E.*: „*W. Euckens* Grundsätze der Wirtschaftspolitik", in: ORDO V, 1953, S. 292 f.; *Lösch, D.*: Zur Ideologiekritik des traditionellen bipolaren Ordnungsdenkens, in: Hamburger Jahrbuch für Wirtschafts- und Gesellschaftspolitik 20, 1975; *von Kempski, J.*: „Zur Logik der Ordnungsbegriffe, besonders in den Sozialwissenschaften", in: *Albert, H.* (Hrsg): Theorie und Realität, Tübingen 1972, 2. Aufl.; *Albert, H.* bezeichnet die *Euckensche* Theorie der Verkehrswirtschaft als „reine Plantheorie, verbunden mit einer Klassifikation der Marktformen und ergänzt durch die Behauptung einer Tendenz zum statischen Zustand". Marktsoziologie und Entscheidungslogik: Objektbereich und Problemstellung der theoretischen Nationalökonomie. in: Marktsoziologie und Entscheidungslogik, Neuwied a.R. 1967, S. 264.

8 Vgl. zu den Grundentscheidungen die Einführung von *Eckstein, A.*: in: DERS. (Hrsg): Comparison of Economic Systems, London 1971, S. 6 ff.

9 S. über die Möglichen Koordinationsarten die Zusammenfassung von *Rahmeyer, F.*: Pluralismus und rationale Wirtschaftspolitik, Stuttgart 1974, S. 70 f.; a. *Boettcher, E.* über die Kooperationsformen als dritter Koordinationsmechanismus neben „Markt- und Planwirtschaft", Kooperation und Demokratie in der Wirtschaft, Tübingen 1974, S. 11 ff.; Vgl. a. *Hedtkamp, G.*: Wirtschaftssysteme, München 1974, S. 131 ff.

10 Über die Lösung des Informationsproblems in unterschiedlichen sozialökonomischen Systemen s. *Szyperski, H., Nathusius, K.*: Information und Wirtschaft, Frankfurt a.M. 1975, S. 25 f., 78 f.

11 Einen Überblick über die Versuche der Typisierung von systemcharakteristischen Merkmalen bringen *Peters, H.-R.*: „Ordnungstheoretische Ansätze zur Typisierung unvollkommener Wirtschaftsordnungen", in: Hamburger Jahrbuch für Wirtschafts- und Gesellschaftspolitik 18, 1973; *Lampert, H.*: „Wirtschaftsordnung-Begriff, Funktionen und typologische Merkmale", in: Wirtschaftswissenschaftliches Studium H. 8/9, 1973; *Kloten, N.*: „Zur Typenlehre der Wirtschafts- und Gesellschaftsordnungen", in: ORDO, VII, 1955; *Kröll, M.*: „Die Wirtschaftstypologien *Euckens* und *Ritschls*", in: Zeitschrift für die gesamte Staatswissenschaft 108, 1952.

12 Vgl. hierzu die Unterscheidung der strukturgebundenen und ablaufsteuernden Funktionen einer Wirtschaftsordnung von *Lampert, H.*: Die Wirtschafts- und Sozialordnung der Bundesrepublik Deutschland, München 1973, 4. Aufl., S. 14 ff; DERS.: Die Wirtschaftsordnung . . ., a.a.O.

13 S. Die Kritik an dieser Auffassung von grundsätzlichem „Wahlakt": *von Eynern, G.*: „Soziale Marktwirtschaft", in: DIW (Hrsg), Beiträge zur empirischen Konjunkturforschung, Berlin 1950, S. 130; auch *Riese, H.*: „Ordnungsidee und Ordnungspolitik", in: KYKLOS, 25, 1972, S. 25 f.

14 s. hierzu *Scheuner, U.*: „Wirtschaftslenkung im Verfassungsrecht des modernen Staates", in: DERS., (Hrsg): Staatliche Einwirkung auf die Wirtschaft, Frankfurt a.M. 1971, S. 37 ff.; *Badura, P.*: „Das Prinzip der sozialen Grundrechte und seine Verwirklichung im Recht der Bundesrepublik Deutschland", in: Der Staat 14, 1975; *Podlech, A.*: „Eigentum-Entscheidungsstruktur der Gesellschaft", in: Der Staat 15, 1976.

15 Vgl. *Häberle, P.*: „Grundrechte im Leistungsstaat", in: Veröffentlichungen der Vereinigung der Deutschen Staatsrechtslehrer, Bd. 30, Berlin 1972, S. 66 ff.; a. *Hartwich, H.-H.*: Sozialstaatspostulat und gesellschaftlicher Status quo, Opladen 1970, S. 119 ff.

16 s. *Scholz, R.*: „Das Grundrecht der freien Entfaltung der Persönlichkeit in der Rechtssprechung des Bundesverfassungsgerichts", in: Archiv des öffentlichen Rechts 100, 1975.

17 Mit diesem Problem befaßt sich *von Nell-Breuning, O.* Kapitalismus – Kritisch betrachtet, Freiburg i.B. 1974, S. 79 ff.; s.a. *Heimann, E.*: Soziale Theorie der Wirtschaftssysteme, Tübingen 1963, S. 112 f.

18 *Offe, C.* nennt weitere zwei „Auffangmechanismen" im Spätkapitalismus, die die Funktion haben, „einen jeweils neuen Überlebensspielraum für das System zu erschließen". Spätkapitalismus – Versuch einer Begriffsberstimmung, Frankfurt a.M. 1972, S. 21; auch in: *Narr, W.-D.*, *Offe, C.* (Hrsg): Wohlfahrtsstaat und Massenloyalität, Köln 1975, S. 16.

19 *Mackscheidt, K.* bringt einen kritischen Überblick. „Ein Vergleich wirtschaftspolitischer Zielkataloge" in: *Kirsch, G.*, *Wittmann, W.* (Hrsg): Nationale Ziele und Soziale Indikatoren, Stuttgart 1975.

20 S. über die Mängel der marktwirtschaftlichen Allakotion *Mackscheidt, K.*, *Steinhausen, J.*: Finanzpolitik II, Grundfragen versorgungspolitischer Eingriffe, Tübingen 1977, S. 5 ff.

21 In der historischen Begründung und Rechtfertigung der Staatstätigkeit im marktwirtschaftlich koordinierten System stand dieser Ergänzungsaspekt im Vordergrund. Einige Beispiele hierzu: *Smith, A.*: „Finanzpolitik", B. 5, aus: Der Wohlstand der Nationen, Neuaufl. München 1974, S. 587 ff.; *Schaeffle, A.E.F.*: Das gesellschaftliche System der menschlichen Wirtschaft, Tübingen 1873, 3. Aufl. S. 347; *Wagner, A.*: Grundlagen der politischen Ökonomie, T. 1, Leipzig 1893, 3. Aufl. S. 888 ff. Vgl. dazu *Timm, H.*: „Das Gesetz der wachsenden Staatsausgaben", in: Finanzarchiv 21, 1962; *Recktenwald, H.C.*: „Entwicklung und Grenzen der Infrastrukturausgaben", in: *Jochimsen, R.*, *Simonis, U.E.* (Hrsg): Theorie und Praxis der Infrastrukturpolitik, Berlin 1970.

22 Hierzu die Kritik an Krisentheorie *C. Offes* von *Esser, J.*, a.a.O. S. 78 ff., a. *Blanke, B.*: „Entscheidungsanarchie und Staatsfunktionen: Zur Analyse der Legitimationsprozesse im politischen System des Spätkapitalismus", in: *Ebbighausen, R.* (Hrsg): Bürgerlicher Staat und politische Legitimation, Frankfurt a.M. 1976, S. 188 ff. Vgl. a. die Kritik an den krisentheoretischen Ansätzen von *Habermas, J.* und *Offe, C.*: *Guldimann, T.*: Grenzen des Wohlfahrtsstaates, München 1976, S. 88 f.

23 S. *Mackscheidt, K.*, *Steinhausen, J.*: Finanzpolitik I, Grundfragen fiskalpolitischer Lenkung, Tübingen 1975, 2. Aufl.; *Neumann, M.J.M.*: „Fiskalisch oder monetär ausgerichtete Stabilisierungspolitik?" in: *Schneider, H.K.* u.a. (Hrsg): Stabilisierungspolitik in der Marktwirtschaft, Berlin 1975; *Dickertmann, D.*, *Siedenberg, A.*: Geldpolitische Lenkungsinstrumente in der BRD, Tübingen 1975, 2. Aufl.

24 Vgl. *Kade, G.*: „Wirtschaftsordnung und Wirtschaftspolitik", in: Konjunkturpolitik 9, 1963, S. 60 ff.

25 *Müller-Armack, A.*: „Die zweite Phase der Sozialen Marktwirtschaft", in: DERS.: Wirtschaftsordnung und Wirtschaftspolitik, Freiburg i.B. 1966.

26 Im § 1 StabG vom 8.6.1967, BGBl I, S. 582 heißt: „Bund und Länder haben bei ihren wirtschafts- und finanzpolitischen Maßnahmen die Erfordernisse des gesamtwirtschaftlichen Gleichgewichts zu beachten. Die Maßnahmen sind so zu treffen, daß sie im Rahmen der marktwirtschaftlichen Ordnung gleichzeitig zur Stabilität des Preisniveaus, zu einem hohen Beschäftigungsstand und außerwirtschaftlichem Gleichgewicht und angemessenem Wirtschaftswachstum beitragen."

27 Zur Kritik der Marktkonformitätsmaxime s. *Dobrendorf, E.-M.*: „Das Problem der Marktkonformität wirtschaftspolitischer Mittel", in: Jahrbuch für Sozialwissenschaft 3, 1952; *Tuchtfeldt, E.*: „Zur Frage der Systemkonformität wirtschaftspolitischer Maßnahmen", in: *Seraphim, H.J.* (Hrsg): Zur Grundlegung . . ., a.a.O.; *Dörge, F.-W.*: „Der neuliberale Interventionismus im Wandel zweier Jahrzehnte", in: Gewerkschaftliche Monatshefte 4, 1953.

28 S. hierzu *Kirsch, G.*: Ökonomische Theorie der Politik, Tübingen 1974, S. 13 ff.; *Bator, F.M.*: „The Anatomy of Market Failure", in: Quarterly Journal of Economics 72, 1958; *Finking, G.*: „Investionslenkung – Anpassungsplanung oder Gestaltungsplanung?", in: *Sarrazin, T.* (Hrsg): Investionslenkung, Bonn-Bad Godesberg, 1976, S. 76 ff.; *Bresciani-Turroni, C.*: Einführung in die Wirtschaftspolitik, Bern 1948, S. 72 ff.

29 S. *Littmann, K.*: Umweltbelastung – Sozialökonomische Gegenkonzepte, Göttingen 1974.

30 S. *Röper, B.*: Die Konkurrenz und ihre Fehlentwicklungen, Berlin 1952, S. 31 ff.

31 S. Kritik an der „Idee der immannenten Rationalität des Marktgeschehens" bei vollkommener Konkurrenz von *Albert, H.*: „Reine Theorie und politische Ökonomie", in: DERS.: Marktsoziologie . . .a.a.O., S. 51 ff.

32 Nach dem Theorem ziehen die marktinkonformen Staatseingriffe zwangsläufig weitere nach sich mit der Folge der Systemtransformation. Über Inhalt und Kritik s. *Willeke, F.U.*: „Das Theo-

rem der kumulativen Staatsintervention", in: Jahrbuch für Sozialwissenschaft 12, 1961; Die These *Hayeks, F.-A.*, von dem „Weg zur Knechtschaft" wird mit der politischen Tendenz zur Ausweitung der staatlichen Planung begründet. Sie muß gegen das Theorem der kumulativen Staatsintervention abgegrenzt werden. Der Weg zur Knechtschaft, München 1971, 2. Aufl., S. 54 ff.

33 *Lowe, A.* hat aus dieser „Mikroautonomie" die Konsequenz für die Wirtschaftstheorie gezogen: Die instrumentale Analyse und daraus abgeleitete Verhaltenskontrollen sind die Grundlagen einer „reformierten Wissenschaft". Politische Ökonomik, Frankfurt a.M. 1965, S. 172 ff.

34 Vgl. *Albert, H.*: „Markt und Organisation", in: DERS.: Marktsoziologie . . ., a.a.O., S. 397 ff.

35 S. *Giersch, H.*: Allgemeine Wirtschaftspolitik, Wiesbaden 1961, S. 78 ff.

36 S. hierzu *Kantzenbach, E.*: Die Funktionsfähigkeit des Wettbewerbs, Göttingen 1967, 2. Aufl., S. 12 ff. Über den unbefriedigenden Stand der praxisbezogenen Wettbewerbstheorie, die für eine das Marktverhalten effektiver kontrollierende Wirtschaftspolitik keine Instrumente bieten kann, siehe *Bombach, G.*: „Wettbewerbstheorie und -politik", in: DERS. u.a. (Hrsg): Probleme der Wettbewerbstheorie und -politik, Tübingen 1976, S. 397 ff. Vgl. dazu den Beitrag von *Arndt, H.*: Kapitalismus, Sozialismus, Konzentration und Konkurrenz, Tübingen 1976.

37 *Albert, H.*: „Modell-Platonismus", in: DERS.: Marktsoziologie . . ., a.a.O., S. 338 f. und DERS.: Nationalökonomie als Soziologie in: ebenda, S. 472 ff. Vgl. a. *Fleischmann, G.*: Nationalökonomie und sozialwissenschaftliche Integration, Tübingen 1966, S. 37 ff.

38 Vgl. *Guggenberger, B.*: „Herrschaftslegitimierung und Staatskrise", in: *Greven, M.Th.* u.a.: Krise des Staates? Darmstadt u. Neuwied 1975, S. 22 ff.; s.a. *Ohm, H.*: Allgemeine Volkswirtschaftspolitik, Bd. 1, 2. Aufl., Berlin 1965, S. 97.

39 Vgl. hierzu *Habermas, J.*: Legitimationsprobleme im Spätkapitalismus, Frankfurt a.M. 1975, S. 52 f.; s.a. *Altvater, E.*: „Zu einigen Problemen des „Krisenmanagement" in der kapitalistischen Gesellschaft", in: *Jänicke, M.* (Hrsg): Herrschaft und Krise, Opladen 1973, S. 172 ff.; a. *Bernholz, P.*: Grundlagen der politischen Ökonomie, Bd. 1, Tübingen 1972, S. 194 ff.; Vgl. a. *Colm, G.*: Volkswirtschaftliche Theorie der Staatsaufgaben, Tübingen 1927.

40 S. über die finanziellen Restriktionen der Staatsaufgaben *O'Connor, J.*: Die Finanzkrise des Staates, Frankfurt a.M. 1974; *Ronge, V.*, *Schmieg, G.*: Restriktionen politischer Planung, Frankfurt a.M. 1973, S. 156 ff.; *Hickel, R.* (Hrsg), *Goldscheid, R.*, *Schumpeter, J.*: Finanzkrise des Steuerstaates, Frankfurt a.M. 1976, S. 8 ff.

41 S. hierzu *Littmann, K.* Definition und Entwicklung der Staatsquote, Göttingen 1975; *Rahmeyer, F.*: Ökonomische und politische Hemmnisse einer Erhöhung der Staatsquote, Köln 1975.

42 Vgl. *Miliband, R.*: Der Staat in der kapitalistischen Gesellschaft, Frankfurt a.M. 1972, S. 350 ff.

43 S. *Hartwich, H.-H.*: „Gesellschaftspolitische Alternativen im Begriff des sozialen Rechtsstaates", in: Gegenwartskunde H. 2, 1970.

44 Die an den Wahlterminen orientierte sozialpolitische Aktivität hat eindeutig die Gewinnung der Massenloyalität zum Ziel. Siehe *Bank, H.-P.*: „Die Sozialgesetzgebung der BRD und ihr zeitlicher Zusammenhang mit den Wahlterminen seit 1949", in: Recht der Arbeit, H. 4, 1970; *Liefmann-Keil, E.*: „Sozialpolitische Entscheidungen, Wahl- und Legislaturperioden", in: *Sanmann, H.* (Hrsg) Aspekte der Friedensforschung und Entscheidungsprobleme in der Sozialpolitik, Berlin 1971; *Widmaier, H.-P.*: Sozialpolitik im Wohlfahrtsstaat, Hamburg 1976, S. 76 ff. Wie das Verhalten von der Einschätzung der wirtschaftlichen Situation beeinflußt wird, zeigen *Roth, D.*: „Ökonomische Variablen und Wahlverhalten", in: Politische Vieteljahresschrift 14, 1973; *Kirchgässner, G.*: „Ökonometrische Untersuchungen des Einflusses der Wirtschaftslage auf die Popularität der Parteien", in: Schweizer Zeitschrift für Volkswirtschaft und Statistik 110, 1974.

45 S. hierzu *Kalecki, M.*: „Political aspects of full employment", in: DERS.: Selected Essays on the Dynamics of the Capitalist Economy, Cambridge 1971, in deutsch abgedruckt in: *Kühne, K.* (Hrsg), *M. Kalecki*: Werkauswahl, Neuwied 1976; *Feiwel, G.R.*: „Reflection on Kaleckis Theory of Political Business Cycle", in: KYKLOS 27, 1974; *Nordhaus, W.D.*: „The Political Business Cycle", in: The Review of Economic Studies 42, 1975; *Schneider, F.*: „Politisch-ökonomische Konjunkturzyklen: Ein Simulationsmodell", in: Schweiz. Zeitschrift für Volkswirtschaft und Statistik 110, 1974.

46 Vgl. *Habermas, J.*: Legitimationsprobleme . . . a.a.O., S. 96 ff.; DERS.: „Legitimationsprobleme im modernen Staat", in: DERS.: Zur Rekonstruktion des historischen Materialismus, Frankfurt a.M. 1976, S. 287 ff. Siehe a. *Grimmer, K.*: „Zur formalen und materialen Legitimationsbedürftigkeit des bürgerlich-kapitalistischen Staates", in: *Ebbighausen, R.* (Hrsg): a.a.O., S. 62 ff.

47 S. für eine Zielkonfliktanalyse, die sich mit einem breiten Ursachenkatalog beschäftigt: *Baumgarten, P., Mückl, W.*: Wirtschaftspolitische Zielkonflikte in der BRD, Tübingen 1969, S. 45 ff.; *Borrmann, A.* u.a.: Zum Verhältnis von Außenwirtschafts- und Entwicklungspolitik, Hamburg 1975, S. 30 ff.

48 Vgl. hierzu *Lockwood, D.*: „Soziale Integration und Systemintegration", in: *Zapf, W.* (Hrsg): Theorien des sozialen Wandels, Köln 1971, 3. Aufl., Wörterbuch zur politischen Ökonomie, Opladen 1973.

49 *Coser, L.A.*: „Sozialer Konflikt und die Theorie des sozialen Wandels", in: *Hartmann, H. (Hrsg)*: Moderne amerikanische Soziologie, Stuttgart 1973, 2. Aufl., S. 419 f.

50 *Heimann, E.* hat die „revolutionär-konservative Doppelseitigkeit" der Sozialpolitik herausgearbeitet. Soziale Theorie des Kapitalismus, Tübingen 1929, S. 135 ff.

51 Diese Funktion der verschiedenen Vermögensbildungskonzepte untersucht *Schlotter, H.-G.*: Systemstabilisierung durch Vermögenspolitik, Berlin 1971; s. a. *Andersen, U.*: Vermögenspolitik – Instrument zur Systemstabilisierung oder Systemüberwindung? Beilage zur Wochenzeitung Das Parlament B4/73 vom 27.1.1973.

52 *Widmaier, H.-P.*: „Politische Ökonomie des Wohlfahrtsstaates", in: DERS. (Hrsg): ebenda, Frankfurt a.M. 1974, S. 24 f.; Vgl. a. hierzu den Begriff des „staatsbürgerlichen Privatismus" von *Habermas, J.*: Legitimationsprobleme . . . a.a.O., S. 55.

53 S. über die theoretische Begründung *Olson, M. Jr.*: Die Logik des kollektiven Handelns, Tübingen 1968.

54 Vgl. den Begriff der „Rationalitätsfalle" von *Widmaier, H.-P.*: Sozialpolitik . . . a.a.O., S. 42 f. Siehe a. *Scharpf, F. W.*: „Reformpolitik im Spätkapitalismus", in: DERS.: Planung als politischer Prozeß, Frankfurt a.M. 1973, S. 143 ff.

55 *Preiser, E.*: „Wirtschaftliches Wachstum als Fetisch und Notwendigkeit"; DERS.: „Investitionen und volkswirtschaftliches Wachstum", in: DERS.: Wirtschaftspolitik heute, München 1967. Siehe über die Verselbständigung des Wachstumsprozesses als „Wirtschaftssystem" *Heimann, E.*: Soziale Theorie der Wirtschaftssysteme, Tübingen 1963, S. 44. Siehe a. *Guldimann, T.*, a.a.O., S. 151 ff.

56 Siehe *Müller-Armack, A.*: „Soziale Marktwirtschaft", in: Handwörterbuch der Sozialwissenschaften Bd. 9, S. 391. S. dazu über die „Ambivalenz des Wortsinnes sozial" *Molitor, B.*: „Soziale Marktwirtschaft", in: Hamburger Jahrbuch für Wirtschafts- und Gesellschaftspolitik 3, 1958, S. 60 ff.

57 Zur umfassenden Beurteilung, insbesondere über die gesellschaftspolitische Orientierung des Wirtschaftswachstums s. *Schröder, D.*: Wachstum und Gesellschaftspolitik, Stuttgart 1971, S. 174, S. 320 ff.

58 Diesen Aspekten kommt jedoch im Zusammenhang mit dem Wachstumsprozeß große Bedeutung zu. Hierzu *Götz, R.*: „Die Entwicklung der Einkommensverteilung in den Wachstumszyklen der BRD 1950–1971", in: *Gahlen, B.* (Hrsg): Wachstumszyklen und Einkommensverteilung, Tübingen 1974; *Beinsen, L.*: „Verteilungspolitische Probleme einer Verlangsamung des Wirtschaftswachstums", in: *Bombach, G.* u.a. (Hrsg): Ausgewählte Probleme der Wachstumspolitik, Tübingen 1976. Obwohl das Wirtschaftswachstum von Strukturwandel begleitet wird, findet er politisch nicht die notwendige Beachtung: s. dazu *Schatz, K.W.*: Wachstum und Strukturwandel der westdeutschen Wirtschaft im internationalen Verbund, Tübingen 1974, S. 202 ff.

59 Über den Umweltaspekt des Wirtschaftswachstums s. *Nowotny, E.*: Wirtschaftspolitik und Umweltschutz, Freiburg i.B. 1974, S. 109 ff.; *Seidenfuß, H.St.*: „Quantitatives Wirtschaftswachstum und Umweltschäden in der Bundesrepublik Deutschland", in: *Hax, K., Kraus, W.* (Hrsg): Krise des Wirtschaftswachstums, Tübingen 1975.

60 S. DIW-Wochenbericht 11/1976, Subventionen der Bundesregierung: Als Instrument der Erfolgskontrolle reformbedürftig; Über die überwiegend wahl- und prowachstumszyklische Vergabe der Subventionen in der BRD bringt *Deininger, W.* eine Übersicht. Die Stellung der Subventionen in den Wachstumszyklen unter besonderer Berücksichtigung der Wahltermine, in: *Gahlen, B.* (Hrsg): Wachstumszyklen . . ., a.a.O.

61 Zum Informations- und Beurteilungsproblem *Bartholmai, B.*: Entwicklung und Struktur der Staatsinvestionen seit 1960 und der Stand der langfristigen Investionsplanung, Berlin 1973, S. 6 ff.

62 S. hierzu die Beiträge in: *Vogt, W.* (Hrsg): Seminar: Politische Ökonomie, Frankfurt a.M. 1973; *Robinson, J.*: Ökonomische Theorie als Ideologie, Frankfurt a.M. 1974; s. a. *Riese, H.*: Wohlfahrt und Wirtschaftspolitik, Hamburg 1975, S. 54 ff.

63 Als ein Wohlstandsindikator ist das Bruttosozialprodukt sehr bedingt brauchbar und erfaßt einige relevante sozialökonomische Aspekte nicht. Hierzu *Leipert, C.*: Unzulänglichkeiten des Sozialprodukts in seiner Eigenschaft als Wohlstandsmaß, Tübingen 1975; s. a. *Grünarml, F., Henke, K.-D.*: „Grants Economics: Ansatzpunkt für eine Theorie der „Nicht-Markt-Ströme", in: Jahrbücher für Nationalökonomie und Statistik 128, 1973–75.

64 *Gahlen, B.*: „Wachstumstheorie – Streit um Glaubenssätze", in: *Molitor, R.* (Hrsg): Kontaktstudium Ökonomie und Gesellschaft, Frankfurt a.M. 1972.

65 S. für einen Überblick *Frey, B.S., Meißner, W.* (Hrsg): Zwei Ansätze der Politischen Ökonomie, Marxismus und Ökonomische Theorie der Politik, Frankfurt a.M. 1974; *Frey, B.S.*: „Entwicklung und Stand der Neuen Politischen Ökonomie", in: *Widmaier, H.-P.* (Hrsg): Politische . . ., a.a.O.; *Bernholz, P.*: Grundlagen der Politischen Ökonomie, 2 Bde., Tübingen 1972, 1975; *Mitchell, W.C.*: „The Shape of Political Theory to Come: From Political Sociology to Political Economy", in: *Lipset, S.M.* (ed.): Politics and the Social Sciences, New York 1969.

66 S. *Böhret, C.*: Entscheidungshilfen für die Regierung. Modelle, Instrumente, Probleme, Opladen 1970; *Hansmeyer, K.-H., Rürup, B.*: Staatswirtschaftliche Planungsinstrumente, Tübingen 1975, 2. Aufl.

67 Kritisch zur Neuen Politischen Ökonomie *Frank, J.*: „Neue Politische Ökonomie als Kritik der herrschenden Wirtschaftstheorie?", in: *Widmaier, H.P.* (Hrsg): Politische . . . a.a.O., S. 316 ff.; *Elsner, W.*: „Die „neue politische Ökonomie" und Ansätze politisch-ökonomischer Neubesinnung in den Wirtschaftswissenschaften", in: Blätter für deutsche und internationale Politik 20, 1975.

68 Vgl. *Offe, C.*: „Politische Herrschaft und Klassenstrukturen", in: *Kress, G., Senghaas, D.* (Hrsg): Politikwissenschaft, Frankfurt a.M. 1973, S. 142 ff.

69 S. hierzu *Edelman, M.*: Politik als Ritual, Frankfurt a.M. 1976, S. 22 ff.

70 Das Ergebnis läßt sich mit der These *Galbraiths, J.K.* von der „öffentlichen Armut bei privatem Reichtum" beschreiben. Gesellschaft im Überfluß, München 1970, 2. Aufl. Die empirische Kritik an der These ändert nichts an der Tatsache der Partiellinteressenorientiertheit des Wählers. Siehe für Kritik *Frey, R.*: „Öffentliche Armut in der Marktwirtschaft?", in: Hamburger Jahrbuch für Wirtschafts- und Gesellschaftpolitik 19, 1974. Vgl. dazu das zyklische Ablaufsbild der Politik für die Versorgung mit öffentlichen Gütern *Widmaier, H.-P.*: Sozialpolitik . . . a.a.O., S. 81 ff.

71 S. den Erklärungsansatz der Inflation als „Öffentliches Gut": *Frey, B.S.*: „Inflation und Verteilung: Die Sicht der ökonomischen Theorie der Politik", in: Wirtschaftswissenschaftliches Studium H. 10, 1973, S. 459 f.

72 Vgl. *Littmann, K.*: „Glaubensbekenntnisse garantieren nicht das Überleben der Sozialen Marktwirtschaft", in: Wirtschaftswoche Nr. 42, 20.10.1972.

73 Vgl. *Bombach, G.*: „Taktik und Strategie in der Wirtschaftspolitik", in: KYKLOS 20, 1967, S. 106 ff.; *Mackscheidt, K.*: „Vollbeschäftigung und Preisstabilität, zur Bewertung von Zielverzichten", in: *Harbusch, P., Wieck, D.* (Hrsg) Marktwirtschaft, Stuttgart 1975.

74 Vgl. hierzu *Hennies, M.O.E.*: Das nicht so magische Polygon der Wirtschaftspolitik, Berlin 1971. Er entwickelt ein Maßnahmenbündel, mit dem die Zielkonflikte gelöst werden, allerdings unter der Bedingung der „verantwortungsbewußten Mitarbeit der Tarifpartner".

75 Der Sachverständigenrat empfahl „immer jenen Zielen die größte Aufmerksamkeit (zu) widmen, die in der jeweiligen gesamtwirtschaftlichen Lage und deren absehbarer Entwicklung am wenigsten verwirklicht sind". Jahresgutachten 1964/65, Stabiles Geld – stetiges Wachstum, Suttgart 1965, S.V.

76 S. *Zahn, P.*: Die Phillips-Relation für Deutschland, Berlin 1963; *Rothschild, K.W.*: „Die Phillips-Kurven-Diskussion. Eine Übersicht", in: *Nowotny, E.* (Hrsg): Löhne, Preise, Beschäftigung, Frankfurt a.M. 1974.

77 Vgl. *Kucera, G.*: „Zur wirtschaftspolitischen Interpretation der Phillips-Kurve", in: *Dürr, E.* (Hrsg): Beiträge zur Wirtschafts- und Gesellschaftspolitik, Berlin 1975; *Ramser, H.J.*: „Die Phillips-Kurve und ihre wirtschaftspolitische Bedeutung", in: Wirtschaftswissenschaftliches Studium H. 4, 1975.

78 S. *Mehler, F.*: Ziel-Mittel-Konflikte als Problem der Wirtschaftspolitik, Berlin 1970, S. 29 ff.

79 Dies betont auch *C.C. von Weizsäcker* hinsichtlich der „politischen Schwierigkeiten . . . einer rationalen Stabilisierungspolitik. Politische Grenzen der Globalsteuerung" in: *Schneider, H.K.* u.a. (Hrsg): Stabilisierungspolitik in der Marktwirtschaft, Berlin 1975, S. 1470; a. *Starbatty, J.*: „Stabilisierungspolitik im Wechselspiel zwischen Exekutive, Legislative und organisierten

Gruppen", in: *Schneider, H.K.*: ebenda, S. 590 ff.; *Schmidt, W.*: „Organisierte Einwirkungen auf die Verwaltung", in: Veröffentlichungen der Vereinigung der Deutschen Staatsrechtslehrer, H. 33, Berlin 1975; *Bernholz, P.*: Einführung . . . a.a.O., Bd. 2, Tübingen 1975, S. 93 ff.

80 S. hierzu *Schmahl, H.-J.*: „Globalsteuerung – Zwischenbilanz einer neuen Konjunkturpolitik", in: Hamburger Jahrbuch für Wirtschafts- und Gesellschaftspolitik 16, 1971; s. a. *Skuhr, W.*: „Die neue Wirtschaftspolitik", in: Gegenwartskunde 2, 1970.

81 Vgl. *Stachels, E.*: Das Stabilitätsgesetz im System des Regierungshandelns, Berlin 1970, S. 2 f.; *Starbatty, J.*: Erfolgskontrolle der Globalsteuerung, Frankfurt a.M. 1976, S. 6 ff.

82 S. zur Abgrenzung *Tuchtfeldt, E.*: „Soziale Marktwirtschaft und Globalsteuerung", in: DERS. (Hrsg): Soziale Marktwirtschaft im Wandel, Freiburg i.B. 1973; *Hoppmann, E.*: „Soziale Marktwirtschaft oder konstruktivistischer Interventionismus?", in: ebenda, S. 39 ff. Vgl. dazu *Welteke, M.*: Theorie und Praxis der Sozialen Marktwirtschaft, Frankfurt a.M. 1976, S. 89 ff.

83 *Rürup, B., Siedenberg, A.*: „Das Stabilitätsgesetz im Spiegel der Kritik", in: Konjunkturpolitik 20, 1974; *Widmaier, H.-P., Roloff, O.*: „Thesen zur Kritik der quantitativen Wirtschaftspolitik", in: *Dürr, E.* (Hrsg): Neue Wege der Wirtschaftspolitik, Berlin 1972.

84 S. über die Entstehungsgeschichte und Bedeutung der Neufassung des Art. 109 GG *Zuck, R.*: Wirtschaftsverfassung und Stabilitätsgesetz, München 1975; *Schmidt, R.*: Wirtschaftspolitik und Verfassung, Baden-Baden 1971, S. 136 ff.; *Friauf, K.H.*: „Öffentlicher Haushalt und Wirtschaft", in: Veröffentlichungen der Vereinigung der deutschen Staatsrechtslehrer H. 27, Berlin 1969.

85 S. *Hansmeyer, K.-H., Rürup, B.*: Staatswirtschaftliche Planungsinstrumente, Tübingen 1975, 2. Aufl., S. 32 ff.

86 Über die ökonomischen Ursachenzusammenhänge: *Kock, H., Leifert, E.* u.a.: Stabilitätspolitik – Ein Überblick über die aktuelle Diskussion und Perspektiven einer Neuorientierung –, Göttingen 1976, S. 13 ff.; über Fehlentwicklungen und Grenzen der staatlichen Wirtschaftspolitik s. *Schmahl, H.*: „Prozeßpolitik und Wirtschaftsordnung in der BRD", in: *Arndt, E.* u.a. (Hrsg): Wirtschaft und Gesellschaft, Tübingen 1975; s. a. *Altvater, E., Brandes, V., Reiche, J.*: „Rezession, Inflation und staatliche Wirtschaftspolitik", in: DIES. (Hrsg): Handbuch 4, Frankfurt a.M. 1976; *Schmitz, W.*: „Konjunkturpolitik am Ende?", in: *Dürr. E.* u.a. (Hrsg): Beiträge zur Wirtschafts- und Gesellschaftspolitik, Berlin 1975; *Wille, E.*: „Finanzplanung am Scheideweg: Resignation oder Neubesinnung?", in: finanzarchiv 35, 1976.

87 Über die Fehlentwicklung der öffentlichen Investitionen und ihre Ursachen s. *Bartholmai, B.*: a.a.O.; Deutsche Bundesbank, „Die Entwicklung der öffentlichen Investitionsausgaben seit 1961", in: Monatsbericht 4, 1972; Einen guten Überblick über die Staatsausgaben gibt *Vesper, D.*: „Entwicklung und Struktur des Staatsverbrauchs 1961 bis 1974", in: DIW-Vierteljahresheft 1, 1977; hierzu a. *Ewringmann, D.*: Die Flexibilität öffentlicher Ausgaben, Göttingen 1975; *Rahmeyer, F.*: a.a.O.; Vgl. dazu *Vogt, W.*: „Zur langfristigen ökonomischen Entwicklung eines kapitalistischen Systems", in: Leviathan 2, 1973.

88 *Tichy, G.J.*: Konjunkturschwankungen, Berlin 1976, S. 69 ff., S. 94 f.

89 *Littmann, K.*: „Struktur- und Wachstumsprobleme der Staatsausgaben", in: *Duwendag, D.* (Hrsg): der Staatssektor in der sozialen Marktwirtschaft, Berlin 1976, S. 87.

90 S. hierzu *Pilz, F.*: Regierungsaufgaben und Finanzpolitik, Köln 1976, S. 110 ff.

91 *Frey, B.S.* analysiert die Rolle dieser politischen Faktoren für das Wirtschaftswachstum im Zusammenhang mit dem Infrastrukturangebot; „Eine Politische Theorie des wirtschaftlichen Wachstums", in: KYKLOS 21, 1968. Über Free-Rider-Verhalten der Verbände und Probleme der Konsensbildung in der Konjunktursteuerung s. *Jacobi, K.P., Rahmann, B.*: „Konjunkturpolitik als gesellschaftliche Aufgabe", in: *Kirsch, G.* u.a.: a.a.O.; s. a. *Starbatty, J.*: a.a.O., S. 23 ff.

92 Vgl. *Kock, H.*: Stabilitätspolitik im föderalistischen System der Bundesrepublik Deutschland, Köln 1975, S. 56 f.

93 Zur Bedeutung und Verfassungskonformität des § 16 StabG s. Institut „Finanzen und Steuern", Probleme des Stabilitäts- und Wachstumsgesetzes, Bonn 1970, S. 40; Über die instrumentellen Verbesserungsvorschläge s. *Schachtschabel, H.G.*: „Bemerkungen zur Ausgestaltung des wirtschafts- und konjunkturpolitischen Instrumentalismus", in: Hamburger Jahrbuch für Wirtschafts- und Gesellschaftspolitik 17, 1972; a. Institut „Finanzen und Steuern", Zur Verbesserung des Konjunkturpolitischen Instrumentariums, H. 106, 1974.

94 Auf Empfehlung des Finanzplanungsrates stellten die Gemeinden erstmals für die Periode 1970–1974 Finanzplanungen auf.

95 S. hierzu *Weilepp, M.*: Nachfrageeffekte der Staatstätigkeit, Hamburg 1975, S. 45 ff. s. a. *Biehl, D.*: „Zum Problem der Schätzung konjunkturelle Effekte öffentlicher Haushalte und ihrer wirtschaftspolitischen Beeinflußbarkeit", in: *Gahlen, B., Schneider, H.K.* (Hrsg): Grundfragen der Stabilitätspolitik, Tübingen 1974.

96 *Schmid, G.* und *Treiber, H.* haben aus der Betrachtung der wachsenden Problemkomplexe in den „entwickelten kapitalistischen Gesellschaften" einen Anforderungskatalog an die Reform staatlicher Verwaltung herausgearbeitet. Bürokratie und Politik, München 1975, S. 86 ff.; s. für eine Fallstudie mit dem alternativentwickelten Lösungsverfahren *Nachtkamp, H.H.*: Mehrjährige Finanzplanungen und mittelfristige Zielprojektionen der Bundesregierung, Baden-Baden 1976. Dazu a. *Naschold, F.* u.a.: „Thesen zur mehrjährigen Finanzplanung des Bundes", in: *Mayntz, R., Scharpf, F.* (Hrsg): Planungsorganisation, München 1973.

97 S. für die Anwendung praxisbezogener Planungstechniken: *Böhret, C.*: Grundriß der Planungspraxis, Opladen 1975.

98 S. *Scharpf, F.W.*: Politische . . . a.a.O., S. 53 ff.

99 *Majer, H.* und *Wagner, A.* untersuchen die konjunkturpolitische Koordinierung in der EG: Der internationale Konjunkturzusammenhang, Tübingen 1974, S. 127 ff. Hierzu a. *Roth, J.*: Der internationale Konjunkturzusammenhang bei flexiblen Wechselkursen, Tübingen 1975.

100 S. *Franzmayer, F., Seidel, B.*: Wirtschaftspolitische Prioritätsunterschiede in der EG als Hindernisse für die Errichtung der Wirtschafts- und Währungsunion und Instrumente zu ihrer Überwindung, Berlin 1973, S. 86 ff. Über die Probleme der internationalen Wirtschaftspolitik s. *Gonschior, P.*: Hemmnisse bei der Koordination nationaler Konjunkturpolitiken in den Europäischen Gemeinschaften, Baden-Baden 1976, S. 118 ff.

101 Auf der verfassungsrechtlichen Ebene ist dies die Frage der nach dem Grundgesetz möglichen „Wirtschaftsordnung", s. hierzu *Bulla, E.*: „Wirtschaftsordnung und Grundgesetz", in: Hamburger Jahrbuch für Wirtschafts- und Gesellschaftspolitik 19, 1974; *Scholz, R.*: „Grenzen staatlicher Aktivität unter grundsätzlichen Wirtschaftsverfassung", in: *Duwendag, D.* (Hrsg): a.a.O., S. 116 ff.

102 *Weger, H.D.* hat den Einfluß der monetären und fiskalischen Konjunkturpolitik auf die Lebenslage unterer Bevölkerungsschichten untersucht. Sozialpolitische Analyse der Konjunkturpolitik, Berlin 1973, S. 98 ff.

103 Vgl. *Guggenberger, B.*: Herrschaftslegitimierung . . . a.a.O., S. 26 ff.

104 *Eucken, W.* wird der Verdienst zugesprochen die „Interdependenz der Ordnungen" thematisiert zu haben. Seine Problemstellung ist eine andere. Sie enthält die von der ambivalenten ORDO-Idee getragene Frage nach der „Systementsprechung", wobei der den Ordnungsrahmen setzende „starke", unabhängige „Rechtsstaat" in den Vordergrund gestellt wird. Grundsätze der Wirtschaftspolitik, Tübingen 1975, 5. Aufl. S. 182 f., S. 332 ff. Kritisch dazu *Dörge, F.-G.*: „Menschenbild und Institution in der Idee des Wirtschaftsliberalismus", in: Hamburger Jahrbuch für Wirtschafts- und Gesellschaftspolitik 4, 1959, S. 88 ff.

105 Die Werte sind nicht absolute und zeitlose Bezugspunkte. Sie sind als Kulturbestandteil wandlungsfähig und -bedürftig, und deshalb kein in sich geschlossenes und konfliktfreies System von unabhängigen Variablen. Vgl. *Barry, B.M.*: Neue Politische Ökonomie, Ökonomische und soziologische Demokratie Theorie, Frankfurt a.M. 1975, S. 103 f; s. a. *Kmieciak, P.*: „Wertstrukturen und Wertwandlungen in der Bundesrepublik", in: *Zapf, W.* (Hrsg): Gesellschaftspolitische Zielsysteme, Frankfurt a.M. 1976; Vgl. a. über „soziokulturelle Krisentendenzen" *Habermas, J.*: Legitimationsprobleme . . . a.a.O., S. 70 ff.; über das Wertsystem der „Sozialen Marktwirtschaft" s. a. *Böckels, L.* u.a.: Marktverteilung im Sozialstaat, München 1976, S. 21 ff.

106 Vgl. *Habermas, J.*: ebenda, S. 15 ff.

107 Hierzu *Salin, E.*: „Utopie und Leitbild im wirtschaftspolitischen Denken", in: KYKLOS 20, 1967, S. 334 ff.

108 S. für ein Beispiel des systemapolegetischen Verständnisses von Konsumentensouveränität *Frickhöffer, W.*: „Soziale Marktwirtschaft – die verbraucherfreundlichste Wirtschaftsordnung", in: *Schröder, G.* (Hrsg): Festschrift für *L. Erhard* zum 75. Geburts., Frankfurt a.M., 1972; Eine kritische Analyse bringt *Jeschke, D.*: Konsumentensouveränität in der Marktwirtschaft, Berlin 1975.

109 Vgl. hierzu *Ortlieb, H.-D.*: „Unsere Konsumgesellschaft, Glanz und Elend des deutschen Wirtschaftswunders", in: Hamburger Jahrbuch für Wirtschafts- und Gesellschaftspolitik 4, 1959; *Meyer-Dohm, P.*: Sozialökonomische Aspekte der Konsumfreiheit, Freiburg i.B. 1965; s. a. *Galbraith, J.K.*: Die moderne Industriegesellschaft, München 1968.

110 Vgl. hierzu die Kritik an der neoliberalen wirtschaftspolitischen Konzeption *Riese, H.*: Ordnungsidee . . . a.a.O., S. 34 ff.; a. *Myrdal, G.*: „Zweck-Mittel-Denken in der Nationalökonomie", in: Zeitschrift für Nationalökonomie 4, 1933. Die Antwort *F. Böhms* auf die Kritik von *Riese* bestätigt eher die Thesen von *Riese*: Eine Kampfansage an Ordnungstheorie und Ordnungspolitik, in: ORDO 24, 1973.

111 S. hierzu *Hartwich, H.-H.*: Sozialstaatspostulat . . . a.a.O.

112 S. für diese „Systemanalysen", die in der Neuen Politischen Ökonomie vertreten werden: *Downs, A.*: An Economic Theory of Democracy, New York 1957. Kritisch dazu *Barry, B.M.*: a.a.O., S. 28 ff.; Vgl. a. *Rudzio, W.*: „Eine Verwissenschaftlichung der Politikwissenschaft?", in: *Arndt, A.* u.a. (Hrsg): Konkretionen politischer Theorie und Praxis, Stuttgart 1972.

113 Vgl. *Meinhold, H.*: „Grenzen der wirtschaftspolitischen Aktionsmöglichkeit", in: *Kloten, N.* u.a. (Hrsg): Systeme und Methoden in den Wirtschafts- und Sozialwissenschaften, Tübingen 1964, S. 534 ff.

114 Kritisch zu der „scheinbaren inneren Verwandtschaft der Strukturen" *von Eynern, G.*: Grundriß der politischen Wirtschaftslehre I, Opladen 1972, 2. Aufl., S. 69.

115 Vgl. hierzu *Dahl, R.A.*, *Lindblom, C.E.*: Politics, Economics and Welfare, New York 1953, S. 129 ff.

116 S. z.B. *Weippert, G.*: „Instrumentale und theoretische Betrachtung der Wirtschaft", in: Jahrbuch für Sozialwissenschaft 1, 1956; DERS.: „Zur Theorie der zeitlosen Wirtschaft", in: ebenda 12, 1961.

117 S. hierzu *Jägeler, F.J.*: Die Rohstoffabhängigkeit der Bundesrepublik Deutschland, Hamburg 1975.

118 S. DIW-Wochenbericht 22, 1976, Abhängigkeit der Wirtschaftszweige in der Bundesrepublik Deutschland von der Ausfuhr in den Jahren 1972–1975; s. a. DIW-Wochenbericht 33, 1973, Abhängigkeit der Erwerbstätigenzahl von der Ausfuhr.

119 Vgl. *Quinn, J.B.*: „Technologietransfer durch die multinationalen Unternehmen", in: *Kebschull, D.*, *Mayer, O.G.* (Hrsg): Multinationale Unternehmen, Frankfurt a.M. 1974, S. 115 ff.; s. a. *Levinson, C.*: Wirtschaftskrise und multinationale Konzerne, Hamburg 1974, S. 43 ff.

120 S. hierzu *Albert, H.*: „Nationalökonomie als Soziologie", in: DERS.: Marktsoziologie . . . a.a.O., S. 484 f.; DERS.: „Der Gesetzesbegriff im ökonomischen Denken", in: *Schneider, H.K.*, *Watrin, C.* (Hrsg): Macht und ökonomisches Gesetz, Berlin 1973.

121 Vgl. hierzu *Watrin, C.*: „Ökonomische Theorien und wirtschaftspolitisches Handeln", in: *Albert, H,* (Hrsg): Theorie . . . a.a.O., S. 361 ff.; An einem historischen Beispiel aus der Auflösungsphase der Weimarer Republik wird dieses Problem deutlich: s. *Sanmann, H.*: „Daten und Alternativen der deutschen Währungs- und Wirtschaftspolitik in der Ära *Brüning*", in: Hamburger Jahrbuch für Wirtschafts- und Gesellschaftspolitik 10, 1965.

122 *Grünärml, F.*: „Multinationale Unternehmen und staatliche Wirtschaftspolitik – Probleme und Lösungsansätze", in: Wirtschaftswissenschaftliches Studium 5, 1976; s. a. *Bayer, W.F.* u.a. (Hrsg): Aktuelle Fragen multinationaler Unternehmen, Sonderheft 4, 1975 Schmalenbachs Zeitschrift für betriebswirtschaftliche Forschung.

123 S. hierzu Die Versorgung der Weltwirtschaft mit Rohstoffen, Beihefte der Konjunkturpolitik H. 23, Berlin 1976.

124 Über die weltwirtschaftlichen Ursachen der Bemühungen der Entwicklungsländer um Realisierung einer neuen Weltwirtschaftsordnung s. *Dorner, K.*: Probleme einer weltwirtschaftlichen Integration der Entwicklungsländer, Tübingen 1974; *Giersch, H.*, *Haas, H.-D.* (Hrsg): Probleme der Weltwirtschaftlichen Arbeitsteilung, Berlin 1974; Kritisch zu bisherigen Forderungen nach einer Neuen Weltwirtschaftsordnung als Problemlösungsversuche *Senghaas, D.*: Weltwirtschaftsordnung und Entwicklungspolitik – Plädoyer für Dissoziation, Frankfurt/M. 1977, S. 153 ff.

Probleme der Eigenwirtschaftlichkeit öffentlicher Unternehmen

Von Peter Eichhorn
unter Mitarbeit von
Albrecht Graf von Ingelheim und Bernd Rückwardt

I Begriffe und Träger öffentlicher Unternehmen

Im Sprachgebrauch der Praxis und im Schrifttum finden sich zahlreiche Begriffsbestimmungen dessen, was als öffentliche Unternehmen oder mit verwandten Benennungen bezeichnet wird. So ist oft auch von öffentlichen Betrieben, öffentlichen Wirtschaftsbetrieben, öffentlichen Einzelwirtschaften, wirtschaftlichen Unternehmen des Staates oder der Gemeinden sowie von besonderen öffentlichen Verwaltungen die Rede.[1] Bei den Definitionen öffentlicher Unternehmen lassen sich grundsätzlich zwei Kriterien registrieren: ein materielles und ein formales Einteilungsmerkmal.

Materiell werden solche öffentlichen Wirtschaftssubjekte als öffentliche Unternehmen verstanden, die Unternehmenseigenschaft besitzen und das heißt: eine ausreichende Ausstattung mit finanziellen Eigenmitteln, die marktmäßig bewirtschaftet werden, und eine genügend große dispositive Autonomie nach außen gegenüber dem Träger und im Innern gegenüber der Belegschaft.[2] Eng mit dieser ökonomischen Selbständigkeit ist meist eine rechtliche Selbständigkeit verknüpft, die diesem Wirtschaftssubjekt eigene Rechtspersönlichkeit verleiht, ihm erlaubt, im eigenen Namen rechtsverbindlich zu handeln, im übrigen aber oft die Verpflichtung zur Haftung einschließt. Grenzfälle liegen aus dieser Sicht vor, wenn nur eine Teilrechtsfähigkeit eingeräumt wird (etwa wie bei der Deutschen Bundesbahn und der Deutschen Bundespost) oder statt einer rechtlichen nur eine organisatorische Verselbständigung vorhanden ist (wie bei den Bundesbetrieben gemäß § 26 Bundeshaushaltsordnung vom 19. August 1969, BGBl. I S. 1284, oder den kommunalen Eigenbetrieben nach den Eigenbetriebsgesetzen bzw. -verordnungen der Länder). Soweit die Eigenkapitalbasis allzu schmal ausfällt und obendrein einer marktwirtschaftlichen Reproduktion des Kapitals der Boden auf Dauer entzogen ist oder die Entscheidungs- und Handlungsspielräume ein eigenverantwortliches Planen, Realisieren und Kontrollieren nicht zulassen, wird man von diesem Blickwinkel aus weniger von öffentlichen Unternehmen als von öffentlichen Verwaltungen sprechen müssen.

Ähnliche Abgrenzungsprobleme wirft die Differenzierung danach auf, ob das öffentliche Wirtschaftssubjekt von vier grundsätzlich freien Märkten (Beschaffungsmarkt, Absatzmarkt, Arbeitsmarkt und Geld-, Kapital- bzw. Kreditmarkt) umschlossen und damit als Unternehmen zu qualifizieren ist oder ob wegen des einen oder anderen mehr oder weniger stark gebundenen Marktes (etwa bei wasserwirtschaftlichen Zweckverbänden) lediglich ein Teilmarktbetrieb bzw. eine Verwaltungseinheit vorliegt, nicht aber eine Unternehmung im Sinne eines Vollmarktbetriebs.[3]

Wegen dieser nicht eindeutigen Einteilungsmerkmale wird häufig auf ein formales Kriterium zurückgegriffen. Dabei vertreten Juristen meist den Standpunkt, daß bei einer wirtschaftlichen Betätigung des Bundes, eines Landes oder einer Gemeinde in öffentlich-rechtlich verselbständigten Rechtsformen (wie zum Beispiel bei Sparkassen) oder in privatrechtlich selbständigen Rechtsformen (wie bei Aktiengesellschaften oder Gesellschaften mit beschränkter Haftung) ein öffentliches Unternehmen vorliegt. Die Vorfrage, was als wirtschaftliche Betätigung zu gelten hat, wird dann meist ebenso formal mit der einschlägigen Bestimmung über den eben wirtschaftlichen oder nichtwirtschaftlichen Gegenstand des betreffenden Wirtschaftssubjektes in der Satzung oder im Gesellschaftsvertrag beantwortet.

Ökonomen kritisieren an dieser Betrachtungsweise das für die Existenz eines Unternehmens vorausgesetzte konstitutive Kennzeichen einer juristischen Person (des öffentlichen oder privaten Rechts). Die Rechtspersönlichkeit erscheint nicht unbedingt erforderlich, da eine finanzwirtschaftliche Herauslösung aus dem Haushalt des Muttergemeinwesens in Verbindung mit einer organisatorischen Trennung vom Träger eine zumindest formal hinreichende ökonomische Unabhängigkeit gewährt. Die rechtliche Selbständigkeit unterstreicht zwar die Eigenschaft, ein öffentliches Unternehmen zu sein, sie ist jedoch definitorisch nicht wesentlich (mit der Folge, daß beispielsweise Stadtwerke in der Form des Eigenbetriebs als Unternehmen begriffen werden). An die Stelle des rechtlichen Kriteriums tritt dann für die Trennung des öffentlichen Unternehmens von der öffentlichen Verwaltung die Art der Einbindung in den Haushalt der betreffenden Körperschaft. Besitzt das Wirtschaftssubjekt einen selbständigen Wirtschaftsplan und wird nur der an den Träger abzuführende Gewinn oder von ihm zu übernehmende Verlust in den Trägerhaushalt eingestellt (sog. Nettoetatisierung), dann gesteht man diesem Nettobetrieb die Bezeichnung öffentliche Unternehmung zu. Umgekehrt sind demnach alle jene, keinen Saldo, sondern alle Einnahmen und Ausgaben im Trägerhaushalt veranschlagenden (bruttoetatisierenden) Bruttobetriebe als öffentliche Verwaltungen aufzufassen. Diese von der Finanzsphäre her getroffene formale Abgrenzung (sog. Sondervermögen), die gewöhnlich von einer Trennung der Leistungssphären von Verwaltung und Unternehmen (letzteres dann auch als Sonderverwaltung bezeichnet) begleitet wird, darf nicht darüber hinwegtäuschen, daß durchaus Fälle denkbar sind, bei denen trotz Nettoetatisierung (neuerdings bei Krankenhäusern) nicht unbedingt ein öffentliches Unternehmen unterstellt werden kann.

So gesehen dürfte weder ein ausschließlich materielles noch ein ausschließlich formales Kriterium zur Bestimmung einer öffentlichen Unternehmung geeignet sein. Man benötigt letzten Endes beide Kriterien; in Grenzfällen wird man je nach dem Erkenntnisinteresse oder der Entscheidungs- und Durchsetzungsabsicht dem einen oder anderen Kriterium Priorität einräumen. Im folgenden wollen wir dann von öffentlichen Unternehmen sprechen, wenn ein öffentliches Wirtschaftssubjekt, also ein im öffentlichen Eigentum befindliches Wirtschaftsgebilde, ökonomisch selbständig ist und diese Selbständigkeit auf folgenden inhaltlichen und äußeren Merkmalen beruht:

1a) Ausreichende Ausstattung mit marktmäßig wenigstens partiell reproduzierbarem Eigenkapital,

b) zusätzlich zu dieser finanzwirtschaftlichen Aussonderung auch eine rechnerische Trennung vom Trägerhaushalt im Sinne einer Nettoetatisierung;

2a) eigenverantwortliche Entscheidungs- und Handlungsspielräume,

b) damit verbunden eine organisatorische Trennung von der Trägerverwaltung in Form einer Sonderverwaltung.

Eine rechtliche Selbständigkeit mag die Unternehmenseigenschaft unterstützen, es bedarf ihrer aber nicht. Als öffentliche Unternehmen kommen nicht in Betracht die sog. kostenrechnenden Einrichtungen der Gemeinden. Sie nehmen zwar als gebührenerhebende „Selbstabschließer" eine finanzwirtschaftliche Sonderstellung ein und verfügen über eigene intere Kosten- und Leistungsrechnungen, es ermangelt ihnen aber regelmäßig an der Nettoetatisierung; auch ist ihr dispositiv-organisatorischer Bereich gewöhnlich in die Gemeindeverwaltung zum Beispiel als Straßenreinigungs- oder Fuhramt integriert.

Träger öffentlicher Unternehmen sind der Bund, ein Land oder eine Gemeinde oder mehrere Gebietskörperschaften miteinander (im letztgenannten Fall spricht man von sog. gemischt-öffentlichen Unternehmen). Eigentumsrechte an öffentlichen Unternehmen besitzen auch rechtlich selbständige Körperschaften, Anstalten und Stiftungen des öffentlichen Rechts, die sogar selbst als öffentliche Unternehmen tätig werden können. Öffentliche Unternehmen verfügen oftmals ihrerseits über Tochter- und Enkelgesellschaften, wie die „Konzernarchitektur" der Beteiligungen des Bundes eindrucksvoll beweist.[4]

II Öffentlicher Auftrag öffentlicher Unternehmen

Bei öffentlichen Unternehmen muß mehr als bisher zwischen öffentlichen Unternehmen mit und ohne öffentlichen Auftrag differenziert werden. Vom Umfang des öffentlichen Auftrags hängt es nämlich ab, inwieweit sich öffentliche Unternehmen überhaupt von privaten Unternehmen essentiell unterscheiden. Es existieren zwar auf Grund der öffentlichen oder privaten Anteilsrechte graduelle Unterschiede zum Teil in der Rechtsform, in der Personalführung, im Marktverhalten, in der Ertragskraft oder in der Wirtschaftsprüfung, die spezifischen Probleme mancher öffentlichen Unternehmen lassen sich damit aber weder begründen noch erklären und erst recht nicht lösen. Ohne öffentlichen Auftrag sind öffentliche Unternehmen im Prinzip mit privaten Unternehmen vergleichbar. In einer von Privateigentum und liberaler Marktwirtschaft geprägten Wirtschaftsordnung wären solche öffentlichen Unternehmen zu privatisieren. Die Berücksichtigung sozialer Gesichtspunkte in der sozialen Marktwirtschaft und die Erreichung wirtschaftspolitischer (i.e. konjunktur-, beschäftigungs-, struktur-, regional-politischer usw.) Ziele durch öffentliche Unternehmen führen indessen zu deren arteigenen Wesensmerkmalen.

Öffentliche Unternehmen, die einen öffentlichen Auftrag zu erfüllen haben, stehen dann häufig vor einem Dilemma: Einerseits sind sie Unternehmen und sie sollen von daher unternehmerisch entscheiden und handeln, andererseits wird das eigenwirtschaftliche Streben durch gemeinwirtschaftliche Erfordernisse eingeschränkt oder konterkariert. Während bei privaten Unternehmen oder bei privat- bzw. erwerbswirtschaftlich tätigen öffentlichen Unternehmen der Gewinn die Zielgröße und der Zielerfüllungsgrad das Kriterium für die unternehmerische Leistungsfähigkeit bilden, genügen der Gewinn als Indikator und die Gewinnhöhe oder die Rendite (als Quotient aus Gewinn und Kapitaleinsatz) als Maßstab für die Leistungsfähigkeit eines gemeinwirtschaftlich öffentlichen Unternehmens nicht.[5] Bei diesem stehen öffentliche Aufgaben im Vordergrund und im Ausmaß ihrer Erfüllung spiegelt sich die unternehmerische Leistungsfähigkeit wider. Die Aufgabenerfüllung hat eine politische und eine ökonomische Komponente. Beide sind so eng miteinander verzahnt, daß ihre Kontrolle außerordentlich schwerfällt. Man wird meist nicht gewahr, welche Seite ins Hintertreffen gerät: die politische auf Kosten der ökonomischen oder umgekehrt. Aus Gründen der Transparenz und Effizienz sucht man hier zu differenzieren, indem man den aus gesellschaftlichen Bedürfnissen erwachsenen und politisch zu artikulierenden öffentlichen Auftrag von seiner wirtschaftlichen Erledigung durch ein öffentliches Unternehmen trennt. Um eine möglichst ökonomische Beschaffung, Erstellung und Abgabe der unternehmerischen Leistungen sicherzustellen, billigt man dem öffentlichen Unternehmen Eigenwirtschaftlichkeit zu. Für manche öffentlichen Unternehmen wie zum Beispiel für die Deutsche Bundesbahn fordert man sogar, daß sie nach „kaufmännischen Grundsätzen" (§ 28 Abs. 1 Satz 1 Bundesbahngesetz vom 13. Dezember 1951, BGBl. I S. 955) zu führen ist und nur in diesem Rahmen „ihre gemeinwirtschaftliche Aufgabe zu erfüllen" (§ 28 Abs. 1 Satz 2 BBahnG) hat.

Man kann in diesem Fall feststellen, daß die ökonomische (und auch die teilrechtliche) Verselbständigung in der gewünschten Eigenwirtschaftlichkeit ihre Ursache findet. Nebenbei gesagt können Sonderstellungen auf vielfältigen Gründen beruhen: Sie reichen von der verfassungsrechtlich gebotenen Verselbständigung der Verwaltungen der Parlamente und der Rechnungshöfe, aber auch der Hochschulen wegen deren erforderliche Wissenschaftsautonomie, über die wirtschaftspolitisch zweckmäßige Selbständigkeit der Bundesbank bis hin zu der eigenwirtschaftliches Entscheiden und Handeln erleichternden ökonomischen Verselbständigung zum Beispiel kommunaler Versorgungs- und Verkehrsunternehmen.[6] Nur dem zuletztgenannten Motiv, also der Eigenwirtschaftlichkeit öffentlicher Unternehmen, gelten die weiteren Überlegungen.

III Das Streben nach Eigenwirtschaftlichkeit

Das eigenwirtschaftliche Interesse öffentlicher Unternehmen besteht darin, daß sie ihre Entscheidungen „aufgrund eigener Initiative und Verantwortung, eigener Planung und eigener ökonomischer Überlegungen treffen"[7] wollen. Ein Kennzeichen dieser Betrachtungsweise ist das Vorherrschen des Äquivalenzprinzips, also eines Leistungs-Gegenleistungszusammenhangs im Sinne betriebs- bzw. einzelwirtschaftlicher Kategorien. Erst wenn dieser Zusammenhang gegeben ist, kann eine wirtschaftliche Eigenverantwortlichkeit verwirklicht werden. Dieses institutionelle Prinzip stellt damit einen Gegensatz zum funktionellen Prinzip der wirtschaftlichen Gesamtverantwortlichkeit dar. Bei dem letzteren als Alimentationsprinzip bezeichneten Grundsatz steht einer angebotenen und/oder abgegebenen Leistung keine Gegenleistung gegenüber. Man spricht hier auch von Bedarfswirtschaftlichkeit im Sinne volks- bzw. gesamtwirtschaftlicher Kategorien.

Dem Streben nach Eigenwirtschaftlichkeit werden drei Formen der Verselbständigung unterschiedlicher Intensität gerecht. Während schon untersucht wurde, wie selbständig ein Wirtschaftsgebilde sein muß, um es als Unternehmen qualifizieren zu können, soll jetzt kurz der verwandten Frage nachgegangen werden, welche Voraussetzungen für das Eigenwirtschaftlichkeitsstreben notwendig sind.

Ein erster Schritt in Richtung auf die Eigenwirtschaftlichkeit im obigen Sinne der wirtschaftlichen Eigenverantwortlichkeit ist die rechnerische Sonderstellung einer Organisationseinheit innerhalb der Verwaltung. Die in Betracht kommenden bruttoetatisierenden Organisationseinheiten mit Betriebscharakter[8], reinen Regiebetrieben, Gebührenhaushalten bzw. kostenrechnenden Einrichtungen werden teilweise oder sogar ganz aus Entgelten finanziert und verfügen zur Ermittlung des Gebührenbedarfs (d.h. des Angebotspreises) über eigene Kosten- und Leistungsrechnungen. Bei diesen eigene Zusatzrechnungen aufweisenden Bruttobetrieben wird die schwächste Form von Eigenwirtschaftlichkeit ermöglicht. Das Muttergemeinwesen erfährt lediglich, welche monetäre Gegenleistung für die hervorgebrachte Leistung erforderlich wäre, wollte man die gesamten angefallenen betriebswirtschaftlichen Kosten decken. Ob der Preis für die abgegebene Leistung tatsächlich in Höhe dieser Kosten oder darüber oder darunter angesetzt wird, unterliegt nicht der Disposition solcher Bruttobetriebe, sondern hängt von den rechtlich vorgegebenen Rahmenbedingungen und von der Entscheidung der Trägerkörperschaft, mithin von politischen Erwägungen, ab. Diese bruttoetatisierenden Betriebe, die keine Unternehmen darstellen, sind finanziell, organisatorisch, personell und rechtlich vollständig mit der Verwaltung verknüpft, ein ,,eigenes" Wirtschaften ist strenggenommen so gut wie nicht möglich.

Wird aus der rechnerischen Sonderstellung eine rechnerische Separierung mit eigener Kapitalausstattung und tritt regelmäßig eine organisatorische Verselbständigung hinzu, so läßt sich ein erheblich höheres Maß an Eigenwirtschaftlichkeit realisieren. Die organisatorische Trennung von der Trägerkörperschaft ermöglicht einen größeren Entscheidungsspielraum. Die Handlungsfreiheit der Entscheidungsträger nimmt zu. Beispiele für solche Betriebsformen, die noch innerhalb der Staatsverwaltung arbeiten, sind die Betriebe nach § 26 Bundeshaushaltsordnung vom 19. August 1969, BGBl. I S. 1284, und entsprechendem Landesrecht sowie die kommunalen Eigenbetriebe nach den landesrechtlichen Eigenbetriebsgesetzen oder -verordnungen. Im eigenen Wirtschaftsplan, bei den Eigenbetrieben bestehend aus Erfolgsplan, Finanzplan und Stellenübersicht[9], zeigt sich die rechnerische und organisatorische Trennung von der Verwaltung. Eine Reihe bestehender Entscheidungs- und Aufsichtsrechte, die die Trägerkörperschaft nach wie vor ausübt, ziehen die Grenzen des eigenwirtschaftlichen Gebarens.[10] Eigeninitiative und Eigenverantwortung, eigene Planung und eigene ökonomische Überlegungen der Werkleitung sind nur begrenzt möglich. Die starken rechtlichen, finanziellen und oft auch personellen Bindungen an die Trägerkörperschaft erweisen sich als (prinzipiell gerechtfertigter) Hemmschuh für ein vollständig eigenwirtschaftliches Tätigwerden.

Soweit die öffentlichen Aufgaben durch rechnerisch, organisatorisch und rechtlich verselbständigte Träger wahrgenommen werden, ist ein wiederum erweiterter Grad an Eigenwirtschaftlichkeit erreicht. Die Trägerkörperschaft hat durch Gesetz, in der Satzung oder in sonstiger Form (z.B. in einem Gesellschaftsvertrag) zu bestimmen, welche Ziele diese in öffentlich-rechtlichen Formen (Anstalt, Körperschaft oder Stiftung) oder in privatrechtlichen Formen (Aktiengesellschaft, Gesellschaft mit beschränkter Haftung, eingetragene Genossenschaft, Verein oder Stiftung) geführten öffentlichen Unternehmen erfüllen sollen. Da man sich in den meisten Fällen jedoch nicht auf eine Zielvorgabe einigen kann oder – was schlimmer ist – darüber gar nicht nachdenkt, findet man in der Regel bloße Hinweise auf die zu erfüllenden Aufgaben, lies: Aufgabenbereiche, in der lapidaren Formulierung: Gegenstand des Unternehmens ist die Versorgung der Abnehmer mit .... In Ermangelung einer konkreten gemeinwirtschaftlichen Zielsetzung – Gert von Eynern würde sagen: aufgrund der fehlerhaft ausgestalteten öffentlichen Bindung[11] – verstärken sich die Bestrebungen nach Eigenwirtschaftlichkeit. Darüber hinaus werden produktions-, absatz- und finanzwirtschaftliche sowie personelle, steuerliche und konzentrationswirtschaftliche Gründe insbesondere für eine rechtlich fundierte Eigenwirtschaftlichkeit (in Form einer Aktiengesellschaft) angeführt.[12] Bei einer so gearteten Eigenwirtschaftlichkeit ist die Einwirkung der Trägerkörperschaft auf die Art und Weise der Zielerreichung gewöhnlich nicht mehr möglich.

IV Eigenwirtschaftlichkeit versus Gemeinwirtschaftlichkeit

Da zahlreiche Leistungen aus dem öffentlichen Verwaltungs- und Unternehmensbereich quantitativ erfaßt, bewertet und abgerechnet werden können, unter anderem die Versorgung und Entsorgung oder die Verkehrsleistungen, bietet sich eine auf betriebswirtschaftliche Kriterien ausgerichtete Leistungserstellung und -abgabe an. Mit der betriebswirtschaftlichen Denkweise geht das Bemühen einher, den Erfolg des eigenen Tätigwerdens auch sichtbar zu machen, was mit Hilfe der kaufmännischen Rechnungslegung leichter möglich ist als mit dem kameralistischen Rechnungswesen. Sowohl die Doppik als auch letzten Endes die Kameralistik lassen zwar eine Kontrolle der Wirtschaftlichkeit zu[13], jedoch erlaubt die kaufmännische Rechnung eine schnellere und einfachere Zusammenfassung der Ergebnisse des Wirtschaftens und eine entsprechende Analyse der Teilvorgänge des Betriebsgeschehens. Die Möglichkeit der Sichtbarmachung der eigenen Leistung eröffnet in stärkerem Maße den Blick für organisatorische Verbesserungen, die wiederum eine günstigere Kostengestaltung bewirken. Allerdings besteht die Gefahr, daß bei zu einseitigen betriebswirtschaftlichen Kostenüberlegungen die gemeinwirtschaftliche bzw. soziale Komponente der öffentlichen Aufgabenerfüllung vernachlässigt wird. So kann eine streng betriebswirtschaftliche Betrachtungsweise häufig zu einer Einschränkung des Leistungsangebots führen, wie etwa die gegenwärtig diskutierten Streckenstillegungen bei der Deutschen Bundesbahn oder eine Verringerung der Frequent der Briefzustellungen bei der Deutschen Bundespost offenbaren. Die durchgeführten Rationalisierungen zu Lasten des Leistungsangebots erhöhen zwar den kaufmännischen Gewinn bzw. verkleinern den Verlust, sind aber gewöhnlich mit einem Rückgang des sozialen Nettonutzens verbunden, wenn beispielsweise Arbeitsplätze vernichtet werden, die Informationsvielfalt abgebaut wird und Kommunikationsengpässe auftreten.[14]

Im allgemeinen kann man feststellen, daß der Intensitätsgrad der Eigenwirtschaftlichkeit desto höher ausfällt, je weniger Einflußnahmen von der Trägerkörperschaft ausgeübt werden. Das zu registrierende Streben nach immer stärkerer Eigenwirtschaftlichkeit auf Seiten der Unternehmensführung kann zu einer ernstzunehmenden Divergenz zwischen Träger und Unternehmen führen. Es ist kein Geheimnis, daß die Manager zahlreicher öffentlicher Unternehmen den von ihrem Unternehmen zu erfüllenden öffentlichen Auftrag oft als lästig empfinden und ihn im Rahmen ihrer Möglichkeiten zu negieren suchen. Sie akzeptieren häufig nur eine ähnliche Gemeinwohlverpflichtung wie sie auch bei Privatunternehmen unterstellt werden kann.[15] Liegt erst einmal eine organisatorische Verselbständigung vor, so setzen sich die Manager gern ihre Ziele selbst, ohne daß seitens der Trägerkörperschaft Einfluß genommen wird. Diese Tendenz wird noch dadurch verstärkt, daß sie das technische und wirtschaftliche Fachwissen besitzen, das bei der Trägerkörperschaft und zwar sowohl bei den politischen als auch bei den administrativen Organen nicht unbedingt vorausgesetzt werden kann.

Ein Vorteil der organisatorischen Verselbständigung ist darin zu erblicken, daß das Management wesentlich flexibler auf Umweltänderungen, insbesondere auf Markteinflüsse, reagieren kann, als es der haushalts-, organisations- und dienstrechtlich festgelegten Verwaltung möglich ist. Diese Beweglichkeit des Managements wirft dann Probleme auf, wenn das Unternehmen sich zu stark dem Marktmechanismus überantwortet und die durch die politischen Zielsetzungen erwünschten Leistungsgrößen außer acht läßt. Um dieser Entwicklung entgegenzutreten, muß die Trägerkörperschaft unter anderem auf die Preisgestaltung einwirken. Man spricht hier von administrierten Preisen.[16] Aufgrund dieser einschneidenden Interventionsmöglichkeit des Trägers reduziert sich die eigentliche Aufgabe der Unternehmensführung auf das Bemühen, die von ihr nicht frei zu bestimmenden Ziele mit den begrenzten Möglichkeiten des Mitteleinsatzes zu realisieren. So gesehen kann die betriebs- bzw. einzelwirtschaftliche Wirtschaftlichkeit, verstanden als das Verhältnis aus Erlösen und Kosten, vom Management der öffentlichen Unternehmung nur mittelbar beeinflußt werden. Anders als bei privaten Unternehmungen sind die Erlöse solcher öffentlicher Unternehmen lediglich über die Mengenkomponenten zu erhöhen. Dazu steht, abgesehen von der Preispolitik, den öffentlichen Unternehmen das absatzpolitische Instrumentarium zur Verfügung.[17] Allerdings ist die Unternehmensführung auch im Bereich der Mengenkomponente gewissen Restriktionen unterworfen. So wird von der Trägerkörperschaft in der Regel ein Mindestleistungsangebot festgelegt (Streckennetz bei der Bundesbahn und im Personennahverkehr insbesondere Betriebs-, Beförderungs-, Haft- und Fahrplanpflichten laut Personenbeförderungsgesetz vom 21. März 1961, BGBl. I S. 241; Entleerungsfrequenzen bei Briefkästen; Anschluß- und Versorgungspflichten gemäß Energiewirtschaftsgesetz vom 13. Dezember 1935, RGBl. I S. 1451, bei Energieversorgungsunternehmen; Bestimmungen über Wasseranschluß und -abgabe laut städtischer Satzungen usw.), dem das Unternehmen gerecht werden muß. Der zweite Ansatzpunkt zur Verbesserung der Wirtschaftlichkeit ist die Inputseite. Das Management kann versuchen, durch Kostensenkungen zu einer günstigeren Erlös-Kosten-Relation zu gelangen. Hier muß jedoch ebenfalls mit einer Reihe von Restriktionen gerechnet werden. So ist die Unternehmensführung im Bereich der Personalpolitik dann nicht frei, wenn – wie bei (rechtlich nicht verselbständigten) Eigenbetrieben – die im Unternehmen Tätigen öffentliche Bedienstete sind. Während in der Privatwirtschaft Unwirtschaftlichkeit zu Liquiditätsengpässen, Verlusten und gegebenenfalls zum Ausscheiden aus dem Markt führt, werden Defizite bei öffentlichen Unternehmen unabhängig davon, ob sie entsprechend der Ziele „einprogrammiert" sind oder auf Managementfehlern beruhen, normalerweise durch den Haushalt der Trägerkörperschaft gedeckt. Auf diese Weise fällt durch diese Absicherung der Druck auf das Management, kostengünstig zu arbeiten, weniger stark aus.

Soweit die Restriktionen sowohl auf der Leistungs- als auch auf der Kostenseite in einer fehlenden Rechtsfähigkeit begründet liegen, ist häufig bei jenen, lediglich rechnerisch und organisatorisch verselbständigten öffentlichen Unternehmen das Streben nach Eigenwirtschaftlichkeit mit der Forderung verbunden, auch rechtlich unabhängig zu werden. Die Realisierung dieser Forderung erhöht die Divergenzen zwischen Träger und Unternehmen, da das Streben nach mehr Eigenwirtschaftlichkeit dem Bemühen um mehr Gemeinwirtschaftlichkeit vielfach entgegensteht.

Aus der Sicht der Unternehmung verhilft insbesondere die privatrechtliche Verselbständigung zu einem Grad an Eigenwirtschaftlichkeit, der die Durchsetzung betriebswirtschaftlicher Erkenntnisse erleichert. Dadurch, daß die Eigengesellschaften nicht mehr unmittelbar dem Haushalts-, Organisations- und Dienstrecht unterliegen, sondern dem Gesellschaftsrecht, ergibt sich ein höheres Maß an unternehmerischer Flexibilität. Die Trägerkörperschaft des betreffenden öffentlichen Unternehmens tritt im Prinzip nur noch als Kapitaleigner auf. Dieser übt seinen Einfluß über die gesetzlichen Regelungen und die Satzung bzw. den Gesellschaftsvertrag aus und zwar im Hinblick auf die Zielbildung des Unternehmens, die personelle Besetzung der Unternehmensleitung und die Kontrolle des wirtschaftlichen Gebarens der Unternehmung. Direkte Einflußnahme bezüglich der Gestaltung des Outputs und des Inputs, wie sie zum Beispiel bei den Eigenbetrieben möglich sind, werden bei rechtlich verselbständigten Unternehmen weniger wahrgenommen. Die Unternehmensleitung hat in ihrer Personalpolitik freiere Hand, da die Besoldungs- und Tarifregelungen des öffentlichen Dienstes nicht gelten. Auch besitzen die rechtlich verselbständigten öffentlichen Unternehmen eine größere Vertragsfreiheit, was zu einer unabhängigeren Position des Unternehmens führt. Es unterliegt hierdurch wesentlich stärker den Marktmechanismen. Daraus wird jedoch häufig ein Zwang zur Rentabilität abgeleitet. Die Gemeinwohlverpflichtung tritt insoweit noch weiter in den Hintergrund und wird als lästige Einengung der wirtschaftlichen Betätigung empfunden. Für das Unternehmen und die Leistungsabnehmer kann indessen diese ausgeprägte Eigenwirtschaftlichkeit auch gewisse Vorteile mit sich bringen. So erfolgt die Bedienung des Publikums aus einer Hand und nicht durch zahlreiche, oft kleine Ämter, die infolge ihrer Arbeitsteilung das Leistungsabgebot unübersichtlich gestalten und zu unnötiger Doppelarbeit sowie zu Zeit- und Reibungsverlusten auf Seiten der Abnehmer führen können.

Die zunehmende Autonomisierung birgt allerdings eine Reihe von Gefahren in sich. So lassen sich manchmal erhebliche Koordinationsmängel feststellen, die aufgrund zu einseitiger Eigenwirtschaftlichkeit entstehen. Man denke beispielsweise an die häufig kritisierte mangelhafte Abstimmung mehrerer Nahverkehrsunternehmen im Hinblick auf die Strecken- und Linienführung, Fahrplan- und Tarifgestaltung in einem Versorgungsgebiet. Die der Eigenwirtschaftlichkeit verpflichteten öffentlichen Unternehmen wie die Deutsche Bundesbahn, die Deutsche Bundespost und örtliche Nahverkehrsunternehmen finden – wenn überhaupt – erst nach langen Kämpfen zu einem Verkehrsverbund zusammen.[18] Dem übertriebenen Streben nach Eigenwirtschaftlichkeit gleiche oder ähnliche Leistungen anbietender öffentlicher Unternehmen muß Einhalt geboten werden, soweit die Gemeinwirtschaftlichkeit gefährdet ist. Hierzu bedarf es einer entsprechend wirksamen Einflußnahme der Trägerkörperschaften.

V Zur Sicherung der Einflußnahme des Trägers

Es hat sich gezeigt, daß beim Träger öffentlicher Unternehmen ein Zielkonflikt entsteht. Einerseits ist er daran interessiert, daß öffentliche Unternehmen dem Gemeinwohl dienen, andererseits liegt ihm daran, daß die Unternehmen nach Eigenwirtschaftlichkeit streben, da so am besten die Forderung nach mehr Wirtschaftlichkeit im Sinne betriebswirtschaftlicher Denkkategorien verwirklicht werden kann. Einem unkontrollierten Streben nach Eigenwirtschaftlichkeit muß deshalb eine Absage erteilt werden. Zur Durchsetzung des öffentlichen Auftrags öffentlicher Unternehmen benötigt man ein Bündel von politischen, personellen und finanziellen Maßnahmen, die – rechtlich angemessen abgesichert – dem Träger die erforderliche Einflußnahme gestatten.

So müßten einmal im politischen Bereich die (Leistungs- und Finanz-)Ziele der öffentlichen Unternehmen eindeutig operationalisiert und damit nachprüfbar formuliert werden. Erst dann ist eine Kontrolle des Zielerreichungsgrades möglich, die gegebenenfalls eine Änderung der Zielvorgaben bewirkt.

Einen nicht unerheblichen Einfluß übt der Träger durch die Berufung und Bestellung der Unternehmensleitung aus. Allerdings muß hier die vielfach monierte Praxis überprüft werden, wonach Besetzungen der Führungspositionen häufig mehr nach dem Parteienproporz als nach tatsächlicher Qualifikation vorgenommen werden.

Die kapitalmäßige Ausstattung, etwaige Selbstfinanzierungsmöglichkeiten sowie Gewinnabführungs- und Verlustübernahmeregelungen dürfen nicht getrennt von den vorzugebenden unternehmerischen Zielsetzungen festgelegt werden. Die finanzielle Sphäre der öffentlichen Unternehmen eignet sich nämlich besonders gut für die Rechtfertigung eigenwirtschaftlichen Strebens.

Für die Sicherung der Einflußnahme des Trägers ist eine rechtliche Verankerung durch Gesetz, Satzung oder Gesellschaftsvertrag von maßgeblicher Bedeutung. Innerhalb eines solchen Restriktionenrahmens sollte das öffentliche Unternehmen durchaus eine Eigendynamik entwickeln können. Zahlreiche Probleme sind hier ungelöst. So wäre zum Beispiel zu überprüfen, ob es ausreicht, daß bei Eigengesellschaften lediglich eine Verwaltungskontrolle durch Beteiligung von Ministerial- bzw. Kommunalbeamten, nicht aber eine parlamentarische Kontrolle erfolgt. Wie immer die Regelungen ausfallen, stets müßte dafür gesorgt sein, daß die gemeinwirtschaftlichen Ziele in politisch dazu legitimierten Organen gesetzt werden, um den Unternehmensorganen von vornherein Zielkonflikte zu ersparen.

Anmerkungen

1 Vgl. *Albert Schnettler:* Öffentliche Betriebe, Betriebswirtschaftliche Bibliothek, hrsg. von *Wilhelm Hasenack*, Reihe A/V, Essen 1956, *Walter Hamm:* Kollektiveigentum, Die Rolle öffentlicher Unternehmen in der Marktwirtschaft, Veröffentlichungen des Forschungsinstituts für Wirtschaftspolitik an der Universität Mainz, hrsg. von *Erich Welter*, 9. Band, Heidelberg 1961, *Carl Ruberg:* Gemeinde-Wirtschaftsbetriebe, Das Gemeinderecht in NRW, hrsg. von *Karl Kirsten*, 3. Band, 2. Aufl., Siegburg 1962, *Adolf-Friedrich Jacob:* Betriebserhaltung kommunaler Eigenbetriebe, Beiträge zur betriebswirtschaftlichen Forschung, hrsg. von *Erich Gutenberg, Wilhelm Hasenack, Karl Hax* und *Erich Schäfer*, 20. Band, Köln und Opladen 1963, *Jürgen Hauschildt:* Die Absatzpolitik der Energieversorgungsunternehmen im Spannungsfeld von Gewinnstreben und öffentlichen Leistungsansprüchen, Veröffentlichungen der Akademie für Wirtschaft und Politik Hamburg, hrsg. von *Heinz-Dietrich Ortlieb*, Tübingen 1964, *Eberhard Witte* unter Mitwirkung von *Jürgen Hauschildt:* Die öffentliche Unternehmung im Interessenkonflikt, Betriebswirtschaftliche Studie zu einer Zielkonzeption der öffentlichen Unternehmung, hrsg. von der Gesellschaft für öffentliche Wirtschaft, Berlin 1966, *Hartwig Bülck, Hans Hämmerlein, Hans Jecht* und *Louis Perridon:* Verwaltung mit Unternehmen, Baden-Baden 1968, *Peter Eichhorn:* Struktur und Systematik kommunaler Betriebe, Verwaltung und Wirtschaft, Schriftenreihe Nordrhein-Westfälischer Verwaltungs- und Wirtschafts-Akademien, hrsg. von *Franz Günnicker, Friedrich Klein, Peter Heinz Seraphim* und *Hans J. Wolff*, Heft 40, Stuttgart 1969, *derselbe:* Kommunale Regiebetriebe und Budgetkreislauf, Studien der Forschungsgesellschaft für Staats- und Kommunalwirtschaft, Band 5, Göttingen 1970, *Volker Emmerich:* Das Wirtschaftsrecht der öffentlichen Unternehmen, Bad Homburg, v.d.H., Berlin und Zürich 1969, *Günter Püttner:* Die öffentlichen Unternehmen, Verfassungsfragen zur wirtschaftlichen Betätigung der öffentlichen Hand, Bad Homburg v.d.H., Berlin und Zürich 1969, *Karl Wenger:* Die öffentliche Unternehmung, Ein Beitrag zur Lehre von der Wirtschaftsverwaltung und zur Theorie des Wirtschaftsverwaltungsrechts, Wien und New York 1969, *Theo Thiemeyer:* Gemeinwirtschaftlichkeit als Ordnungsprinzip, Grundlegung einer Theorie gemeinnütziger Unternehmen, Berlin 1970, *derselbe:* Wirtschaftslehre öffentlicher Betriebe, Reinbek bei Hamburg 1976.

2 Vgl. hierzu *Peter Eichhorn:* Struktur und Systematik kommunaler Betriebe, a.a.O., S. 91 f.

3 Vgl. hierzu *Hanns Linhardt:* „Kapitalwirtschaft und Kapitalrechnung", in: Die Unternehmung im Markt, Festschrift für Wilhelm Rieger, hrsg. von *Johannes Fettel* und *Hanns Linhardt*, Stuttgart und Köln 1953, S. 46, *derselbe:* „Der Betrieb als Kapitalanlage oder als lebende Einheit", in: Zeitschrift für Betriebswirtschaft, 1954, S. 259, *derselbe:* Grundlagen der Betriebsorganisation, Betriebswirtschaftliche Bibliothek, hrsg. von *Wilhelm Hasenack*, Reihe A/IV, Essen 1954, S. 28 ff., *Peter Eichhorn:* Struktur und Systematik kommunaler Betriebe, a.a.O., S. 48, *derselbe:* Liquiditätsplanung und Gelddisposition in öffentlichen Haushalten, Schriften zur öffentlichen Verwaltung und öffentlichen Wirtschaft, hrsg. von *Peter Eichhorn* und *Peter Friedrich*, Band 2, 2. Aufl., Baden-Baden 1974, S. 43 f.

4 Siehe Bundesministerium der Finanzen (Hrsg.): Beteiligungen des Bundes 1975, Bonn 1976.

5 Vgl. *Peter Eichhorn*: „Kriterien für die Leistungsfähigkeit von öffentlichen Unternehmen", in: Verband kommunaler Unternehmen (Hrsg.): Energie und Wasser für morgen – das Konzept der kommunalen Versorgungswirtschaft, Dokumentation der VKU-Verbandstagung 1975, Beiträge zur kommunalen Versorgungswirtschaft, Heft 53, Köln 1975, S. 44–57, hier S. 46 f.

6 Vgl. *Rudolf Dieckmann:* „Problemaufriß zur Verselbständigung von Verwaltungsträgern“, in: *Frido Wagener* (Hrsg.): Verselbständigung von Verwaltungsträgern, Schriften der Deutschen Sektion des Internationalen Instituts für Verwaltungswissenschaften, Band 1, Bonn 1976, S. 19–30, hier S. 20. Weitere mögliche Gründe für Verselbständigungen siehe bei *Frido Wagener:* „Typen der verselbständigten Erfüllung öffentlicher Aufgaben“, in: *Frido Wagener* (Hrsg.), a.a.O., S. 31–50, hier S. 45 ff.

7 *Erich Kosiol:* Die Unternehmung als wirtschaftliches Aktionszentrum, Einführung in die Betriebswirtschaftslehre, rororo Studium, hrsg. von *Ernesto Grassi*, Band 11, Reinbek bei Hamburg 1972, S. 28.

8 Vgl. Kommunale Gemeinschaftsstelle für Verwaltungsvereinfachung (Hrsg.): Verwaltungsorganisation der Gemeinden, Teil II: Verwaltungsgliederungsplan, 3. Aufl., Köln 1968, S. 42 f.

9 Vgl. hierzu *Friedrich Zeiss:* Das Eigenbetriebsrecht der gemeindlichen Betriebe unter besonderer Berücksichtigung der Eigenbetriebsverordnung Nordrhein-Westfalen, 2. Aufl., Stuttgart 1962, insb. S. 202–220.

10 Vgl. *Peter Eichhorn:* Kommunale Regiebetriebe und Budgetkreislauf, a.a.O., S. 60 ff., 73 f., 130 ff.

11 *Gert von Eynern:* „Die öffentliche Bindung privater Unternehmungen“, in: Die öffentliche Wirtschaft, 1957, S. 6–8, *derselbe:* „Das öffentlich gebundene Unternehmen“, in: Archiv für öffentliche und freigemeinwirtschaftliche Unternehmen, 1958, S. 1–59, *derselbe:* Gemeinwirtschaftliche Bindung von Unternehmen, Schriftenreihe Gemeinwirtschaft, hrsg. von der Bank für Gemeinwirtschaft, Nr. 17, Frankfurt 1975.

12 Vgl. *Karl-Heinz Geisel:* Die wirtschaftlichen Gründe für die Umwandlung gemeindlicher Wirtschaftsbetriebe in die Rechtsform der Aktiengesellschaft, Diss. Nürnberg 1965, S. 51–144.

13 Die Wahl des Rechnungsstils ist abhängig von den Rechnungszielen. Vgl. hierzu *Karl Oettle:* „Grundlagen und Systeme des betrieblichen Rechnungswesens“, in: Studienstiftung der Verwaltungsleiter deutscher Krankenanstalten (Hrsg.): Zentrallehrgang 1967, Kulmbach 1967, S. 1–32, wiederabgedruckt in: *Karl Oettle:* Grundfragen öffentlicher Betriebe II, Schriften zur öffentlichen Verwaltung und öffentlichen Wirtschaft, hrsg. von *Peter Eichhorn* und *Peter Friedrich*, Band 14, S. 137–166, insb. S. 149–155.

14 Vgl. *Peter Eichhorn:* „4288 Arbeitsplätze eingespart, Über die Effizienz der Deutschen Bundespost“, in: Wirtschaftswoche Nr. 26 vom 21. Juni 1974, S. 56–62.

15 Vgl. *Günter Püttner:* „Verselbständigung von Organisationseinheiten mit Betriebscharakter in Privatrechtsform“, in: *Frido Wagener* (Hrsg.): Verselbständigung von Verwaltungsträgern, a.a.O., S. 125–140, hier S. 127.

16 Vgl. *Klaus Bätz*: Administrative Preispolitik öffentlicher Unternehmen, Veröff. in Vorbereitung.

17 Vgl. *Erich Gutenberg:* Grundlagen der Betriebswirtschaftslehre, 2. Band: Der Absatz, 11. Aufl., Berlin, Heidelberg, New York 1968, S. 123–178 und 375–485.

18 Vgl. *Theo Thiemeyer:* Wirtschaftslehre öffentlicher Betriebe, a.a.O., S. 123.

Fall der Profitrate und Kapitalkoeffizient in ihrer langfristigen Bedeutung für das Schicksal des Kapitalismus

Von Karl Kühne

Das Theorem von der fallenden Tendenz der Profitrate wurde von Marx als einer der entscheidendsten Eckpfeiler seiner Prognose des dereinstigen Niedergangs – wenn nicht Kollapses – des Kapitalismus angesehen. Viele Sympathisanten seiner Theorie, von den gemäßigten Freunden wie Joan *Robinson* bis zu den Orthodoxen wie *Sweezy*, haben darin eher eine Sackgasse seines Denkens sehen wollen. Allerdings haben sie in der Mehrzahl nicht klar unterschieden zwischen der langfristigen Konzeption – mit der Marx eigentlich nur ein Lieblingsthema der Klassiker bis zu John Stuart *Mill* wieder aufnahm – und der mittelfristig-konjunkturellen Version.

Der Verfasser dieses Aufsatzes hat beide Versionen in seinem Buche zur marxistischen Ökonomie[1] besonders eingehend behandelt. Wenngleich er der Version von der zyklischen Schwankung der Profitrate unter dem Einfluß einer Aufblähung und Kontraktion des „Kapitals" hohe Aktualität beimißt – mag man nun vom Realwert des Anlagekapitals oder seiner Widerspiegelung in „fiktivem" Aktienkapital ausgehen –, so möchte er doch in diesem Text allein das langfristige Theorem untersuchen. Dieses langfristige Theorem erscheint besonders bedeutsam, weil es mit dem Problem der langfristigen Bewegung des Kapitalkoeffizienten verbunden ist.

Die Bewegungen des Kapitalkoeffizienten haben nun beide Altmeister der modernen Wachstumstheorie, *Harrod* wie *Domar*, ihren Konzeptionen zugrundegelegt. Mindestens der erstere schloß aus den Bewegungen dieses Koeffizienten auf die Wahrscheinlichkeit tiefgreifender Schwankungen in der langfristigen Wachstumsrate, bis in negative Werte hinein, was von seinen Kommentatoren dahingehend interpretiert wurde, daß die Stabilität der Entwicklung des Kapitalismus gewissermaßen „auf des Messers Schneide" balancierte – wie wir heute sagen könnten: Zwischen der Skylla der Rezession alias Depression und der Charybdis der Inflation.

Harrod selber hat diesen Ausdruck nicht gern gehört und hat das Gleichgewicht des Kapitalismus lieber mit einem Ball vergleichen wollen, der auf einem abschüssigen Felde liegt – zwar kommt er ohne Fußtritt nicht ins Rollen, aber wenn er einmal rollt, gibt es kein Halten mehr ... Darin läßt sich vielleicht eine Synthese der Marxschen These vom immerwährend-inhärenten Zyklus des Kapitalismus und der Slutsky-Frisch-These von der Notwendigkeit externer Schocks finden.

Wie dem auch sei: der Verfasser hat in seinen früheren Darstellungen aufzuzeigen versucht, daß Marx mit seiner Theorie von der fallenden Tendenz der Profitrate einer wellenförmigen Bewegung des technischen Fortschritts auf der Spur war, in der kapitalsparende und arbeitssparende Tendenzen abwechselten – wenngleich Marx glaubte, daß die arbeitssparende Tendenz bzw. die Tendenz zur relativen Verbilligung der Konsumgüter vorherrschte.

I Methodologische Vorfragen

In meinem letzten Buche habe ich die verschiedenen Möglichkeiten zur Messung dieses technischen Fortschritts darzustellen getrachtet. Hier möchte ich mich damit begnügen, eine dieser Messungsmöglichkeiten näher zu verifizieren: Die von *Schmitt-Rink* in dankenswerter Klarheit vorgenommene Identifizierung der „organischen Komposition des Kapitals" Marxens mit den beiden Relationen

Kapitalintensität: Reallohnniveau
Kapitalkoeffizient: Lohnquote

Die Gründe, weshalb der Unterzeichnete diese beiden Ausdrücke als identisch mit dem Marxschen Begriff anerkennt, hat er in seinem letzten Buche genannt.[2]

An dieser Stelle möchte er lediglich kurz skizzieren, weshalb er die Identifizierung für gerechtfertigt hält.

Zwar gibt es bei Marx keinen Kapitalbestand, da er den Kapital-Umschlag in einem Jahre postuliert: Aber man kann sein „konstantes Kapital" als den Realkapitalstrom (= Abschreibungen) eines Jahres ansehen. Logischerweise würde dann der Bestand die Hälfte der Kapitalstromgröße eines Jahres ausmachen. In seinem älteren Werk hat der Autor vorgeschlagen, die unleugbaren Doppelzählungen (von Rohstoffen, Hilfsstoffen und Zwischenprodukten) in den Marxschen Beispielen dadurch herauszubringen, daß man das „konstante Kapital" auf ein Zehntel reduziert.[3]

Dann bleibt aber immer noch die Aufgabe, den Kapitalkoeffizienten bei Marx zu identifizieren. *Schmitt-Rink* hat das im doppelten Sinne getan: Einmal dividiert er in der Relation c/v beide Größen durch die Arbeiterzahl – und damit bekommt er $\frac{c}{a}$ = Kapitalintensität (Kapitalsumme pro Arbeiter) bzw. $\frac{v}{a}$ = Reallohn (Konsumgütersumme pro Arbeiter). Er hat weiter beide Größen in Beziehung gesetzt zum Nettosozialprodukt im Marxschen Sinne:

$$\frac{c}{v+m} = \frac{\text{Kapitel (-,,Bestand'')}}{\text{Wertschöpfung}} \text{ (oder, korrekter: } \frac{0{,}5 \cdot c}{v+m}\text{); im Verhältnis zu } \frac{v}{v+m} = \frac{\text{Lohnsumme}}{\text{Wertschöpfung}}$$

Die erstere dieser Größen ist eindeutig der Kapitalkoeffizient, die zweite die Lohnquote im Verhältnis zum Nettosozialprodukt alias Volkseinkommen. Man könnte zwar diese Relation auch für das Bruttosozialprodukt erstellen, aber dann würde man die Größen weniger leicht mit landläufigen Begriffen identifizieren können. Wir haben hier die Nettobegriffe zugrundegelegt, im Einklang mit Helmstädter, der betont, daß in den meisten empirischen Berechnungen das Verhältnis *von kumulierten Nettoinvestitionen* zum Nettosozialprodukt dargestellt wird. Zwar ist nach *Helmstädter* eine Bruttorechnung wünschenswert, aber kaum durchführbar: „Die Nettorechnung wird deshalb verwendet, weil das statistische Material meist nur in dieser Berechnungsart vorliegt."[4]

Ehe wir zu einer Betrachtung der Entwicklung dieser Koeffizienten übergehen, wollen wir einen kurzen Überblick über andere Methoden zur Messung der Marxschen „organischen Zusammensetzung" geben, die wir in unserer vorhergehenden deatillierten Studie angeführt haben.[5] Zur methodologischen Frage, ob und wieweit diese statistischen Verhältniszahlen zur Messung der Marxschen Relation c : v herangezogen werden können, verweisen wir auf diese vorhergehende Darstellung, ebenso bezüglich der Quellen. Wir betonen aber, daß wir der Ansicht sind, die sinnvollste Messung der Marxschen „organischen Zusammensetzung" könne durch die beiden von *Schmitt-Rink* vorgezeichneten Relationen erfolgen. Wir werden daher im Anschluß an eine kurze Darstellung anderer denkbarer Messungsmethoden eine Übersicht über die beiden Schmitt-Rinkschen Koeffizienten folgen lassen.

Anschließend möchten wir einige Folgerungen zu ziehen versuchen im Hinblick auf die säkulare Relation zwischen Kapital und Arbeit – ein Thema, das im eigentlichen Kern die „politische Ökonomie" im weitesten Sinne angeht.

Wir begnügen uns in der gesamten Darstellung mit einer annähernden Andeutung der Tendenzen; die Materie dürfte sich angesichts des ungefähren Charakters vieler Daten einer präzisen Berechnungsweise entziehen.

II Messungsversuche

Wir haben in unserer vorhergehenden Studie „Die theoretischen und empirischen Aspekte des Gesetzes vom tendenziellen Fall der Profitrate"[6] eine ganze Reihe von Messungsmethoden zusammengestellt, die unserer Auffassung nach der Verifizierung des „Marxschen Gesetzes" dienen konnten. Es waren dies im wesentlichen die folgenden:

1. Direkte Messung von Profitraten

Hier kamen wir zu dem Schluß, daß (hauptsächlich gemessen an den Aktienrenditen *ohne* Berücksichtigung der Kursgewinne)

– weitgehende *Konstanz* der Profitraten anzunehmen ist

für Großbritannien		1870–1900 nach Phelps Brown und Weber,
für die USA		1871–1897 nach Fellner,
für Belgien		1890–1907 nach Van de Velde,
für Deutschland (Baden)		1885–1913 nach Hoffmann/Müller;

– *ansteigende* Profitraten erscheinen

in Belgien		1848–1871 nach Baudhuin/Drappier,
	und	1874–1890 nach Van de Velde,
in Frankreich		1895–1913 nach Pupin,
	und	1962–1967 nach Divisia u.a.,
in Großbritannien		1935–1938 nach Phelps Brown und Weber,
	und	1946 bis 1952 nach dem London/Cambridge Economic Service;

– *sinkende* Profitraten traten auf
in Frankreich 1945–1961 nach Divisia u.a.,
in den USA mindestens seit 1955, wenn nicht seit 1950 (nach Maddison und Zebot),
in Großbritannien seit 1956 nach Maddison und dem London/Cambridge Economic Service
und, real gerechnet, nach Merret-Sykes seit 1939.

Säkular gesehen scheint sich jedenfalls von der Mitte des vorigen Jahrhunderts bis zur Mitte dieses Jahrhunderts ein Absinken der Aktienrendite abzuzeichnen. Nur ist dies leider nicht identisch mit der Marxschen Profitrate, da weder Kursgewinne noch einbehaltene Gewinne der Gesellschaften in diesen Ziffern berücksichtigt sind.

Außerdem sagen diese Ziffern nichts darüber aus, ob der Fall der Profitrate dort, wo er eintrat, tatsächlich spezifisch durch die zunehmende ‚organische Zusammensetzung' verursacht war. Das aber besagt das eigentliche ‚Marxsche Gesetz'.

2. *Die „marxistische" Messung Gillmans*

Gillman hat im wesentlichen Gewinn- zu Kostensummen (ohne Angestelltengehälter!) in Beziehung gesetzt und kam so

– nach seiner „Strömungsrechnung" zu einer steigenden „organischen Zusammensetzung" in den USA von 1849 bis 1919, zu einer sinkenden 1919 bis 1935 und zu einer Stagnation seither;
– nach seiner „Bestandsrechnung" zu einer steigenden „organischen Zusammensetzung" 1880 bis 1919, dann zu einer Stagnation.[7]

Seine Arbeit leidet unter erheblichen konzeptuellen und methodologischen Mängeln. Vor Jahren hatte er versucht, durch Abzug von Reklame- und Werbungsausgaben von den Mehrwert- bzw. Profitsummen den Fall der Profitrate doch noch nachzuweisen, was Joan *Robinson* zu der spöttischen Bemerkung veranlaßte, ausgerechnet ein Marxist nehme an, daß die Kapitalisten solche Werbungsausgaben nicht auf die Verbraucher überwälzten . . .

3. *Die Output-Relation Verbrauchsgüter: Investitionsgüterindustrien*

Das Verhältnis Nettoproduktionswerte der Konsumgüter- zu denen der Kapitalgüter- bzw. Investitionsgüterindustrien zeigt nach *Hoffmann, Mitchell, Tinbergen, Polak* u.a. seit der Jahrhundertwende bis in die sechziger Jahre in den USA und Großbritannien kontinuierlich sinkende Tendenz, stützt also das Marxsche Gesetz, wonach c im Verhältnis zu v wächst. Allerdings berücksichtigt das Verhältnis nicht die Außenhandelsmöglichkeiten.

4. *Vergleich der Entwicklung Kapitalgüter: Konsumgüterpreise*

Säkular hat sich dieses Verhältnis uneinheitlich entwickelt. Nach *Gordon* bleibt das Verhältnis annähernd konstant 1869–1889/98. Vom Jahrzehnt 1889/98 ab haben sich jedoch die Kapitalgüter relativ zu den Konsumgütern einwandfrei verteuert; zunächst langsam (bis 1939), dann aber rascher bis in die sechziger Jahre hinein. Danach ist also die Preiskomponente in v im Verhältnis zu der in c abgesunken, was für das „Marxsche Gesetz" spricht. Die Ziffern *Gordons* werden durch die Untersuchungen Kuznets für die Periode 1869–1959 untermauert, ebenso durch Daten *Salters* für die Zeit 1930–1955. Französische Ziffern von *Fontaine* zeigen allerdings eine überstarke Verteuerung der konsumbezogenen Dienstleistungen, die mehr in v als in c stecken. Das dürfte dem „Gesetz" entgegenwirken.[8]

5. *Kapitalintensität und Reallohnniveau*

Die landläufig-populäre Interpretation der ‚technischen' Zusammensetzung Marx' pflegt diese mit der Kapitalintensität zu identifizieren, d.h. dem Kapitalinput pro Arbeiter, vergißt aber, daß die Zahl der Arbeiter in der Marxschen Größe gar nicht in Erscheinung tritt: Darin wird Kapitalgüterinput : Konsumgüterinput volumenmäßig (c : v) gemessen. Erst wenn man mit *Schmitt-Rink* beide Seiten durch die Arbeiterzahl dividiert, erhält man die Relation Kapitalintensität : Reallohnniveau. Abstrahiert man von der schwerfälligen Wertrechnung und mißt die Bewegung beider Größen im Zeitverlauf in Volumina (zu konstanten Preisen), so muß sich ablesen lassen, ob pro Arbeitnehmer gerechnet der Kapitalgütereinsatz rascher wächst als das Konsumgütervolumen (im weitesten Sinne, einschließlich Dienstleistungen).

Für Marx ist die Kapitalintensität weitgehend Ausdruck der Produktivitätssteigerung, d.h. des Güterangebots pro Arbeiter, das von der Wertrechnung verdeckt wird, weil diese nur Inputs, nicht Outputs mißt. Wächst diese Produktivität und damit die angebotene Gütermenge rascher als die Nachfrage (v) und wird die Differenz nicht durch die Nachfrage der Kapitalisten nach Konsumgütern ausgeglichen, so muß der Fall der Preise des Absatzes und damit der Profitrate gewissermaßen den Herold abgeben für die darauffolgende Entwertung des Realkapitals (Anlagen plus Lagerbestände). Hält dagegen die Reallohnsteigerung mit der Produktivitätssteigerung Schritt, so könnte sich theoretisch ein ausgeglichenes Wachstum ergeben. Letzteres wird in den Szenarios *Kaldors* und anderer als historisches Faktum unterstellt, und damit wird der Fall der Profitrate als langfristiges Phänomen eliminiert. Der säkulare Fall tritt nur ein, wenn die volkswirtschaftlichen Abschreibungen (einschließlich Umweltschäden?) im Verhältnis zum Volkseinkommen ansteigen.

Hinter dem Marxschen Konzept steht der Gedanke konstanter Erträge, (a la Cobb Douglas) wenn man annimmt, daß Kapitaleinsatz (c) unisono mit Wertschöpfung (v + m) wächst, bzw. sinkender Erträge, wenn c : (v + m) steigt. Die Möglichkeit steigender Erträge, die eine Umkehr des Gesetzes bedeuten würde, hat Marx mindestens an einer Stelle erwähnt.

Zur Frage der akkumulationstheoretischen oder produktionstheoretischen Ermittlung der Kapitalwerte hat der Unterzeichnete in seinem letzten Buche einige Feststellungen getroffen: In der Praxis kommt nur die erstere Methode, die im Grunde eine Fortschreibung von Investitionswerten auf Zeitwertbasis darstellt, in Frage.

Im gleichen Werke sind USA-Ziffern von *Douglas* für die Zeit von 1899 bis 1922 zusammengestellt, nach denen einem Anstiege der Kapitalintensität von 100 auf 270 eine solche der Reallöhne von nur 121 entsprach. Spricht dies für die Marxsche Theorie, so stehen dem gegenteilige Daten von *Kendrick* gegenüber, die ein Wachstum des Kapitalvolumens von nur 0,8 % pro Jahr für diese Periode zeigen, was mit der *Phelps-Brown*schen Reallohnwachstumsziffern von 1,7 % pro Jahr verglichen das gegenteilige Resultat ergäbe.

Auslastungsbereinigte Kapitalintensitätsziffern sind für die Bundesrepublik Deutschland in verschiedenen Studien des Deutschen Instituts für Wirtschaftsforschung zusammengestellt worden.

Nach den Berechnungen von Bernd *Görzig* hat sich zwischen 1954 und 1969 die Kapitalintensität in allen Unternehmen zusammengenommen grosso modo verdreifacht, im Dienstleistungssektor und im Bergbau(!) allerdings sogar vervierfacht. Von 1969 bis 1975 rechnete Görzig mit einer weiteren Veranderthalbfachung der Kapitalintensität, so daß sich mehr als eine Vervierfachung gegenüber 1954 ergeben würde[10]. Diese Berechnungen sind in einer Studie des gleichen Instituts vom Dezember 1974 weitergeführt worden, die auf konstanten Preisen von 1962 beruht: Danach erhöhte sich das Bruttoanlagevermögen in der Industrie von 1962 bis 1973 um etwa 80 % (von 26,3 auf 47,8 Mrd. DM in Preisen von 1962[11]). In beiden Perioden scheint sich eine Steigerung der „organischen Zusammensetzung" anzudeuten. Von 1954 bis 1975 würde der Vervierfachung der Kapitalintensität, die *Görzig* berechnet hat, weniger als eine Verdreifachung der Reallöhne gegenüberstehen. Für *Großbritannien* sind Kapitalintensitätsziffern (in konstanten Preisen von 1960) von National Institute of Economic and Social Research errechnet worden. Sie beliefen sich 1950 auf 1590 Ł, 1960 auf 2196 Ł pro Beschäftigten – also eine Steigerung um nicht ganz 40 %[12].

Nach *Phelps-Brown* hat sich im gleichen Zeitraum das Reallohnniveau von 1950 bis 1960 nur um rund 30 % erhöht – von der Ziffern 169 (1890/99 = 100) auf 222.[13] Dies deutet auf eine steigende „organische Zusammensetzung".

Für die USA hat weiter *Solow* Berechnungen der Kapitalintensität angestellt. Diese ergaben eine Zunahme von 1909 bis 1933 um rund 65 %, dann aber eine Abnahme um fast 20 % bis 1949.[14] Hier zeigen sich die Desinvestitionswirkungen der Depressions- und Kriegszeit.

Im ersteren Zeitraum wuchsen die Realstundenlöhne nach *Phelps-Brown* um rund 35 %, im zweiten mindestens um 70 %. Danach wäre dann also die „organische Zusammensetzung" im ersteren Zeitraum gestiegen, im zweiten um fast die Hälfte gefallen. Das entspricht in der Tendenz, wenn auch nicht dem Umfang nach, den Ergebnissen von *Kendrick*. Es erscheint auch plausibel für den Zeitraum der Massenarbeitslosigkeit nach 1950. Aber es schlägt leider für die erste Periode den Kendrickschen Gesamt-Ziffern völlig ins Gesicht! Diese ergeben für die Periode 1918 bis 1948 eindeutig eine Abnahme der „organischen Zusammensetzung". Andererseits würde auch nach

Solow für die Gesamtperiode 1909 bis 1949 die Zunahme der Kapitalintensität nur rund ein Drittel betragen, wobei dem eine solche der Reallöhne auf fast das Zweieinhalbfache gegenübersteht. Danach würde also eine erhebliche Schrumpfung der „organischen Zusammensetzung" eintreten.

Für Großbritannien hat *Feinstein* für die Periode einen Index der Kapitalintensität berechnet, der[15]
1) von 1855 bis 1865 relativ konstant bleibt (74,5–75,2)
2) von 1866 bis 1879 ansteigt (78,3–89,8)
3) von 1880 bis 1899 stagniert (85,1–88,5)
4) von 1900 bis 1904 steigt (90,1–99,2)
5) von 1905 bis 1914 stagniert (99,3–101,6)
6) von 1922 bis 1929 stagniert (114,7–119,0)
7) von 1930 bis 1949 stagniert (123,4–125,4)
8) von 1950 bis 1965 scharf steigt (127–173,6).

Diese Perioden entsprechen nach *Pigou* bis 1910[16] und *Phelps-Brown*[17] (ab 1900):

	Index	
1) Steigenden Reallöhnen	(95–117)	und damit sinkender organischer Zusammensetzung
2) Stärker steigenden Reallöhnen	(116–137)	sinkender org. Zusammensetzung
3) Stark steigenden Reallöhnen	(134–180)	stark sinkender org. Zusammensetz.
4) Sinkenden Reallöhnen	(183–170)	steigender org. Zusammensetzung
5) Stagnierenden Reallöhnen	(172–169)	konstanter org. Zusammensetzung
6) Stagnierenden Reallöhnen	(116–119)	konstanter org. Zusammensetzung
7) Stark steigenden Reallöhnen	(124–168)	sinkender org. Zusammensetzung
8) Stark steigenden Reallöhnen	(169–256)	konstanter org. Zusammensetzung
oder nach *Denison*[18]		steigender org. Zusammensetzung

Danach überwiegt die sinkende organische Zusammensetzung von 1855 bis 1899 und ab 1930; die organische Zusammensetzung steigt nur im Zeitraum von 1900–1904.

Für *Italien* liegen Wachstumsziffern des Bestandes an Realkapital für zwei Zeiträume vor: einmal für den Zeitraum 1922–1939; damals belief sich das Durchschnittswachstum pro Jahr auf 3,62 % (insgesamt um 82,8 %). Im gleichen Zeitraum wuchs die Beschäftigtenzahl jährlich im Durchschnitt nur um 1,75 % (insgesamt um 34,2 %). Dies bedeutet ein scharfes Ansteigen der Kapitalintensität, und zwar um rund 30 % bis 1939. Die Reallöhne sanken in Italien etwa von 1927 bis 1930. Damit stieg die organische Zusammensetzung.

Diese Tendenz zur Steigerung der Kapitalintensität hat sich in der Nachkriegszeit noch fortgesetzt; von 1950 bis 1958 wuchs der Realkapitalbestand jährlich sogar um 5,10 %, die Beschäftigtenzahl um 2,75 %. Das bedeutete im ersteren Fall ein Wachstum um 48,2 %, im zweiten um 24,1 %; es ergibt sich ein Wachstum der Kapitalintensität um rund 20 %[19]. In diesem Zeitraum stiegen die Reallöhne doppelt so stark, nämlich um 40 %.[20] Die „organische Zusammensetzung" fiel also rasch.

In *Frankreich* stieg nach *Pupin* der Kapitalbestand von 1845 bis 1878 auf das Doppelte und dann nach *Colson* bis 1911 nochmals etwa auf das Anderthalbfache: das bedeutet eine Indexbewegung von 100 auf 300.[21] Nach Colin *Clark*, der sich u.a.

auf *Dupin* stützt, hat die Zahl der beschäftigten Arbeitnehmer (ohne Frauen in der Landwirtschaft) von 1827 (12,8 Mill.) bis 1866 (15,1 Mill.) nur eine Vermehrung um weniger als ein Fünftel erfahren; bis 1911 (16,1 Mill.) erhöhte sie sich um kaum ein Viertel[22]. Man kann also im Zeitraum 1845–1911 mindestens mit einer Verdoppelung, wenn nicht Verzweieinhalbfachung der Kapitalintensität rechnen. Demgegenüber wuchsen die Reallöhne nach *Tyszka* seit etwa 1840 bis 1911 um 90 %, nach *Phelps-Brown* von 1878 bis 1911 um etwa 40 %. Danach wäre die „organische Zusammensetzung" in beiden Perioden in Frankreich leicht gestiegen.

Schlußfolgerungen für das Verhältnis Kapitalintensität : Reallohnniveau

Der Maßstab der Kapitalintensität im Verhältnis zum Reallohnniveau ergibt also eine *Zunahme* der organischen Zusammensetzung:

einigermaßen eindeutig für *Italien*	(1922–1939)
und für *Frankreich*	(1845–1911)
und in *Deutschland*	(1850 bis 1913 und 1959 bis 1964)
und in *Großbritannien*	1900–1904
sowie nach Denison NIER/Phelps	1950–1962

Die organische Zusammensetzung nimmt ferner zu in den *USA*:

nach *Douglas*	1899–1919
und nach Kendrick	1948–1957

Dagegen nimmt die organische Zusammensetzung *eindeutig ab:*

in Großbritannien von	1855–1899
und nach Feinstein von	1930–1965
sowie in den USA	
nach *Solow* von	1933–1949
und nach *Kendrick* von	1918–1948.

Für die USA und Großbritannien liegen somit recht widerspruchsvolle Ziffern vor:
Im Resümee läßt sich sagen:
Eine Zunahme der „organischen Zusammensetzung" dürfte sich nach diesem Maßstab eindeutig ergeben:

Für die USA	1899–1922 nach *Douglas*, (das Gegenteil nach Kendrick!)
	1909–1933 nach *Solow*, und *Phelps-Brown*,
	1950–1955 nach *Denison*,
Für *Deutschland*	1850–1913 nach *Hoffmann* und *Phelps-Brown*,
	1950–1959 nach *Krengel* und *Phelps-Brown*
	1954–1969 (1973?) nach *Görzig*,

Für *Italien* wahrscheinlich für 1922–1939 nach *Cao-Pinna/Lenti*,
Für *Großbritannien* 1950–1960 nach dem NIER und *Phelps-Brown*.
Eine Abnahme zeigt sich eindeutig in den USA 1933–1949 nach *Solow/Phelps-Brown* und *Kendrick*.

IV. Die Entwicklung des Verhältnisses zwischen Kapitalkoeffizienten und Lohnquote

Domar hat in einer zusammenfassenden Darstellung zur Entwicklung des amerikanischen Kapitalkoeffizienten eine ironische Vorbemerkung gemacht: „... Amerikanische Kapitalkoeffizienten kommen jetzt in solcher Vielfalt und Anzahl auf den Markt, daß die Konsumentenauswahl eine faszinierende, wenn auch nicht gerade leichte Aufgabe darstellt ..."[23]

Die Ermittlung der Kapitalkoeffizienten

Der statistische Reichtum der USA ermöglicht eine Auswahl unter verschiedenen Koeffizienten:

– Bruttokapitalbestand : Bruttosozialprodukt (Gross capital stock : Gross national product)
  Nettokapitalbestand (Zeitwert) : Nettosozialprodukt (Net-of depreciation-capital stock to net national product)
– Bruttokapital abzüglich Kapitalabgänge : Nettosozialprodukt (Gross capital stock net of capital retirements : net-national product)

Kuznets bevorzugt den letzteren Koeffizienten und lehnt insbesondere den ersten ab. *Leontiew* dagegen bevorzugt den erstgenannten Koeffizienten: „Eine Verwendung von Koeffizienten nach Abschreibung setzt voraus, daß der Kapitalbestand genau im Verhältnis zur Abschreibung an Leistungsfähigkeit verliert. Die meisten Beweisdaten deuten darauf hin, daß dies keine verläßliche Annahme ist. Die Verwendung der Koeffizienten ohne Abschreibung setzt voraus, daß Kapitalbestände eine konstante Leistungsfähigkeit behalten ..."[24]

Domar hält die Bruttoziffern für aussageträchtiger. Konstante Preise zeigen nach seiner Ansicht einen größeren Anteil der Kapitalbildung am Sozialprodukt; eine Schwierigkeit ergibt sich, je weiter die technologischen Basisdaten zurückliegen. Sicher erscheint eines: Das Arbeiten mit einem globalen Kapitalkoeffizienten ist problematisch. Die vielgerühmte säkulare Stabilität des Koeffizienten kann sich daraus ergeben, daß sich sinkende und steigende Reihen bei den einzelnen Branchen-Koeffizienten die Waage halten.

Wir haben in der anliegenden Tabelle eine Serie von Kapitalkoeffizientenziffern für die USA zusammengestellt, in Ergänzung der Angaben in unserer früheren Studie, da die Daten für Amerika sehr viel reichlicher ausfallen als für Europa.[25]

Gerade die amerikanischen Daten deuten darauf hin, daß die sogenannten „regulierten Industriezweige" – Verkehr, Kraft- und Gaswerke, Fernmeldewesen – von 1880 bis in die Gegenwart steil abfallende Koeffizienten aufzuweisen haben; es ergab sich dies teils aus der Unterausnutzung der Kapazitäten bei der Errichtung der Anlagen, teils infolge des besonders starken technischen Fortschritts bei diesen Anlagen. Steil sinkende Koeffizienten ergaben sich auch im Wohnungsbau; weniger steil, aber auch langfristig sinkende Koeffizienten gelten für die Landwirtschaft.

Kapitalkoeffizienten in den USA

	Martin bzw. King	Colin Clark	Goldsmith laufde.konstante Preise Gesamtes Volksvermögen: Volkseink.	Gesamtes reproduz. Vermög.: Nettosozialprod.	Creamer u. Borenstein konst.Preise Industrie	Kendrick konst. Preise Netto Kap. Bestand: NSP	Klein u. Kosobud konst. Netto Kap. Bestand: Nettosozialprod.	Kuznets I Brutto-K.: Nettosozialprodukt	Kuznets II Netto-K.: NSP Variant I	Kravis	Kendrick und Sato	Creamer Kapital der verarbeit.Industriewirtschaftung konst.Pr.	Van Wensveen Reproduz. Vermög.: BSP	La Tourette
	1	2	3	4	5	6	7	8	9	10	11	12	13	14
1805	0,7	0,77												
1850	1,7	1,59												
1869/														
1878	3,4								3,5					
1871														
1879								5,13						
1880					1,51							1,51		
1879/														
1888	3,6								3,0					
1889								5,42						
1889/														
1898									3,6					
1889/														
1890					1,65	5,21						1,65		
1895						5,38								
1897			5,89	3,59		5,37							3,25	
1899				3,44				5,95					3,23	
1899/														
1908	6,0**								3,5	3,18				
1900			5,65	3,41	1,88	5,5	3,99					1,82-1,88	3,18	
1904												2,09		
1907			5,03	3,19		4,49	3,67						2,85	
1909												2,31		2,20
1910								6,00					2,98	7,19

1913/													
1914		5,39	3,55	2,46	4,58	3,98					2,46		2,24
1909/													
1919								3,9	3,12				
1914/													
1923													
1919/													
1920		4,85	3,10	2,56		3,78				4,58			
1919					4,51		6,40				2,55	3,08	2,39
1924		5,11	3,46		4,05	3,34						3,04	2,43
1919/													
1928								3,8	3,29				
1925			3,51				5,70					3,02	2,39
1929		5,13	3,51	2,02	4,04	3,32	6,10			4,04	2,02	3,00	2,41
1934			4,30				6,11					3,87	2,15
1937		5,28	3,27	1,81	3,91	3,24				3,76	1,81	3,21	2,05
1939			3,21				4,91					3,35	1,96
1929/													
1938								4,4	3,77				
1944			1,94				4,68					1,97	1,71
1948/													
1949		4,30	2,67	1,66	3,19	2,81				2,68	1,55		
1953			2,61(1950)		3,03	2,55							1,78
1939/													
1948								3,3					
1946/													
1959							6,0*	2,8*	2,17				
1955												2,79	1,72
1957												3,60	1,67
1960										2,62			1,62

** Ziffer für 1890 bei King stimmt überein mit Ziffer bei Martin

Quellenangaben zur Tabelle

Zu Spalte 1: *Martin* und *King* zitiert nach: *D.W.N. Van Wensveen*: De Kapitaalcoefficient van de Vereinigte Staten, Rotterdam 1966, S. 188.

" " 2: *Colin Clark*: The Conditions of Economic Progress, und: Economics of 1960.

" " 3: *R.W.Goldsmith*: A Study of Saving in the United States, Vol. III, Princeton 1956, S. 14, S. 427.

" " 4: *R.W. Goldsmith*: „The Growth of Reproducible Wealth of the USA from 1805 to 1950", in: Income and Wealth, Series II, hrsg. v. *Simon Kuznets*, Cambridge 1952, S. 297.

" " 5: *D. Creamer* und *I. Borenstein*: Capital in Manufacturing and Mining, NEBR Occasional Paper, Washington 1960.

" " 6: *J.W. Kendrick*: Productivity Trends in the United States, Princeton 1961, S. 320–322, S. 290–292.

" " 7: *L.R. Klein* und *R.F. Kosobud*: „Some Econometrics of Growth, Great Ratios of Economics", in: Quarterly Journal of Economics, Vol. LXXV, Mai 1961, S. 179 ff.

" " 8.: *Simon Kuznets*: „Long-term Changes in the National Income, of the United States of America since 1870", in: Income and Wealth, Series II, hrsg. v. *S. Kuznets*, Cambridge 1952, S. 82.

" " 9: *S. Kuznets*: Capital in the American Economy, its Formation and Financing, NEBR, Washington 1961, Tabelle 6, S. 80/8,1, Spalte 3.

" " 8+9: Daten für 1946/55 von *Daniel Creamer*, angeführt bei: *E.D. Domar*: The Capital-Output Ratio in the United States, a.a.O., S. 101.

" " 10: *I.B. Kravis*: „Relative Income Shares in Fact and Theory", in: American Economic Review, Vol. XLIX, 1959, S. 919, 938.

" " 11: *J.W. Kendrick* und *R. Sato*: „Factor Prices, Productivity and Economic Growth", in: American Economic Review, Vol. LIII, 1963, S. 997, 999.

" " 12: *Daniel Creamer*: Capital and Output Trends in Manufacturing Industry, 1880–1948, NEBR, Occasional Paper 41, New York 1954, S. 43.

" " 13: *M.N. Van Wensveen*, a.a.O., S. 261/262 (auf der Basis von Angaben von *Goldsmith* und des Survey of Current Business).

" " 14: *J.E. La Tourette*: Sources of Variation in the Capital-Output Ratio in the USA Private Business Sector 1909–1959, Kyklos, Vol. XVIII, 1965, S. 637.

Für den Bergbau und die Industrie ergeben sich vor allem nach den Berechnungen von *Creamer, Borenstein* u.a. eindeutig ansteigende Koeffizienten von 1870 bis 1919, z.T. – bei den Nominalwerten – sogar bis 1929. Von da ab sinken allerdings sowohl die globalen wie die branchenmäßigen Koeffizienten mindestens bis zur Mitte der fünfziger Jahre.

Der vorherrschende Eindruck an Hand der anliegenden Tabelle ist, vor allem nach den langfristigen Kuznets-Ziffern, der eines Ansteigens des Kapitalkoeffizienten seit dem 19. Jahrhundert bis zum ersten Weltkrieg, wenn nicht bis 1919. Nach Kuznets[26], der in konstanten Preisen rechnet, bleibt diese ansteigende Tendenz, die bei ihm seit 1879 gilt, wohl noch bis 1929 erhalten. Nach anderen Autoren ergibt sich ein Absinken des Kapitalkoeffizienten mindestens seit 1925, teils schon seit 1920. Ab 1929/39 zeichnet sich die entgegengesetzte Tendenz ab. Allerdings wird diese Tendenz ab 1952 durch ein neues Ansteigen abgelöst, wie die Ziffern von *Goldsmith* und nach dem „Survey of Current Business" zeigen, die von *Van Wensveen* zusammengestellt wurden[27].

Diese ansteigende Tendenz wird auch von *Creamer* und *Borenstein*[28] bestätigt, die Ziffern für die Industrie und den Bergbau aufstellen: Danach hat sich (in konstanten Preisen) in der Industrie von 1880 bis 1919 das Verhältnis von Kapitalbestand zur Wertschöpfung von 1,51 auf 2,56 erhöht, also um mehr als zwei Drittel, während das Verhältnis von Kapital zu Produkt in der Industrie eine Verdoppelung und im Bergbau sogar eine Verdreifachung erfuhr. Bei *La Tourette* hält die ansteigende Tendenz ähnlich wie bei Kuznets bis in die zwanziger Jahre an[29].

Wenn andere Quellen – z.B. *Klein* und *Kosobud*[30] – eher eine Konstanz des Kapitalkoeffizienten im 19. Jahrhundert auszuweisen scheinen, dann dürfte sich dies daraus erklären, daß den eindeutig steigenden Kapitalkoeffizeienten in Industrie und Bergbau ebenso eindeutig nach *Ulmer*[31] fallende Koeffizienten in der Verkehrswirtschaft, in den Kraftwerken und dem Fernmeldewesen gegenüberstehen. Solange eine optimale Ausnutzung der großen Investitionen in diesen Bereichen noch nicht erzielt wurde, ergab sich diese Tendenz zum Absinken, die auch in der Landwirtschaft und im Wohnungsbau vorzuherrschen schien.

Diese Tendenz wurde noch verstärkt durch das Anwachsen des relativen Anteils der verarbeitenden Industrie am Bruttosozialprodukt, da diese verhältnismäßig niedrige Kapitalkoeffizienten aufzuweisen hat.

In *Deutschland* hat nach *Hoffmanns* Berechnungen der Anteil des Industriesektors von 1850 bis 1955 von 15 auf 44 % zugenommen[32]. Anschließend hat dann das relative Anwachsen des tertiären Sektors die gleiche Konsequenz.

In den USA nahm der Anteil des Industriesektors (einschl. Bergbau) von 1880 auf 1922 nach *Kuznets* von 7,1 auf 20,2 % zu, um dann allerdings auf 13,6 % abzusinken; vergleicht man damit die Ziffern von *Creamer/Goldsmith*, so steigen diese von 9 % im Jahre 1890 auf 15,9 % 1929, sinken leicht bis 1937 (13,7 %) und erreichen 1948 die frühere Höhe von 16,2 %[33].

Auf ein Absinken des globalen Koeffizienten wirkt auch das Wachstum des Anteils des Dienstleistungssektors hin, ferner der sinkende Anteil des öffentlichen Verkehrs und der Wohnungswirtschaft, die beide hohe Koeffizienten haben. Für eine Zunahme des Koeffizienten wirkt lediglich der steigende Staatsanteil, in dem vor allem der Straßenbau Bedeutung hat[34].

Schon 1954 hatte Prof. J.J. *Spengler* in einem Vortrag[35] vor der Weltbevölkerungskonferenz die Ansicht vertreten, daß die globalen Kapitalkoeffizienten allein schon deshalb eine sinkende Tendenz aufweisen müßten, weil im Verkehr und in der öffentlichen Versorgungswirtschaft die Neigung besteht, die Anlagen in Dimensionen auszubauen, in denen eine optimale Nutzung noch nicht möglich ist. Umso bemerkenswerter ist es, wenn demgegenüber der globale Koeffizient konstant bleibt oder steigt.

Für Großbritannien und Deutschland gilt nach *Hoffmann*, daß sich eindeutig steigende globale Kapitalkoeffizienten für die Perioden 1850–1875 und 1900–1913 feststellen ließen.

Für die USA dürfte die Schlußfolgerung von *Domar* immerhin in großen Zügen gerechtfertigt sein, der erklärt: „Fast unabhängig von der gewählten Methode kommt immer wieder das gleiche allgemeine Bild zum Vorschein: Die Kapitalkoeffizienten stiegen seit Beginn der betreffenden Periode bis etwa 1919 und sind seither ständig gesunken"[36]. Diese Schlußfolgerung könnte allerdings für die neueste Zeit bezweifelt werden; für die frühen sechziger Jahre besteht Anlaß zu der Annahme, daß nachlassende Wachstumsraten im Zeichen rezessiver Tendenzen mit weitergehendem Ausbau der Kapazitäten zu steigenden Kapitalkoeffizienten führten.

Für die Bundesrepublik ergab sich beispielsweise von 1960 bis 1965 eine Zunahme der gesamten Bruttoanlagekapitalbildung um 38,5 %, während das Bruttosozialprodukt nur um rund 28 % wuchs. Diese Tendenz hat sich allerdings nicht in der Rezession 1966/67, wohl aber von 1967 bis 1973 fortgesetzt[37].

In jüngster Zeit ist in einer Reihe von Untersuchungen ermittelt worden, daß eine Tendenz zur Steigerung der Kapitalkoeffizienten besteht. So konnte beispielsweise die Sachverständigengruppe Lutz/Meriaux/Mukherjee/Rehn, die unter dem Vorsitz von Prof. Burckhardt *Lutz* (München) Mitte 1976 der Europäischen Kommission Bericht über die Beschäftigungssituation in der Gemeinschaft erstattete, feststellen:

„. . . Die Studien in verschiedenen Ländern der Gemeinschaft (vor allem in Frankreich) haben aufgezeigt, daß eine Tendenz zur Abnahme der Wertschöpfung pro Einheit verwendeten Kapitals besteht. . . Diese Entwicklung hat dazu geführt, daß man in diesen Ländern an der Produktivität und Effizienz der durchgeführten Investitionen zweifelt. . . "

In einem neueren Aufsatz hat auch Karl-Georg *Zinn* auf das Phänomen steigender Kapitalkoeffizienten hingewiesen, und der Verfasser dieser Arbeit hat in einer neueren Studie nachgewiesen, daß diese Tendenz schon seit den fünfziger Jahren spürbar ist. Des weiteren zeigen Kapitalbestandsziffern des Statistischen Bundesamtes, daß der durchschnittliche Kapitalkoeffizient in der Bundesrepublik seit 1970 von 3,6 auf 4,3 1975 angestiegen ist[38].

Die Berücksichtigung der Lohnquote

Logischerweise gilt: Sofern der Kapitalkoeffizient aber konstant geblieben ist, muß die organische Zusammensetzung gestiegen sein. Ist die Lohnquote dagegen auch gestiegen, so muß die organische Zusammensetzung bestenfalls konstant geblieben oder sogar gesunken sein. Da die Zahl der abhängig Beschäftigten gleichzeitig zunahm, dürfte der unbereinigte Lohnanteil am Sozialprodukt auch gestiegen sein. Ist jedoch das Einkommen der Oberschicht rascher gewachsen als das der Abhängigen, so ist die bereinigte Lohnquote eventuell konstant geblieben oder gar gesunken. Nun spricht aber manches dafür, bereinigte Lohnquoten zu verwenden. Diese tendieren zur Konstanz; damit würde beim Zusammentreffen mit steigenden Kapitalkoeffizienten die organische Zusammensetzung ansteigen. Das scheint sich für die siebziger Jahre abzuzeichnen.

Vieles scheint darauf hinzudeuten, daß die bereinigte Lohnquote zeitweilig im 19. Jahrhundert (nach Keynes) sank. Dann wäre die organische Zusammensetzung im 19. Jahrhundert selbst dort gestiegen, wo der Kapitalkoeffizient konstant blieb. Dies wäre allerdings paradoxerweise bewirkt nicht durch Ansteigen des „konstanten Kapitals" als Ausdruck des Kapitalkoeffizienten, sondern durch das Steigen der Mehrwertrate, die den Lohnanteil am Sozialprodukt drückt! Das hatte Marx nun aber gerade nicht im Auge.

Die wahrscheinlichste Annahme für die Entwicklung seit dem frühen 19. Jahrhundert bis zum ersten Quartal des 20. Jahrhunderts dürfte immer noch diese sein: Der Kapitalkoeffizient ist nach fast allen Berechnungen im Gesamtzeitraum gestiegen. Der Lohnanteil am Volkseinkommen ist weitgehend konstant geblieben. Damit ist die „organische Zusammensetzung" im Sinne *Marx* im gleichen Tempo gestiegen wie der Kapitalkoeffizient, und dieser kann dann als gutes Substitut für die kompliziertere Relation *Schmitt-Rinks* „Kapitalkoeffizient: Lohnquote" dienen. In den letzten Jahren – seit etwa 1955/60 – haben wir zweifellos weiter mit einem kontinuierlichen Ansteigen der unbereinigten Lohnquote zu tun, wie es scheint aber auch mit einem erneuten Ansteigen des Kapitalkoeffizienten. Steigt erstere rascher, so könnte man weiter ein Absinken der organischen Zusammensetzung annehmen; steigt der letztere rascher, so steigt diese. Komplexer ist das Urteil darüber, was in der Zwischenzeit bis etwa gegen 1955 geschah. Es erscheint als ziemlich eindeutig bewiesen, daß der Kapitalkoeffizient in diesem Zeitraum kontinuierlich abgesunken ist. Da der Lohnanteil teilweise zu steigen begann, muß man annehmen, daß über den Gesamtzeitraum hinweg in den meisten Ländern auch die organische Zusammensetzung gesunken ist. Aber das gilt nur in der generellen Tendenz; im einzelnen ergeben sich Ausnahmen.

Für die USA ergibt sich nach *Kuznets* u.a. ein Ansteigen des Kapitalkoeffizienten bis 1914 bzw. etwa 1916 (dieses Datum bevorzugt Kendrick), bei gleichbleibender Lohnquote, also eine steigende organische Zusammensetzung. Ähnlich liegen die Dinge im Zeitraum von 1923–1929. Dagegen sind konstante Kapitalkoeffizienten mit steigender Lohnquote gekoppelt in den Jahren 1917–1922 und 1937–1944. Hier ergibt sich eindeutig ein Absinken der „organischen Zusammensetzung." Das stimmt mit den Ergebnissen *Kendricks* für die Relation Kapitalintensität/Reallöhne im Zeitraum 1919–1948 überein. Für den Zeitraum von 1916–1948 kann man damit keine steigende organische Zusammensetzung entdecken.

Ab 1945 sinkt bis 1953 der Kapitalkoeffizient stark, während die Lohnquote konstant bleibt. Die organische Zusammensetzung sinkt also ebenfalls. Dann aber steigt der Kapitalkoeffizient, und auch die Lohnquote erhöht sich. *Dies deutet auf konstante organische Zusammensetzung!* Für Großbritanien ergibt sich ein komplexeres Bild (nach *Krelle, Phelps Brown* und *Hart*). Hier ist der Kapitalkoeffizient von 1878 bis 1882 konstant, und die Lohnquote sinkt leicht ab. Das deutet auf leicht steigende „Organische Zusammensetzung".

Von 1886/7 bis 1899 sinkt der Kapitalkoeffizient, bei eher steigender Lohnquote. Hier sinkt die organische Zusammensetzung. Von 1900 bis 1911/2 dagegen zeigt der Kapitalkoeffizient steigende Tendenz, und die Lohnquote sinkt stark ab. Hier steigt die „organische Zusammensetzung" eindeutig. Dann hat man erst wieder Ziffern von 1924 bis 1929; in diesem Zeitraum sinken beide Größen leicht ab, so daß Konstanz oder leichtes Steigen der „organischen Zusammensetzung" gegeben sein dürfte. Die Ziffern von *Feinstein* zeigen zwischen 1855 und 1900 einen allmählich sinkenden Kapitalkoeffizienten (von 5,1 auf 3,9); da zunächst auch die Lohnquote sinkt (siehe oben), ergibt sich Konstanz der organischen Zusammensetzung bis 1880 und sinkende Tendenz von 1888 bis 1899. Von da ab steigt der Kapitalkoeffizient bis 1909, bei sinkender Lohnquote; hier ergibt sich eindeutig eine steigende organische Zusammensetzung. Konstanz der Kapitalkoeffizienten besteht von 1920 bis 1939; dan sinkt er im zweiten Weltkrieg und bleibt dannach von 1940 bis 1965 wieder konstant. Da die Lohnquote von 1924 bis 1940 sinkt, steigt hier die organische Zusammensetzung; ab 1948 sinkt sie, da die Lohnquote steigt.

Für *Deutschland* liegen mehr Daten vor; vor allem kann man (nach Ziffern von *Hesse, Hoffmann* und *Grumbach*) mit strukturbereinigten Kapitalkoeffizienten arbeiten. Letztere sinken von 1850 bis 1868; aber auch die Lohnquote sinkt, so daß man wohl Konstanz der „organischen Zusammensetzung" unterstellen muß.

Ab 1869 steigt der Kapitalkoeffizient bis 1913 langsam an, dieweil die Lohnquote ziemlich stark fällt; in diesem Zeitraum dürfte die „organische Zusammensetzung" eindeutig gestiegen sein. Von 1925 bis 1929 sind beide Größen konstant, so daß sich nichts ändert. Wir schalten die absurden Werte der Krisenzeit aus (Lohnquote 1932:122 %!). Ab 1934 sinken beide Größen, so daß wiederum Konstanz der „organischen Zusammensetzung" bestehen bleiben dürfte. Von 1951 bis 1959 bleibt der Kapitalkoeffizient konstant, aber die Lohnquote sinkt. Hier erhöht sich die „organische Zusammensetzung" vielleicht im Zeichen allmählich einsetzender Arbeitskräfteverknappung.

Eine andere Ziffernreihe nach den gleichen Quellen zeigt Daten nur für die deutsche gewerbliche Wirtschaft.

Hier sinkt der Kapitalkoeffizient von 1851 bis 1879 ziemlich kontinuierlich ab, bei eher steigender Lohnquote: das bedeutet sinkende organische Zusammensetzung. Nach Konstanz beider Größen von 1880 bis 1887 steigt der Kapitalkoeffizient bis zur Jahrhundertwende, dieweil die Lohnquote fällt. Letzere bleibt dann bis 1913 konstant, während der Kapitalkoeffizient etwas steigt. Das bedeutet leicht steigende organische Zusammensetzung von 1880 bis 1913. Dies bestätigt das gleiche Ergebnis nach den vorigen Daten für den Zeitraum 1869 bis 1913.

Die Serie für die gewerbliche Wirtschaft wird dann erst für die Zeit von 1950–1959 fortgesetzt. Hier sinkt der Kapitalkoeffizient, während die Lohnquote eher konstant bleibt. Das deutet auf leicht steigende organische Zusammensetzung hin. Branchenziffern für den Zeitraum 1950–1962 zeigen steigende Kapitalkoeffizienten mit sinkender Lohnquote nur im Bergbau. Hier steigt also die organische Zusammensetzung.

In der Industrie allgemein ist es umgekehrt. Eine Konstanz der organischen Zusammensetzung zeigt sich jedoch bei Investitionsgütern; bei Verbrauchsgütern und vor allem Nahrungs- und Genußmitteln sinkt sie scharf.

Für *Frankreich* hat *Simiand* für den Zeitraum von 1851 bis 1880 fast eine Vervierfachung des Kapitalkoeffizienten für Industrieausrüstungen errechnet und eine Zunahme um 40 % bei Gebäuden berechnet. Gleichzeitig blieb die Lohnquote konstant; später allerdings sinkt der Koeffizient bis 1913 etwas. Wir hätten also für das dritte Vierteljahrhundert im 19. Jahrhundert eine scharf ansteigende organische Zusammensetzung anzunehmen.

Für die spätere Zeit könnte man eventuell eine ungefähre Bewegung des Kapitalkoeffizienten errechnen, wenn man die Ziffern von *Colson* und *Divisia/Dupin/Roy*, mit denen von *Kuznets* verbindet. Nach *Colson* hatte das Volksvermögen Frankreichs von 1880 auf 1913 etwa eine Vermehrung auf das Anderthalbfache erfahren, bei einer Jahreswachstumsrate von 1,4 %.[39] *Kuznets* unterstellt für Frankreich im Zeitrraum von 1861/70 bis 1891/1900 eine Durchschnitswachstum des Nettosozialprodukts von 1,57 % pro Jahr.[40] Danach wäre der Kapitalkoeffizient in Frankreich seit 1880 bis 1913 etwa konstant geblieben. Darauf deuten auch Ziffern von *Simiand* und *De Fonville*. Die Lohnquote stieg von 1880 bis 1890, sank aber von da ab, bzw. mindestens ab 1900 bis in die dreißiger Jahre, in denen sich ab 1936 die Tendenz umkehrte.

Die französische Lohnquote betrug nach verschiedenen Quellen:[41]

				Reallohn-Indices:		
ISEF		*Colin Clark*		*Brown*		*Simiand*
1788	54 %	1885	60,7 %	1850		82
1845	60 %	1929	59,0 %	1860	111	92
		1938	72,5 %	1880	107	87
1885	59 %	1952	84,7 %	1890	121	102
1911	56,4 % (nach *Pupin*)			1900	118	110
				1910	100	100

Unterstellt man eine Konstanz des Kapitalkoeffizienten, so wäre die „organische Zusammensetzung“ von der Jahrhundertmitte bis 1880 eindeutig gestiegen, von da ab bis zur Jahrhundertwende evtl. konstant geblieben und dann bis 1913 wieder gestiegen. Von 1896 bis 1963/6 wuchs nach *Kuznets* das französische Bruttosozialprodukt pro Jahr um 2,27 %. Nach *Divisia/Dupin/Roy* soll nun von 1913 bis 1954 das gesamte Volksvermögen (allerdings einschließlich Auslandsguthaben) überhaupt nicht gewachsen sein. Sie meinen, der Zuwachs habe gerade die Kriegsverluste ausgeglichen. Das ergäbe mindestens seit 1913 einen laufend sinkenden Kapitalkoeffizienten. An anderer Stelle sagen aber die gleichen Autoren, das Kapital in Industrie und Handel habe sich im Volumen seit 1913 etwa verdoppelt, was einer Wachstumsrate von ca. 1,75 % pro

Jahr entsprechen würde. Das enspricht einen konstanten Kapitalkoeffizienten bei etwa gleich starker Produktionszunahme. Hier ergäbe sich bis 1929 ein Ansteigen der „organischen Zusammensetzung", da die Lohnquote kaum stieg.[41]

V Schlußfolgerungen aus den statistischen Daten

Alles in allem läßt sich also sagen, daß das „Marxsche Gesetz" eine gewisse Bestätigung findet in der Relation Kapitalkoeffizienten/Lohnquote:

- in den USA von 1880 bis 1918,
- in Großbritanien von 1872 bis 1882, von 1900–1912 und evtl. von 1924 bis 1940 (nach Feinstein),
- in Deutschland von 1869 bis 1913 und 1951–1959 (für die gewerbliche Wirtschaft von 1880–1913 und 1950–1959, sowie für den Bergbau 1950–1962),
- in Frankreich von 1850 bis 1880 und evtl. von 1913 bis 1929.

Als widerlegt erscheint das „Marxsche Gesetz", insofern die „organische Zusammensetzung" sinkt,

- in der USA-Wirtschaft von etwa 1917 bis 1922 und von 1937 bis in die fünfziger Jahre hinein,
- in Großbritanien von 1886–1899, und ab 1948
- und in Deutschland für die gewerbliche Wirtschaft von 1851 bis 1879 und 1950–1959, ferner für Verbrauchsgüter 1950–1962.
- und in Frankreich ab 1896 bis 1913.

Es kann an dieser Stelle nur eine kursorische Ergänzung vorgenommen werden zu dem Versuch, der bereits in der früheren Studie von 1974 unternommen wurde – dem Versuch nämlich, die großen Triebkräfte zu skizzieren, die bei der Veränderung dieser Relationen im säkularen Zeitverlauf mitgewirkt haben.

Eine Feststellung muß vorausgeschickt werden: Die vorhandenen Daten erlauben es sicherlich nicht, dem Marxschen „Gesetz", an das übrigens fast alle Klassiker geglaubt hatten, universelle bzw. ungestörte säkulare Wirksamkeit zuzugestehen. Dabei muß jedoch betont werden, daß zwischen Marx und den Klassikern ein grundlegender Unterschied bestand: Wenn die letzteren an ein mehr oder weniger gleichmäßiges säkulares Absinken der Profitrate geglaubt hatten – was noch John Stuart *Mill* den „stationären Zustand" alias das Nullwachstum kommen sehen ließ – so war die Marxsche Auffassung demgegenüber viel qualifizierter: Marx führte die periodische Wiedererholung der Profitrate in Konjunkturaufschwüngen an; und wir haben an anderer Stelle dargelegt, daß es keineswegs ausgemacht ist, ob das Marxsche „Gesetz" nicht vielmehr im Rahmen des konjunkturellen Zyklus – vielleicht eines übergeordneten langfristigen „Kuznets"-Zyklus, weniger des Kondratieff-Zyklus – gesehen werden muß[42].

Wie dem auch sei: wir meinen, daß Marx auf jeden Fall langfristigen Schwingungen im Charakter des technischen Fortschrittes auf der Spur war, die ihrerseits auf die verschiedenen Komponenten beider Seiten der Schmitt-Rinkschen Gleichungen – Kapitalintensität und Kapitalkoeffizient, Reallohnniveau und Lohnquote – einwirken. Dabei ist für die Kapitalintensität die technologische Seite (Kapitalgüterverbilligung, relative

Kapitaleinsparung), für den Kapitalkoeffizienten die ökonomische Seite (Kapitaleffizienz, Wachstumsrate der Produktion) entscheidend.

Für das Reallohnniveau gilt einmal der technische Fortschritt in der Herstellung der Konsumgüter, zum anderen auch der demographische Faktor, die Wanderungsbilanz und die Gewerkschaftsorganisation. Für die Lohnquote endlich ist neben dem demographischen Einfluß, dem Wanderungselement und dem Einfluß der gewerkschaftlichen Organisation die soziologische Verschiebung im Verhältnis zwischen Unselbständigen und Selbständigen zu berücksichtigen. Säkular allerdings wird entscheidend bleiben die Frage, wer sich die Produktivitätssteigerung stärker zunutze zu machen verstand: Kapitaleigner oder Arbeitnehmer.

Marx meinte, die Wegrationalisierung von Arbeitsplätzen würde schneller vor sich gehen als die Verbilligung der Konsumgüter.

Gerade die unmittelbare Gegenwart, in der Stag-Flation und wiederkehrende Massenarbeitslosigkeit zusammenspielen, scheint dieser Auffassung Recht zu geben.

In dieser Gegenwart besteht weiter eine gewisse Vermutung in der Richtung, daß die Profitrate im Marxschen Sinne nach der Schmitt-Rinkschen Messungsmethode zermahlen wird zwischen allmählich wiederansteigenden Kapitalkoeffizienten und stagnierender (bereinigter) Lohnquote.

Diese Tendenz zu sinkender Kapitalproduktivität erscheint bestätigt durch ähnliche Tendenzen, die sich seit Mitte der sechziger Jahre in der Energiewirtschaft bemerkbar machten – z.B. in der Elektrizitätswirtschaft der USA, deren Wirkungsgrade stagnierten bzw. sanken.

Marx hatte sich gegen die Annahme Ricardos gewandt, wonach die Bodenprodukte sich säkular relativ verteuern würden, mit dem ironischen Wort, hier flüchte sich die Ökonomie in die Chemie ... Allein, er selber hatte keinen hinreichenden Grund dafür angeführt, warum sich das Verhältnis c:v zugunsten des „konstanten Kapitals" und zuungunsten der Lohnsummen bzw. der dahinter stehenden Lohngüter verschieben würde. Zwar steht es im Einklang mit seiner Ironie gegenüber Ricardo, wenn man annehmen wollte, Marx unterstellte einen rascheren technischen Fortschritt bei Konsumgütern und vornehmlich eine starke Verbilligung der Nahrungsmittel. Jedoch – warum sollten die in der Industrie verwendeten Rohstoffe nicht ebenso Verbilligungstendenzen bzw. dem technischen Fortschritt unterliegen? Wenn man dann noch bedenkt, daß die Tendenz zur Reallohnsteigerung bei weitgehender Konstanz der Zinssätze zur relativen Verteuerung der Arbeit gegenüber dem Kapital führen müßte, so scheint sich das Verhältnis umzukehren: Das „variable Kapital" würde relativ wachsen. Ein stärkeres relatives Wachstum von c wäre daher nur anzunehmen bei Substitutionsvorgängen, d.h. bei arbeitssparendem technischem Fortschritt. Das stünde im Einklang mit einer säkularen Tendenz zur realen Kapitalverbilligung, wie sie in konstanten Zinssätzen bei steigenden oder selbst konstanten bzw. nur leicht sinkenden Preisen zum Ausdruck käme.

Die drei Komponenten des Wachstums – Spar- bzw. Investitionsquote, Produktionswachstumsrate und Kapitalkoeffizient – spiegeln jeweils unterschiedliche Grundtendenzen: Die erste spiegelt die soziologisch-psychologische Sparneigung auf der Grundlage der gegebenen Einkommensverteilung bzw. die erwartungsbedingte Investitionsneigung der Unternehmer und zwischen beiden die effektive Nachfrage wider.

Die zweite spiegelt Bevölkerungszunahme, Arbeitsproduktivität und Konjunkturlage, der Kapitalkoeffizient dagegen die globale Kapitalbestandsveränderung, die Branchen-Zusammensetzung (Vorherrschen kapitalintensiver Sektoren oder nicht), die Kapitalproduktivität bzw. den technischen Fortschritt im Einsatz von Kapitalgütern, in seiner marginalen Form die Kapazitätsauslastung im Konjunkturverlauf).

Indessen folgt die Entwicklung des Kapitalbestandes nur langsam der Konjunktur- und Wachstumstendenz und spiegelt auch nur langsam den technischen Fortschritt wider, der hauptsächlich in Neuanlagen zum Tragen kommt. Säkular gesehen kann man mit einem Absinken der privaten Sparquote im Zeichen einer verbesserten Einkommensverteilung plus Duesenberry-„ratchet"-Effekt rechnen, die allerdings durch das Sparen der Gesellschaften aus einbehaltenen Gewinnen und z.T. durch Staatssparen bzw. die öffentliche Investitionen aufgewogen werden mag.

Das Produktionswachstum verlief im 19. Jahrhundert langsamer; das sprach für höhere Kapitalkoeffizienten. Diese wurden auch bedingt durch den Aufbau der Versorgungs- und Verkehrswirtschaft mit hohen Kapitalkoeffizienten. Je mehr die verarbeitende Industrie und die Dienstleistungen in den Vordergrund traten, desto mehr bestand eine Tendenz zur Senkung der Kapitalkoeffizienten.

Hohe Produktionswachstumsraten nach dem Zweiten Weltkrieg müssen selbst bei gleichbleibendem Wachstum des Kapitalstocks den Kapitalkoeffizienten drücken. Seit gegen Ende der sechziger Jahre die Wachstumsraten nachgeben, besteht trotz nachlassender Investitionsneigung eine Tendenz zur Steigerung der Kapitalkoeffizienten. Es scheint, daß mindestens seit 1965 der technologische Fortschritt, der den Kapitalkoeffizienten drückt, nicht mehr die entgegengesetzte Tendenz aufwog, die sich aus dem Nachlassen der Wachstumsraten ergab.

Die sinkende Kapitalproduktivität läßt sich teilweise auch erklären durch die Verteuerung der Rohstoffpreise ab 1973.

Entscheidend dürften aber seit Mitte der sechziger Jahre drei Faktoren sein: Da ist einmal die Tendenz zur allmählichen Verlangsamung des Wachstums, die die Produktivität des vorhandenen Kapitalstocks sinken ließ; das Nachlassen der Investitionsneigung ist hier nur ein Symptom, das aber nur langsam zur Anpassung des Kapitalbestands an das abgeflachte Wachstum führt. Zweitens sind zum normalen Kapitalbedarf zusätzlich hinzugekommen Investitionen zugunsten des Umweltschutzes, der Energie usw.; diese dürften den Kapitalkoeffizienten hochgetrieben haben. Drittens scheint jedoch die Periode der Hochkonjunktur entweder einen Trägheitseffekt bzw. eine gewisse Lähmung des technischen Fortschritts oder aber ein gewisses Versagen der organisatorischen Bedingungen in vielen Betrieben bewirkt zu haben, vielleicht auch eine mangelnde Koordination zwischen den Produktionsfaktoren. Die Realkapitalverwendung geschah in unwirtschaftlicher Weise. Die Frage bleibt offen, wieweit die Oligopolisierung der Wirtschaftsstruktur hier negativ gewirkt hat.

Man kann vielleicht mit einer Wiederkehr der entgegengesetzten Tendenz rechnen. Zur Zeit jedenfalls scheint die Anhebung des Kapitalkoeffizienten zusammen mit einer konjunkturbedingten Tendenz zur Konstanthaltung der Lohnquoten dem „Marxschen Gesetz" Spielraum zu geben. Das Problem ist, ob längerfristig wirksame Kräfte – insbesondere die bisher vernachlässigten „externen Kosten" des Wachstums generell, die zu höherem Kapitalaufwand pro Output-Einheit führen – uns in eine Periode hineinführen, in der das „Marxsche Gesetz“, wenn auch aus anderen Gründen, wiederum die Wirksamkeit erlangt, die es im 19. Jahrhundert offenbar gehabt hat. Es stellt sich ferner die Frage, ob nicht eben diese in den letzten Jahren verringerte Kapitaleffizienz zur Investitions- und Wachstumsschwäche der siebziger Jahre dieses Jahrhunderts beigetragen hat, ähnlich wie im letzten Quartal des vorigen Jahrhunderts.

Anmerkungen

1 *Gerhard Schmitt-Rink:* „Kapitalintensität und Kapitalrentabilität im Marxschen Modell“, in: Schmollers Jahrbuch, 87. Jg., Bd. I, Heft 2, S. 133 ff.
2 *Karl Kühne:* Geschichtskonzept und Profitrate im Marxismus, Neuwied 1976.
3 *Karl Kühne:* Ökonomie und Marxismus, Band II: Zur Dynamik des Marxschen Systems, Neuwied 1974, S. 253.
4 *E. Helmstädter:* Der Kapitalkoeffizient, Stuttgart 1969, S. 53 und S. 10.
5 *K. Kühne:* Geschichtskonzept . . . , a.a.O., Kapital III, S.
6 *Kühne:* Geschichtskonzept und Profitrate . . . ; a.a.O., Kapital III, S. 54 ff.
7 Vgl. *Kühne,* a.a.O., S. 148–153.
8 Vgl. *Kühne,* a.a.O., S. 153 ff.
9 Vgl. *Kühne:* Geschichtskonzept . . . , a.a.O., S. 159 ff.
10 *Bernd Görzig:* Die Entwicklung des Wachstumspotentials in den Wirtschaftsbereichen der Bundesrepublik Deutschland, Deutsches Institut für Wirtschaftsforschung, Berlin 1972, S. 144.
11 *R. Krengel/E. Baumgart/A. Bone/3/R. Pischner/Käthe Droege:* Produktionsvolumen und-Potential, Produktionsfaktoren der Industrie im Gebiet der BRD, 15. Folge 1662–1973, Berlin, Dezember 1974, S. 123.
12 *W. Beckerman* and Associates: The British Economy in 1975, Cambridge 1965, S. 238.
13 *E.H. Phelps-Brown:* „Levels and Movements of Industrial Productivity and Real Wages, Internationally Compared, 1860–1970“, in: The Economic Journal, No. 329, Vol. 83, March 1973, S. 66/67.
14 *R.M. Solow:* „Technical Change and the Aggregate Production Function“, in: Review of Economics and Statistics, Vol. 39, 1957, S. 312 ff.
15 *C.H. Feinstein:* National Income Expenditure and Output of the U.K., Cambridge 1972, T 51–53.
16 *A.C. Pigou:* Industrial Fluctuations, London 1927, S. 354–358.
17 *Phelps-Brown,* a.a.O.
18 *E.F. Denison:* Why Growth Rates Differ, 3. Aufl., Washington 1969, S. 139, Tab. 12–35.
19 *Vera Cao-Pinna:* „Validite theorique et empirique d'une prevision globale de la croissance de l'economie italienne de 1958 a 1970“, in: Europe's futures, Vol. I, S. 117.
20 Berechnet nach: *Libero Lenti:* Inventario dell'Economia Italiana, Milano 1966, S. 166.
21 *René Pupin:* La Richesse de la France, Paris 1916.
22 *Colin Clark:* The Conditions of Economic Progress, S. 512.
23 *E.D. Domar:* „The Capital- Output Ratio in the United States: its Variation and Stability“, in: The Theory of Capital, hrsg. v. *F.A. Lutz* und *D.C. Hague,* New York, S. 95.
24 *W. Leontiew:* „Estimates of the Capital Stock of American Industries“, in: Harvard Economic Research Project, Cambridge/Mass. 1953, S. 21/2.
25 Vgl. *Kühne:* Geschichtskonzept und Profitrate, a.a.O., S. 168.
26 Siehe Tabelle, Anmerkung zu Spalte 8.
27 Siehe Tabelle, Anmerkung zu Spalte 13.
28 Siehe Tabelle, Anmerkung zu Spalte 5.
29 Siehe Tabelle, Anmerkung zu Spalte 14.
30 Siehe Tabelle, Anmerkung zu Spalte 7.
31 *M.I. Ulmer:* Capital in Transportation, Communication and Public Utilities, Washington (NEBR), 1960, S. 458, 472 ff., 482 ff., 494 ff.

32 Zu diesen und nachfolgenden Ziffern ohne Quellenangabe vgl. die Daten in *Kühne:* Geschichtskonzept und Profitrate, Kap. III, insbes. die Tabelle auf S. 168.

33 *van Wensveen,* a.a.O., S. 124.

34 *Domar,* a.a.O., S. 105.

35 Vgl. *Colin Clark,* a.a.O., S. 580.

36 *Domar,* a.a.O., S. 105.

37 Eurostat. Volksw. Gesamtrechnungen, 1/1974, S. 29.

38 „Les Perspectives de l'Emploi dans la Communaute jusqu'à 1980", Bruxelles, Juli 1976, S. 48. – *Karl-Georg Zinn:* „Hochkonjunktur bei Unterbeschäftigung?" in: Wirtschaftsdienst, 56. Jg., August 1976, S. 395 ff. – *Karl Kühne:* „Blutarmer Aufschwung im Schatten neuer Rezessionsdrohung", in: Gewerkschaftliche Monatshefte Dezember 1976, 27. Jg., S. 726/7. – Statistisches Bundesamt, Volkswirtschaftliche Gesamtrechnungen, Reihe I, Konten und Standardtabellen 1975, Stuttgart/Mainz, Oktober 1976, S. 144.

39 *Divisia/Dupin/Roy:* A la recherche du France Perdu, Paris, o.J., 1955 3 S. 57–62.

40 *S. Kuznets:* Economic Growth of Nations, Cambridge 1971, S. 11.

41 Institut de Science Economique Francaise, in: Income and Wealth Series III, Cambridge 1953, S. 88, *Colin Clark,* 572; und *Colin Clark,* S. 618, 627.
Pupin errechnet ein Volkseinkommen von 32 Mrd. Franken für 1911, davon *14* Mrd. reines Arbeitseinkommen und 7,8 Mrd. „gemischtes" Einkommen; rechnen wir davon die Hälfte dem Arbeitsaufkommen zu, so ergibt sich 18 von 32 Mrd, (=56,4 %). Vgl. *René Pupin:* La Richesse de la France, Paris 1916, S. 54/55.

42 Vgl. hierzu: *Karl Kühne:* Ökonomie und Marxismus, Band II: Zur Dynamik des Marxschen Systems, Neuwied 1974, S. 340/341, S. 416 ff.

43 Vgl. die Übersicht in *Kühne:* Geschichtskonzept und Profitrate, a.a.O., S. 124–126: s.a. *van Wensveen,* a.a.O., S. 54 ff.

Investitionslenkung – Traditionelles Konzept für die traditionelle Krise

Eine Interpretation unter historischem Aspekt

Von Karl Georg Zinn

I Zum Begriff der Investitionslenkung

Die seit 1973 – parallel zur einsetzenden zweiten Weltwirtschaftskrise – in der Bundesrepublik intensivierte Diskussion über die Möglichkeiten und die Notwendigkeit einer gesamtwirtschaftlichen „Investitionslenkung" hat zu einer nicht völlig unerwarteten Begriffsverwirrung geführt. Es scheint daher angezeigt, hier eingangs zu bemerken, was der Verfasser unter Investitionslenkung versteht und wofür er den Begriff Investitionslenkung nicht verwendet.[1]

Investitionslenkung bedeutet die Gesamtheit der staatlichen Einflußnahmen auf die Bruttoanlageinvestition der Volkswirtschaft, soweit diese Einflußnahme bewußt und nach einem strukturell, d.h. regional und sektoral gegliederten Rahmenplan erfolgt. Wesentliche Merkmale der Investitionslenkung sind die selektive Beeinflussung der Investitionen sowie die für eine solche selektive Politik notwendige Informationsbasis in Form einer gesamtwirtschaftlichen Projektion. Damit überläßt die Investitionslenkung die volkswirtschaftliche Investitionsstruktur weder ausschließlich dem Marktmechanismus, noch wird der Marktmechanismus aufgehoben. Vielmehr bleiben dem Marktmechanismus jene Anpassungsprozesse überlassen, die sich im Rahmen der durch die mittel- bis langfristige Projektion und der ihr zugeordneten Investitionslenkung gesetzten Daten abspielen. Damit bleibt auch die Möglichkeit erhalten, „Marktsignale" für eventuell notwendige Revisionen der längerfristigen Planung wirksam werden zu lassen. Investitionslenkung wird als ein Instrument zur Erfüllung der sozialen Demokratie verstanden. Deshalb bedarf die Rahmenplanung und die in ihr enthaltene wirtschafts- und gesellschaftspolitische Zielvorstellung eines breiten Konsenus und demokratischer Kontrolle. Der Demokratisierungsprozeß verläuft auf verschiedenen Wegen. Paritätische Mitbestimmung, Einrichtung von Wirtschafts- und Sozialräten, wie sie als grob formuliertes Konzept vom Deutschen Gewerkschafts-Bund vorgeschlagen wurden, sowie eine striktere Ausfüllung des Prinzips der „Sozialbindung des Eigentums" deuten die Richtung an.

Abzugrenzen ist die Investitionslenkung von administrativen Planwirtschaften, in denen sehr detaillierte Investitionspläne für die Einzelwirtschaften zentral entwickelt werden und die kurzfristigen Preis- und Produktionsentscheidungen der dezentralen Kompetenz weitgehend entzogen sind.

Der Begriff Investitionslenkung ist in den fünfziger Jahren in der deutschsprachigen Literatur häufig synonym zur vorstehend genannten administrativen Planwirtschaft verwandt worden.[2] Gesamtwirtschaftliche Projektion und eine daran ausgerichtete

Investitionsbeeinflussung wurden dann als „Investitionsplanung“ bezeichnet, wobei Investitionsplanung im wesentlichen nur als indikative Orientierungshilfe verstanden wurde. Die vorstehenden Bemerkungen dürften hinreichend verdeutlicht haben, daß die von uns dem Begriff Investitionslenkung zugrunde gelegte Bedeutung sowohl von jener „Investitionsplanung“ als auch von der administrativen Planwirtschaft abzugrenzen ist.

II Investitionslenkung als Phase des Interventionismus

Die Diskussion über die Investitionslenkung steht im Kontext einer langfristigen Entwicklung, nämlich der Ausfächerung des modernen Interventionismus[2a]. Die Beurteilung der Investitionslenkung wird daher über die kurzfristigen Aspekte und die berechtigten Fragen nach dem konkreten Wie eines solchen Konzepts hinausgehen müssen und die längerfristige Perspektive mit zu beachten haben. In diesem Sinn geben die folgenden Ausführungen relativ breiten Raum den Tendenzen, die für die Entfaltung des Interventionismus maßgeblich waren.

Der Durchbruch der interventionistischen Politik wurde durch die beiden weltgeschichtlichen Ereignisse, die erste Weltwirtschaftskrise in den Dreißigerjahren und den zweiten Weltkrieg, erzwungen. Man braucht nur die beiden Nachkriegsperioden, nach 1918 und 1945, zu vergleichen, um die gravierenden Veränderungen in der Wirtsschaftspolitik und der Wirtschaftsentwicklung zu erkennen. Trotz eines gewissen Aufschwungs der nationalen Volkswirtschaften in den Zwanzigerjahren konnte das Problem der Arbeitslosigkeit damals nicht gelöst werden, während – mit Ausnahme der USA – die westlichen Industrieländer nach dem zweiten Weltkrieg ihre Arbeitslosenziffern auf ein bis 1939 noch als utopisch geltendes Niveau senken konnten.

Weltwirtschaftskrise und die Kriegswirtschaft von 1939 bis 1945 bildeten die realgeschichtlichen „Experimente“, die der Vollbeschäftigungstheorie des John Maynard Keynes‘ zur empirischen Bewährung verhalfen und der im Keynesianismus angelegten (und heute kaum mehr registrierten) Stoßkraft in Richtung „Wohlfahrts- und Sozialstaat“ historische Wirkung verliehen. Großbritannien, das klassische Land des Weltwirtschaftsliberalismus, hatte in der Zwischenkriegszeit in keinem Jahr vor 1940 eine unter 10 % liegende Arbeitslosenquote; nach dem zweiten Weltkrieg sank die Arbeitslosigkeit im mehrjährigen Durchschnitt auf unter 2 %.[3] Ähnlich sah die Lage in anderen westlichen Volkswirtschaften aus: Der massive staatliche Eingriff in die Volkswirtschaften hatte die langanhaltende Arbeitslosigkeit nach 1939 innerhalb weniger Jahre beseitigt; der Krieg ließ Überproduktions- und Stagnationstheoreme absurd erscheinen.

Nach dem zweiten Weltkrieg reifte aber nicht nur die Saat Keynes‘, sondern die in der Zwischenkriegszeit entwickelten „planwirtschaftlichen“ Konzepte[4] beeinflußten die Wirtschaftspolitik der westeuropäischen Länder. Die Wirtschaftsordnung der Bundesrepublik und die ihr verbundene Wirtschaftsphilosophie stand allerdings lange in schroffem Gegensatz zu jenen interventionistischen Ordnungen der westlichen Nachbarn. Hierauf wird noch einzugehen sein.

Der Interventionismus muß jedoch dort in wachsenden Konflikt zum privatkapitalistischen System treten, wo er sich anschickt, über ein „demand management" hinausgehend auch wirksame Strukturpolitik zu betreiben. Setzt doch ein strukturpolitisches Konzept, das sich nicht auf positive und negative, also letztlich über den Marktmechanismus wirksame Anreize beschränkt, einerseits Eingriffe in die (zukunftsgerichteten) Investitionsentscheidungen der privaten Unternehmen voraus und erfordert andererseits eine Einbindung der Investoren in einen längerfristigen Rahmenplan der Gesamtwirtschaft. Am Beispiel der französischen Planifikation, die im Laufe der Zeit recht unterschiedliche Beurteilungen erfuhr[5], läßt sich nachvollziehen, daß die wesentlichen Schwierigkeiten eines interventionistischen Planungssystems durch die Gegenläufigkeit gewinnwirtschaftlicher und gesellschaftlich übergreifender Interessen entstehen. Solche Gegensätze werden an den bekannten Beispielen der Umweltzerstörung, der Vernichtung von alter Bausubstanz und humanen, meist zugleich preiswerten Wohnungen in den Großstädten sowie der wachsenden Lärmbelastung der Menschen durch die Zunahme des privaten Kraftfahrzeugverkehrs sichtbar. Aber auch die Probleme der Inflation und Arbeitslosigkeit, der Verteilungsdiskrepanzen und der durch depressive Wirtschaftsentwicklungen bedrohten Finanzierung der Sozialversicherungssysteme müssen vor dem Hintergrund jenes Gegensatzes von gewinnwirtschaftlichem Privatinteresse und gesellschaftlichen Erfordernissen gesehen werden: die Tatsache, daß bei all diesen Problemen die Lösung letztlich davon abhängt, wie sich die Investoren bzw. diejenigen, die über die Produktionsmittel verfügen, verhalten, macht deutlich, daß der bestehende ökonomische und soziale Regelungsmechanismus nicht mehr funktioniert.

III Antiinterventionismus und Grundgesetz der Bundesrepublik

Das Vordringen des Interventionismus in den westlichen Industrieländern ist historisch betrachtet das Ergebnis der Erfahrungen der Jahre zwischen 1930 und 1945. Weltwirtschaftskrise und der zweite Weltkrieg bedeuteten für die hochentwickelten Industrieländer eine ökonomische Herausforderung, die zu einem gravierenden Wandel der offiziellen Wirtschaftsphilosophie führte. Gegenüber den realgeschichtlichen Ereignissen und den von ihnen ausgehenden Zwängen auf das staatliche Handeln und die politökonomische Denkweise dürfte Keynes' „Allgemeine Theorie" mehr symptomatische Bedeutung haben, also als Schrittmacher des Interventionismus einer gewissen Überschätzung ausgesetzt sein. Vor dem Hintergrund eines idealistischen Geschichtsdenkens im Sinne „Männer machen Geschichte" ist dies verständlich, führt aber zu Fehleinschätzungen über die künftige Entwicklung. Wird doch durch ein idealistisches Ökonomieverständnis die illusionäre Vorstellung begünstigt, als ließe sich über Wettbewerbspolitik, Besinnung auf traditionelle liberalistisch-marktwirtschaftliche Grundsätze und Orientierung der Wirtschaftspolitik an neoklassischen bzw. monetaristischen Denkschemata ein Prozeß abbrechen, der uns in die heutige Weltdepression geführt hat. Speziell in der Bundesrepublik üben solche idealistischen Fehleinschätzungen vorläufig noch maßgeblichen Einfluß auf die offizielle Wirtschaftspolitik aus. Dies erklärt sich im wesentlichen durch die Besonderheiten der deutschen Nachkriegsentwicklung, die der Bundesrepublik die Möglichkeit boten, nach einem modifizierten Laissez-faire-Muster ein klassisches Wachstum via forcierter Akkumulation zu erreichen.[6] Im Gegensatz zur Tradition der „deutschen" Nationalökonomie, die eine fast ungebrochene Staatsorientierung seit dem Kameralismus über die Historische Schule und den Kathedersozialismus bis zum „organisierten Kapitalismus" der zwanziger Jahre aufweist, brachte die Zeit nach 1948 eine liberalistische Renaissance in der Bundesrepublik, die in den anderen westeuropäischen Ländern keine Parallele hat.

Die liberalistische Phase, die in den anderen westeuropäischen Ländern mit dem 19. Jahrhundert zu Ende gegangen war, wurde in der deutschen Bundesrepublik sozusagen im Eiltempo nachgeholt. Der materielle Erfolg der westdeutschen Nachkriegswirtschaft läßt es nicht verwunderlich erscheinen, daß – auch hierin analog zum klassischen Wirtschaftsliberalismus – die ahistorische Doktrin von einer besten Wirtschaftsordnung (sprich: soziale Marktwirtschaft) aufleben konnte.[7] In der Alltagsideologie fand jene Haltung Unterstützung durch die Negativbilder der „Zwangswirtschaften": das Nazideutschland von 1933 bis 1945 und die anschließende Hungerzeit der Zonenwirtschaft sowie die von vielfältigen Mängeln belastete DDR-Wirtschaft.

Der ökonomische Antiinterventionismus in der Bundesrepublik verband sich mit einem Staatsverständnis, das – wenn auch nicht unbestritten – eine Verbindung zwischen freier Marktwirtschaft und freiheitlicher Staats- und Gesellschaftsordnung herzustellen suchte. Die neoliberale Interdependenzhypothese von Staats- und Wirtschaftsordnung ist hierfür symptomatisch. Angesehen davon, daß diese Ordnungsinterpretation verfassungsrechtlich ohne Fundament dasteht,[8] verkennt sie die Tatsache, daß in den übrigen westeuropäischen Demokratien – beispielsweise in Frankreich, den Niederlanden oder Großbritannien – die Entwicklung nach dem Zweiten Weltkrieg eindeutig einem interventionistischen Konzept folgte, das nicht nur starke ökonomische Eingriffe des Staates in den Wirtschaftsablauf sanktionierte, sondern auch die Tendenz zu gesamtwirtschaftlichen Planungen verstärkte. Die soziale Demokratie bzw. der Sozialstaat unterscheidet sich fundamental von der liberalistischen Klassendemokratie des 19. Jahrhunderts. Im Rahmen einer sozialen Demokratie sind kapitalistische Wirtschaftsweise und freies Unternehmertum als mögliche, eventuell aus historischen Gründen auch als unbezweifelte Ordnungsstruktur der gesellschaftlichen Wirtschaft realisierbar, aber damit ist zugleich die rechtliche und politische Kontrolle zu betonen, die gegen eine Verselbständigung kapitalistischer Prozesse wirksam gemacht werden muß. Die Privilegierung, die in einer gewinnwirtschaftlichen Tätigkeit zu sehen ist, da diese Möglichkeit *praktisch* keineswegs allen Gesellschaftsmitgliedern offen steht, erfordert den korrigierenden staatlichen Interventionismus in besonderem Maße. Denn – wie das Bundesverfassungsgericht 1971 klarlegte[9] – obliegt der staatlichen Wirtschaftspolitik, die „Verantwortung des Staates für den ungestörten Ablauf des wirtschaftlichen Geschehens im ganzen" zu erfüllen und hierzu sind Eingriffe in die private Wirtschaftsfreiheit auch dann zulässig, wenn prinzipell noch andere Verfahren möglich wären, die den betreffenden Zweck erfüllen würden, ohne den privatwirtschaftlichen Handlungsspielraum einzuengen. Im angesprochenen Fall handelt es sich um die Mineralölbevorratungspflicht, gegen die sich eine Unternehmensgruppe in einer Verfassungsbeschwerde gewandt hatte. Der Staat hätte prinzipiell die Bevorratung auch in eigener

Regie durchführen können, jedoch wären dazu weitaus höhere Mittel erforderlich gewesen, als sie gemäß der faktisch getroffenen Regelung, nämlich Privatunternehmen zur Vorratshaltung zu verpflichten, notwendig wurden. Mit dem Blick auf die gesamtwirtschaftliche Bedeutung des in Frage stehenden Bereichs (Engergiewirtschaft) hob das Verfassungsgericht weiterhin hervor, daß in einem solchen zentralen Wirtschaftssektor ohnehin „weitergehende staatliche Interventionen, als sie auf anderen Wirtschaftsgebieten üblich und zulässig sind"[10] vorgenommen werden können. Wenn der Staat, die ihm prinzipiell offen stehende Möglichkeit, einer relativ weitgehenden Übernahme wirtschaftlicher Tätigkeiten nicht nutzt, so gewährt er damit privatwirtschaftliche Handlungsspielräume, die jedoch nicht als unmittelbar verfassungsrechtlich garantierte Freiheiten zu verstehen sind, sondern als – aus Gründen einer bestimmten Wirtschaftsordnungspolitik – von der Gesellschaft zugestandene „Sonderfreiheiten". Der Staat ist andererseits aber nicht nur befugt, sondern darauf angewiesen, in jenen Bereichen intervenierend tätig zu werden, wenn wirtschafts- und gesellschaftspolitischen Erfordernissen nur dadurch genügt wird, daß sich die „freien" Unternehmen in bestimmter Weise verhalten; und zwar abweichend von den sich aus den Marktmechanismen und dem Gewinninteresse ergebenden Verhaltensmustern.

IV Investitionslenkung und das Kartellproblem

Bei der Begriffsbestimmung der Investitionslenkung wurde bereits darauf hingewiesen, daß es um eine Vorauskoordination der heutigen Investitionen im Hinblick auf die künftige gesellschaftliche Bedarfsentwicklung geht. Dieser Gedanke ist im Zusammenhang mit der unternehmerischen Kartellpolitik sowie unter dem Stichwort „Kartelle als Kinder der Not" schon im 19. Jahrhundert erörtert worden,[11] wenn auch die ausführliche theoretische Behandlung der Kartellfrage erst in unserem Jahrhundert einsetzte. Das Kartellproblem wurde jedoch primär unter wettbewerbspolitischem Aspekt gesehen[12], d.h. Kartelle als Gefahr der Konkurrenzordnung. Der historische Aspekt, daß Kartelle zusammen mit dem Konzentrationsprozeß möglicherweise das zentrale Strukturmerkmal eines hochentwickelten kapitalistischen Systems bilden, blieb in der Regel der an Lenin[13] anknüpfenden Theorie des staatsmonopolistischen Kapitalismus vorbehalten. Diese marxistisch-leninistische Monopolismuskritik sieht allerdings den Konzentrationsprozeß, in dessen Rahmen auch die Kartelle ihre Bedeutung finden, als Verfallsvorgang (Lenin: fauler Kapitalismus).

So verständlich der Aufschrei der Konkurrenztheoretiker beim Gedanken an eine „Kartellwirtschaft" auch ist, so bleibt doch die Frage, ob die faktischen Konzentrationsprozesse sowie die bei massiven Überkapazitäten eintretenden Zwänge, „Notstandskartelle" zu dulden, um Schlimmeres zu verhüten,[14] nicht zu einer grundlegenden Änderung der Problemsicht führen (müssen). Wenn von Seiten einzelner Autoren, die mit den Investitions- und Kapazitätsproblemen der Industrie recht gut vertraut sind, Überlegungen zu einem Investitionskartell[15] vorgetragen werden (sprich: kooperativer Wettbewerb), so verbirgt sich hinter der interessenorientierten Meinung doch ein rationales Argument: Wenn bei der Zunahme der durchschnittlichen Investitionsvolumen und der zeitlichen Dauer der Kapitalbindung die Gefahr von Überkapazitäten bzw. Fehlinvestitionen wächst, so ist es notwendig, die Kapazitätsentwicklung im voraus zwischen den Konkurrenten abzustimmen; zumal bei massiven Überkapazitäten nachträglich trotz aller Wettbewerbsbekenntnisse die Politiker gezwungen sind, Kartelle zu genehmigen und – außenhandelspolitisch – mehr oder weniger deutliche Protektionsmaßnahmen zu ergreifen. Weiterhin fällt auch das Argument der Konkurrenztheoretiker fort, daß Überkapazitäten (= Überangebot) zu Preissenkungen führe; bekanntlich ist das Gegenteil der Fall. Die einschlägige Literatur hat auch deutlich gemacht, daß bei den infolge Kapazitätsunterauslastung steigenden Stückkosten (speziell Stückfixkosten) eine andere Preispolitik gar nicht möglich ist. Die Konsequenz aus dieser Situation wäre also eine staatlich überwachte Investitions-Kartell-Politik.

Partielle Ansätze hierzu sind – paradoxerweise – sogar von einem Gremium vorgeschlagen worden, das der Wettbewerbspolitik zuarbeiten soll, nämlich der „Monopolkommission".[16] Die Monopolkommission hat in ihrem ersten Zweijahresbericht im Zusammenhang mit der Lenkung des Energiesektors, also einer strukturbestimmenden Industrie, nicht nur die Notwendigkeit einer zentralen Fachaufsicht über die Investitionsentscheidungen empfohlen, sondern bettet diese Investitionskontrolle in einen gesamtwirtschaftlichen „Rahmenplan" ein. Die Überlegungen der Monopolkommission greifen auf die Erkenntnis zurück, daß die partielle, also selektive Einflußnahme auf die Investitionen in einem (strukturbestimmenden) Bereich der Volkswirtschaft als notwendige Informationsbasis eine gesamtwirtschaftliche Entwicklungsprojektion bzw. einen „Rahmenplan" benötigen. Über die Detailliertheit eines solchen Plans mag man noch streiten, aber er wird zumindest die Entwicklung der Hauptabnehmerbereiche des der Investitionskontrolle unterworfenen Sektors (hier: Energiewirtschaft) umfassen müssen und darüber hinaus regional – und umweltpolitische Zielsetzungen zu beachten haben.[17]

Der Weg zu einer rationalen selektiven Investitionsbeeinflussung führt somit unvermeidlich über eine gesamtwirtschaftliche Projektion bzw. Rahmenplanung. Diese Notwendigkeit ist in jenen Volkswirtschaften immer gesehen worden, die ihre gesamtwirtschaftliche Entwicklung einer gewissen Lenkung zu unterwerfen versuchten – und sei es, daß lediglich im Sinne der traditionellen „indikativen Planung"[18] den Investoren bessere Informationen über die zu erwartenden und – soweit es das staatliche Handeln anbetrifft – geplanten Entwicklungen gegeben werden. Mit dem Blick auf die französische Planifikation wurden u.a. von Rhein[19] hervorgehoben, daß bereits die Kenntnis der einzelnen Investoren über die von ihren Konkurrenten geplanten Investitionen und den den Investitionsplänen zugrundeliegenden Absatzprognosen zu einer besseren Vorauskoordination führt, – ohne daß dadurch der Wettbewerb (zusätzlich) eingeschränkt würde. Ein solcher „Informationspool" über die Investitionsplanungen innerhalb einer Branche kommt, soweit dadurch größeren Überkapazitäten vorgebeugt wird, letztlich den Verbrauchern und der Gesamtwirtschaft zugute: bei normal ausgelasteten Kapazitäten sind die Kosten niedriger und – bei Wettbewerb – ergibt sich auch ein Preisdruck; das Gegenteil ist – wie erwähnt – bei Überkapazitäten der Fall, die ja die Stückkosten aller Konkurrenten steigen lassen. In diesem Zusammenhang ist auch die Bedeutung der Wachstumsraten des Sozialprodukts für das Investitionsrisiko und damit für die Investitionen zu sehen. Je geringer das Wachstum, desto größer die Gefahr, mit Erweiterungsinvestitionen in den Bereich permanenter Überkapazitäten zu geraten.[20]

Das Problem nachlassender Investitionsneigung infolge einer Zunahme des Absatzrisikos beim Übergang von einer steilen Wachstumsphase zu einer Stagnation sei kurz an Hand einer Verallgemeinerung der Produktzyklus-Hypothese verdeutlicht.[21] Uns sollen hier nur die drei ersten Phasen des Lebenszyklus eines Produktes[22] interessieren. Stellt man sich die Produktion eines ganzen Produktionszweiges z.B. die Produktion von Personenkraftwagen als ein aggregiertes Produkt vor, so läßt sich die Nachfrageentwicklung nach diesem aggregierten Produkt analog zur einzelnen Produktkategorie (z.B. Kombiwagen) interpretieren. Man könnte dann schließlich über diese Stufe der „Semi-Aggregate" hinausgehen und zur gesamtwirtschaftlichen Konsumnachfrage gelangen. Dieser letzte Schritt erscheint dann sinnvoll, wenn sich im gesamtwirtschaftlichen Konsumgüterangebot keine wesentlich neuen Güter finden, die sozusagen neue Bedürfnisse ansprechen und *neben* den bereits konsumierten Gütern, also zusätzlich gekauft werden.

Die Lebenszyklus-Kurve gibt den Verlauf der Nachfrage über einen längeren Zeitraum an. Dieser Nachfrageentwicklung ist die Angebotsentwicklung gegenüber zu stellen. Sie ergibt sich aus den kapazitätsbildenden Investitionen. Unterstellt es herrsche (Investitions-)Wettbewerb, d.h. jeder Investor versucht, seinen Marktanteil auszuweiten, so führt dies tendenziell bereits zu einem zeitlichen Vorlauf der Kapazitätsentwicklung vor der Nachfrageentwicklung.[23] Die Nachfrage wächst jedoch sozusagen in die temporären „Überkapazitäten" hinein, solange sie noch insgesamt kräftig ansteigt. In der Phase raschen Nachfragewachstums besteht somit bei den Investoren kein allzu großes Risiko, längerfristig mit Überkapazitäten arbeiten zu müssen.

Diese Situation änderte sich fundamental, wenn die Wachstumsraten der Nachfrage zurückgehen oder gar auf Null sinken. Nunmehr können zumindest nicht mehr alle Investoren damit rechnen, daß eine zusätzliche Kapazitätsaufstockung „irgendwann" auch auf entsprechende Nachfrage trifft. Die Erweiterungsinvestitionen werden somit rapide zurückgehen. Unter Umständen führt das im Prinzip richtig eingeschätzte Absatzrisiko sogar überhaupt zu einem Verzicht auf gezielt der Kapazitätserweiterung dienende Investitionen, so daß sich im Bereich der Reife-Phase die paradoxe Situation einstellen kann, daß trotz noch (leicht) wachsender Nachfrage und allmählicher Überauslastung der vorhandenen Kapazitäten dennoch keine neuen kapazitätsbildenden Investitionen erfolgen: man hat es mit mehr oder weniger starken Unterkapazitäten zu tun und entsprechenden Preissteigerungen, ohne daß sich daraus Investitionsimpulse ergeben.[24] Abbildung I veranschaulicht die vorstehenden Überlegungen. Diesem Demonstrationsmodell ist impliziert, daß eine einmal erreichte Kapazität durch entsprechende Ersatzinvestitionen auch auf Dauer beibehalten wird. Die jeweilige Gesamtkapazität ergibt sich somit durch Aufaddieren der einzelnen Kapazitätsstufen. – Die Einkommensverteilung wird als konstant angesehen, um verteilungsbedingte Nachfrageeffekte auszuschließen.

Welche Bedeutung ein gesamtwirtschaftlicher Verlauf der (Konsum-)Nachfrage für die Beschäftigung hat, wenn er auch nur annähernd jenem Produktzyklus entspricht, liegt auf der Hand. Gesamtwirtschaftlich gesehen würde auch die Ausweitung des

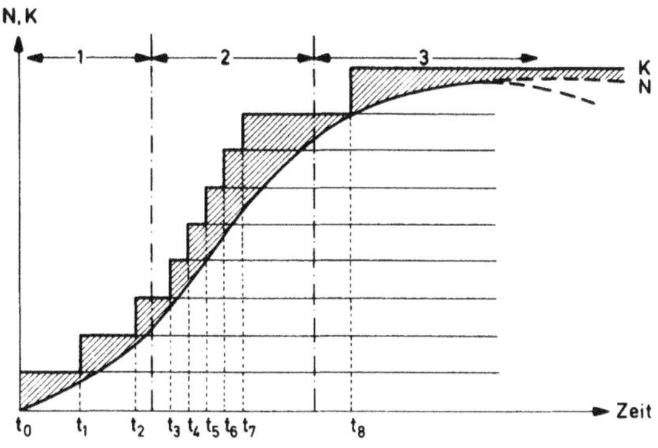

Abb. 1 Entwicklungsverlauf von Kapazität und Nachfrage

Absatzes einzelner Güter durch rationalisierungsbedingte Preissenkungen und/oder durch Eindringen in Bereiche, die bisher durch andere Produkte besetzt waren (z.B. Substitution von Hanfseil durch Nylon), keine wesentlichen beschäftigungsschaffende Effekte haben können, sondern es läge nur ein Strukturwandel vor. Strukturelle Arbeitslosigkeit ist dann nur vermeidbar, wenn eben die Gesamtnachfrage entsprechend expansiv verläuft, um „Freisetzungen" durch Neueinstellungen in den Wachstumsindustrien zu kompensieren.

Aus der Abbildung läßt sich entnehmen, daß in die Wachstumsphase der Nachfrage (2) auch in dichter Folge kapazitätsbildende Investitionen fallen (t_3 bis t_7). Gesamtwirtschaftlich bewirkt dies eine Multipliktorwirkung; entsprechend kontraktiv wirkt dann der Investitionsrückgang in der Reifephase (3). – Unterstellt man – zumindest für die Wachstumsphase (2) – intensiven (Investitions-)Wettbewerb, so läßt sich damit bei gegebenen Produktionstechniken das Ausmaß temporärer Überkapazität erklären: je mehr Wettbewerber sich darum bemühen, an der wachsenden Nachfrage zu partizipieren und je größer ihre Anstrengungen sind, ihren Makrtanteil auszuweiten, desto rascher bilden sich (temporäre) Überkapazitäten. Andererseits würde ein Investitionskartell eine engere Abstimmung von Nachfrage- und Kapazitätsentwicklung erlauben. Um keine böswilligen Mißverständnisse zu provozieren, sei angemerkt, daß hier nicht für (private) Investitionskartelle plädiert wird; aber was an rationalen Überlegungen für solche Kartelle spricht, kann nicht gegen eine demokratisch kontrollierte Investitionslenkung und Planung gewendet werden.

V Ursachenfaktoren der Krise: Begründung einer anderen Investitionssteuerung

Es darf hier als bekannt vorausgesetzt werden, daß ein nachlassendes Wachstum der Bruttoanlageninvestitionen einer Volkswirtschaft – oder gar eine zeitweise Stagnation der Investitionstätigkeit – nicht nur gesamtwirtschaftliche Wachstumseinbußen bedeutet, sondern auf zwei Wegen Arbeitslosigkeit verursacht: erstens bringt der durch den relativen Rückgang der Investitionen bedingte Nachfrageausfall „konjunkturelle" Arbeitslosigkeit im Sinne der traditionellen Keynesschen Theorie; zweitens bedeutet ein Nachlassen der Investitionstätigkeit auch ein vermindertes Wachstum der Zahl neuer Arbeitsplätze; es ergibt sich „strukturelle" Arbeitslosigkeit. Dieser Prozeß schlägt auf die Beschäftigungssituation umso stärker durch je höher der mit dem verbleibenden Investitionsvolumen erreichte Rationalisierungsgrad bzw. Produktivitätseffekt des technischen Fortschritts ist.

Die skizzierte Situation trifft auf die heutige Lage der westlichen Länder zu. Am Beispiel der Bundesrepublik, die nach „offiziellen"[25] Angaben im internationalen Vergleich relativ gut abschneidet, läßt sich zeigen, daß sich die Depression der siebziger Jahre über mehrere vorhergehende Zyklen hinweg vorbereitet hat. Die wichtigsten Faktoren zur Erklärung der Krise sind:

1) Ein Nachlassen der Konsumdynamik. Die im internationalen Vergleich schon in den fünfziger Jahren relativ niedrige (hohe) Konsumquote (Sparquote) der Bundesrepublik ist gerade während der Rezession 1967/68 und der Depression nach 1973 weiter gesunken (gestiegen)[26]. Der langfristige Anstieg der Masseneinkommen war stärker als der Zuwachs der Verbrauchsausgaben. Dies läßt sich als Sättigungsprozeß interpretieren. – Das traditionelle Argument, daß Sättigungen bei einzelnen Bedürfnissen bzw. Gütern zwar entsprechend dem Ersten Gossenschen Gesetz auftreten, aber durch Produktinnovationen sowie einer schnelleren Umschlagzeit der Gebrauchsgüter bzw. längerlebigen Konsumgüter solche Sättigungseffekte (über-)kompensiert würden, läßt sich durch die Entwicklung in der Bundesrepublik nicht stützen. Vor allem fehlt eine breite Konsumgüterinnovation, die – etwa vergleichbar mit den Wachstumsimpulsen, welche die Automobilisierung brachte – einen völlig neuen Wachstumssektor schaffen könnte. Darüber hinaus muß allerdings auch in Betracht gezogen werden, ob bei steigender Freizeitpräferenz die Konsumenten denkbare Innovationen überhaupt annehmen würden.
2) Im Gegensatz zum Konsumgüterbereich ist die Innovationsrate in den vorgelagerten Industrien außerordentlich hoch. Vor allem das Eindringen der Mikroelektronik führt zu außerordentlichen Rationalisierungseffekten, und zwar nicht nur im sekundären Sektor, sondern es werden auch breite Dienstleistungsbereiche (z.B. „Textverarbeitung") von der Rationalisierung betroffen. – Die seit mehreren Jahren deutliche Verschiebung der Investitionsmotive von der Erweiterungs- zur Rationalisierungsabsicht[27] ist im wesentlichen mit jenen Innovationen in der Produktionstechnik zu erklären. Lohnkosten spielen wohl nur eine völlig nebensächlich Rolle.[28] Damit wird das Einkommensargument (= höhere Löhne → höheres Einkommen → höherer Konsum) gegenüber dem Kostenargument (= höhere Löhne → höhere Kosten → geringere Gewinne und damit reduzierter Investitionsneigung) wieder Vorrang erhalten müssen; allerdings muß parallel eine Umverteilung zugunsten kaufkraftschwächerer Schichten erfolgen, wenn die Erhöhung der Masseneinkommen auch entsprechende Nachfragewirkung haben soll.
3) Eine Zunahme des Investitionsrisikos ergibt sich bereits per se aus einer Verminderung der Wachstumsraten. Die unter der vorhergehenden Ziffer skizzierten Rationalisierungsmöglichkeiten erhöhen jedoch zusätzlich das Risiko für die Erweiterungsinvestitionen auf zweifache Weise:
   Erstens bedeutet Rationalisierung nicht, daß die Kapazitäten nicht weiterhin wachsen, denn fast jede Rationalisierungsinvestition ist auch mit gewissen Kapazitätsef-

fekten verbunden, wie umgekehrt Erweiterungsinvestitionen in der Regel auch zugleich kostensparende Effekte haben.[29] Somit muß der Rationalisierungsvorteil – bei einer insgesamt rezessiven Wirtschaftslage – auch für das Risiko entschädigen, das in der möglichen Nichtauslastung der rationalisierungsverbundenen Kapazitätserweiterung liegt.

Zweitens bringen Rationalisierungen in der Regel eine Zunahme des Kapitalkoeffizienten, der in der Bundesrepublik wie auch in den Nachbarländern seit längerem ansteigt.[30] Eine Zunahme des Kapitalkoeffizienten führt auch zu einer Ausweitung der durchschnittlichen Kapitalbindung. Der höhere Kapitalkoeffizient bedeutet zwar ceteris paribus einen höheren Kapitalbedarf, so daß sich eine harmonische Bewegung von wachsendem Sparkapitalangebot und Kapitalnachfrage ergeben könnte, aber die ceteris-paribus-Bedingung ist nun mal nicht realistisch; die Gesamtnachfrage und damit das Bruttosozialprodukt weisen abnehmende Wachstumsraten auf. Die Rationalisierungsinvestitionen lassen sich zudem in Großunternehmen zu erheblichem Maße aus dem cash flow finanzieren. Die Entwicklung der Bundesrepublik während der vergangenen Jahre hat dies deutlich gezeigt; die Selbstfinanzierung erreichte ein hohes Niveau.

4) Eine weitere Risikozunahme und Rentabilitätsbelastung für die Investoren ergibt sich durch bestimmte Kostensteigerungen, die längerfristiger Natur sind. Und zwar gilt dies erstens für die aus dem Umweltschutz resultierenden Belastungen für die Einzelunternehmen, soweit das Verursacherprinzip tatsächlich vom Gesetzgeber durchgesetzt wird, also nicht durch Einfluß der Industrie-Lobby (Beispiel: Gewässerschutz-Gesetz) bloße Forderung bleibt; zweitens ist die Rohstoffpreis-, speziell die Energiekostenentwicklung zu nennen. Die Lohnkostenbelastung ist u.E. hingegen für die Bundesrepublik entgegen verbreiteter Meinung kein zentrales Problem, denn mittelfristig ist die bereinigte Lohnquote nicht wesentlich gestiegen[31] und von der internationalen Wettbewerbsituation her haben sich – mit Ausnahme einzelner Bereiche – die deutschen Lohnkosten keineswegs als überhöht erwiesen. Andernfalls wären die hohen Exportüberschüsse nicht möglich gewesen.

Die vorstehenden Faktoren, die die wichtigsten Ursachen der Depression umreißen, wären noch durch verschiedene Einflußgrößen zu ergänzen, die sich als Verstärker der Abwärtsbewegung erwiesen, aber zum Teil selbst durch die geschilderten Grundtendenzen zu erklären sind. Zu nennen sind die relative Abnahme der öffentlichen Investitionen in der Bundesrepublik[32], die Restriktionspolitik im Frühjahr 1973 als – zu späte – wirtschaftspolitische Reaktion auf die in den sechziger Jahren in Gang gesetzte und zu Beginn der siebziger Jahre beschleunigte Weltinflation sowie der abrupt erzwungene Übergang zu flexiblen Wechselkursen. Die kurze Skizze der Ursache der Depression sollte verdeutlichen, daß nicht damit zu rechnen ist, daß sich eine ökonomisch effiziente, vor allem aber sozialethisch vertretbare Entwicklung ohne gezielte wirtschaftspolitische Einflußnahme auf die Investitionstätigkeit und auf die für das Investitionsverhalten maßgeblichen Faktoren ergeben wird. – Obgleich das Ausmaß der aktuellen Wirtschaftsdepression nicht mit der Weltwirtschaftskrise der dreißiger Jahre vergleichbar ist, stellt die Situation jedoch für die Wirtschaftspolitik eine analoge Herausforderung dar. Im Hinblick auf die politische Weltlage und ihre ideologischen Rückwirkungen auf die entwickelten kapitalistischen Länder könnte eine Verlagerung der bei Fortdauer der Wirtschaftsdepression zunehmenden inneren Spannungen der westlichen Industrieländer nach außen Bedingungen erzeugen, die einen weltweiten militärischen Konflik sehr viel wahrscheinlicher machen würden. Ökonomische Krisen sind gesellschaftliche Krisen und gesellschaftliche Krisen aktivieren Aggressionspotentiale und lassen alte und neue Feindbilder aufleben.[33] Die Wirtschaftskrise drängt somit sehr schnell über den engen ökonomischen Rahmen hinaus und wird zu einem existenziellen Problem der Menschheit.[34]

VI Die ordnungspolitische Herausforderung der beiden Weltwirtschaftskrisen

Die Chancen für eine reformbereite Wirtschafts- und Gesellschaftspolitik stehen noch schlecht. Ängstlichkeit gegenüber Neuerungen, Festhalten an anachronistischen Konzeptionen und Ignoranz gegenüber längerfristig orientierten Analysen kennzeichnen die Situation.[35] Anders als in Deutschland zu Beginn der Weltwirtschaftskrise der dreißiger Jahre finden sich auch in der Literatur relativ wenig innovatorische Ansätze – jedenfalls, wenn man die überquellende Produktivität der Ordnungstheoretiker der dreißiger Jahre als Maßstab nimmt.[36]

Dieser Unterschied dürfte sich damit erklären, daß die aktuelle Weltwirtschaftskrise, obgleich sie als historisches Phänomen nur mit der Krise der dreißiger Jahre vergleichbar ist,[37] bisher keine analoge soziale und politische Erschütterung gebracht hat. Gegenüber der Krise der dreißiger Jahre weist die aktuelle Depression hingegen die Besonderheit auf, daß sie von einer bisher in Friedenszeiten nicht erlebten Weltinflation eingeleitet wurde[38] und weiterhin von relativ hohen Preisniveausteigerungen begleitet ist. Dieser Unterschied der beiden Weltwirtschaftskrisen dürfte im wesentlichen durch den Einfluß des moderneren Interventionismus zu erklären sein, und zwar sind hier zwei Faktoren hervorzuheben. Erstens reagierten die öffentlichen Hände – bei einem gegenüber den dreißiger Jahren ohnehin höheren Staatsanteil – nicht prozyklisch, sondern stabilisierten zumindest die Haushaltsvolumina trotz sinkenden Steueraufkommens. Zweitens zog man die Lehre aus den deflatorischen Wirkungen der protektionistischen Außenhandelspolitik der dreißiger Jahre und „löste" die Zahlungsbilanzprobleme durch großzügige bilaterale und multilaterale Beistandskredite.[39]

Dieser krisenmildernde Einfluß des Interventionismus bildet den realgeschichtlichen Hintergrund für die attentistische Haltung in Bezug auf eine Fortentwicklung des interventionistischen Ansatzes in Richtung gesamtwirtschaftlicher Strukturplanung und der ihr zuzuordnenden Investitionslenkung. Diese Unentschlossenheit ist keineswegs auf die maßgeblichen Politiker und die Kapitaleigner beschränkt, sondern charakterisiert auch die bisherige Haltung der Gewerkschaften – nicht nur in der Bundesrepublik.[40]

Die interventionistische Politik konnte die Krise nicht verhindern, sondern nur dämpfen. Damit wirken die tieferen Krisenursachen fort, und es läßt sich die Hypothese wagen, daß gerade wegen der interventionistisch erreichten Krisenmilderung der Prozeß in die Länge gezogen wird: Die ärgsten sozialen Auswirkungen konnten bisher über das System der sozialen Sicherung abgefangen werden; marginale Beschäftigungsbelebungen lassen sich (noch) durch Förderung der Arbeitskräftemobilität und partielle Arbeitsbeschaffungsprogramme erreichen. Aber je länger das zentrale Problem der Krise, die rezessive Investitionstätigkeit, nicht angegangen wird, desto gravierender sind die langfristigen Folgen. Die Weltwirtschaftskrise der dreißiger Jahre provozierte ja gerade wegen ihres sehr raschen und massiven Niedergangs der ökonomischen Aktivitäten auch eine – gemessen an der Zeit vor 1929 – sehr markante Wende in der offiziellen Wirtschaftsphilosophie. Eine vergleichbare Reaktion von Wirtschaftspolitik und -theorie auf die aktuelle Krise ist bisher nicht feststellbar.

Ein Anhalten der Krise führt wegen des gegenüber dem Arbeitskräftepotential disproportionalen Wachstums der arbeitsplatzschaffenden Investitionen zu struktureller, also Dauerarbeitslosigkeit wachsenden Umfangs. Dies bedeutet, daß eine Ankurbelung via Ausgabensteigerung umso wirkungsloser bzw. inflationstreibender ausfallen muß, je länger die Krise dauert. Dauerarbeitslosigkeit führt jedoch unter den heutigen Bedingungen eines teuren Systems sozialer Sicherheit – rascher als in den dreißiger Jahren – zu einer *wachsenden* Belastung der öffentlichen Sozialbudgets. Damit unterminiert die Dauerkrise jenen sozialen und politischen Befriedigungsmechanismus, der sich in den vergangenen Krisenjahren als effektiv erwiesen hat. Eine weitere Ausweitung des heute schon realtiv hohen Staatsanteils am Volkseinkommen und/oder eine weitere Umschichtung staatlicher Ausgaben zulasten der öffentlichen Investitionen erscheint in einer Situation mit bereits länger dauernder hoher Arbeitslosigkeit und entsprechenden Produktionsverlusten weder politisch noch ökonomisch möglich. Eine Ausweitung der Staatsquote müßte unter solchen Bedingungen primär zulasten der Gewinneinkommen gehen, so daß sich dadurch – anders als in einer Vollbeschäftigungssituation – weitere unerwünschte Wirkungen auf die Investitionstätigkeit einstellen würden. Im Endergebnis dürfte sich dann – angesichts der Dauer und des Umfangs der Krise mit breitem Konsens – die Notwendigkeit zu einer in der Tat äußerst rigiden zentralverwaltungswirtschaftlichen Politik ergeben, d.h. vorsichtige Ankurbelung mit strikten Preis- und Lohnkontrollen.[41]

Der Verlauf der Weltwirtschaftskrise in den dreißiger Jahren hat bereits gezeigt, daß – entgegen auch heute noch verbreiteter Fehleinschätzungen – die Krise in eine schleichende Depression mündete, die ohne massive Staatseingriffe in die Wirtschaft nicht überwunden werden konnte. Diese Einflußnahme des Staates wurde durch die Kriegswirtschaft provoziert: Im nationalsozialistischen Deutschland reduzierte die Rüstungswirtschaft relativ schnell die Arbeitslosigkeit; in Großbritannien und den USA wurde die Depression erst während des Weltkrieges überwunden. – Wie erwähnt, ist der moderne Interventionismus auch keineswegs ausschließlich die Folge der Weltwirtschaftskrise und des Keynesianismus, sondern der Weltkrieg und die kriegswirtschaftlichen Erfahrungen (in Großbritannien und den USA) verhalfen der „Vollbeschäftigungspolitik" zum Durchbruch.[41 a]

VII Aufschwung und Niedergang des modernen Interventionismus

Die Irrationalität eines Wirtschaftssystems und der ihr inlebenden Ideologie konnte kaum deutlicher belegt werden als durch die Tatsache, daß es erst einer Katastrophe im Außmaß des zweiten Weltkriegs bedurfte, um das Beschäftigungsproblem zu lösen und die tiefe Dauerdepression der dreißiger Jahre zu überwinden. Natalie Moszkowska[42] hat während des zweiten Weltkriegs in einer eindrucksvollen Analyse des Zusammenhangs von „großer Krise" und Kriegswirtschaft deutlich gemacht, daß Rüstung und Krieg prinzipiell als Instrumente zur Überwindung kapitalistischer Überproduktionskrisen wirksam werden können. Sie hat daraus den – nicht zwingenden – Schluß gezogen, daß Kriege und große Krisen einander abwechseln,[43] weil „bei der riesigen Produktionskapazität im überreifen Kapitalismus ... die Reduktion der Erzeugung Schrumpfung der Wirtschaft in der Depressionszeit nicht mehr (reicht), um die großen Kapitalüberschüsse hinwegzufegen, um das gestörte Gleichgewicht zwischen Erzeugung und Verbrauch wieder herzustellen."[44] Diese Hypothese erscheint gegenwärtig recht realitätsfern, dennoch muß man sich vergegenwärtigen, daß nicht New Deal, nicht die Selbstheilungskräfte des Marktmechanismus aus der Depression der dreißiger Jahre herausgeführt haben, sondern der Krieg. Und der Krieg transportierte die interventionistische[45] Wirtschaftsphilosophie – und ließ für eine kurze Phase nach 1945 in Westeuropa eine breite antikapitalistische Stimmung entstehen.

Die Tatsache, daß in Großbritannien und Frankreich die staatliche Vollbeschäftigungspolitik bzw. die Planifizierung von sozialdemokratischen bzw. in einem weiten Sinne sozialistischen Regierungen eingeleitet wurde, stellt nur ein äußeres Sympton dar. Die historischen Faktoren, denen diese Parteien ihre parlamentarischen Mehrheiten verdankten, sind in der Zeit vor 1945 zu suchen. Einerseits ergab sich aus den kriegswirtschaftlichen Erfahrungen, daß durch ein zielstrebiges staatliches Handeln Vollbeschäftigung und eine – gegenüber der Vorkriegszeit – gleichmäßigere Einkommensverteilung erreicht werden können, ohne damit zu einer Planwirtschaft im Sinne des sowjetischen Beispiels überwechseln zu müssen, andererseits hatte das kollektiv erlebte Kriegsgeschehen bei den westeuropäischen Völkern eine Zukunftsvision entstehen lassen, die auf eine Wirtschafts- und Gesellschaftsordnung hinauslief, die sich scharf gegen die „alte" Klassengesellschaft der Vorkriegszeit abhob. Diese Entwicklung ist in den ersten drei Nachkriegsjahren ja auch in Deutschland sehr deutlich geworden und hat ihren Niederschlag in den prononziert antikapitalistischen Bestimmungen einzelner Länderverfassungen gefunden.

Welchen tiefgreifenden Eindruck die kriegswirtschaftlichen Erfolge einer interventionistischen Wirtschaftslenkung zumindest in Großbritannien und den ihm nahestehenden Ländern wie Kanada und Australien hinterließen, wird an den auf Vollbeschäftigungspolitik ausgerichteten Projektionen der Wirtschaftspolitik für die Nachkriegsperiode deutlich.[46] – Die Euphorie, mit der sich die Hoffnungen auf die Nachkriegsentwicklung äußerten, wird verständlich, wenn man die Entwicklung der Arbeitslosigkeit verfolgt unter der die westlichen Länder praktisch eine Generation lang zu leiden hatten. Der massive Niedergang der Wirtschaftsdynamik in der Weltwirtschaftskrise läßt leicht übersehen, daß bereits in den zwanziger Jahren zu keiner Zeit Vollbeschäftigung geherrscht hatte; weder in Westeuropa noch in den USA. Die Überwindung der Massenarbeitslosigkeit der Weltwirtschaftskrise gelang bis zum zweiten Weltkrieg nicht, wenn man die Sonderentwicklung im Nazideutschland außer Acht läßt. Die USA hatten ihre Arbeitslosigkeit, die sich 1933 nach vorsichtigen Schätzungen auf 14 Millionen Menschen belief, bis 1939 nur auf 8,75 Millionen senken können[47]; Großbritannien wies 1938, im letzten Vorkriegsjahr, noch 1,4 Millionen Arbeitslose (1932: 2,7 Mio)[48] auf. Die rüstungsbedingte Expansion der Volkswirtschaften führte dann innerhalb relativ kurzer Zeit zur Vollbeschäftigung, und zwar wurde die Arbeitslosigkeit in Kanada und den USA nicht etwa durch den Anstieg der Streitkräfte überwunden, sondern die Zunahme der Beschäftigtenzahlen in der Produktion entsprach der Arbeitslosenziffer der Vorkriegszeit[49]; in Großbritannien, das die Hauptlast der unmittelbaren Kriegsführung zu tragen hatte, nahm die Beschäftigtenzahl zugunsten der Streitkräfte zwar ab, aber gemessen am Volkseinkommen bzw. dem Produktionsanstieg zeigte selbstverständlich auch die britische Wirtschaft eine massive Expansion.[50]

Für die USA brachte der zweite Weltkrieg nicht nur ein außerordentliches Beschäftigungs- und Produktionswachstum, sondern das Land erreichte einen realen Anstieg des Massenkonsums von etwa 15 % und zwar bei einer gleichmäßigeren Einkommensverteilung, so daß als Folge der Vollbeschäftigung und jener ausgleichenden Verteilungstendenz auch die soziale Armut auf ein einmalig niedriges Niveau sank.[51]

Die Erkenntnis, daß durch gezieltes staatliches Handeln prinzipiell ein hoher Beschäftigungsstand erreicht werden kann und damit das größte gesellschaftliche Problem lösbar erschien, bestimmte Politiker und Wähler in der Zeit nach 1945 in gleichem Maße.[52] Allerdings zeichnete sich von Anfang an ein deutlicher Unterschied zwischen dem Interventionismus Westeuropas und der amerikanischen Wirtschaftspolitik der Nachkriegszeit ab.

Der Interventionismus litt jedoch von Beginn an unter der Begrenzung auf die Binnenwirtschaft. Die von den USA über die Atlantik Charta eingeleitete Politik der Welthandelsliberalisierung, die dann über Bretton Woods und das Allgemeine Zoll- und Handelsabkommen ihre kodifizierten Regelungen erhielt, wirkte dem interventionistischen Konzept entgegen, und zwar auf zweierlei Weise: erstens ließen die Welthandelsexpansion nach dem zweiten Weltkrieg und die davon ausgehenden Wachstumsimpulse für die nationalen Volkswirtschaften ein Festhalten am Nachkriegsinterventionismus als ein überflüssiges, ja wachstumshemmendes Bemühen erscheinen;[53] zweitens führte die internationale Verflechtung per se zu einer schwindenden Wirksamkeit des nationalwirtschaftlich orientierten Interventionismus. In der Tat ergeben sich heute auch die schwerwiegendsten Einwände gegen einen forcierten binnenwirtschaftlich orientierten Interventionismus und gegen nationale Projektionen und Investitionslenkung von der außerwirtschaftlichen Seite her.[54]

Die beiden wesentlichen Faktoren, die das interventionistische Instrumentarium von der Außenwirtschaft her aushöhlten, waren einmal die – von einem System fester Wechselkurse geförderte – Abhängigkeit nicht nur der nationalen Volkswirtschaften selbst, sondern auch der nationalen Wirtschaftspolitik von den Bewegungen des Weltmarktes; zum anderen bedeutet der Übergang der nationalen Großindustrie zu multinationalen Unternehmenssystemen, daß national orientierte Lenkung- und Kontrollmechanismen von den multinationalen Unternehmen unterlaufen werden können (man denke beispielsweise an die Wirkung von wettbewerbspolitischen Machtmißbrauchsverfahren, Preisüberwachung oder die Irrelevanz binnenwirtschaftlicher Geldpolitik für die Finanzierungsmöglichkeiten multinationaler Firmen). Der Rückgang der wirtschaftspolitischen Wirksamkeit des Interventionismus fiel zusammen mit dem Durchbruch der „Dritten Welt" zu einer die künftige Weltsituation mit bestimmenden politischen Kraft. Barraclough[55], der in einer scharfsinnigen Analyse jenen „Aufstand" Asiens und Afrikas gegen Europa gewürdigt hat, gibt plausible Argumente dafür, daß die Mehrzahl jener Länder auf Dauer keinem kapitalistisch-marktwirtschaftlichen Entwicklungsmuster folgen, sondern aus ideologischen *und* pragmatischen Gründen[56] einer planwirtschaftlichen Konzeption den Vorzug geben werden. Dies wird nicht zuletzt an der Forderung nach einer „Neuen Weltwirtschaftsordnung" deutlich, die sich nicht an der liberalistischen Außenhandelstheorie orientiert, sondern eher den Strukturen zwischenstaatlicher Kooperation von Planwirtschaften entspricht. Damit wird aber wiederum die interventionistische Entwicklung begünstigt, um nicht zu sagen erzwungen.

VIII Ausblick

Die Betrachtung der Entwicklungszüge des Interventionismus und der längerfristig wirksamen Ursachenfaktoren der aktuellen Weltwirtschaftskrise macht deutlich, daß sich die Krise letztlich als Verwertungskrise vorhandenen bzw. produzierbaren Kapitals darstellt. Damit wird die Überwindung der Krise nur möglich sein, wenn entweder neue profitable Investitionsmöglichkeiten *geschaffen* werden oder wenn die Gesellschaft über demokratische Gremien ihren Bedarf in gesamtwirtschaftlichen Plänen formuliert und die Investitionen gezielt auf die Befriedigung dieses Bedarfs ausrichtet; denn entgegen der nur für gegebene Verteilungsstrukturen (innerhalb der privaten Einkommenshierarchie sowie zwischen privatem und öffentlichem Sektor) gültigen Stagnationshypothese sind selbst fundamentale menschliche Bedürfnisse bei breiten Bevölkerungsgruppen in den entwickelten Ländern noch nicht befriedigt – von dem Mangel in der Dritten Welt gar nicht zu reden.

Wie immer man die Krise auch anzugehen versucht, über Steigerung der Verschwendungs- und Vernichtungsproduktion (Rüstung), durch Förderung neuer Technologien, deren Wohlstandsrelevanz zweifelhaft erscheint, über weitreichende Arbeitszeitverkürzungen, über Umverteilung zugunsten der sozial Armen in den Industrieländern sowie der Hungernden in den Entwicklungsländern oder – was am wahrscheinlichsten ist – durch eine Kombination aus diesen verschiedenen Ansätzen, ohne eine planorientierte Investitionspolitik läßt sich unter den gegenwärtigen Bedingungen die Depression nicht überwinden. Die historisch bisher einmalige Situation des Zusammenwirkens einer starken Friedensinflation und einer Produktions- und Beschäftigungskrise[57] begrenzt die Möglichkeiten für eine simple Expansion via Staatsausgabenerhöhung. Vielmehr müssen die Ausgabenprogramme qualitativ, also in ihrer Struktur, und quantitativ mit den vorhandenen Kapazitäten abgestimmt sowie mit den durch Investitionen zu schaffenden künftigen Kapazitäten in Einklang gebracht werden. Eine solche über einen längeren Zeitraum sich erstreckende Ex-ante-Koordination von Nachfrage und Angebot impliziert jedoch Planmäßigkeit und selektive Investitionssteuerung.

Anmerkungen

1 Vgl. auch *Meissner, W./Wieczorek, N./Zinn, K.G.:* „Veränderung der Machtverhältnisse und Verbesserung der Lebensqualität. Überlegungen zum ökonomisch-politischen Orientierungsrahmen", in: Die Neue Gesellschaft, Jg. 20, H. 1, Jan. 1973, S. 56 ff.; *Zinn, K.G.:* „Investitionskontrollen und -planung", in: Wirtschaftsdienst, Jg. 53, H. 6, Juni 1973, S. 301 ff.; wieder in: *Sarrazin, T.* (Hrsg.): Investitionslenkung. „Spielwiese" oder „vorausschauende Industriepolitik"?, Bonn-Bad Godesberg 1976, S. 15 ff.; *Zinn, K.G.:* „Investitionskontrolle", in: Wörterbuch zur politischen Ökonomie, 2. A., Opladen 1977.

2 Vgl. etwa *Veter, Ernst Günter:* Investitionslenkung in der Markwirtschaft, Heidelberg 1956; *Rhein, Eberhard:* Möglichkeiten und Probleme staatlicher Investitionsplanung in der Marktwirtschaft. Dargestellt am Beispiel Frankreichs, Köln-Opladen 1960.

2a Der Begriff Interventionismus wird hier in dem weiteren Sinn verstanden, wie er (noch) in den dreißiger Jahren üblich war, Vgl. auch oben Anmerkungen 4, 18 und 45.

3 „1939, after all, was the nineteenth consecutive year in which unemployment had averaged 10 per cent or more . . . Since the war unemployment has averaged about 1 3/4 per cent." Siehe *Stewart, Michael:* Keynes and After, 2. A., Harmondsworth 1972, S. 186 f.

4 Im Gegensatz zu der „neudeutschen", auf *Euckens* Ordnungstheorie zurückgehenden Gegenüberstellung von Verkehrs- und Zentralverwaltungswirtschaft bzw. Markt- und Planwirtschaft wird hier „Planwirtschaft" i.S. *Passows* als freie, aber gebundene Wirtschaft verstanden. Zentralverwaltungswirtschaften in der *Euckenschen* Konzeption entsprächen dann „Kollektivwirtschaften". Vgl. *Passow, Richard:* „Art. Wirtschaftsverfassung", in: Wörterbuch der Volkswirtschaft, 4. A.; Bd. 3, Jena 1933, S. 1051 f.; *derselbe:* Freie und gebundene Wirtschaft, Hannover 1932.

5 „Seit Ende des Krieges ermöglichte die Ausarbeitung von Plänen eine harmonische Wirtschaftsentwicklung. Diese Planung zeichnet sich besonders durch ihre Elastizität und ihre Methode aus. Durch sie werden die Ziele der Wirtschaft und die möglichen Wege, diese zu erreichen angegeben. Dabei wird auf die Unternehmer keinerlei Zwang ausgeübt . . . Auf diese Weise wurde in großem Maße dazu beigetragen, Fehlkalkulationen der Unternehmer und damit auch Schwankungen der Wirtschaftstätigkeit zu vermeiden." Siehe *Piatier, Andre:* „Art. Frankreich", in: Handwörterbuch der Sozialwissenschaften, Bd. 4, Stuttgart-Tübingen-Göttingen 1965; S. 121. – „The political force of French Plans . . . is weak, but they do play an essential part in the formulation of ‚social norms' which, for a limited period and in any given phase of development, rule the behavior of social groups and establish a frame of reference for government action." Siehe *Seibel, Claude:* „Planning in France", in: *Bornstein, M.* (Hrsg.): Economic Planning, East and West, Cambridge/Mass. 1975, S. 182.

6 Die tragenden Faktoren des wirtschaftlichen Nachkriegsaufschwungs der Bundesrepublik waren die Versorgung mit billigen, qualifizierten Arbeitskräften (Flüchtlingszustrom, Absinken der bereinigten Lohnquote von 1950 bis 1960), relativ geringe steuerliche Belastung der Investoren und Hinausschieben der Absatz- bzw. Realisierungsprobleme durch den Nachholbedarf auf dem Binnenmarkt und die (wachsende) Unterbewertung der deutschen Währung bei liberalisiertem Außenhandel. Die Exportorientierung der Bundesrepublik hat sich später als ein gravierendes Strukturproblem herausgestellt.

7 Vgl. *Zinn, K.G.:* „Die jüngere Methodendiskussion in der Nationalökonomie unter lehrgeschichtlichem Aspekt", in: J. f. Sozialwissenschaft, Bd. 27, 1976, S. 187 ff.

8 Es sei an das Urteil des Bundesverfassungsgericht aus dem Jahr 1954 im Zusammenhang mit dem Investitionshilfe-Gesetz erinnert. Das BVG stellte unzweideutig klar, daß unser Grundgesetz auf keine bestimmte Wirtschaftsordnung festgelegt ist: „. . . der einzelne muß sich

diejenigen Schranken seiner Handlungsfreiheit gefallen lassen, die der Gesetzgeber zur Pflege und Förderung des sozialen Zusammenlebens in den Grenzen des bei dem gegebenen Sachverhalt allgemein Zumutbaren zieht, vorausgesetzt, daß dabei die Eigenständigkeit der Person gewahrt bleibt." Und: „Das GG garantiert weder die wirtschaftspolitische Neutralität der Regierungs- und Gesetzgebungsgewalt noch eine nur mit marktkonformen Mitteln zu steuernde ‚soziale Marktwirtschaft'. Die ‚wirtschaftspolitische Neutralität' des GG besteht lediglich darin, daß sich der Verfassungsgeber nicht ausdrücklich für ein bestimmtes Wirtschaftssystem entschieden hat. Dies ermöglicht dem Gesetzgeber, die ihm jeweils sachgemäß erscheinende Wirtschaftspolitik zu verfolgen, sofern er dabei das GG beachtet. Die gegenwärtige Wirtschafts- und Sozialordnung ist zwar eine nach dem Grundgesetz mögliche Ordnung, keineswegs aber die allein mögliche. Sie beruht auf einer vom Willen des Gesetzgebers getragenen wirtschafts- und sozialpolitischen Entscheidung, die durch eine andere Entscheidung ersetzt oder durchbrochen werden kann. Daher ist es verfassungsrechtlich ohne Bedeutung, ob das IHG (Investitionshilfe-Gesetz; d.V.) im Einklang mit der bisherigen Wirtschafts- und Sozialordnung steht und ob das zur Wirtschaftslenkung verwandte Mittel ‚marktkonform' ist." Siehe BVerfG, Urt. v. 20.7.1954, in: Neue Juristische Wochenschrift H 33/34, 1954, S. 1235 f.

9 BVerfG, Beschl. v. 16.3.1971, in: Neue Juristische Wochenschrift, H 29, 1971, S. 1255.

10 Vgl. ibidem, S. 1258.

11 Vgl. etwa die interessante Studie von *Kleinwächter, F.:* Die Kartelle. Ein Beitrag zur Frage der Organisation der Volkswirtschaft, Innsbruck 1883; *Kleinwächter* plädierte für eine staatlich kontrollierte Kartellpolitik, wobei die Kartelle dem Überproduktionsproblem begegnen sollten, ohne jedoch an eine staatliche Planung der Gesamtwirtschaft gebunden zu sein.

12 Vgl. zum Überblick *Liefmann, R.:* „Art. Kartelle," in: Handwörterbuch der Staatswissenschaften, 4. A., Bd. 5, Jena 1923, S. 611 f.; *Passow, R.:* „Art. Kartelle", in: Wörterbuch der Volkswirtschaft, 4. A., Bd. 2, Jena 1932, S. 534 ff.

13 *Lenin, W.I.:* Der Imperialismus als höchstes Stadium des Kapitalismus (1917), 11 A., Berlin 1967; *Ebbinghausen, Rolf* (Hrsg.): Monopol und Staat. Zur Marx-Rezeption in der Theorie des staatsmonopolitistischen Kapitalismus, Frankfurt/M. 1974 (darin: *R. Schimkowsky:* „Exkurs über Hilferding: Vom Generalkartell zur Konzeption des organisierten Kapitalismus", S. 279 ff.).

14 Erinnert sei z.B. an das „Notstandkartell" der Stahlindustrie, das am 1. Januar 1977 in Kraft trat. Vgl. „Stahlkartell auf leisen Sohlen", in: Süddeutsche Zeitung, v. 11./12. Dez. 1976; *F. Spies:* „Glück durch Krise. Warum Europas Stahlhersteller ein Kartell bilden dürfen," in: Die Zeit, Nr. 52, 17. Dez. 1976, S. 25. Vgl. auch die Ausführungen des Bundeskartellamtes zu den Investitionskartellen in seinem Tätigkeitsbericht 1972, Bundestagsdrucksache 7/986 v. 5. Sept. 1973, S. 5.

15 Vgl. *Sölter, Arno:* Investitionswettbewerb und Investitionskontrolle. Ordnungspolitische Aspekte der unternehmerischen, staatsinterventionistischen, planwirtschaftlichen und basisdemokratischen Investitionspolitik, Köln-Berlin-Bonn-München 1973; derselbe: Das Großraumkartell. Ein Instrument der industriellen Marktordnung im neuen Europa, Dresden 1941 (in letztgenannter Publikation muß natürlich von der zeitbedingten ideologischen „Einfärbung" abstrahiert werden).

16 Vgl. Monopolkommission. Hauptgutachten 1973/1975. Mehr Wettbewerb ist möglich, Baden-Baden 1976.

17 Die in unserem Zusammenhang wichtigsten Passagen des Gutachtens der Monopolkommission finden sich in den Ziffern 769 bis 776; Hauptgutachten, l.c., S. 419 ff.

Ziff. 769 „Eine generelle Preisaufsicht ist bei den Anbietern leistungsgebundener Energie unverzichtbar."

Ziff. 772 „Die Preisaufsicht fordert Maßstäbe für alternative Preisstrukturen und die Berücksichtigung ihrer Rückwirkungen auf die Kosten, Maßstäbe für die erforderlichen Abschreibungen und Maßstäbe für die Verzinsung des investierten Kapitals. Schon daraus folgt, daß die Preisaufsicht insoweit zugleich Investitionsaufsicht sein muß."

Ziff. 774 „Die Praxis der heutigen Fachaufsicht über die Investitionen der Versorgungsunternehmen ist verbesserungswürdig. . . Diese Ziele sind zu umfassend und zu weit formuliert, um damit bestimmte Investitionsvorhaben sachgemäß beurteilen zu können. Eine Konkretisierung dieser Ziele setzt einen *branchenspezifischen bundesweiten Rahmenplan* voraus (Hervorhebung vom V.) Dieser Rahmenplan müßte neben den langfristigen Zielen die Erfodernisse des Umweltschutzes, der Raumordnung und der Landesplanung berücksichtigen."

18 Der Begriff „indikative Planung" wird im allgemeinen so verstanden, als verzichte der Staat auf eine Einflußnahme derart, daß die privaten Investoren in ihrem Verhalten auf die Erfüllung der Pläne hingelenkt würden. Dies ist empirisch nicht zu belegen. Es erscheint daher sinnvoller, von gesamtwirtschaftlicher Planung mit unterschiedlichen Implementations-Instrumenten zu sprechen, also etwa Planung mit und ohne direkte Investitionskontrollen.

19 Vgl. *Rhein:* Möglichkeiten und Probleme, l.c., S. 159: „Das Problem der Nachfrage, der die neuen Kapazitäten begegnen müssen oder wollen, wird durch die Investitionserhebungen (etwa im Sinn der Ifo-Investitionstests; d.V.) nur mangelhaft gelöst. Hierzu sind gesamtwirtschaftliche und branchenmäßige Projektionen notwendig, wie sie in Frankreich durch das Planungsamt und die Modernisierungskommissionen, auf dem Gebiet der Eisen- und Stahlindustrie in Europa durch die Hohe Behörde, unternommen werden." (S. 159). Und: „Im Grunde stellt die Investitionsplanung auch nichts weiter dar als eine Erweiterung der Marktforschung auf die gesamte Volkswirtschaft; denn die Projektion als Kernstück der Investitionsplanung ist einfach eine zusammengefaßte Schätzung dessen, was wir mit unseren Produktivfaktoren leisten (anbieten) können und was die Bevölkerung wohl kaufen wird . . ." (l.c., S. 160) Vgl. auch ähnliche Überlegungen bei einem strammen Marktwirtschaftler: *Vetter:* Investitionslenkung in der Marktwirtschaft, l.c., S. 102.

20 Vgl. *Rhein:* Möglichkeiten und Probleme l.c., S. 158: „Der Einwand der deutsche Wiederaufbau sei der beste" Beweis für die Wirksamkeit einer nicht-planenden Laissez-faire-Einstellung hinsichtlich der Investoren „ist dehalb kein ‚Beweis', weil bei jährlichen Wachstumsraten des Sozialprodukts von etwa 9 v.H. (so in der BRD 1950/54; d.V.) und bei ungeheurem Aufbaubedarf die Gefahr von Fehlinvestitionen verhältnismäßig gering war. Das Risiko von Investitionen, soweit sie der Erweiterung von Kapazitäten dienen, ist ungleich höher, wenn der Investor nur mit jährlichen Zuwachsraten von 2–4 v.H. rechnen kann." – Die durchschnittlichen Wachstumsraten des BSP in der Bundesrepublik betrugen: 1965/69: 4,2; 1970/74: 3,6. Vgl. zum Zusammenhang von Preisbildung und Überkapazitäten auch *Zinn, K.G.:* Inflation als Folge von Arbeitslosigkeit – Bemerkungen zu einer verdrängten These, in: WSI-Mitteilungen, H 9, Sept. 1977.

21 Vgl. etwa *Buzell, R.D. / Nourse, R.E. / Matthews, J.B. / Levitt, T.:* Marketing. A Contemporary Analysis, 2. A., New York etc. 1972, S. 372 ff.

22 Die vier Phasen des Lebenszyklus' eines Produktes sind: 1) Einführungsphase mit langsamem Wachstum; 2) Phase raschen Wachstums; 3) Reifephase, in der der Absatz auf einem relativ konstanten Niveau verharrt und nur durch Erschließung neuer Käufergruppen, Verwendungsarten und/oder maßgeblicher Produktänderungen gesteigert werden kann; 4) Phase des Absatzrückgangs.

23 Temporäre Überkapazitäten sind selbstverständlich auch wegen technischer Unteilbarkeiten nicht zu vermeiden, wobei Ausmaß und Dauer solcher technisch bedingter Überkapazitäten zunehmen, wenn die kostengünstigste Produktionstechnik (z.B. Automatisierung) durchschnittlich größere Kapazitätsblöcke erfordert.

24 Diese Situation wird begünstigt durch Rationalisierungsinvestitionen, die in der Regel als Nebeneffekt auch Kapazitätsänderungen aufweisen. Vgl. hierzu auch den folgenden Abschnitt V.

25 In der offiziellen Arbeitslosenstatistik der Bundesrepublik werden die in ihre Heimatländer zurückgekehrten Gastarbeiter (seit 1973 über 600.000) nicht erfaßt, so daß die Arbeitslosenquote (Nov. 1977: 4,3 %) – im internationalen Vergleich – zu niedrig ausgewiesen wird, d.h. sie spiegelt nicht die tatsächliche Beschäftigungseinbuße wider.

26 Sparquote der privaten Haushalte der BRD (ohne nicht entnommene Gewinne)

1950	1960	1965	1966	1967	1968	1969	1970	1971	1972	1973	1974	1975	1976
3,2	8,5	12,1	11,2	11,0	12,0	12,5	13,6	13,4	14,9	14,2	15,2	15,9	(14,5) %

Quelle: Bundesministerium für Wirtschaft, Leistung in Zahlen, 25 A., Bonn 1976, S. 21.

27 Für die Bundesrepublik ist vor allem auf die Untersuchungen des Ifo-Instituts, speziell dessen Investitionstests sowie die „Prognose 100" zu verweisen. Vgl. *Strigel, W.H.:* „Erwartungen als Wachstumsbremse", in: Ifo-Schnelldienst, Nr. 34, 1976, S. 5 ff.; *Neumann, F.:* „Investitionsmotive in der Industrie verschieben sich", in: Ifo-Schnelldienst, Nr. 33, 1976, S. 3 ff.; *Apeloig, S.:* „Industrie erwartet Umschichtung in den Auftriebskräften", in: Ifo-Schnelldienst, Nr. 26, 1976, S. 7 ff.

28 Die durch die Mikroelektronik ermöglichten Rationalisierungseffekte bringen Kosteneinsparungen sowohl beim Material als auch bei den Arbeitskosten, die selbst bei „Hungerlöhnen" Verfahrensänderungen äußerst vorteilhaft sein lassen. In bestimmten Fällen führt die so erreichte

Verfahrensänderung zu einer Verringerung des Arbeitskostenanteils in einem Ausmaß, daß sogar Rückverlagerungen der Produktion aus sogenannten Niedriglohnländern in die Bundesrepublik rentabel sind. – Um die Dimension der Rationalisierungseffekte zu verdeutlichen, sei ein Beispiel angeführt: In der Herstellung von Fernschreibern wurde bei den bis Herbst 1976 (Siemens) hergestellten mechanischen Geräten ein Signalgeber benötigt, der ca. 800 DM kostete und bei dessen Fertigung 15 Personen beteiligt waren. Dieser mechanische Signalgeber wurde durch ein mikroelektronisches Aggregat ersetzt, das nur noch ca. 22,– DM kostet und für dessen Einbau eine Arbeitskraft benötigt wird.

29 Folgende Daten verdeutlichen diese Situation.

		1968	1969	1970	1971	1972	1973	1974	1975
1) Veränderung der Produktionskapazitäten (Industrie)	%	6,2	5,3	6,4	5,5	6,1	5,1	3,9	3,1
2) Kapitalkoeffizient in der Industrie		2,0	2,0	2,0	2,1	2,1	2,2	2,3	2,5

Quellen: 1) Wirtschaftskonjunktur. Monatsbericht des Ifo-Instituts, Nr. 9, 1976, Sonderbeilage: Zahlen zur Investitionstätigkeit ausgewählter Wirtschaftsbereiche für die Jahre 1968 bis 1975. Ausgabe 1976, Tabelle 9.
2) Statistisches Bundesamt, Volkswirtschaftliche Gesamtrechnungen, Reihe 1, Konten und Standardtabellen, Stuttgart-Mainz, Okt. 1976, S. 144.

30 Vgl. die Berechnungen bei *Kühne, Karl:* „Blutarmer Aufschwung im Schatten neuer Rezessionsdrohung", in: Gewerkschaftliche Monatshefte, Jg. 27, H. 12, Dez. 1976, S. 726 f.

31 Die bereinigte Lohnquote fiel in den fünziger Jahren, stieg bis Anfang der sechziger Jahre wieder an und erreichte 1970/74 wieder das Niveau des Jahrfünfts 1950/54. Ein eindeutiger Zusammenhang zwischen Höhe der Lohnquote und Investitionstätigkeit besteht nicht. Es ist hingegen zu vermuten, daß unter rezessiven Gesamtbedingungen überproportional ansteigende Gewinne (Situation 1976) die ungünstige Entwicklung der Gesamtnachfrage noch verstärken. – Im internationalen Vergleich lag der Lohnstückkostenanstieg in der Bundesrepublik – gerade während der Rezessionsjahre nach 1973 – am unteren Ende der internationalen Skala, wie nachstehende OECD-Daten belegen:

Lohnstückkostenanstieg in der verarbeitenden Industrie

	Durchschnitt 1964/74	1974/75	1975/76	1976/ 77
USA	2,7	12,1	4	5
Japan	5,8	22,1	0	0
Frankreich	3,8	19,6	5	7,5
BRD	5,5	7,6	– 1	1,5
Italien	6,2	30,1	16	20
Großbritannien	7,1	32,4	12	7

Der Kommentar der OECD hierzu: „The severe disparity between wagecost developments in most other OECD countries and those in the United States and Germany were reduced in 1976."

Siehe OECD. Economic Outlook, Nr. 20, Dez. 1976, S. 52 und Tabelle 15, S. 53.

Zur Lohnquote vgl. Jahresgutachten 1976/77 des Sachverständigenrates, Bundestagsdrucksache 7/5902 v. 25.11.1977, Ziff. 121.

32 Vgl. *Kühne:* Blutarmer Aufschwung, l.c., S. 721 ff.

33 Vgl. *Feger, Hubert:* „Gruppensolidarität und Konflikt", in: Handbuch der Psychologie, Bd. 7: Sozialpsychologie, 2. Halbbd., Göttingen 1972, S. 1634–1637 und die dort angeführte Literatur; *Jänicke, Martin* (Hrsg.): Politische Systemkrisen, Köln 1973.

34 Vgl. auch die bei der Ökonomie ansetzende, aber die menschliche Gesamtsituation analysierende Schrift von *Erich Fromm:* Die Revolution der Hoffnung (1968), Reinbek 1974; *ders.:* Haben oder Sein. Die seelischen Grundlagen einer neuen Gesellschaft, Stuttgart 1976.

35 Als ein symptomatisches Dokument der Hilfslosigkeit und Widersprüchlichkeit darf das jüngste Jahresgutachten (1976/77) des Sachverständigenrates gelten. In gewundenen Formulierungen wird zwar die Beschäftigungsmisere eingestanden, aber die Krise wird gleichzeitig wieder zur „Stabilisierungskrise" (Ziff. 288) geschönt und – mangels einer die längerfristigen historischen Entwicklungen berücksichtigenden Analyse – gipfeln die Handlungsangebote an die Politiker in Empfehlungen, private Investitionsrisiken via Steuerpräferenzen bzw. Steuerabbau und drgl. auf den Staat zu übertragen: „Die Ratio (sic!) einer Wachstums- und Struk-

turpolitik, so wie wir sie unter den heutigen Gegebenheiten für notwendig erachten, liegt darin, daß der Staat, der am Gewinn hochbeteiligt ist, auch stärker als bisher das Innovations- und Investitionsrisiko mitträgt". (Ziff. 306) Oder: „Es geht um die Entlastung der Unternehmen von unnötigen Investitions- und Innovationsrisiken, nicht um die Beteiligung der Unternehmer am Steueraufkommen". (Ziff. 321) Nachfrageexpansion via höherer Staatsausgaben wird wegen der Inflationsgefahr verworfen, aber: „Dies muß jedoch nicht gelten für ein Programm, das selbst neue mittelfristige Daten setzt und vor allem auf die Angebotsseite zielt, hinsichtlich der Nachfrage aber darauf vertraut, daß sie bei richtigem Angebot von selbst kommt." (Ziff. 396). Dieses „angebotsorientierte" Wachstumskonzept, das letztlich Investitionen verbilligen will, im übrigen aber das „Aufspüren profitabler Investitionschancen" (Ziff. 296) dem unternehmerischen Entdeckergenie überläßt, läuft eben ins Leere: Wo keine Trüffeln wachsen, suchen die Spürnasen vergeblich.

36 Zur umfassenden Übersicht der deutschen und ausländischen Planwirtschaftsliteratur von 1930 bis 1932. Vgl. *Meyer, Gerhard:* „Neuere Literatur über Planwirtschaft", in: Zeitschrift für Sozialforschung, Jg. 1, 1932, S. 379–400; *ders.:* „Neue englische Literatur zur Planwirtschaft", ibidem, Jg. 2, 1933 (Paris 1934), S. 257–268: *Mandelbaum, Kurt:* „Neue Literatur zur Planwirtschaft", ibidem, Jg. 4, 1935 (Paris 1936), S. 81–94. – Einen historischen Rückblick auf die planwirtschaftlichen Entwicklungszüge sowie eine Neubewertung des planwirtschaftlichen Denkens gibt *E. Lipson:* A planned economy or free enterprise. The lessons of history, London 1944. – Eine kontinuierliche Diskussion der Planwirtschaftsfrage findet sich in Jahrgängen 4 bis 9 der Zeitschrift für Sozialforschung. Als umfassende Darstellung liegt vor: *Novy, Klaus:* Voraussetzungen und Strategien der Sozialisierung. Ein Beitrag zur Wirtschaftsreformdiskussion anhand der deutschsprachigen Sozialisierungs- und Planwirtschaftsliteratur aus der Zeit von 1918 bis 1933, Aachener wirtschafts- und sozialwiss. Diss. 1977.

37 Produktionsrückgang und Arbeitslosigkeit nach 1973 finden in den vorhergehenden Nachkriegsjahren keine Parallele; man muß zum Vergleich eben bis in die dreißiger Jahre zurückgreifen. Vgl. auch *Kaldor, Nicholas:* „Inflation und Recession in the World Economy", in: The Economic Journal, vol. 86, no. 344, Dez. 1976, S. 704.

38 Vgl. zu einem interessanten Erklärungsversuch der Krise als Folge disproportionaler Entwicklungen zwischen primärem und sekundärem Produktionssektor der Weltwirtschaft *Kaldor:* Inflation und Recession, l.c., S. 704 ff.

39 Vgl. zum Niedergang des Welthandels als Folge des Mangels an internationaler Liquidität *Kindleberger, Charles P.:* Die Weltwirtschaftskrise, München 1973, S. 179 ff.

40 Vgl. zu der in der Bundesrepublik vorherrschenden Tendenz, Strukturpolitik als rigorose Förderung der (technologischen) Konkurrenzfähigkeit der Industrie zu begreifen *Hauff, V. / Scharpf, F.:* Modernisierung der Volkswirtschaft. Technologiepolitik als Strukturpolitik, Frankfurt/M 1975; scharfe Kritik an diesem Konzept üben *Narr, W.D. / Offe, C.:* „Was heißt hier Strukturpolitik? Neokorporativismus als Rettung aus der Krise?", in: Technologie und Politik. Aktuell-Magazin, Bd. 6, Reinbek 1976, S. 5–26.

41 Eine eindrucksvolle Darstellung, wie sich reale Zwänge gegenüber scheinbar fest verankerten theoretisch-ideologischen Glaubenssätzen durchsetzten, gibt *Galbraith* an Hand der kriegswirtschaftlichen Preis- und Lohnkontrollen. *Galbraith, J.K.:* A Theory of Price Control (1952), Cambridge/Mass. 1969, S. 8 ff. passim.

41a) Vgl. *Marwick, Arthur:* War and Social Change in the Twentieth Century. A comparative study of Britain, France, Germany, Russia and the United States, London-Basingstoke 1974, S. 151 ff.; *Zinn, K. G.:* Wirtschaftspolitik in der Krise des Kapitalismus, in: derselbe, (Hrsg.), Strategien gegen die Arbeitslosigkeit, Köln 1977.

42 Vgl. *Moszkowska, Natalie:* Zur Dynamik des Spätkapitalismus, Zürich – New York 1943.

43 „. . . so weist im Spätkapitalismus der industrielle Zyklus folgenden Turnus auf: Einem Zyklus, der sich aus Prosperität und Krieg zusammensetzt, folgt ein Zyklus, der aus Prosperität und Krise besteht. Zwischen je zwei Kriege schiebt sich eine Krise hinein (1914/18 Krieg, 1929 Krise, 1939 Krieg)". S. ibidem, S. 173.

44 Ibidem, S. 172.

45 Der Begriff „Interventionismus" wird hier in einem weiteren Sinn benutzt als dies in der jüngeren Vergangenheit häufig geschieht. Interventionismus deckt nicht nur die an *Keynes* ausgerichtete Politik ab, sondern umfaßt auch jenen Planwirtschafts-Begriff, der in den dreißiger Jahren als „gebundene Wirtschaft", aber als Gegensatz zum bolschewistischen Wirtschaftssystem benutzt wurde. Interventionismus umfaßt also Ordnungen wie die französische Planifi-

kation oder auch die monopolkapitalistische Wirtschaft Japans. Diese weite Fassung des Interventionismus-Begriffs dürfte der historischen Entwicklung der vielfältigen Verflechtungen zwischen Staat und Wirtschaft eher gerecht werden, wie sie sich in den entwickelten kapitalistischen Ländern nach 1945 ergeben haben. Vgl. *Passow, Richard:* „Art. Wirtschaftsverfassung", in: Wörterbuch der Volkswirtschaft, l.c., S. 1051; *derselbe:* Freie und gebundene Wirtschaft, Hannover 1932; *Röpke, Wilhelm:* „Staatsinterventionismus", in: Handwörterbuch der Staatswissenschaften, 4. A., Erg. Bd., Jena 1929. S. 863 f. passim.

46 Vgl. zusammenfassend *Merry, D.H. / Bruns, G.R.:* „Full Employment. The British, Canadian and Australien White Papers", in: The Economic Record, Dez. 1945, S. 223–235; *Dow, J.C.R.:* The Management of the British Economy 1945–60, Cambridge University Press 1970, S. 6–65; *Stewart, M.:* Keynes and After, l.c., S. 185 ff. passim.

47 Vgl. *Arndt, H.W.:* The economic lessons of the nineteen-thirties, (1944), 3. A., London 1972, S. 15, 61 passim; The impact of the war on civilian consumption in the United Kingdom, the United States and Canada. A report to the Combined Production and Resources Board from a special combined committee on non-food consumption levels, London: His Majesty's Stationery Office 1945, S. 159.

48 Ibidem, S. 156; *Mitchell, B.R. / Deane, Phyllis:* Abstract of British Historical Statistics, Cambridge (1962), Nachdruck 1971, S. 66.

49 Beschäftigtenzahlen in Großbritannien und USA von 1939 bis 1944 in Mio

	1939	1941	1942	1943	1944
Großbritannien	19,05	18,63	–	18,59	18,13
USA	42,65	46,76	49,76	50,39	49,63

Quelle: The impact of the war, l.c., S. 156, 159.

50 Vgl. Statistical Digest of the War. Prepared in the Central Statistical Office, London 1951, S. 200.

51 „In Canada and the United States aggregate per capita consumer purchases measured on a approximately comparable basis were in 1943 and 1944 10 to 15 per cent higher than in 1939." Siehe The impact of the war, l.c., S. 5.

52 Die konzeptionellen Grundlagen für die Vollbeschäftigungspolitik der Nachkriegszeit wurden vor allem durch die während des Krieges verfaßten Denkschriften, Stellungnahmen und „White Papers" aus britischer Feder bestimmt. Vgl. u.a. White Paper on Employment Policy 1944 (Cmd. 6527); Great Britain, Inter-Departmental Committee on Social Insurance and Allied Services: Social Insurance and Allied Services. Report by *Sir William Beveridge*, London 1942; *Beveridge, W.:* Full Employment in a Free Society, New York 1945.

53 In diesem Punkt hat sich folgende Vorhersage *Moszkowskas* von 1943 voll bestätigt: „Nach Beendigung des Krieges werden die Nutznießer der kapitalistischen Wirtschaft voraussichtlich alle Kräfte einsetzen, um die verlorene Bewegungsfreiheit in der Wirtschaft wenigstens teilweise zurückzugewinnen und den Interventionismus nur dort zu belassen, wo er der Profitmacherei nützlich sein kann, und diese Bemühungen können temporär zum Erfolg führen. Denn die großen Aufgaben, die nach dem Kriege der Wirtschaft harren – die Umstellung von der Kriegs- auf die Friedensproduktion, der Wiederaufbau der zerstörten Länder und die Befriedigung des immensen Warenhungers der Völker –, bilden gerade die notwendigen Voraussetzungen für eine gute Konjunktur. Wegen dieses Nachholungs- und Wiederaufbaubedarfs, wegen der massierten und konzentrierten Nachfrage ist daher statt einer Liquidation zunächst eher eine teilweise Restauration der Privatwirtschaft und Lockerung der staatlichen Eingriffe zu erwarten." Siehe *Moszkowska:* Spätkapitalismus, l.c., S. 182.

54 Dies spricht allerdings nicht gegen den Interventionismus schlechthin, sondern nur gegen einen national beschränkten. Die Europäische Gemeinschaft böte prinzipiell die Möglichkeit, einen supranationalen Interventionismus zu entwickeln. Vorschläge liegen seit langem vor: Vgl. Memorandum über das Aktionsprogramm der Gemeinschaft für die zweite Stufe der EWG-Kommission vom Oktober 1962 sowie den Konferenz-Band der Friedrich-Ebert-Stiftung: Programmierung im Gemeinsamen Markt, Hannover 1963.

55 Vgl. *Barraclough, Geoffrey:* Tendenzen der Geschichte im 20. Jahrhundert, 2. A., München 1971.

56 Vgl. ibidem S. 236 ff.

57 Der wesentliche Faktor für die höhere Inflationsanfälligkeit der westlichen Länder dürfte wohl in dem hohen Konzentrationsgrad liegen. Der traditionelle Marktmechanismus, der bei Überproduktionskrisen zu Preissenkungen führte, existiert nicht mehr, so daß jede nur auf Nach-

fragesteigerung gegründete Expansionspolitik Preisniveausteigerung mit sich bringt; ob man inflationäre Entwicklungen quasi als Kosten der Beschäftigungszunahme hinzunehmen bereit ist, bleibt ein politisches Problem. Vgl. auch den „*Maldague-Report*": Commission of the European Communities, Report of the Study Group „Problems of Inflation", Brüssel, 3. März 1976 (11/198/76–E). – Auch wenn man die Konzentration nicht als eigentliche Ursache der Inflation ansieht, bleibt doch die Tatsache, daß monopolistische bzw. oligopolistische Strukturen die Inflation potenzieren. Vgl. hierzu *Zinn, K. G.:* Preiskontrollen und Preisadministration, erscheint demnächst.

Datenverarbeitung, Planungsinformationen und Entscheidungshilfen: Wie sich der Computer für politische Planung nutzen läßt

Von Wolfgang Hartenstein

1. Politik mit dem Computer: Zerstörte Hoffnungen, zerstreute Befürchtungen?

Daß Politik ganz ohne Unterstützung durch die Wissenschaft auskommen könne, wird heute niemand behaupten wollen. Strittig allerdings ist das Ausmaß, in dem sich politische Entscheidungen „verwissenschaftlichen" lassen. Welche Rollenverteilung zwischen den Akteuren und den Beratern ist angemessen? Welche Techniken der Planung, Prognose, Simulation und Entscheidungsfindung lassen sich sinnvoll einsetzen? Kann dabei die Datenverarbeitung, die Informationen bereithält, verdichtet, verknüpft und darstellt, wirksame Hilfe bieten?

Das Feld der Meinungen ist breit und mitnichten einhellig. Das Pendel der Urteile und Vorurteile hat sich in den letzten Jahren zwischen Euphorie und Zynismus bewegt: sowohl was die Möglichkeit als auch was die Nützlichkeit des Computers für politische Planung betrifft.

Auf der einen Seite gibt es Leute, die fest davon überzeugt sind, daß sich das Unheil von dieser Welt nur durch Einsatz aller Mittel der Vorausschau und Steuerung abhalten ließe; andere sehen dies zwar auch so, jedoch mit Schaudern.

Auf der anderen Seite gibt es Leute, denen entlockt die Vorstellung, irgendein Politiker werde sich jemals von solchem Formel- und Zahlenwerk beeindrucken lassen, nur ein müdes Lächeln. Einige finden dies nur gut so, andere eher beunruhigend.

Im Augenblick geben die Skeptiker den Ton an. Aufgabe dieses Beitrages ist es, den Gründen und den Argumenten nachzugehen, warum in der Öffentlichkeit, in den Medien, bei den Politikern und selbst bei den Fachleuten die rechte Gläubigkeit an die höhere Rationalität des Regierens verloren gegangen ist; und womit wir in Zukunft rechnen können.[1]

Für die argwöhnische, zynische, schadenfrohe Position gäbe es vielerlei handfeste Belege:

– *Datendefizit:* Die statistischen Informationen, die zum Füttern der Modelle und Systeme vonnöten wären, liegen meistens aktuell doch nicht vor; und die vorhandenen Daten sind oft nicht relevant.[2]

– *Methodenmüdigkeit:* Was nützen die aufwendigen Verfahren und Modelle, wenn man über die wesentlichen Wirkungszusammenhänge und Einflußfaktoren doch nichts weiß? (Die gerade in Mode gekommene „Szenario"-Technik ist attraktiv, gerade weil sie mit wenig Formeln und Daten auskommt – die EDV kann da nicht viel beitragen.)

– *Personalengpaß:* Die planende Verwaltung nimmt die neuen Technologien nur zögernd auf, weil sie weder quantitativ noch qualitativ dafür personell gerüstet ist.

– *Kostenbewußtsein:* Den Beweis zu führen, daß die Einführung der EDV kurz- oder mittelfristig billiger kommt als der Handbetrieb, wird zunehmend schwieriger; aber immer häufiger verlangt.

– *Verständigungsbarrieren:* Experten pflegen sich ihre eigene Sprache zuzulegen, mit der sie untereinander (im besten Falle) rasch und eindeutig kommunizieren können – und Außenstehende verwirren. Sie haben ein spezifisches Problem- und Selbstverständnis, das selten auf einen Nenner mit dem der politischen Akteure zu bringen ist. Mißverständnisse und Frustrationen sind die fast zwangsläufige Folge.[3]

Wir werden am Ende prüfen, was es mit dieser Negativbilanz auf sich hat. Es fällt auf, daß es sich nicht allein um *technische* Probleme handelt, die der vollen Nutzung einer vorhandenen Technologie durch die Regierenden im Wege stehen, sondern eher um Fragen der *Organisation:* Wie Informationen verteilt und Informationsflüsse geregelt sind; wo das Know-how untergebracht ist; wann und durch wen Bedarf nach mehr Know-how artikuliert wird.

2. *Vier Bereiche, in denen Datenverarbeitung eingesetzt wird*

Zunächst soll ziemlich kursorisch beschrieben werden, welche Funktionen der Computer in der öffentlichen Verwaltung bei Bund, Ländern und Gemeinden heute erfüllt, wo er in Planung und Entscheidungsvorbereitung eingreift.

Es sind im wesentlichen vier Bereiche, in denen der Computer eingesetzt wird; vier Rollen, die er spielen kann.[4]

In einem *ersten* Bereich – auch historisch gesehen – wird der Computer als großer *Datenspeicher* betrachtet. Das Ziel ist: Möglichst viele und verschiedenartige statistische Informationen an einer Stelle zusammenzuführen, laufend zu ergänzen und für den beliebigen Abruf bereitzuhalten. In den 60er Jahren haben sich dafür Begriffe wie Datenbank oder *ressortübergreifendes Informationssystem* eingebürgert.

Das Kalkül war einleuchtend: Wenn für Planungsaufgaben Daten erforderlich sind, und wenn die Maschine große Datenmassen vorhalten und verwalten kann, sollte man zunächst damit beginnen, alle vorhandenen Informationen leichter verfügbar zu machen, *ohne Rücksicht auf den jeweiligen Verwendungszweck.* Je breiter das fachliche Spektrum, je stärker zentralisiert der Zugang, umso höher der Integrationseffekt, umso kleiner auf lange Sicht der Zeit- und Kostenfaktor für die Datenbeschaffung.

Die Bilanz von Aufwand und Ertrag war allerdings dann so günstig doch nicht. Und die spitzen Stifte der Karikaturisten und die roten Stifte der Rechnungshöfe haben inzwischen besonders gerne an dieser Stelle angesetzt. Die Versuche, die Informationsbasis für die laufende Planung und Entscheidungsvorbereitung *von den Daten her* zu verbessern, schlugen häufig genug fehl, weil die großen Datenbanken zu schwerfällig im Betrieb, zu teuer in der Fortschreibung, zu weit weg von den Entscheidungsinstanzen waren; und weil die Aufgaben eben nicht durch *Datensammlung,* sondern durch problemspezifische *Informationsverdichtung* zu lösen sind.[5] Das „Statistische Jahrbuch auf EDV" – wem nützt es wirklich?

In einem *zweiten* Einsatzfeld wird die Datensammlung aufgabenspezifisch betrieben. Man kann das Ergebnis als *„Informations-Bereitstellungs-System“* bezeichnen, oder auch als „Auskunftssystem“, „Berichtswesen“ oder „Dokumentationssystem“. Die Datenverarbeitung wird hier als *Registrator*, als Buchhalter eingesetzt. Literatur, Texte, Zahlen, Haushaltstitel, Vorhaben, Förderungsfälle, Anträge werden laufend aufgenommen, gespeichert und auf Abruf gehalten. Das Ziel ist: Beschleunigung der Auskunft über den jeweiligen Politikbereich.

Beispiele hierfür sind: die Automation des Haushalts- und Rechnungswesens; laufende Überwachung der Einnahmen und Ausgaben in der Rentenversicherung; Sammlung, Prüfung und Fristenüberwachung von Patentdaten; Standardisierung der Ausschreibungen und Abrechnungen im Straßen- und Brückenbau; Erfassung und Prüfung von Daten für die Arzneimittelregistratur; Aufbereitung und Auswertung der Anträge im Rahmen der Bundesausbildungsförderung (BAFöG).

Diesen Beispielen ist gemeinsam: sie sind ihrer Natur und Entstehung nach Vollzugsverfahren; sie liefern aber Informationen, die für künftige Entscheidungen bedeutsam werden können; die Logik der Informationsverarbeitung ist durch die Sache vorgegeben; es werden keine formalisierten Methoden eingesetzt, keine größeren Rechenoperationen vorgenommen; die Übertragung auf den Rechner ist oft nicht zwingend, aber bringt Vorteile, vor allem im Tempo der Bereitstellung.

Ein *dritter* Bereich, wo Datenverarbeitung mit Ertrag eingesetzt wurde und wird, umfaßt *Modellrechnungen* und Simulationen. Der Computer wird hier nicht als Registrator, sondern als *Rechner* eingesetzt, um komplizierte Formeln in mehreren Varianten durchzurechnen. Das Ziel ist: Erhöhung der Komplexität, der Kalkulationskapazität, damit auch der Variantenzahl. Solche Modelle hat es für die Wirtschafts-, die Arbeitsmarkt-, die Bildungs- und Verkehrspolitik sowie im militärisch-strategischen Bereich schon lange gegeben; sie gehören in diesen Ressorts zu den vorgeschriebenen Aufgaben, die eben jetzt erfolgreich mit ADV bewältigt werden: schneller, genauer, methodisch eleganter, trickreicher als früher.

Der Computer mag mittlerweile hierbei unentbehrlich geworden sein. Dennoch bleibt strittig, ob die Datenverarbeitung dazu beigetragen hat, die Grenzen zu überspringen, die dem praktischen Einsatz solcher Modelle nun einmal gezogen sind. Sie sind abhängig von der Qualität der Daten; sie sind nach wie vor etwas schwerfällig gegenüber qualitativ neuartigen Problemen und gegenüber politisch bedingten Kurskorrekturen; und sie werden vom Apparat und von der Spitze umso weniger akzeptiert, je undurchschaubarer sie sind. Ohne die Instrumente der Durchsetzung laufen sie Gefahr, Sandkastenspiele zu bleiben.

Einen *vierten* Bereich könnte man als *„Variable Ablauf- und Entscheidungssysteme“* bezeichnen. Er umfaßt Planungstätigkeiten im Sinne von Vorausdenken und *Koordinieren*. Hierzu gehören: Definition von Zielen, Bestimmung von Prioritäten, Erkennen von Zielkonflikten, Früherkennung neuer Probleme, Abstimmung von Plänen, Programmen und Ressourcen, Bewertung von Lösungen, Erfolgskontrolle.

Es sind dies die am stärksten kreativen, am stärksten politischen Elemente des Planungsvorganges. Trotz mancher interessanter Versuche, dies zu formalisieren und hierfür Methoden bereitzustellen:[6] ein Frühwarnsystem im ständigen politischen Einsatz wird man lange suchen müssen. In aller Regel wird sich die politische Spitze hierfür lieber mit ein paar jungen Leuten umgeben, die Intelligenz, Phantasie und Erfahrung einbringen, als sich einem System anzuvertrauen, das die Fragen von gestern exakt beantworten kann.

Der Versuch, die Erfahrungen in diesen vier Bereichen zu bilanzieren und zu bewerten, führt zu einem eindeutigen Befund: Fehlschläge und Enttäuschungen sind im ersten und vierten Bereich – den am stärksten datentechnisch und am stärksten politisch orientierten Funktionen – häufiger zu verzeichnen als in den beiden anderen Bereichen. Erfolge und Erfolgserlebnisse hat es in letzter Zeit vornehmlich dort gegeben, wo Berichtssysteme relativ bescheiden um eine konkrete administrative Aufgabe herum aufgebaut wurden, wo der Anspruch zunächst darauf beschränkt bleibt, Informationen, die ohnedies anfallen, durch ADV schneller zugänglich zu machen. Von der Notwendigkeit, die Leistungen eines politischen Programms durch entsprechende Berechnungen schnell und differenziert zu belegen, bis zu der Möglichkeit, mit eben diesen Daten auch Programmvorschläge und Gesetzesänderungen durchzurechnen, ist dann nur noch ein kleiner Schritt.

3. *Politiker und Planer: Wo liegen die Innovationsbarrieren?*

Bevor die spezifischen Möglichkeiten und Beschränkungen von computer-gestützten Planungshilfen für Regierung und Verwaltung weiter diskutiert werden, sollten die Beziehungen zwischen Planern und Politikern genauer betrachtet und die Rahmenbedingungen politischer Planungssysteme neu abgesteckt werden. Denn wenn der Spielraum für Planungs- und Entscheidungshilfen generell klein ist, läßt er sich durch moderne und raffinierte, mit EDV betriebene Techniken auch nicht größer machen.

Die Bemühungen insbesondere seit Beginn der sozialliberalen Regierungsära, Planungsinstrumente zur Steuerung einzusetzen und Verwaltungsstrukturen an neue Aufgaben und neue Techniken anzupassen, sind von der empirischen Verwaltungsforschung – die diesen Teil der „Reformpolitik" mit inspiriert hatte – inzwischen sorgfältig untersucht worden. Vom Elan der frühen 70er Jahre scheint viel nicht übrig geblieben zu sein. Inzwischen weiß man genau, warum so vieles nicht gelaufen ist, ja gar nicht laufen konnte. Die wichtigsten Befunde sind schnell resümiert.[7] Es wird sich zeigen, daß sie zu unserem Thema unmittelbar Bezug haben.

a) Zunächst spielen die knapper gewordenen *Mittel* eine Rolle. Langfristplanung ist leichter durchsetzbar, wenn Zuwachs zu verteilen ist; provoziert Widerstand, wenn begrenzte Ressourcen lediglich anders verteilt und Privilegien abgebaut werden sollen.

b) Je mehr sich *Krisen-Management* auf die politische Agenda drängt (Beschäftigungspolitik, Energieprobleme, Kosten im Gesundheitswesen, innere Sicherheit), umso weniger sind langfristige Prognose- und Planungsinstrumente gefragt. Allgemeiner gesagt: Der zeitliche Rhythmus, in dem politische Fragen zu „issues" werden, läuft nicht im Takt mit den Zeiträumen, in denen Problemanalysen erarbeitet und Alternativen durchgespielt werden. Wenn die „Problemlösungskapazität" für das Problem A geschaffen ist, beschäftigt längst das Problem B oder C die Gemüter.

c) Auch die *Legitimation* von Politikern unterscheidet sich nach Fristigkeit und Prioritäten grundsätzlich von der der Planer oder Wissenschaftler. „Der Politiker muß sich jeweils auf *sein* Handlungs-Subsystem beziehen; er muß also von der Natur der Sache her zur Suboptimierung tendieren" (Diederich).
d) Die *organisatorische Einbindung* der Planungsinstanzen in die bestehende Verwaltungsstruktur hat sich als besonders kritische Größe erwiesen. Je höher der Anspruch auf übergreifende, strategische Gesamtplanung, umso massiver das Mißtrauen und der Widerstand der bestehenden, stärker spezialisierten Fachplanung, umso größer Rivalität und Reibungsverlust. In der Regel haben die dezentralen Planungsstellen mit ihrem Vorsprung an Fachwissen den längeren Atem gehabt. „Die Position der Fachabteilungen und -referate ist in einigen Ressorts noch dadurch verstärkt worden, daß sie eigene Grundsatz- und Planungsgruppen einrichteten, mit denen sie die Anstrengungen der zentralen Planungseinrichtungen mühelos unterlaufen konnten" (Kieser/Röber).
e) Schließlich haben sich Schwierigkeiten aus der *Personalstruktur* ergeben: Mangel an „innovatorischem Potential" und entsprechender Ausbildung bei den Leuten aus der Verwaltung, fehlendes Durchsetzungsvermögen bei den akademisch vorgebildeten Planungsspezialisten – und die bekannten Kommunikationsprobleme, vor allem eine begreifliche Reserve gegenüber dem neuartigen Jargon.

Soweit die Situationsschilderung, die erklären hilft, warum Ernüchterung eingetreten ist und allerorten kleinere Brötchen gebacken werden. Die Kernfrage scheint darauf hinauszulaufen, *wo* Planungskapazität zugeordnet werden soll, damit der Transfer vom Wissen zum Handeln (und zurück) funktionieren kann. Ist ein Mehr an Planung denkbar ohne ein Mehr an Zentralisierung?

Für das Thema „DV-gestützte Planungshilfen" heißt das: nur wenn das Problem „Spezialisierung vs. Zentralisierung" gelöst ist, nur wenn die neuen Techniken von der bestehenden Organisation akzeptiert werden, wird die öffentliche Hand die Werkzeuge vernünftig und ökonomisch nutzen können.

4. *Planung und Datenverarbeitung: Läßt sich Entscheidungsvorbereitung automatisieren?*

Was die Einführung computergestützter Planungs- und Entscheidungshilfen erschwert, sind nicht nur diese organisatorischen und sozialpsychologischen Innovationshemmnisse, sondern offenbare oder scheinbare Unvereinbarkeiten, die in der Sache liegen. Die Logik von Planungsvorgängen und die Logik der automatisierten Datenverarbeitung sind in der Tat schwer auf einen Nenner zu bringen.

Bei der Automatisierung von Verwaltungsvorgängen bestehen solche Widersprüche nicht. Ob beim Meldevorgang, bei der Ausstellung von Lohnsteuerbescheiden, bei der Berechnung des Wohngeldes, bei allen den Bürger betreffenden Vorgängen, die durch Gesetz, Vorschrift oder Ausführungsbestimmungen klar geregelt sind: immer handelt es sich um eindeutige, logisch ableitbare und damit auch in ein Ablaufschema und Programm übertragbare Routinen, die sich für die Bearbeitung durch Maschinen anbieten, weil sie oft komplizierte Operationen verlangen und in ähnlicher Form immer wieder

auftreten. (Daß bei der Berechnung Fehler auftreten und daß die Bescheide oft schwer zu entziffern sind, beruht auf Unzulänglichkeiten bei der Bedienung, nicht aber auf Unverträglichkeiten in der Sache).
Dagegen ist die typische Planungsaufgabe durch folgende Merkmale gekennzeichnet: [8]

- Sie ist ***komplex***, weist wenige eindeutige Wenn-Dann-Beziehungen auf, erlaubt einen erheblichen Auslegungsspielraum, der auf die komplexe Erkenntnisfähigkeit des menschlichen Verstandes abzielt.
- Sie ist *unscharf definiert*, tritt jedesmal in neuer Gestalt und etwas anderer Konstellation auf, scheint sich der routinemäßigen Behandlung zu widersetzen – jedenfalls solange sie nicht zur gesetzlich fixierten Standardaufgabe wird.
- Sie stützt sich meist auf „weiche" und für die Zukunft oft *unzureichende Informationen*, verlangt qualitative Aussagen und Wertungen.
- Der *Weg*, der bei einer Planung zu beschreiten ist, kann in der Regel *nicht klar vorgezeichnet* werden; Planung läuft nicht linear, sondern iterativ; was am Ende herauskommen wird, ist am Anfang nicht ganz sicher; Umwege sind erlaubt und üblich, sogar Sackgassen, sofern man aus ihnen klüger wieder herauskommt; kurz: während eines Planungsablaufes lernt man dazu, während eines vorprogrammierten Ablaufes nicht.
- Der Planer muß *kurzfristig* reagieren können, wenn neue Forderungen erhoben werden, und steht am Ende immer unter Termindruck: Grund genug, sich nicht auf Maschinen zu verlassen, deren Tempo er nicht beeinflussen kann.

Dies alles führt dazu, daß sehr viel Planung, Prognose, Bewertung heute noch – und mit gutem Grund – „zu Fuß" gemacht wird, weil die Risiken des DV-Einsatzes als hoch und die Kontrolle über den Ablauf als gering veranschlagt werden. Datenverarbeitung im größeren Stil wird für Planungsaufgaben dann attraktiv,

- wenn *große Datenmengen* erhoben, verwaltet und nach ziemlich gleichartigen Regeln immer wieder verarbeitet werden müssen (Beispiele hierfür sind Modelle der Verkehrsplanung und Bevölkerungsprognosen)
- oder wenn *ohne „Handlungsdruck"*, ohne Zwang zum Reagieren oder zu öffentlichen Erklärungen langfristig vorausgedacht werden darf (klassisches Beispiel hierfür ist der militärisch-strategische Bereich, in dem Planspiele gedeihen und für den innerhalb des Bundeshaushalts mit weitem Abstand am meisten Mittel für „DV-Anwendungen" und DV-Geräte ausgegeben werden).

In anderen Bereichen aber tut sich ein Dilemma auf: zwischen „Abstraktion und Einfühlung". Einerseits heißt Planung: Informationsverdichtung auf ein spezifisches Problem hin, also individuelle Lösung; andererseits verlangt DV-Einsatz abstrakte Regeln: Generalisierung, Formalisierung, Normierung. Wirklich geeignet für den Einsatz nicht-manueller Techniken sind hochkomplexe, aufwendige Aufgaben; gerade diese aber sind schwer überschaubar und kontrollierbar und nie voll automatisierbar. Die Konsequenz muß sein: Statt des großen „Planungs-Automaten" Auflösung des mehrstufigen Vorgangs in Einzelschritte, von denen einige dann automatisiert werden.

Weil dieses Zerlegen aber schwierig ist, gleichzeitig Kenntnisse der Datentechnik, der Analysemethoden und der Planungslogik verlangt, und den Planer fürchten läßt, er müsse seine Rolle als Künstler aufgeben, haben sich viele Bereiche erfolgreich widersetzt. Als Ausweg bietet sich immer an: eine schwierige Aufgabe an außenstehende Experten zu vergeben, die jeweils nach dem neuesten technischen Stande gerüstet sind. Nicht nur ist dies ein teurer Weg; er führt oft genug in die Irre, weil das zu lösende Problem nicht zeitig oder deutlich genug definiert war oder weil die Antworten am Ende mit der Ausgangsfrage nicht mehr viel zu tun hatten.

Die Alternative muß daher ernsthaft geprüft werden: Inwieweit und wie die öffentliche Hand sich selbst mit den Instrumenten ausstatten kann.

5. *Eigenbau oder Einfuhr: Wie lernfähig ist eine Verwaltung?*

In einigen Großstädten sind in den letzten 10 Jahren gut funktionierende DV-gestützte Planungssysteme aufgebaut worden (etwa in München, Nürnberg, Köln, Duisburg, Bochum), und die Liste der Analysen und Projekte, die von diesen Stellen selber produziert werden, ist eindrucksvoll. Allerdings gilt auch hier: Bei sehr komplexen Instrumenten tut sich die Verwaltung schwer. So werden die nahezu „voll-automatisierten" Verkehrsplanungsmodelle nur ausnahmsweise in eigener Regie gefahren, nach wie vor ist die Abhängigkeit von den spezialisierten Ingenieurbüros groß, auch wenn das Unbehagen neuerdings wächst, weil diese großen Modelle zu wenig sensibel gegenüber verkehrspolitischen oder technologischen Alternativen sind. Manche dieser Dinosaurier werden wohl nicht mehr lange leben.

Lange Zeit galt dies auch für die Modelle zur Wirtschafts-, Arbeitsplatz- und Bevölkerungsprognose. Aber gerade das Beispiel der Bevölkerungsprognosen im kommunalen Bereich zeigt, wie die planende Verwaltung technische Möglichkeiten sich anzueignen versteht. Inzwischen hat fast jede Großstadt ihren eigenen Programmbaukasten oder kann mit den von anderen angebotenen Verfahren souverän umgehen.

Die Voraussetzungen waren hier günstig. Die Regeln jedenfalls für die Projektion der natürlichen Bevölkerung sind ziemlich einfach und seit Jahrzehnten aus der Versicherungsmathematik bekannt. Die notwendigen Datenbestände stehen der Kommunalverwaltung fein gegliedert zur Verfügung. Die amtliche Statistik hat erhebliche Verfahrenshilfe geleistet. Heute findet in den Fachausschüssen Erfahrungsaustausch auf hohem technisch-methodischen Niveau statt. Als besonders brauchbar erweisen sich sogenannte interaktive Verfahren, bei denen Annahmen – etwa über die Zahl der Ausländer oder der Erwerbspersonen oder der Wandernden – als Varianten von außen eingegeben werden, so daß die Trend-Prognose zur Zielprojektion und damit zu dem Politikum wird, das sie sein sollte.

Sicher ist es nicht erforderlich, ja wäre sogar bedenklich, wenn jede Gebietskörperschaft ihre eigenen Systeme und Programme entwickelt. Weder Kosten- noch Zeitaufwand stünden dabei in einem vertretbaren Verhältnis zum Ertrag. Auf der anderen Seite ist die einfache Übernahme von anderswo entwickelten Verfahren und Programmen – so attraktiv dies unter Kosten und Zeit-Aspekt klingt – nur unter bestimmten Bedingungen möglich. Diese Bedingungen, unter dem „Technologie-Transfer" funktionieren kann, sind zur Zeit heftig in der Diskussion. Die Themen und Thesen sind aus der Debatte über die „richtige" Entwicklungshilfepolitik vertraut. Das Konzept, sozusagen ein „Maklerbüro" für Informationstechnologien einzurichten, das alle öffentlichen Stellen mit den Fertigprodukten versorgt, kann nur in dem Maße erfolgreich sein, als der *Lerneffekt,* der bei der Eigenentwicklung ja sehr groß ist, erhalten bleibt. Kraemer, der das Problem in den USA sorgfältig recherchiert hat, weist auf die kritischen Punkte deutlich hin: „Es werden eben nicht nur Maschinen und Programme, sondern Arbeitsverfahren, Fertigkeiten, Wissen und Werte vermittelt. Alle zusammen ergeben erst das Umfeld für den erfolgreichen Einsatz von Technologie, ja sie sind überhaupt die eigentliche Technologie."[9]

6. Zwei „Fälle" für die schrittweise Einführung von DV-gestützten Planungshilfen

An zwei Beispielen sei konkret geschildert, wie solche Arbeitsverfahren und Fertigkeiten von Verwaltungen adaptiert wurden: Eines aus der kommunalen Planung, eines aus der Bundesraumordnung. Sie sollen Planung als Lern- und *Suchprozeß* begreifen helfen.

Der *eine Fall* ist das *Planungssystem der Stadt Köln,* das in seiner heutigen Form stark durch ein Projekt aus dem DV-Förderungsprogramm der Bundesregierung geprägt war. Am Ende des Mehrjahresprojektes, bei dem die Stadt Köln als Anwender, die Firma Siemens und DATUM e.V. als Systementwickler zusammenwirkten, stand nicht nur ein Software-Paket (KODAS) für räumliche Planungsaufgaben und eine flexible Datenbasis, sondern ein Organisationsmodell, die sogenannte „Informathek".

Entscheidend war, daß schrittweise vorangegangen wurde, in mehrfachen Ansätzen, immer orientiert an konkreten Aufgaben der Stadterneuerung und Stadtentwicklung, laufend rückgekoppelt zur Systementwicklung. Erst wenn ein Minimalkonzept sich praktisch bewährt hatte, wurde es eingesetzt und weiter ausgebaut.

Auch bei der organisatorischen Einbindung war man bis zuletzt offen, hat Erfahrungen gesammelt. Am Ende stand eine kleine Dienststelle, die weder bei den Daten (Statistisches Amt) noch bei der Technik (Rechenzentrum) noch bei der Fachplanung (Planungsamt) aufgehängt war, sondern zwischen diesen Stellen „dolmetschen" sollte (siehe Abb. 1). Das Rollenverständnis der Informathek lautet auch nicht: Daten beschaffen oder Rechenläufe organisieren oder Planungen machen; sondern: auftretende Aufgaben mit den geeigneten Verfahren und Informationen zusammenbringen, zwischen dem Problem und dem System vermitteln.

Im Laufe eines Jahres werden etwa 50 bis 60 Aufgaben an die Informathek herangetragen, einige bescheiden, andere anspruchsvoll. Viele dieser Auswertungen hätten gar nicht unternommen werden können, weil sie per Hand nicht rechtzeitig fertig geworden wären oder weil die Alternativrechnungen zu teuer gewesen wären, oder weil die nötigen Daten nicht an einer Stelle beisammen waren.

Ihren Test hat die Einrichtung bestanden. Die Zahl der Anfragen steigt an. Das Auswertungspotential und der Datenpool werden größer. Die Beratungsfähigkeit der Mitarbeiter wächst. Die anderen Dienststellen haben sich arrangiert und profitieren von dieser Arbeitsteilung. Und andere Städte orientieren sich an dem Beispiel. Um den Lerneffekt bei weiteren Benutzern zu erhöhen, wird das System nicht als Software-Paket weitervermittelt, sondern als technischer Teil einer Problemlösung.

FUNKTIONSMODELL „INFORMATHEK KÖLN"

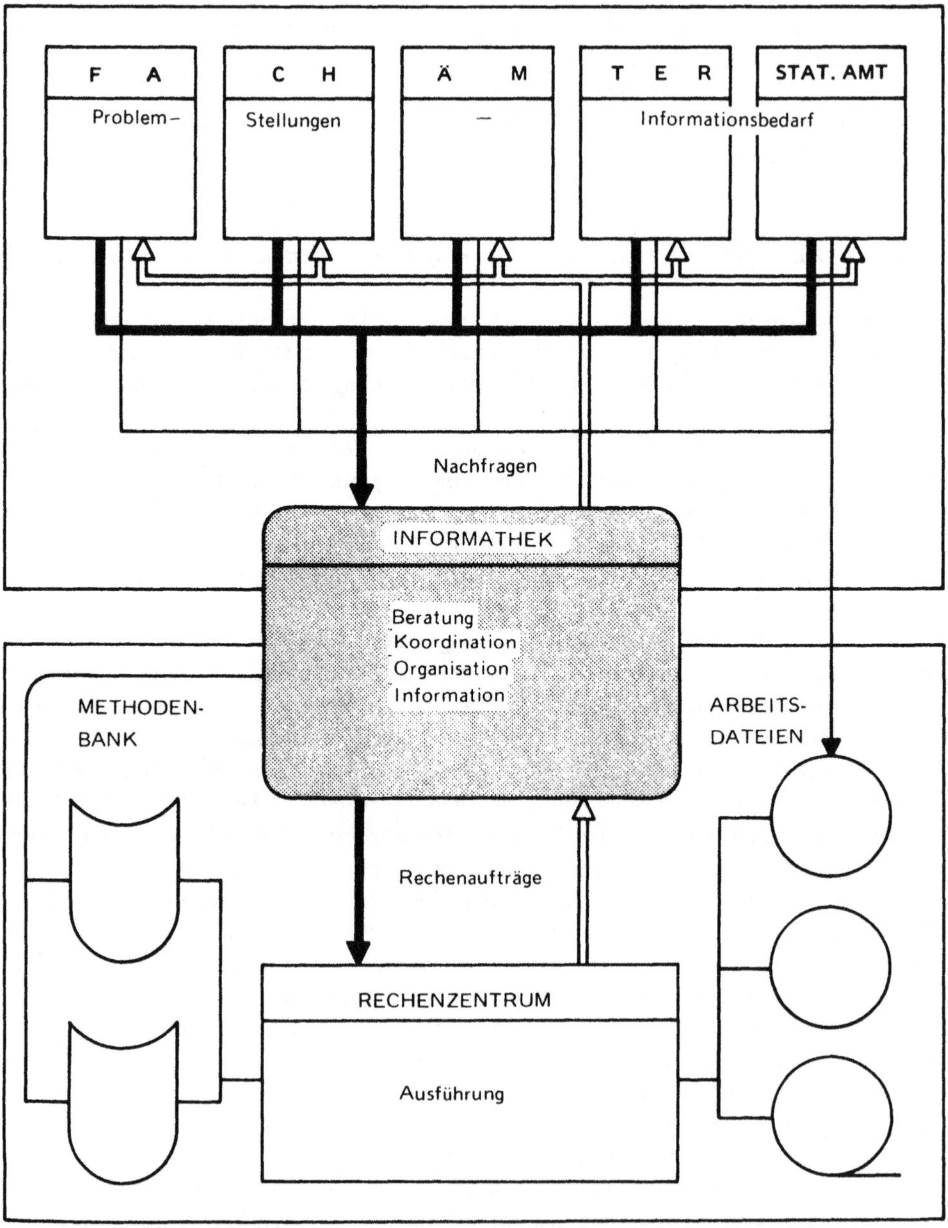

Das kann dann so aussehen: Ein Anwendungsfall, der gleichartig in vielen Städten auftreten kann – wie die Prioritätenbestimmung bei Erneuerungsgebieten oder die Bewertung von Varianten bei der Trassenführung im öffentlichen Nahverkehr oder Stufenpläne für die Standorte von Altentagesstätten – wird in technisch-methodischer Hinsicht so dokumentiert, daß die Fachleute einer anderen Stadt erkennen, welche Verfahren aus dem großen Methodenbaukasten in welcher Abfolge und Kombination eingesetzt werden sollen.

Bei dem *zweiten Beispielfall* handelt es sich um die Unterstützung bei der Bildung, Darstellung und Durchsetzung eines *Indikators aus dem „Bundesraumordnungsprogramm"*. Ein Satz von Indikatoren beschäftigt sich mit der Lage im Raum, der Verkehrsgunst, der Erreichbarkeit und der Entwicklungsfähigkeit verschiedener Teilräume. Kennziffern dieser Art sagen etwas aus über das Beziehungsgeflecht *zwischen* den Räumen, nicht allein über die statische Struktur eines Raumes.

Ein solcher Indikator wurde „Fernerreichbarkeit im öffentlichen Verkehr" genannt. Er ist gebildet als Summe aller Reisezeiten von jeder Region zu allen Landeshauptstädten. Wenn die Bewohner alle diese Ziele aufsuchen wollten: wie lange brauchen sie dazu? Das Ergebnis ist in Abb. 2 dargestellt. Gerechnet wurde die schnellste Verbindung mit der Bahn, einschließlich Intercity, wenn morgens zwischen 6 und 10 Uhr losgefahren wird, und zwar vom Zentrum der Gebietseinheit zu den 10 Landeshauptstädten.

In der Diskussion dieses Indikators wurden einige kritische Einwände gemacht. Müßten nicht Hin- und Rückfahrt gerechnet werden? Ist die Häufigkeit der Bedienung über den Tag nicht wichtiger als die schnellste Verbindung? Muß der räumliche Zuschnitt der Region nicht feiner sein, um der Wirklichkeit näher zu kommen?

Da Neuberechnungen der vorgeschlagenen Art viel Zeit und Geld kosten würden, wurde entschieden, ADV einzusetzen. Das hieß: Aufnahme des DB–Fahrplans auf Datenträger und Adaption eines Erreichbarkeitsmodells, das Fahrten simulieren kann.

Es wurde damit zunächst ein neuer Indikator berechnet (Abb. 3), mit einem anderen Satz von Zielorten und mit 180 statt 40 Regionen. Das Bild war wesentlich differenzierter, vor allem in Hessen und Niedersachsen. Zugleich wurde deutlich, daß in diesem Maß die *Lage der Regionen* immer noch zu stark durchschlug: Randlagen sind in der Regel schlecht, zentrale Lagen gut (mit einigen interessanten Ausnahmen). Es wurde daher ein neues Maß definiert: die mittlere Reisegeschwindigkeit, ausgedrückt in Stundenkilometern (Abb. 4).

Entscheidend war nicht die erhebliche Kostenersparnis, sondern das neue Potential an Auswertungen und Anwendungen, das damit erschlossen wird. Die höhere Rechenkapazität läßt nicht nur mehr Varianten zu, sondern erlaubt eine sorgfältige Berücksichtigung des Einzelfalles, weil die Information detaillierter anfällt. Durch die differenziertere Berechnung und die höhere Flexibilität des Modells wird es künftig möglich,

- Vergleiche zwischen Erreichbarkeitsmaßen auf Schiene und Straße anzustellen,
- für die Abstimmung mit den Ländern ein feineres Korn zu wählen (bis zu 600 Regionen),

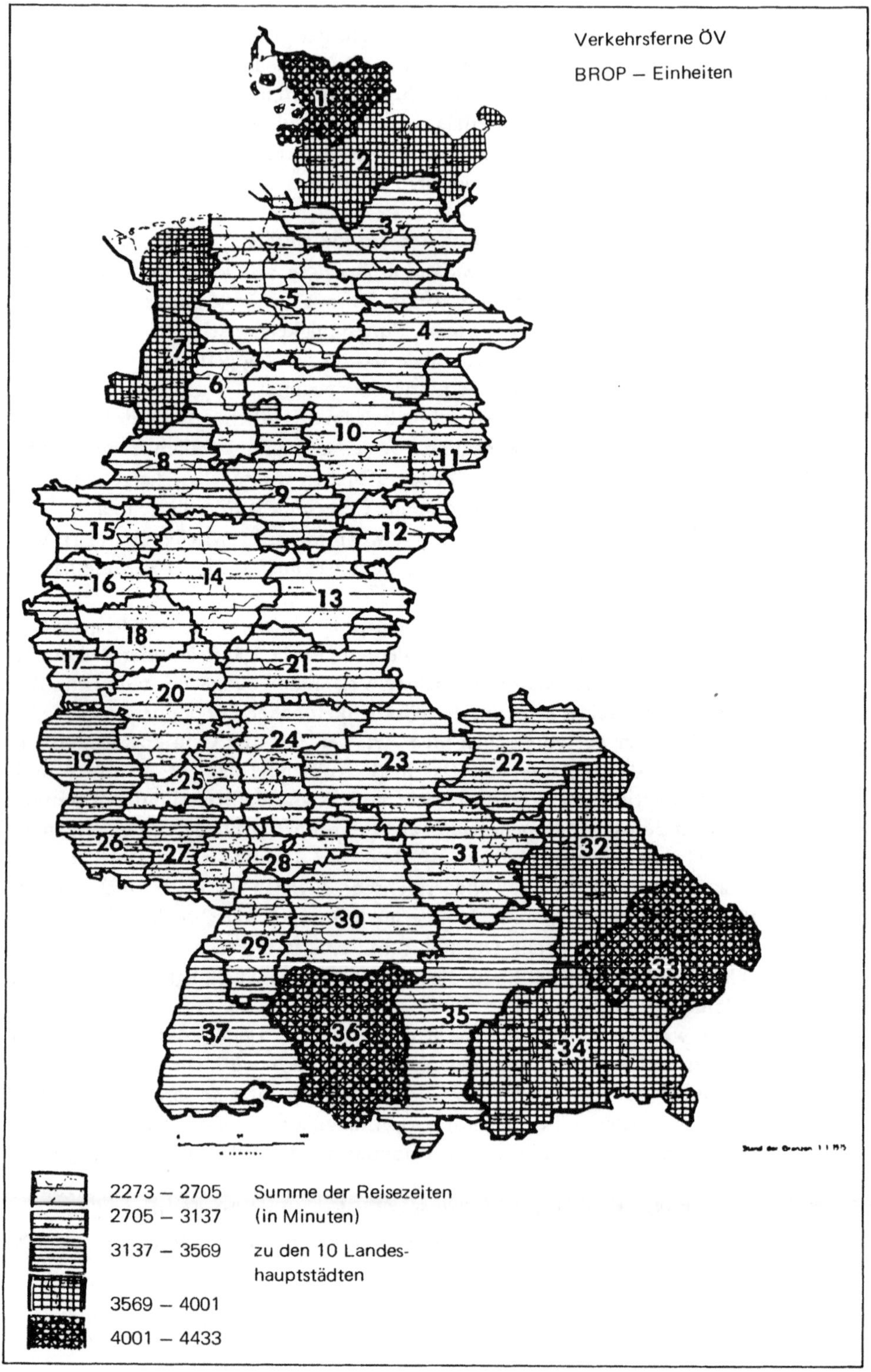
Verkehrsferne ÖV
BROP – Einheiten
1
2
3
4
5
6
7
8
9
10
11
12
13
14
15
16
17
18
19
20
21
22
23
24
25
26
27
28
29
30
31
32
33
34
35
36
37
2273 – 2705
2705 – 3137
3137 – 3569
3569 – 4001
4001 – 4433
Summe der Reisezeiten
(in Minuten)
zu den 10 Landes-
hauptstädten

Informationssystem ROLAND

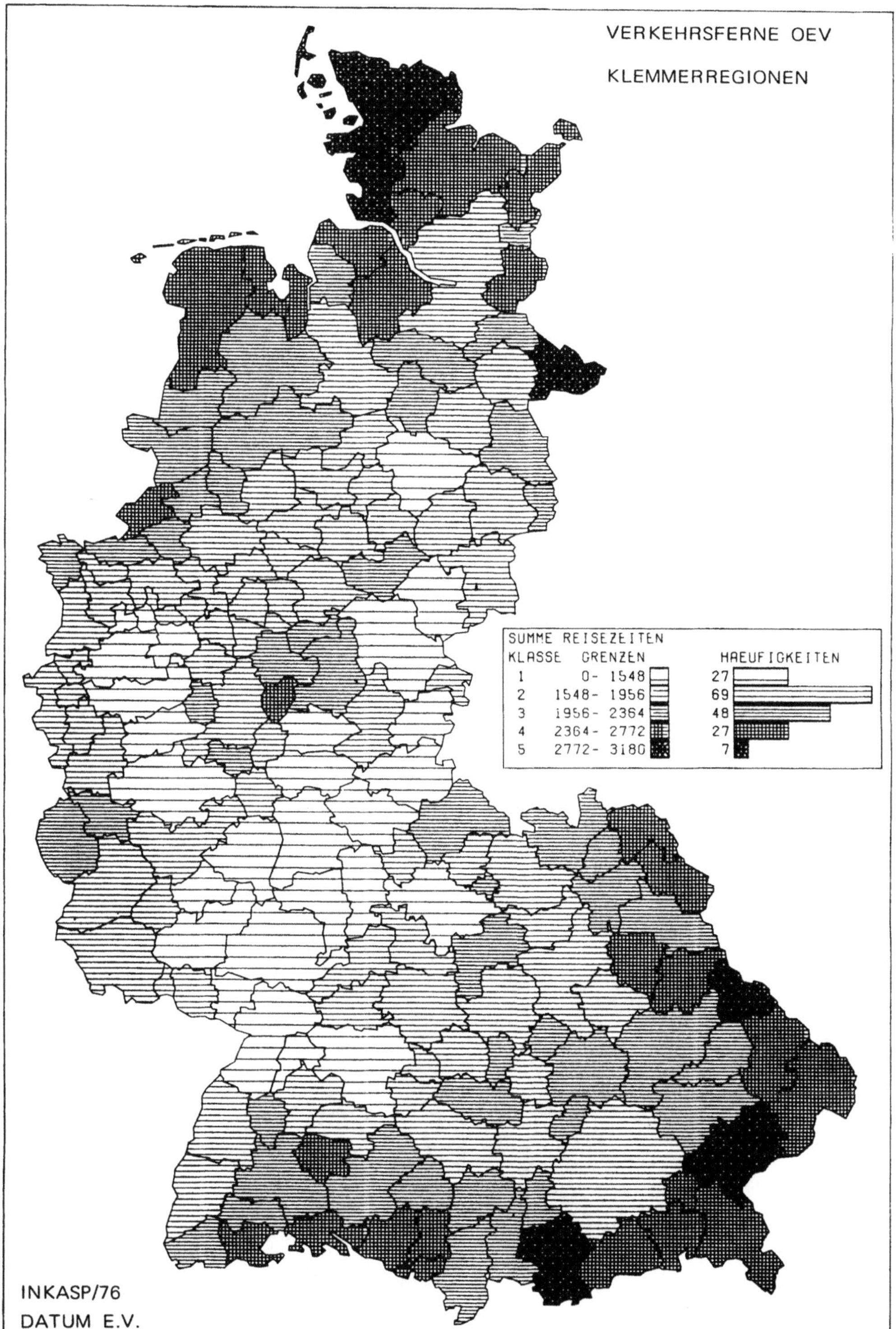

Informationssystem ROLAND

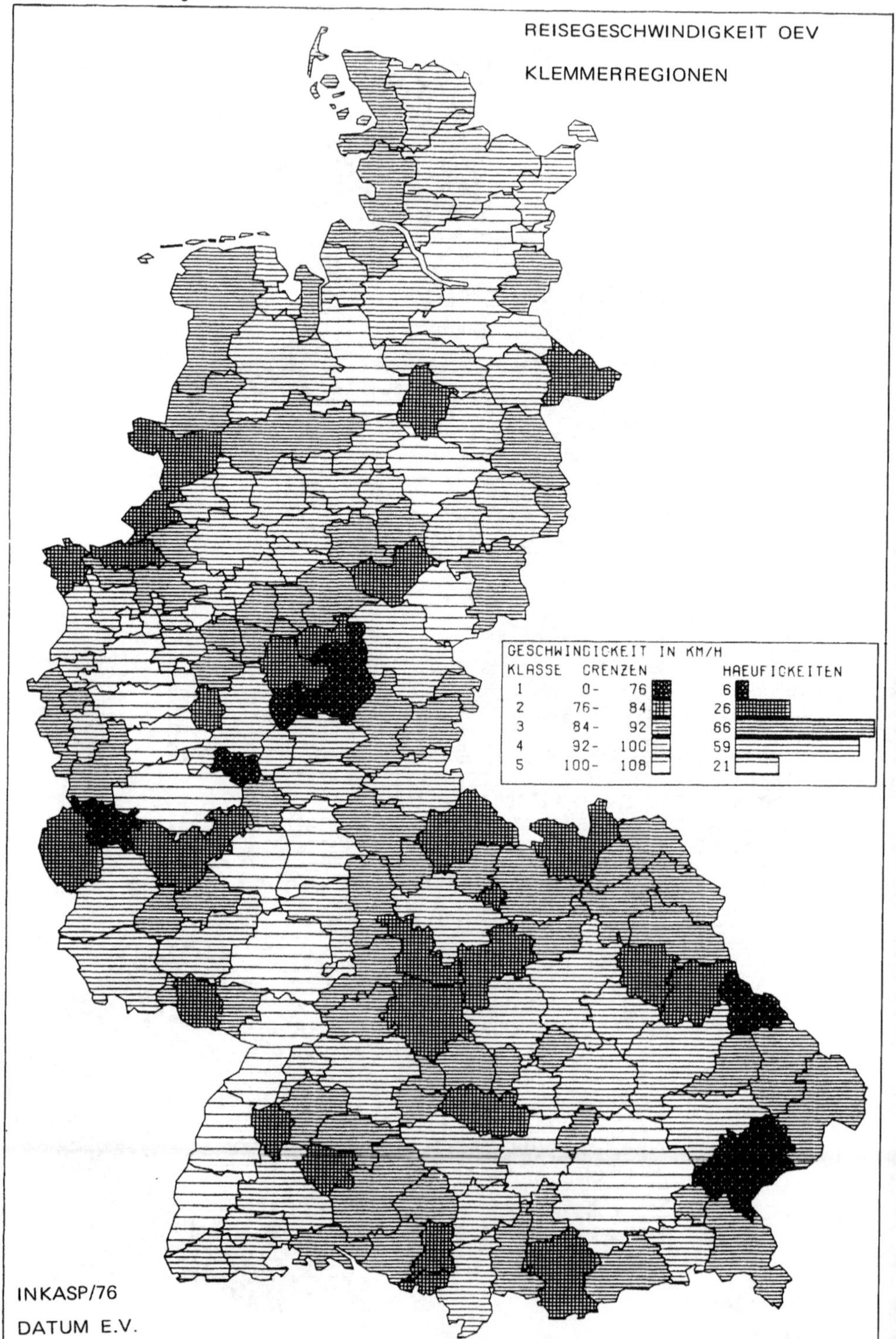

– für die Diskussion zwischen Raumordnungspolitik und Verkehrspolitik die regionalpolitischen und die betriebswirtschaftlichen Argumente sauberer gegeneinander abzuheben und abzuwägen.

In der Tat ergaben sich daraus neue Spielregeln für den Umgang der Ressortspezialisten untereinander. Zwar führt das technisch aufwendige Rechengerüst zu einer Art „Imponiergehabe", mit dem zunächst nur Aufmerksamkeit erregt und Macht demonstriert werden soll. Wenn sich aber die Sprach- und Rechenregeln eingespielt haben, wird auf den politischen Partner ein Zwang ausgeübt, genauer zuzuhören, Scheinargumente zu unterlassen, sich einer „verträglichen" Terminologie zu bedienen. Die politische Entscheidung selber wird damit noch nicht „rationaler"; der politische Diskurs aber kann nüchterner werden.

7. *Folgerungen und Perspektiven*

Die Erfahrungen aus diesen Beispielen sollen am Ende resümiert werden. Unter welchen Bedingungen ist mit einem politisch vernünftigen, unter Kosten/Nutzen-Aspekt vertretbaren Einsatz von Informationstechnologie zu rechnen? Wie läßt sich die Lern- und Handlungsfähigkeit der planenden Verwaltung vermehren?

Das Fazit wird in acht Forderungen gekleidet: Schlagworten mit Erläuterungen.

(1) Zum Verfahren: Planungsprobleme in Einzelschritte auflösen

Diese Forderung soll heißen: Planung besteht aus dem Wechsel von Nachdenken und Durchrechnen, und zwar immer wieder in neuen Anläufen. Wenn es nicht gelingt, aus einem großen Problem viele kleine Probleme zu machen, wird dieser Wechsel, dieser Dialog gestört.

Es muß vom unterstützenden Verfahren her die Möglichkeit bestehen, häufiger innezuhalten und über den bisherigen Weg zu reflektieren, auch das letzte Stück des Weges nochmal zu gehen. Das ist zugleich eine Absage an die großen, globalen Modelle zugunsten kleiner, dem Eingriff des Benutzers jederzeit zugänglicher und nachvollziehbarer Modellrechnungen.

(2) Zur Datenbasis: mit wenig Daten beginnen

Meist genügen wenige Kennziffern, um Tendenzen frühzeitig erkennbar zu machen. Beispiel aus dem Bildungswesen: Übergangszahlen von einer Stufe zur anderen, Zahl der Studienanfänger oder -absichten in den Abiturklassen. Wenn solche Zahlen verläßlich vorliegen und anschaulich präsentiert werden, wird ein Auskunftssystem häufiger beansprucht als wenn 100 Strukturdaten in einer Datenbank stecken, zwischen denen man ständig entscheiden muß. Die nötige Differenzierung ergibt sich im Laufe der Arbeiten mit diesen Indikatoren.

Wichtigstes Argument hierfür: Kennziffern müssen fortgeschrieben werden, das kostet Geld. Besser einige wenige gute Indikatoren häufig fortschreiben als viele mittelmäßige selten.

(3) Zur Software: Mit Methoden-Baukasten umgehen lernen

Die Maschine kann ein paar Dinge hervorragend: Zusammenrechnen, sortieren, vergleichen, auswählen, logisch prüfen, Annahmen variieren. Genau dieses kommt im Planungsablauf häufig vor, häufiger als im Verwaltungsvollzug. Für jedes dieser Verfahren muß eine programmierte Methode existieren. Und diese Methoden müssen, wie Geräte in einem Handwerkskasten, gut sortiert beieinander liegen und aufeinander passen.

Dieser Methoden-Baukasten muß so konstruiert sein, daß er in seinen Formaten auf die Aufgaben zugeschnitten ist; er muß sich leicht ergänzen lassen; und er muß eine klare Gebrauchsanweisung enthalten, die von der Aufgabe, nicht vom Gerät ausgeht. Dann sind – ähnlich den Routineaufgaben, für die ein Sachbearbeiter eine Hilfskraft anfordern würde – Teilaufgaben definierbar, objektivierbar und damit im Prinzip delegierbar.

(4) Zu den Anwendungsfeldern: politische Argumentation erleichtern

Ein großes Potential der Datenverarbeitung liegt im Sichtbarmachen, im Offenlegen von Zahlen, Annahmen, Zielen, und damit in der Erhöhung der Transparenz und der Rationalität. Zur Vorbereitung einsamer Entschlüsse scheint sie weniger geeignet.

Natürlich gibt es politische Interessen. Und Information ist immer zweck- und interessenbestimmt, und damit politisch. Aber es kann dem politischen Prozeß nur gut tun, wenn durch den Zwang zur Eindeutigkeit und Nachprüfbarkeit, der in der ADV liegt, hier die nackten Zahlen und deren Interpretation klarer auseinandergehalten werden.

Es ist daher mit zunehmendem Einsatz der Datenverarbeitung insbesondere bei übergreifenden Planungsaufgaben zu rechnen, wo die verschiedenen Entscheidungsebenen sich einigen müssen, wie beispielsweise:

- die Bundesrepublik mit den europäischen Ländern über Agrarpreise,
- der Bund mit den Ländern über den Standort von überbetrieblichen Ausbildungsstätten,
- die Länder mit den Gemeinden über die Abgrenzung von zentralen Bereichen,
- und natürlich die Ressorts und Ämter untereinander.

(5) Zur Hardware: Dialog Mensch – Information unterstützen

In letzter Zeit geht der Trend zur Dezentralisierung, zur „Intelligenz vor Ort", zu den interaktiven Systemen. Aber das Terminal *neben* dem Schreibtisch, das den Benutzer mit einer Datenbank verbindet, löst das Problem nur partiell. Was gebraucht wird, sind technische Geräte, die das, was *auf* dem Schreibtisch passiert, unterstützen (einschließlich Bleistift und Radiergummi).

Das, was die meisten Leute von DV-Unterstützung erwarten, ist so etwas wie der fertige Referentenentwurf: durchdacht und allseits abgesichert. Das Planungs-Unterstützungs-System sollte aber in der Lage sein, den mehrstufigen Prozeß des Entwerfens und Verwerfens, des Veränderns, Probierens und Rückfragens mit zu unterstützen. Im ersten Output des Computers muß der Planer „herumschmieren" können.

(6) Zum Personal: Spezialisten für den Transfer ausbilden

Hier steckt die Frage, wo das Know-how liegen soll. Muß es *einen* geben, der *alles* weiß? Oder sollen *alle etwas* wissen (in diesem Fall: mit den Programmen umgehen können)?

Es wird eine neue Fertigkeit geben müssen, die *zwischen* dem inhaltlichen und dem technischen Fachverstand angesiedelt ist: den Spezialisten für die Nutzerberatung, den Dolmetsch zwischen Problem und System.

(7) Zur Zuständigkeit: organisatorische Einbindung nicht zu früh fixieren

Die Erfahrungen vor allem in den Kommunalverwaltungen sprechen dafür, daß aufwendige organisatorische Neuregelungen, die mit dem Bestehenden konkurrieren müssen, meist der Sache – die Fachplanung zu unterstützen – nicht gut taten. Es muß eine Lösung sein, bei der Fachverstand, Methoden-Know-how, technisches Wissen und eben dieses Dolmetschen-Können zum Zuge kommen und anerkannt werden.

(8) Planungshilfe heißt: bessere Organisation von Information

DV-Unterstützung für Planung und Entscheidung läuft darauf hinaus, die Informationen verfügbar zu halten, die für ein Problem jeweils benötigt werden.[10]

Es geht hier nicht darum, wie die Sachen im Speicher organisiert sind und wie die Daten übermittelt werden; das ist Datenverarbeitung. Es geht darum, am *Anfang* des Informationsverarbeitungsprozesses, welcher Planung heißt, genügend Überlegung in die richtige Auswahl, Verknüpfung, Aufbereitung der Daten zu stecken, damit sie zu Informationen werden können. Und am *Ende*, durch geeignete Verfahren der Darstellung und Veranschaulichung, sicherzustellen, daß die Botschaft, um deretwegen das Ganze veranstaltet wurde, noch zu erkennen ist.

Anmerkungen

1 Grundlage des Beitrages ist ein Vortrag zum Thema „Bedeutung DV-gestützter Planungshilfen für die öffentliche Verwaltung" im Rahmen eines SIEMENS-Seminar für Führungskräfte der Bundesverwaltung „EDV im Staat" am 28.4.1977 in Rothenburg o.d.T. Bestandsaufnahme und Schlußfolgerungen (d.h. die Abschnitte 2, 6 und 7) wurden praktisch unverändert übernommen, bleiben somit auf das Interesse von DV-Anwendern im öffentlichen Bereich zugeschnitten. Hinzugekommen und stärker auf den Anlaß dieses Heftes abgestellt sind einige Reflektionen über organisationssoziologischen Hintergrund und politologischen Stellenwert des Themas.
Auf begriffliche Feinheiten und konsistente Wortwahl wird kein großer Wert gelegt. So wechseln die Worte Computer, Datenverarbeitung, DV, EDV und ADV („Automatisierte Datenverarbeitung" als in der öffentlichen Verwaltung heute üblicher Ausdruck) ab. Auch „Politik", „Verwaltung", „Planung" werden nicht schärfer definiert, als der schillernde praktische Gebrauch es zuläßt. Die Schwierigkeiten, „zu einem einheitlichen Planungsbegriff zu kommen", werden in dem Beitrag von Gerhard W. Wittkämper („Planung in der BRD") zum Wörterbuch der politischen Ökonomie (Hrsg. Gert von Eynern, Opladen 1973, Neuauflage vorgesehen) beinahe drastisch deutlich.

2 Hierzu vgl. Carl Böhret, „Entscheidungshilfen für die Regierung" (Opladen 1970), Seite 142: „Die ‚Datenexplosion' führt jedenfalls von sich aus noch nicht zu ausreichender Information als Grundlage für politische Entscheidungen, weil die aktuellen Bedürfnisse des Entscheidungsträgers selten oder nur zufällig berücksichtigt werden."

3 In Heft 4 von TRANSFER zum Thema „Planung in öffentlicher Hand" (Opladen 1977) enthalten vor allem die Beiträge von Nils Diederich „Politiker und Planer: Ziehen sie an einem Strang?" und Garry D. Brewer „Der Lebenszyklus eines Planungsproblems" hierfür plastische Schilderungen.

4 Eine gute Übersicht über den Stand der DV-Anwendungen in den Bundesbehörden gibt der von Peter Hoschka und Uwe Kalbhen herausgegebene Sammelband „Datenverarbeitung in der politischen Planung" (1975), insbesondere die Beiträge von Reimut Jochimsen und Peter Hoschka. Seit neuestem gibt es eine vom BMI koordinierte jährliche Zusammenstellung von DV-Anwendungen in den Bundesministerien im Rahmen des „DV-Gesamtplans". Für den kommunalen Bereich listet die DATUM-Studie „Computerunterstützte Informationsverarbeitung in der städtebaulichen Planung" (Bearbeiter: Hans Hansen, 1973) die wichtigen Probleme auf.

5 Die inzwischen klassisch gewordene Polemik von Gerhard Fehl stammt aus dem Jahre 1971 und trägt den Titel „Informationssysteme, Verwaltungsrationalisierung und die Stadtplaner".

6 Im Rahmen des Schwerpunktprogramms „Kommunale Technologie" hat der BMFT die in der Industrie entwickelten Management-, Kontroll- und Steuerungstechniken zusammentragen lassen und unter fachlicher Beratung als „Kommunales Planungshandbuch" (1975) herausgegeben.

7 Eine aktuelle Zwischenbilanz ziehen Alfred Kieser und Manfred Röber in TRANSFER 4 („Planung in öffentlicher Hand", 1977) in ihrem Beitrag „Öffentliche Langfristplanung: Wie organisiert man sie?". Ferner Nils Diederich im gleichen Heft.

8 Die Auflistung lehnt sich an den Beitrag von Hans Menge „Innovationsbarrieren und wie man sie überwindet" in TRANSFER 4 (1977) an. Zum Thema ferner KGSt (Kommunale Gemeinschaftsstelle für Verwaltungsvereinfachung) „Automation und Planung – Bestandsaufnahme" (Köln 1975) sowie Helmut Prinz „Planung und Automation. Probleme und Lösungen in einer Großstadtverwaltung" in: IBM Fachserie Methoden und Techniken (Stuttgart 1975).

9 Kenneth L. Kraemer und John Leslie King „Transfer von Informationstechnologie: Amerikanische Erfahrungen" in TRANSFER 4 (1977). Im gleichen Heft und mit ähnlichen Folgerungen: William Oxburgh „Technologie-Transfer: Wie es weitergehen soll. Eine britische Antwort".

10 Eine ähnliche Diagnose stellt Carl Böhret „Entscheidungshilfen für die Regierung" (1970), Seite 143: „Ob der oberste Entscheidungsträger seine Führungsfunktion erfüllen kann, hängt nach alledem von der zielgerichteten Organisation der Information ab: Die institutionalisierte, systematische Gewinnung, Verarbeitung und problemgerechte Benutzung von *Information ist die Basis aller Entscheidungshilfe.*"

Sozialstaatspostulat und Reformpolitik

Von Hans-Hermann Hartwich

Die Ausgangsfrage lautet: „Hat die Reformpolitik der sozialliberalen Regierungskoalition, hier untersucht für den Zeitraum von 1969 bis 1976, zu bedeutsamen Neugestaltungen und Neuorientierungen dessen geführt, was als Inhalt des Verfassungsgrundsatzes vom Sozialstaat (Art. 20 Abs. 1 GG) bzw. des „sozialen Rechtsstaates" (Art. 28 GG) angesehen werden kann?" Es geht bei dieser Frage nicht nur um ein „Ja" oder „Nein", nicht allein um Ausmaß oder Richtung. Es geht auch um die Frage, ob die Politik der inneren Reformen nicht eher, primär oder zumindest randlich gesellschaftspolitische Neuorientierungen brachte, die auch von einem weiten Verständnis des „Sozialstaatspostulats" nicht mehr ausreichend erfaßt werden. Die Zeit scheint für einen ersten Versuch der Bewertung gekommen. Reformprogramme stagnieren. Das Krisenmanagement hat de facto seit 1975 Ideen, Energien und Mittel auf sich gezogen, die einst der Verwirklichung einer gerechteren Sozialordnung gewidmet sein sollten.

1. Der Verfassungsgrundsatz und seine Ausdeutung

Um die Ausgangslage möglichst klar zu bezeichnen, wird zunächst von der Hauptthese meines Buches über das Sozialstaatspostulat des Grundgesetzes ausgegangen: „Das zentrale Problem des Sozialstaatspostulats nach dem Grundgesetz liegt in der Verteilung von ökonomischem Besitz und gesellschaftlichen Privilegien sowie in der staatlichen Verantwortlichkeit für die gesellschaftlichen und wirtschaftlichen Prozesse, die den tatsächlichen Abhängigkeiten der Industriegesellschaft Rechnung tragen."[1] Zur Konkretisierung soll auf die „Negativliste" des Sozialstaatsmodells der Jahre von 1949 bis 1961, Jahre der CDU/CSU-Regierungen und -Mehrheiten in der Gesetzgebung also, bezug genommen werden: Ihr werden jeweils die seinerzeit denkbaren und rechtlich möglichen Alternativen gegenübergestellt:[2]

1. Das private Eigentum ist jedem Eingriff in die Substanz entzogen, auch wenn es offensichtlich mißbraucht wird, – Eingriffe auch in private Vermögenssubstanzen als Konsequenz der Sozialbindung und des gesetzgeberischen Willens, den Mißbrauch privater Eigentumsmacht zu verhindern.
2. Gesellschaftliche und wirtschaftliche Macht bleibt jeder wirksamen öffentlichen Kontrolle entzogen, – Ausbau der Institutionen und Verbesserung der Methoden der öffentlichen Kontrolle gesellschaftlicher und wirtschaftlicher Macht.
3. Die unternehmerische Dispositionsfreiheit, auch wenn sie nicht vom Eigentümer selbst in Anspruch genommen wird, darf durch keine wirksame Mitbestimmung

der Betroffenen beeinträchtigt werden. – Ausbau der Mitbestimmung, um den Postulaten der Demokratie auch in Wirtschaft und Gesellschaft zum Durchbruch zu verhelfen.

4. Es gibt keine unmittelbar verpflichtende Verantwortung des Staates für die gesellschaftlichen und wirtschaftlichen Prozesse, z.B. keine gesetzliche Garantie der Vollbeschäftigung. – Unmittelbar verpflichtende Verantwortung des Staates, d.h. demokratisch legitimierter Mandatsträger bzw. demokratisch strukturierter staatlicher Institutionen, für den Ablauf der wirtschaftlichen und gesellschaftlichen Prozesse, also vor allem Planung und Steuerung in der Wirtschaft, rationale Setzung von Prioritäten in der Finanzpolitik, Garantie der Vollbeschäftigung.
5. Alle nicht privatwirtschaftlich organisierbaren öffentlichen Aufgaben werden vernachlässigt, insbesondere das Bildungswesen und die allgemeinen Lebensbedingungen (Luft, Wasser, aber auch Kultur und Freizeit). – Nachdrückliche öffentliche Förderung der privatwirtschaftlich nicht oder schlecht organisierbaren Aufgaben und Angelegenheiten, vor allem im gesamten Bereich des Bildungswesens.
6. Die Sicherung gegen Krankheit, Alter und Arbeitslosigkeit wird zu einer fragwürdigen Solidarhaftung der Betroffenen dadurch, daß die finanziell Leistungsfähigen, Mitträger des allgemeinen Steueraufkommens, entlastet bzw. gar nicht herangezogen werden. – Umfassende staatliche oder öffentlich garantierte Einrichtungen, die alle teilhaben lassen aber auch alle finanziell einbeziehen, zur Sicherung gegen Krankheit, Alter, Arbeitslosigkeit und andere Lebensrisiken.
7. Auch die soziale Hilfe unterliegt dem Prozeß der „Entstaatlichung" im Sinne des Rückzuges gesamtfiskalischer Verantwortung und einer Konzentration auf den Vorrang subsidiärer freier Verbände. – Soziale Hilfen, auf die ein Rechtsanspruch besteht und die von öffentlichen Trägern verantwortet werden.

Die Heranziehung dieser „Elemente der Sozialstaatlichkeit", die 1969 in einer umfassend angelegten Analyse des Sozialstaatsgrundsatzes und seiner praktischen Handhabung durch Regierung und Parlamentsmehrheit vor Entstehung der Bundesrepublik und in den ersten drei Legislaturperioden (1949–1961) herausgearbeitet wurden, scheint dem Verfasser aus einem doppelten Grund sinnvoll. Zum einen werden damit Kriterien für eine Bewertung gewonnen, die mehr sind als bloße Hypothesen. Zum anderen erscheint es in dieser vergleichenden Analyse und Bewertung möglich, die früher gewonnenen Kriterien neu zu überprüfen und zu bedenken, ob nicht andere Elemente von Sozialstaatlichkeit sich de facto herausgebildet haben, die durchaus nicht die Hauptthese infrage stellen müssen, wohl aber die Elemente alternativer Ausgestaltung des Sozialstaats in einem neuen Licht erscheinen lassen. Dies ist auch eine Methode, um die Schwächen der modellartigen Stilisierungen zu mildern. Denn so wichtig es ist, durch Rückführung auf ihren Kern und Bündelung isoliert erscheinender Maßnahmen elementare Strukturen zu erkennen und zu benennen, so notwendig ist andererseits die Ent- und Neubündelung, um Nuancen und Differenzierungen als Neuentwicklungen erkennen zu können und sicher auch, um manchen Konvergenzen zwischen den Modellen besser gerecht zu werden.[3]

2. *Sozialliberale Reformprogrammatik und die Weichenstellungen der großen Koalition*

a) Die Programmatik der sozialliberalen Koalition

In seiner Regierungserklärung vom 28.10.1969 stellte Willy Brandt die Politik der sozialliberalen Koalition unter die Zeichen von Kontinuität und Erneuerung. Das Stichwort „Mehr Demokratie wagen" stand für den Willen nach Erweiterung von Mitbestimmung und Mitverantwortung in den verschiedenen Bereichen der Gesellschaft. Brandt betonte die Notwendigkeit umfassender Reformen, die nur bei wachsender Wirtschaft und gesunden Finanzen möglich seien. Als Basis und Verpflichtung für ein entsprechendes staatliches Handeln nannte er das Stabilitätsgesetz von 1967 (s.u.). Er legte ein Bekenntnis zur marktwirtschaftlichen Ordnung ab, betonte aber, daß sie einen wirksameren Wettbewerb brauche, vor allem sei jetzt eine Fusionskontrolle notwendig. Die bisherige Vermögensbildungspolitik sollte gezielt ausgebaut werden. Wiederum auf der Basis des Stabilitätsgesetzes von 1967 sollte die mittelfristige Finanzplanung weiterentwickelt werden. Eine sozialstaatlich orientierte Steuerreform werde kommen. Es bestehe aber nicht die Absicht, bestehende Vermögen durch konfiskatorisch wirkende Steuern anzutasten. Angekündigt wurde auch eine Rationalisierung des öffentlichen Haushalts- und Abgabensystems.

Unter den reformpolitischen Maßnahmen im engeren Sinne nannte Brandt Reformen des Rechts (Gerichtsverfassung, Prozeßordnungen, Eherecht und Strafrechtsreform). „Bildung und Ausbildung, Wissenschaft und Forschung stehen an der Spitze der Reformen." Dabei sollten die von der großen Koalition geschaffenen Möglichkeiten der Bund-Länder-Kooperation ausgebaut und voll ausgeschöpft werden. Die Bildungsplanung solle entscheidend dazu beitragen, die soziale Demokratie zu verwirklichen. Hochschulreform und eine Bildungspolitik, die alle Ausbildungsstufen umgreife, sollten gleichzeitig das Bürgerrecht auf Bildung und den Bedarf der Gesellschaft an hochqualifizierten Fachkräften und Forschungsergebnissen berücksichtigen.

Die bisherige Wirtschaftspolitik sollte durch eine „Strukturpolitik aus einem Guß" ergänzt werden, d.h. bessere Koordinierung und Intensivierung der strukturpolitischen Maßnahmen in der Regional-, Sektoral- und Unternehmensgrößenpolitik. Auch hier sollte das durch die große Koalition eingeführte Institut der „Gemeinschaftsaufgaben" zwischen Bund und Ländern (Art. 91a GG) bewußt und gezielt angewendet werden. Im übrigen aber erforderten die 70er Jahre „systematische Vorauschau und Planung" bei Raumordnung, Städtebau, Wohnungswirtschaft und auch z.B. Naturschutz sowie der Verkehrspolitik.

Das Stichwort „Gesellschafts- und Sozialpolitik" wird mit einem ausdrücklichen Bekenntnis zum sozialen Rechtsstaat eingeleitet. Der Verwirklichung dieses Verfassungsauftrages sollten die Schaffung eines Arbeitsgesetzbuches und eines Sozialgesetzbuches, die Reformen des Betriebsverfassungsgesetzes und des Personalvertretungsgesetzes und die Prüfung und Erörterung der Mitbestimmgsfrage dienen. Im Gesundheitsbereich nannte Brandt die Sozialmedizin, den Ausbau der Vorsorgeuntersuchungen,

Krebsforschung, Umweltschutz, Rehabilitation, Arzneimittel- und Lebensmittelrechtsreformen.

Im Bereich der Familienpolitik gehörte zu den angekündigten Reformen der Ausbau der Ausbildungsförderung und die Erhöhung des Kindergeldes. In bezug auf den Arbeitsmarkt nannte Brandt die Gewährleistung sicherer Arbeitsplätze, auch und gerade angesichts der Strukturwandlungen in der Wirtschaft, die Einführung eines Bildungsurlaubs, die besondere Obacht gegenüber den Fragen und Problemen einer Humanisierung des Arbeitslebens.

In bezug auf die Sozialversicherungen kündigte Brandt die Dynamisierung der Kriegsopferrenten und den Arbeitgeberbeitrag zur Krankenversicherung für alle Angestellten an.

Der neue Bundeskanzler forderte 1969 mehr demokratisches Engagement der Bürger und schloß: „Wir stehen nicht am Ende unserer Demokratie, wir fangen erst richtig an."[4]

Wie verhält sich diese Programmatik zu den vorgenannten Elementen alternativer Sozialstaatlichkeit? Das Neue an der Reformprogrammatik der sozialliberalen Koalition war nicht die markante Erweiterung der staatlichen Verantwortlichkeit für die wirtschaftlichen und gesellschaftlichen Prozesse, auch nicht eigentlich die Einbeziehung privatwirtschaftlich nicht oder nur schwer organisierbarer Aufgaben und Angelegenheiten, wie etwa die Bildungsplanung. In diesen beiden für die Sozialstaatsfrage besonders relevanten Bereichen und Aufgabenstellungen baute die sozialliberale Koalition auf den durch die große Koalition geschaffenen Voraussetungen auf. Ihr programmatischer Beitrag lag dagegen in einer Liberalisierung der überkommenen gesellschaftlichen Verhältnisse durch umfassende Reformen des tradierten Rechts und durch die besondere Betonung des Demokratisierungsgedankens in seinen vielfältigen Variationen. In diesem Sinne stellte die sozialliberale Regierungserklärung des Jahres 1969 ein Dokument der Kontinuität und der Erneuerung dar. Es kommen durchaus noch einige wichtige Punkte hinzu, wie zum Beispiel die Fusionskontrolle als ein Versuch realistischerer und wirksamerer Beeinflussung der Bildung und Nutzung wirtschaftlicher Macht. Das Charakteristische im Beitrag der sozialliberalen Koalition bei ihrem Anfang muß aber wohl in diesen Elementen der Liberalisierung und Demokratisierung gesellschaftlicher Verhältnisse gesehen werden. Es erscheint nicht abwegig, diese Elemente ernsthaft auch als Teil einer Weiterentwicklung des Sozialstaatsgedankens zu verstehen. Hier im Sinne eines Angriffs auf die überkommene Privilegienstruktur in Gesellschaft und Wirtschaft.

b) Die sozialstaatlichen Weichenstellungen der großen Koalition

Im Sinne des eingangs aufgeführten Kriterienkataloges ist nun aber die Bedeutung der großen Koalition zwischen CDU/CSU und SPD von 1966 bis 1969 wesentlich fundamentaler und weitreichender einzuschätzen als die der sozialliberalen Koalition, die in der Regel gerade wegen ihres Reformansatzes herauszuragen scheint. Daß beides sich nicht ausschließt, wäre im Verlaufe dieser Überlegungen noch erneut zu diskutieren.

Wenn es richtig ist, daß eine so „offene" Norm wie die Sozialstaatsklausel „in der Entwicklung als – interpretierte – Norm von dem, was auf einfacher Gesetzgebungsebene vor sich geht, gar nicht absehen" kann[5] so muß dies naturgemäß in noch stärkerem Maße für die Ebene der Verfassungsgesetzgebung gelten. In dieser Hinsicht hat die Regierung der großen Koalition nicht nur neue sozialstaatliche Bundeszuständigkeiten geschaffen, sondern sie hat das Sozialstaatspostulat selbst mit Zielinhalten versehen (vgl. zur juristischen Interpretation auch den dritten Abschnitt dieser Überlegungen). Dies muß jedenfalls dann gelten, wenn man – wie der Verfasser – zu den zentralen Fragen des Sozialstaatsprinzips die „staatliche Verantwortlichkeit für die gesellschaftlichen und wirtschaftlichen Prozesse" rechnet und als wichtigen Punkt des früheren „Negativkatalogs" das Fehlen einer unmittelbar verpflichtenden Verantwortung des Staates für eben diese Prozesse ansieht. Durch die große Koalition wurden in Zusammenhang mit dem Stabilitätsgesetz 1967 und anläßlich der Finanzreform von 1969 die genuin wirtschaftspolitischen Zielkriterien „Erfordernisse des gesamtwirtschaftlichen Gleichgewichts" (Art. 109 Abs. 2 GG)[6] und „Abwehr einer Störung des gesamtwirtschaftlichen Gleichgewichts" (Art. 104a und Art. 115 GG), ja noch „Förderung des wirtschaftlichen Wachstums" und „Ausgleich unterschiedlicher Wirtschaftskraft im Bundesgebiet" (Art. 104a Abs. 4 GG)[7] in das Verfassungsrecht eingeführt. Im Sinne des Kriterienkataloges bedeutet diese Zielverpflichtung mit höchster Rechtsautorität zumindest juristisch eine grundlegende Weitergestaltung sozialstaalicher Verpflichtungen. Dies gilt auch dann noch, wenn man die fakultative Form des Art. 104a GG hervorheben will. Art. 109 Abs. 2 ist demgegenüber eindeutig.

Was Erfordernisse des gesamtwirtschaftlichen Gleichgewichts sind, wird – in der Argumentation Häberles – „auf der Gesetzebene" gesagt. § 1 des „Gesetzes zur Förderung der Stabilität und des Wachstums der Wirtschaft" vom 8.6.1967 (BGBl. I S. 582) nennt „im Rahmen der marktwirtschaftlichen Ordnung" die Stabilität des Preisniveaus, einen hohen Beschäftigungsstand, außenwirtschaftliches Gleichgewicht sowie stetiges und angemessenes Wirtschaftswachstum. Formal bedeutet dies gegenüber der Wirtschafts- und Sozialgestaltung der ersten fast 20 Jahre bundesrepublikanischer Sozialstaatsgestaltung, daß sich der Staat ab 1967 zur Planung im Bereich der öffentlichen Finanzen ausdrücklich bekennt („Mittelfristige Finanzplanung"), daß Prognosen und Projektionen über die Wirtschafts- und Finanzpolitik des nächsten Zeitraumes gesetzlich verpflichtend geworden sind, daß der Staat seit dieser Neuorientierung über „Orientierungsdaten" indirekt in die Verhandlungen und Auseinandersetzungen zwischen den Tarifparteien hineinwirken kann. Die nunmehr durch Verfassungsrechtsnormen definierte neue Politik einer betont gesamtwirtschaftlichen Verantwortung des Staates bedient sich neuer Institutionen primär zur Koordinierung wie des „Konjunkturrats für die öffentliche Hand", des „Finanzplanungsrats" und der „Konzertierten Aktion". Der Staatsinterventionismus in der Grundorientierung an den Maximen des Nationalökonomen John M. Keynes hatte nicht nur eine gesetzliche, sondern sogar eine verfassungsrechtliche Basis erhalten.

Wenn auch die große Finanzreform des Jahres 1969 außer den Inhalten des bereits zitierten Art. 104a GG keine weiteren direkten Ausfüllungen staatlicher Sozialgestaltung enthielt, so erscheint sie doch im Sinne einer Erweiterung des Aufgaben- und

Kompetenzkataloges gesetzgeberischer Erfüllung des Sozialstaatspostulats nicht weniger bedeutsam. Zu den wichtigsten neuen Bestimmungen der Verfassung gehört zweifellos neben jenen Art. 104a die Einführung des Verfassungsinstituts der „Gemeinschaftsaufgaben". Diese betreffen die Strukturpolitik von Bund und Ländern (regionale Wirtschaftsstruktur, Agrarstruktur, Küstenschutz) und sie betreffen Bildung und Wissenschaft in einem doppelten Sinne: Hochschulbau sowie Bildungsplanung und Forschungsförderung. Mit der Bildungsplanung erhält also ein weiteres Element aus dem „Negativkatalog" des früheren Sozialstaatsmodells eine konstruktive Wendung und Verfassungsrang. Auch bei der Einfügung dieser Materie in die Verfassung hatte der Verfassungsgesetzgeber offenbar keine Scheu, bislang verfassungsrechtlich unübliche Inhaltsbestimmungen in das Grundgesetz aufzunehmen: „Verbesserung der Lebensverhältnisse" ist sicher ein solches Kriterium des Sozialstaats, das hier nun in Art. 91a Abs. 1 GG Eingang fand.

Die große Koalition fügte schließlich „auf der Verfassungsebene" als neue Zuständigkeitsbereiche in den Katalog der konkurrierenden Gesetzgebung, – zugleich aber auch überhaupt als zum Teil neue Aufgabenstellungen des Sozialstaats –, die Regelung der Ausbildungsbeihilfen, (Art. 74 Ziffer 13), die wirtschaftliche Sicherung der Krankenhäuser und die Regelung der Krankenhauspflegsätze (Art. 74 Ziffer 19a) ein.[8] Die Rahmenkompetenz erhielt der Bund gleichzeitig für die „allgemeinen Grundsätze des Hochschulwesens" (Art. 75 Abs. 1 Ziffer 1a), auf deren Basis später die sozialliberale Koalition ein zunächst progressives Hochschulrahmengesetz durchzusetzen versuchte.

Eine ausdrückliche und deutliche Verpflichtung des Staates gegenüber den wirtschaftlichen und gesellschaftlichen Prozessen kam „auf der Gesetzesebene" im „Arbeitsförderungsgesetz" vom 25.6.1969 (BGBl. I S. 582) zum Ausdruck. Während das Stabilitäts- und Wachstumsgesetz von 1967 ein offenbar als gleichwertig angesehenes Zielbündel kennt, stellt das Arbeitsförderungsgesetz von 1969 auf die Erzielung eines hohen Beschäftigungsstandes allein ab. Die Maßnahmen der jetzt „Bundesanstalt für Arbeit" genannten staatlichen Institution sollen zusätzlich „im Rahmen der Sozial- und Wirtschaftspolitik der Bundesregierung" so ausgerichtet sein, daß „die Beschäftigungsstruktur verbessert und damit das Wachstum der Wirtschaft gefördert wird." Diesen Zielen dient die mit dem Gesetz angestrebte Verbesserung und Erweiterung des Instrumentariums staatlicher Arbeitsmarktpolitik mit den Mitteln der Arbeitslosenversicherten und ihrer Arbeitgeber. Die vorbeugende Arbeitsmarktpolitik soll die nachträgliche Zahlung von Arbeitslosenunterstützungen(-hilfen) möglichst weitgehend überflüssig machen.

Markante Veränderungen wirtschaftspolitischer Interventionsprinzipien signalisierten weitere Gesetze, wie etwa das Kreditfinanzierungsgesetz 1967 vom 11.4.1967 (BGBl. I S. 401), das das Wirtschaftswachstum mit zusätzlichen kreditfinanzierten öffentlichen Investitionsprogrammen zu beleben versuchte. Das Investitionszulagengesetz 1969 vom 18.8.1969 (BGBl. I S. 1211) brachte u.a. Zulagen für Forschungs- und Entwicklungsinvestitionen. Hierzu gehört auch das Gesetz zur Anpassung und Gesundung des deutschen Steinkohlenbergbaus und der deutschen Steinkohlenbergbaugebiete vom 15.5.1968 (BGBl. I S. 365). „Zur Förderung der aus gesamtwirtschaftlichen Gründen und zur Vermeidung tiefgreifender sozialer und wirtschaftlicher Schäden notwendigen Anpassung der Produktionskapazität. . ." wird hier ein Bundesbeauftragter (Bundesoberbehörde) eingesetzt. Er soll u.a. dahin wirken, „daß unter Berücksichtigung der gesamtwirtschaftlichen Belange sowie der besonderen sozialen und regionalwirtschaftlichen Verhältnisse. . . die Bergbauunternehmen ihre Produktionskapazität auf die Absatzmöglichkeiten des deutschen Steinkohlenbergbaus ausrichten. . ." Absatzvorausschätzungen, Kapazitätsmeldungen, Vorlage der Sozialpläne bei Stillegungen, Förderung der Unternehmenskonzentration durch Umwandlung und Verschmelzung, die steuerbegünstigt sind, staatliche Bürgschaften zur Erleichterung der Konzentration, Industriebaulandbeschaffung und Steuerbegünstigungen bei der Einrichtung von Industriebetrieben im Revier sind die Instrumente dieser staatlichen Interventionspolitik. Das Ergebnis ist dann 1969 – und auch dies ist für die Ausgestaltung des Sozialstaats bezeichnend (!) – am 18.7.1969 der Vertrag über die Bildung der privatrechtlichen Ruhrkohle AG, der am 30.11.1969 dann 94 % der Ruhrkohlenförderung übertragen ist. Obwohl stark diskutiert, kommt es nicht zur Überführung des Ruhrkohlenbergbaus in Gemeineingentum.

Aus den zahlreichen gesetzgeberischen Maßnahmen der großen Koalition die hier noch interessieren könnten, ragen heraus:

Als strukturelle Veränderung auf sozialpolitischem Gebiet verdient das Lohnfortzahlungsgesetz vom 27.7.1969[9] besondere Beachtung. Ein jahrzehntlanger Kampf um die Gleichstellung von Angestellten und Arbeitern im Krankheitsfall wurde damit abgeschlossen. Strukturell wichtig war schließlich auch die Errichtung der Bundesknappschaft durch Gesetz vom 28.7.1969 (BGBl. I S. 974), die als Körperschaft des öffentlichen Rechts Träger der bestehenden Knappschaftsversicherungen wurde.

Als grundlegende Weichenstellung auf bildungspolitischem Gebiet sind das Berufsbildungsgesetz vom 14.8.1969 (BGBl. I S. 1112) und das Ausbildungsförderungsgesetz (1. Gesetz über individuelle Förderung der Ausbildung) vom 19.9.1969 (BGBl. I S. 1719) zu nennen. Ersteres leitete die Versuche zu grundlegenden Reformen im Berufsbildungswesen ein. Neben Bestimmungen über berufliche Grundbildung, Fortbildung, Umschulung, Stufenausbildung, geht es um die Eignung der Ausbilder. Ein drittelparitätischer Bundesausschuß für Berufsbildung und das Bundesinstitut für Berufsbildungsforschung in Berlin sind die neugeschaffenen Institutionen. Das erste Ausbildungsförderungsgesetz bringt finanzielle Förderungen nach festgelegten und später in unregelmäßiger Folge angehobenen Bedarfssätzen für die Schüler weiterführender allgemeinbildender Schulen und Fachoberschulen, Berufsaufbauschulen und Gymnasien, Fachschulen und Berufsfachschulen.

Die Verfassungsrechtlich eingeführten „Gemeinschaftsaufgaben" werden auf der Gesetzesebene durch drei spezielle Bundesgesetze ausgestaltet.[10] Alle drei Gesetze errichten Planungsausschüsse bestehend aus Bundes- und Ländervertretern, die Rahmenpläne aufstellen.

Die in den sechziger Jahren durch Enquetekommissionen vorbereiteten Reformen in der Haushaltswirtschaft und Abgabenordnung der öffentlichen Hand finden ihren ersten großen Abschluß mit dem Haushaltsgrundsätzegesetz vom 19.8.1969 (BGBl. I S. 1273) und der Bundeshaushaltsordnung vom 19.8.1969 (BGBl. I S. 1284). Als ein Vorgriff auf die gründlichere Zusammenfassung der Bedeutung der großen Koalition für die Ausgestaltung des Sozialstaatspostulats kann anhand dieser knappen Untersuchung der gesetzgeberischen Aktivitäten unschwer konstatiert werden, daß diese Koalition eine deutliche Verstärkung der staatlichen Verantwortlichkeiten gegenüber wirtschaftlichen und gesellschaftlichen Prozessen und recht unmittelbare Interventionen zur Steuerung der Prozesse hervorbrachte. Jedoch ist auch die sozialpolitische und die bildungspolitische Aktivität erheblich und grundsätzlich zu nennen. Hier sei zunächst auch die Frage nur aufgeworfen, ob und inwieweit die Neuorientierungen den einzelnen in der großen Koalition vereinigten Parteien zugerechnet werden können. Sicher ist z.B. die keynesianische Orientierung der SPD und ihres Wirtschaftsminister Schiller durchschlagend gewesen. Schon als Konzept, das aus der Krise führen konnte. Auch das Problem der „eigentlich" bewegenden Kräfte bei einer solchen, auch grundsätzlichen Neuorientierung der Sozialstaatspolitik wenigstens in Teilbereichen bleibe hier zunächst noch unerörtert. Immerhin aber muß im Bewußtsein solcher Fragen an die Erörterung jenes Beitrages herangegangen werden, den ab 1969 die sozialliberale Koalition von SPD und FDP zu leisten versuchte und im Endergebnis leistete. Ein Reformprogramm – so erweist sich im Vergleich zwischen Brandts Regierungserklärung von 1969 und den tatsächlichen Aktivitäten der großen Koalition – allein bedeutet noch keine faktische Veränderung und Durchsetzung anderer, alternativer oder neuer Elemente der Sozialstaatlichkeit.

c) Sozialliberale Regierung und Sozialstaatspostulat

Zu einem ganz erheblichen Teil baute die sozialliberale Koalition auf den grundlegenden Weichenstellungen der großen Koalition auf. Die SPD konnte sich dabei zugute halten, daß sie ja im wesentlichen diese Weichenstellungen mit bewirkt und faktisch in erheblichem Maße mit ihren Vorstellungen hatte ausgestalten können. Insofern war die Kontinuität bei ihr zugleich Fortführung der Erneuerung. Auf keinen Fall aber bedeutet allein der „offizielle" Beginn der sozialliberalen Reformpolitik den Startschuß für grundlegende Veränderungen der Ausgestaltung des Sozialstaatspostulats. Dies zeigt nicht nur die Praxis der großen Koalition, sondern die Regierungserklärung Brandts selbst.

Grundlegendere Verfassungsänderungen im sozialstaatlichen Sinne gibt es im Zeitraum von 1969 bis 1976 nicht. Ausgebaut wird hier nur der Katalog der konkurrierenden Gesetzgebung in Richtung auf verstärkten Umweltschutz (Art. 74 Ziffer 24 und 20 GG).[11] Dominant sind – neben der Einfügung von Art. 74a, der dem Bund Zuständigkeiten in bezug auf die Besoldung und Versorgung der Angehörigen des öffentlichen Dienstes auch außerhalb des Bundes verleiht – verschiedene und nicht immer knappe Verfassungsänderungen in Richtung auf Verfassungsschutz, Zusammenarbeit von Bund und Ländern bei der Kriminalpolizei und zur Abwehr des Terrorismus u.ä. Hier wie dann auch auf zahlreichen anderen Gebieten, die das Haushaltsstrukturgesetz von 1975 berührt, sind die staatlichen Aktivitäten durch Krisenmanagement unterschiedlichster Art gebunden. Auf der Gesetzesebene gibt es im Aufgabenfeld der Steuerung wirtschaftlicher Prozesse ebenfalls keine grundlegenderen Neuorientierungen mehr. Die förderung prinzipiell und systematisch zum Bestandteil sozialstaatlicher Verantwortung macht. Diese Verantwortlichkeit wird mit dem Graduiertenförderungsgesetz vom 2.9.1971 (BGBl. I S. 1465) auf die Förderung des wissenschaftlichen Nachwuchses ausgedehnt. Dieses Gesetz wird ein besonders markantes Beispiel dafür, wie noch innerhalb der Regierungszeit derselben Regierungskoalition ein sozialstaatlicher Fortschritt ohne förmliche Abschaffung der Einrichtung de facto rückgängig gemacht wird. So wird das ursprünglich geschaffene Prinzip der Stipendien mit dem Haushaltsstrukturgesetz in das rückzahlungspflichtiger Darlehen umgewandelt. Gewiß kann darüber gestritten werden, ob bei drängender Ressourcenknappheit das Stipendienprinzip nicht eine relativ kleine Gruppe Privilegierter unangemessen bevorzugt, da diese Gruppe aufgrund ihrer Qualifikationen später dann ja auch die hohen Gehälter erwarten dürfte. Jedoch ist nun einmal das Faktum unbestreitbar, daß mit dem Haushaltsstrukturgesetz eine qualitative, strukturelle, Zurücknahme erfolgte, während auf den meisten anderen Gebieten lediglich eine Beschränkung der Leistungen vorgenommen wurde.

Der Planung im Hochschulbereich soll das Hochschulstatistikgesetz vom 31.8.1971 (BGBl S. 1473) dienen. Das Hochschulrahmengesetz vom 26.1.1976 (BGBl. I S. 185), das ursprünglich die in einzelnen Bundesländern mit sozialdemokratischen bzw. sozialliberalen Regierungen durchgeführten Hochschulreformen bundesweit verwirklichen sollte, wird am Ende zu einer eher einheitlichen Zurücknahme von Reformen.

Obwohl auch der Bereich „Arbeit" und „Soziales" von den Reduktionen während der sozialliberalen Regierungszeit betroffen wird, gelingen doch hier einige dauerhaft erscheinende Erweiterungen sozialstaatlicher Verantwortlichkeiten. Strukturell wichtig sind die Dynamisierung der Kriegsopferrenten (Gesetz vom 31.1.1970) und die Einführung der flexiblen Altersgrenzen (Rentenreformgesetz vom 16.10.1972, BGBl. I S. 1965), während der Fortfall des Rentnerbeitrages zur Krankenversicherung (Gesetz vom 14.4.1970) eher ungesichert erscheint. Einen Ausbau des Sozialstaates stellen desweiteren das 2. Krankenversicherungsänderungsgesetz vom 21.12.1970 (BGBl. I S. 1770), das allen Angestellten den Arbeitgeberanteil zur Versicherung sichert, und das Agrarsoziale Ergänzungsgesetz vom 21.12.1970 (BGBl. I S. 1775), ergänzt durch die Neuregelung der Altershilfe für Landwirte (Gesetz vom 26.7.1972, BBGl. I S. 1293), und das Gesetz über die Krankenversicherung der Landwirte vom 10.8.1972 dar. Weiterreichende sozialstaatliche Aktivitäten der sozialliberalen Koalition kommen in der Förderung sozialer Hilfsdienste (Wohlfahrtspflege), dem Heimgesetz vom 7.8.1974 (BGBl. I S. 1873), dem Gesetz zur wirtschaftlichen Sicherung der Krankenhäuser (vom 29.6.1972, BGBi. I S. 1009), dem Rentenreformgesetz vom 16.10.1972, dem Gesetz über die Mindestanfordeungen an Unterkünfte für Arbeitnehmer vom 23.7.1973 (BGBl. I S. 905), dem Gesetz über Betriebsärzte, Sicherheitsingenieure und andere Fachkräfte der Arbeitssicherheit vom 12.12.1973 (BGBl. I S. 1885), dem Gesetz über Konkursausfallgeld vom 17.7.1974 (BGBl. I S. 1481), dem Beschäftigungs- und Arbeitstherapeutengesetz vom 25.5.1976 (BGBl. I S. 1246) und dem Ausbildungsplatzförderungsgesetz vom 7.9.1976 (BGBl. I S. 2658) zum Ausdruck.

In dieser Zusammenstellung verdienen sicher die Neugestaltungen im Bereich des Arbeitslebens besondere Beachtung. Sie zeigen sozusagen neue Entwicklungslinien des Sozialstaats ebenso auf wie dies bereits im Zusammenhang mit dem Umweltproblemen ausgeführt wurde. Am Schicksal des Ausbildungsplatzförderungsplatzgesetzes, das einen vorläufigen Abschluß der viel umfassender angelegten Reform der beruflichen Ausbildung darstellt, kann aber auch sehr genau der Schwierigkeitsgrad einer Durchsetzung von Reformen auf diesem Gebiet gegen den massiven und effektiven Widerstand der Arbeitgeberverbände aufgezeigt werden.

Nicht aufgeführt werden hier diverse Gesetze der sozialliberalen Koalition über Leistungsverbesserungen und neue Gegenstände rechtlicher Regelung wie etwa der Fernunterricht. Fortgesetzt hat die Koalition die Reform der öffentlichen Finanzwirtschaft.[17] Genannt werden muß der umfassend angelegte Versuch einer Reform der Einkommenssteuer, des Familienlastenausgleichs und der Sparförderung vom 5.8.1974 (BGBl. I S. 1769), der hier nicht in seinen zahlreichen Einzelheiten gewürdigt werden kann. Dies gilt auch für Verbesserungen des Mieterschutzrechts sowie weitere Reformen des Steuerrechts (Erbschaftsteuer, Schenkungssteuer, Vermögensteuer) und des Lebensmittelrechts.

3. Überlegungen zur inhaltlichen Weiter- und Ausgestaltung des Sozialstaatpostulats

Die knappe Durchleuchtung der sozialstaatlichen Aktivitäten im Zeichen der Mehrheit und Regierung einer CDU/CSU- SPD-Koalition und im Zeichen einer „Reform"-Regierung und -Parlamentsmehrheit der SPD/FDP-Koalition haben im Prinzip ergeben, daß ein Reformprogramm und eine dazu stehende Parlamentsmehrheit nicht eo ipso den originellen Ausbau des Sozialstaates bedeutet. In dieser Kurz-Analyse ist aber auch deutlich geworden, daß der Kriterienkatalog, der in der Auseinandersetzung mit der Sozialstaatsgestaltung einer zuletzt absoluten Mehrheit der CDU/CSU im Bundestag (1957–61) erarbeitet wurde, der Überprüfung und partieller Erweiterung, auch Revision, bedarf. Dies gilt vor allem für die Fassung der Nr. 5 des „Negativkatalogs". Denn es geht offenkundig nicht nur um das Problem der „privatwirtschaftlich nicht oder schlecht organisierbaren Aufgaben und Angelegenheiten". Hier geht es vielmehr auch und gerade um Angelegenheiten, die aufgrund privatwirtschaftlicher Nutzung und privatrechtlich induzierter Problemlagen der öffentlichen Korrektur bedürfen, und zwar nicht nur in einem nachträglich „heilenden" Sinne – wie es die traditionell orientierte Sozialpolitik handhabt –, sondern durch eine Art „Sozialplanung", die sozusagen „Eckdaten" für privatwirtschaftliches Verhalten setzt, und damit die Richtungen angibt, in die sich privatrechtliche Gestaltungen und Beziehungen einzugliedern haben (Beispiel: Die „Umwelt" des Arbeitsplatzes).

a) Das modifizierte Sozialstaatsverständnis der großen Koalition

Versteht man das Sozialstaatspostulat im Sinne des eingangs benannten Kriterienkataloges, so hat die Gesetzgebung der großen Koalition zweifellos im Rechtssinne zu deutlichen Neuorientierungen geführt. Der Kern der Neuorientierung liegt dabei

Regierung der sozialliberalen Koalition arbeitet mit dem Stabilitätsgesetz, seinen Institutionen und Instrumenten, ebenso wie mit den Planungsinstitutionen der Gemeinschaftsaufgaben und der Bildungsplanung.

Unter den wirtschaftsinterventionistischen Gesetzen der sozialliberalen Koalition hatte das Gesetz über die Erhebung eines rückzahlbaren Konjunkturzuschlages zur Einkommen- und Körperschaftsteuer von 23.7.1970 (BGBl. I S. 1125) keine bleibende Bedeutung. Dies mag eher für die Einführung der Depotpflicht „zur Abwehr schädigender Geld- und Kapitalzuflüsse" gelten.[12] Im übrigen steht die Konjunkturankurbelung[13] neben drastischen Versuchen zur Sanierung der öffentlichen Finanzen. Mit dieser Zielsetzung sind das „Haushaltsstrukturgesetz" vom 18.12.1975 (BGBl. I S. 3091) und das Gesetz zur Verbesserung der Haushaltsstruktur im Geltungsbereich der Arbeitsförderung- und des Bundesversorgungsgesetzes, vom 18.12.1975 (BGBl. I S. 3113) in zahlreichen Punkten nichts anderes als Rücknahmen sozialstaatlicher Errungenschaften, wenngleich dabei das Bemühen noch erkennbar bleibt, nicht in allen Fällen sogleich qualitative Reduktionen mit den notwendigen quantitativen zu verbinden. Der Katalog reduzierender Eingriffe ist jedenfalls bestürzend. Betroffen sind auch Einrichtungen und Prinzipien, die z.T. nicht lange davor erst geschaffen worden waren, wie z.B. das Krankenhausfinanzierungsgesetz und die Graduiertenförderung.

Demgegenüber treten zwei weitere gesetzgeberische Aktivitäten, auch als neuartige Weiterentwicklung eigener Art der Sozialstaatlichkeit, in ausbaufähiger Form hervor. Das sehr umfangreiche 2. Gesetz zur Änderung des Gesetzes gegen Wettbewerbsbeschränkungen vom 3.8.1973 (BGBl. I S. 905) stellt den ersten intensiven Versuch des Gesetzgebers dar, den Konzentrationsprozeß in der Wirtschaft mittels der Fusionskontrolle wenigstens überschaubar und kontrollierbar zu machen. Das Städtebauförderungsgesetz vom 27.7.1971 ist ebenso wie das Zonenrandförderungsgesetz vom 5.8.1971 (BGBl. I S. 1237) ein Produkt stärkerer strukturpolitischer Bemühungen des Staates. In seiner Komplexität der Problembehandlung und der Systematik seiner instrumentellen Ausstattung versucht das Städtebauförderungsgesetz, wenigstens planungsrechtlich erweiterten Ansprüchen sozialstaatlicher Aufgabengestaltung gerecht zu werden. Ähnliches kann auch für die Erweiterung des staatlichen Aufgabenfeldes „Umweltschutz" gelten. In dieser Hinsicht ist ein noch deutlicherer Ausbau staatlicher Aufgaben durch die sozialliberale Koalition zu erkennen. Mit dem wachsenden Problembewußtsein der Öffentlichkeit wuchs und verbreiterte sich die staatliche Intervention zum Schutz vor Umweltschäden: Schutz gegen Fluglärm (Gesetz vom 30.3.1971, BGBl. I S. 282), Benzinbleigesetz (vom 5.8.1971, BGBl. I S. 1234), Abfallbeseitigungsgesetz (vom 7.6.1972, BGBl. I S. 873), der Schutz vor schädlichen Umwelteinwirkungen durch Luftverunreinigungen, Geräusche, Erschütterungen u.ä. (Bundes-Immissionsschutzgesetz vom 13.3.1974, BGBl. I S. 721), Bundesnaturschutzgesetz (vom 20.12.1976, BGBl. I S. 3574), Errichtung eines Umweltbundesamtes (Gesetz vom 22.7.1974, BGBl. I S. 1505). Es sollte nicht übersehen werden, daß hier eine umfassende staatliche Aktivität zur Bewältigung von Problemen und Bedürfnissen entstanden ist, die – häufig verbunden mit einem demokratisierenden Element in Gestalt von Bürgerinitiativen – als die Erfüllung von Aufgaben des Sozialstaats bezeichnet werden kann.

Liegt hier ein erkennbarer Schwerpunkt sozialstaatlicher Aktivität der sozialliberalen Koalition, so liegen andere – z.T. noch deutlichere – auf den Gebieten der Rechtsreform, der Mitbestimmung, des Bildungswesens und beim Komplex „Arbeit und Soziales". Am Anfang stand das Straffreiheitsgesetz 1970 vom 20.5.1970 (BGBl. I S. 509). Hier wie auch bei der Reform des Strafrechts gab es schon entsprechende Ansätze der großen Koalition.[14] Die sozialliberale Koalition ging den Weg der Rechtsreformen aber mit umfassenden Ansatz und systematisch. Es folgte die Herabsetzung des Wahlalters auf 18 Jahre, später auch die der Volljährigkeit.[15] Das Gesetz über die Entschädigung für Strafverfolgungsmaßnahmen vom 8.3.1971 (BGBl. I S. 157), Strafrechtsänderungsgesetze, Änderung der Strafprozeßordnung, schließlich das umfangreiche Einführungsgesetz zum Strafgesetzbuch vom 2.3.1974 (BGBl. I S. 469), das 1. Gesetz zur Reform des Ehe- und Familienrechts vom 14.6.1976 (BGBl. I S. 1421), die Neuregelung des Rechts der allgemeinen Geschäftsbedingungen vom 9.12.1976 (BGBl. I S. 3317) und schließlich die aufgrund des Verfassungsgerichtsvetos notwendige zweimalige Beschlußfassung über die Reform des § 218 STGB.[16] Begleitet wird diese Liberalisierung bekanntlich mit Verschärfungen des Rechts in Verfassungsschutzangelegenheiten und zur Bekämpfung des Terrorismus.

Demokratisierungsversuche in Wirtschaft und Gesellschaft finden ihren Niederschlag zunächst in der Novellierung des Betriebsverfassungsgesetzes vom 15.1.1972 (BGBl. I S. 13), das den Gewerkschaften größere Einflußmöglichkeiten gibt, und dann am 4.5.1976 im Gesetz über die Mitbestimmung der Arbeitnehmer (BGBl. I S. 1153), das allerdings die ursprünglich angestrebte paritätische Mitbestimmung nicht bringt, da innerhalb der sozialliberalen Koalition die FDP nicht mitzieht. Es bleibt das Letztentscheidungsrecht der Eigentümervertreter, es kommt zur Aufspaltung der Arbeitnehmerseite durch die Neuschaffung einer besonderen Gruppe „Leitender Angestellter". Dennoch kann dieses Mitbestimmungsgesetz mit seinen erheblich gewordenen Mitbestimmungsmöglichkeiten in allen großen Unternehmen der Bundesrepublik nicht einfach als irrelevant abgetan werden. Davon zeugt nicht zuletzt der problematische Entschluß von Arbeitgebern und Abeitgeberverbänden, vor dem Bundesverfassungsgericht Verfassungsbeschwerde gegen das Gesetz einzulegen.

Hatte auch im Bildungswesen die große Koalition schon einige wichtige Weichenstellungen in Richtung auf eine Erweiterung sozialstaatlicher Verantwortlichkeiten und Förderungen vorgenommen, so wurde doch die Bildungspolitik insgesamt auch auf Bundesebene (die Ländergesetzgebungen über die Reformen im Schul- und Hochschulwesen bleiben hier unberücksichtigt) zu einem wichtigen Bestandteil sozialliberaler Reformpolitik. Allerdings liegen auch hier – wie in der Wirtschafts- und Finanzpolitik sowie der Rechtspolitik – Reformen und ihre partielle Zurücknahme nicht ganz weit auseinander. Zunächst wird die Verantwortung des Bundes für den Hochschulaus- und Neubau (Art. 91a Abs. 1 Nr. 1 GG) auf alle Hochschulen, auch die nichtwissenschaftlichen, ausgedehnt (Gesetz vom 3.9.1970, BGBl. I S. 1301). Einen sehr wichtigen und auch prinzipiell grundlegenden Schritt bildet sodann das Berufsausbildungsförderungsgesetz (Bafög) vom 26.8.1971 (BGBl. I S. 1409), das zwar auf einem entsprechenden Gesetz der großen Koalition aufgebaut, jedoch gleichzeitig, neben der Ausdehnung des Empfängerkreises auf die Hochschulen, die Ausbildungsin Ausmaß und Art „staatlicher Veranwortlichkeit für die wirtschaftlichen Prozesse“ (Ausgangsthese).

Ausdrücklich oder zumindest textimmanent präzisierte die große Koalition das Sozialstaatspostulat auf der Verfassungsebene in folgenden Punkten:

1. Die gesamtwirtschaftliche Verantwortlichkeit des Staates äußert sich im Verfassungsgebot, das gesamtwirtschaftliche Gleichgewicht mit den Mitteln kooperativer Haushaltspolitik von Bund und Ländern zu sichern. Hier wurde das Sozialstaatspostulat inhaltlich präzisiert.
2. Zur (neuen) Verantwortlichkeit gehört die Förderung des wirtschaftlichen Wachstums.
3. Zum Auftrag des (Sozial-)Staates zählt der Ausgleich unterschiedlicher Wirtschaftskraft im Bundesgebiet, d.h. eine die Einheitlichkeit der Lebensverhältnisse (Art. 72 Abs. 2 Ziff. 3 GG) sichernde Strukturpolitik, die vor allem aus der Investitionsförderung besteht.
4. Zum (neuen) Verständnis vom Sozialstaat gehört „die Verbesserung der Lebensverhältnisse“.
5. Zum (neuen) Verständnis vom Sozialstaat gehört die Aufgabe der Bildungsplanung und der Forschungsförderung.
6. Zum (neuen) Verständnis vom Sozialstaat gehört die Regelung von Ausbildungsbeihilfen.

Auf der Gesetzebene kommt als Ausfüllung der „offenen Norm“ vom Sozialstaatspostulat durch die große Koalition vor allem hinzu:

1. Das Zielquadrat des Stabilitäts- und Wachstumsgesetzes, also Preisstabilität, hoher Beschäftigungsstand, außenwirtschaftliches Gleichgewicht und stetiges wie angemessenes Wirtschaftswachstum.
2. Der hohe Beschäftigungsstand wird noch einmal gesondert als Ziel im bedeutsamen Arbeitsförderungsgesetz genannt.
3. Die Ausbildungsförderung für Schüler.
4. Die Neuregelung der beruflichen Bildung.
5. Die Strukturplanung.

Auf Verfassungs- wie Gesetzesebene ist die Neuorientierung im normativen Sinne unübersehbar. Unter den zahlreichen Aspekten der hier nur aufgewiesenen Entwicklung gehört neben der Hervorhebung der deutlich gewachsenen gesamtwirtschaftlichen Verantwortlichkeit des Staates z.B., daß mit der Aufgabe „Verbesserung der Lebensverhältnisse“ eine Formel in die verfassungsrechtlichen Zielsetzungen eingefügt wurde, die auch über das „neue“ Verständnis von Sozialpolitik in der ersten Nachkriegszeit hinausgeht. Dieses „neue“ Verständnis von Sozialpolitik besagte, daß sozialpolitische Aktivitäten des Staates sich auf alle Schichten und Gruppen beziehen müßten, mithin also die arbeiter- oder arbeitnehmerbezogene Sozialpolitik früherer Jahrzehnte der Vergangenheit angehörte. Zum Ausdruck kam das „Neue“ etwa in den Zutrittsmöglichkeiten auch der Selbständigen zu den gesetzlichen Versicherungen. Die Formel „Verbesserung der Lebensverhältnisse“ ist dagegen gleichsam „gruppenunspezifisch“. Es erscheint lohnenswert, ihren Inhalt, aber auch ihren möglichen ideologischen Kern, unter diesen Aspekten gründlicher abzuwägen.

Erwägenswert scheint vor allem auch die Frage, ob nicht im Prioritätensystem sozialstaatlicher Verantwortlichkeiten für die wirtschaftlichen Prozesse heute das Wirtschaftswachstum und die Vollbeschäftigung bzw. genauer „der hohe Beschäftigungsstand" eine besondere und herausgehobene Qualität besitzen. So gibt es zwar in der Bundesrepublik kein „Recht auf Arbeit", und es ist sicher auch in der üblichen Vorstellung eine Garantie des Arbeitsplatzes nicht realisierbar. Angesichts der hier bearbeiteten Neuentwicklung des einschlägigen Verfassungs- und Gesetzesrechts erscheint die Erwägung aber zwingend, ob nicht eine staatliche Verpflichtung zur Vollbeschäftigungspolitik und zur Förderung des Wirtschaftswachstums eine höhere Qualität besitzt als etwa die Geldwertsicherung im Kontext des „magischen Vierecks" des Stabilitäts- und Wachstumsgesetzes.

Die rechtswissenschaftliche Literatur hat sich diesem Gegenstand unter dieser Perspektive bislang kaum zugewandt. Dies liegt sicher nicht zuletzt daran, daß Perspektivik und Methodik juristischer Interpretationen eine übergreifende Zielabwägung und Kriteriendiskussion nicht gerade fördern. Man hat vielmehr den Eindruck, daß auch umfassendere Untersuchungen etwa über die Formulierungen des Art. 109 Abs. 2 GG, also über die Formel „Störung des gesamtwirtschaftlichen Gleichgewichts" eher das Ziel haben, die für die juristische Sprache ungewisse wirtschaftspolitische Terminologie zu eleminieren – etwa durch Bedeutungsminimierung mittels Auslegung –, als sich wenigstens versuchsweise mit den materiellen Zielinhalten einer solchen Formel und ihrer Realisierung im Rahmen der damit modifizierten Rechtsordnung zu befassen. Es ist hier nicht der Raum für eine ausgiebige und solide Auseinandersetzung mit rechtswissenschaftlichen Deutungen. Verwiesen sei hier auf die knappe Auseinandersetzung bei Bull mit diesem Problem.[18] Dort wird unter der Überschrift „Art. 109 Abs. 2 GG als wirtschaftspolitische Zentralnorm?" die von Vogel-Wiebel (Rdnr 84 zu Art. 109 GG) aufgeworfene Frage diskutiert, „daß das Grundgesetz den Interessenausgleich zwischen den am Wirtschaftsgeschehen beteiligten Gruppen nicht der Automatik des Marktes überlasse, sondern die Herstellung dieses Ausgleichs als eine Aufgabe des Gemeinwesens anzusehen sei. „Gesamtwirtschaftliches Gleichgewicht" bedeute danach als Verfassungsbegriff einen „Zustand des Ausgleichs" zwischen den widerstreitenden Interessen der am Wirtschaftsprozeß Beteiligten, wobei nicht nur die Gegensätze zwischen den Klassen im Sinne der marxistischen Theorie, sondern auch die zwischen anderen Gruppen der Bevölkerung, insbesondere zwischen Berufsgruppen sowie zwischen Berufstätigen einerseits und Rentnern andererseits gemeint sei. Es ist bemerkenswert und beklagenswert, daß dies als „gesetzesunabhängige Verfassungsinterpretation" (unabhängig vom Stabilitätsgesetz mit seinen Präzisierungen) in einem so renommierten Buch das einzige ist, was von juristischer Seite zur Bedeutung der neuen sozialstaatlichen Formel gesagt wird. Hier offenbart sich ein bestürzendes Unverständnis gegenüber wirtschaftspolitischen Problemlagen. Denn das Wort „Gleichgewicht" zielt natürlich nicht auf Art. 3 GG und den Pluralismus. Es geht um das Gleichgewicht makroökonomischer Größen wie Gesamtnachfrage, Gesamtangebot, Geldmengenversorgung, Grad und Bemessung des Wirtschaftswachstums, Grad der Arbeitslosigkeit. Unbefriedigend bleibt auch die weitaus ausführlichere Behandlung des Problems bei Reiner Schmidt,[19] um ein weiteres Beispiel zu nennen. Es geht doch beim „Inhalt des Art. 109 GG“ nicht allein um die Frage, ob die Wirtschaftsverfassung bisher vor allem im Verhältnis Staat—Bürger diskutiert wurde und nunmehr die Wirtschaftsverfassung in ihrer Ausgestaltung auf die Beziehung Zentralstaat zu Gliedstaaten ausgedehnt wurde. Es erscheint auch nur als eines der wichtigen Probleme, ob Art. 109 GG nach einhelliger Meinung der Literatur prinzipielle Bedeutung habe und daß dennoch festgestellt werden müsse, ein „Systembruch“ liege nicht vor, solange die Steuerungs- und Planungsinstrumente global und rechtsstaatlich eingrenzbar und meßbar blieben. Letzteres ist gewiß ein wichtiges Problem. Aber die Bedeutung der Neuorientierung durch Art. 109 GG liegt doch viel stärker in der angemessenen rechtswissenschaftlichen Erfassung dessen, was den Inhalt des wirtschaftspolitischen Begriffs ausmacht.

b) Zur Sozialstaatsgestaltung der sozialliberalen Koalition

Der Kern verschiedenartiger Ansätze zu einer Neuorientierung der Sozialstaatsinhalte durch die sozialliberale Koalition lag — wie schon mehrfach betont wurde — nicht in der weiteren Verstärkung gesamtwirtschaftlicher Verantwortlichkeiten des Staates. In diesem Punkt erbrachte die sozialliberale Regierung teilweise sogar den Beweis dafür, daß die so spät durch die große Koalition vorgenommene Neuorientierung der bewußten Wirtschaftssteuerung schon wieder in einen definierbaren neuen „Negativkatalog“ einmündet, weil nämlich der Problemdruck durch Weltwirtschaftskrise und Strukturwandlungen heute zu wesentlich vollkommeneren und direkteren Vorkehrungen und Instrumenten zur Wahrnehmung staatlicher Verantwortlichkeit für wirtschaftliche Prozesse zwingt (s. auch weiter unten).

Auf der „Verfassungsebene“ bereicherte die sozialliberale Koalition die bekannten und erweiterten Inhalte sozialstaatlicher Provenienz durch die Aufnahme weiterer Materien der Umweltpolitik in den Katalog der Staats- und Bundeszuständigkeiten.

Auf der „Gesetzesebene“ sind in der Zusammenfassung vor allem folgende Orientierungen und Präzisierungen hervorzuheben:

1. Die Erweiterung der Mitbestimmung betrieblicher und überbetrieblicher Art.
2. Eine effektivere Kontrolle wirtschaftlicher Zusammenschlüsse (Fusionskontrolle), wenngleich der Gesetzgeber über Anfänge noch nicht weit hinausgekommen ist.
3. Eine stärkeres Engagement in der Strukturpolitik als einer Weiterführung dessen, das auf der Basis des Stabilitätsgesezes „Globalsteuerung“ heißt. Strukturpolitik dieser „neuen“ Art orientiert sich an der Komplexität der gleichzeitig planvoll zu lösenden Probleme. Sie hat eine Tendenz, die man auch als den Versuch einer „qualifizierenden Globalsteuerung“ bezeichnen kann.
4. Deutlich ist die Erweiterung sozialstaatlicher Regelungsgehalte durch die sozialliberale Koalition auf dem Gebiet des Umweltschutzes.
5. Verdeutlichung des Grundsatzes individueller Förderung nicht im Sinne der traditionellen Sozialpolitik mit dem ausschließenden Gesichtspunkt der Bedürftigkeit, sondern im Sinne einer emanzipatorischen Bildungspolitik der Schaffung von Rechtsansprüchen bei Vorliegen bestimmter Leistungen. Programm und Wirklichkeit klaffen allerdings auch hier recht weit auseinander.

6. Die Einführung der flexiblen Altersgrenze.
7. Humanisierung der Arbeitswelt, insbesondere der Umwelt des Arbeitsplatzes als Stichwort für neue gesetzgeberische Maßnahmen in bezug auf die Situation der Arbeitnehmer im Betrieb.

Daß die sozialliberale Koalition erkennbare Erfolge in bezug auf die vielfältigen Aspekte ihrer Rechtsreformen aufweisen kann, wurde schon gesagt. Rechtsreformen sind als Neugestaltungen der Sozialbeziehungen immer zugleich Elemente sozialstaatlicher Gestaltung. Führen sie zu Liberalisierungen – und dies war in weiten Teilen der Fall –, so geht damit ein Abbau jener obrigkeitlichen Elemente des deutschen Sozialstaates einher, die im Gefolge der sozialkonservativen Ursprünge der Sozialstaatsentwicklung in Deutschland entstanden und de facto wie tendenziell, nicht zuletzt in bestimmten autoritären Verhaltensstrukturen, die Wirklichkeit auch des modernen Sozialstaats ausmachen. An dieser Stelle sei noch ein Beispiel erwähnt, das „Gesetz zur Änderung der Bezeichnungen von Richtern und ehrenamtlichen Richtern und der Präsidialverfassung der Gerichte" vom 26.5.1972 (BGBl. I S. 841), das erhebliche Widerstände hervorgerufen hatte, obwohl es doch nicht eigentlich ökonomische Statuspositionen anrührte.

Der Beitrag der sozialliberalen Koalition liegt somit in der Tendenz, und allerdings mehr im Programmatischen, darin, daß Versuche unternommen wurden, die Privilegienstruktur anzutasten. Bei der Hochschulreform und auch im Verhältnis der Schulzweige zueinander ist dies relativ erfolgreich gewesen. Das Scheitern der Paritätischen Mitbestimmung zeigt auf, wo die Grenzen wohl bis heute zu vermuten sind. Dort nämlich, wo sich die Privilegien mit wirtschaftlicher Macht verbinden.

4. Aspekte der Ursachen und Motivationen sozialstaatlicher Entfaltung

Natürlich kann die hier gewählte Betrachtungsebene (Verfassung und Gesetzgebung) nicht als einziger Indikator für das angesehen werden, was in der „Realität" geschieht. Aber die Ergebnisse können auch nicht einfach ignoriert und als „Schleier" abgetan werden. Es scheint sich demnach zu beweisen, daß es keine eigentlichen „Grenzen des Sozialstaates" in einem vorab definierbaren Sinne gibt. Wohl verlaufen Anpassungsprozesse z.T. extrem langsam und unter hohen Sozialkosten, die in der Regel die sozial Schwächeren zu tragen haben. Aber die Entfaltungsfähigkeit scheint ungebrochen. Dies ist allerdings keine Frage politischer Programme zum Ausbau des Sozialstaats.

Der untersuchte Zeitraum und die Art und Weise, wie einerseits die große Koalition, andererseits die sozialliberale Koalition ihre Ziele setzten und zu erfüllen trachteten, weisen mit frappanter Eindringlichkeit darauf hin, daß – um es in einem Schlagwort zu sagen – die Krise die Mutter weiter entfalteter Sozialstaatlichkeit ist. Die wichtigsten und grundlegenden Neuorientierungen entsprangen dem wirtschaftlichen und gesellschaftlichen Problemdruck, der nur nicht immer allein auf die relativ begrenzte „Krise" oder besser „Rezession" von 1966/67 bezogen werden sollte. Er hatte breitere Ursachen und weitere Aspekte, als es in den ökonomischen Daten zum Ausdruck kam (vgl. etwa die Bildungs- und Ausbildungsstruktur und -situation). Der hier vorhandene

Problemdruck führte im politisch-institutionellen Bereich zu einer Kräftekonstellation, die allein zu den grundlegenderen Neuorientierungen in der Lage war. Eine solche Übereinstimmung gab es für die sozialliberale Koalition bisher nie. Programmatik und Kräfteverhältnis widersprachen sich in erheblichem Maße. Der mit der Weltwirtschaftskrise von 1974 und den anhaltenden strukturpolitischen Wandlungsprozessen verbundene Problemdruck hat offenbar bisher noch nicht jene Kräftekonstellation herstellen können, die zur Vornahme weiterer einschneidender Neuorientierungen erforderlich ist.

Die knappen Ausführungen legen möglicherweise den Eindruck einer mechanistischen und unhistorischen Politikeinschätzung nahe. Deshalb sei betont, daß die sozialliberale Koalition in ihren gesetzgeberischen Ergebnissen auch beweist, daß programmatische Zielsetzungen nicht einfach illusionär sind. Illusionär wäre nur, wenn man nicht wahrhaben wollte, daß Ziele um so weniger durchsetzbar sind, je stärker sie auf Interessenpositionen zielen, die durch entsprechende wirtschaftliche Macht abgesichert sind. Deshalb stieß die sozialliberale Koalition auch mit ihrem Angriff auf die Privilegienstruktur in der Gesellschaft auf besonderde Widerstände und vorhandene restriktive Bedingungen, die stärker waren als jene, auf die die große Koalition getroffen war. Erfolge sind als eine Weiterentfaltung der Sozialstaatlichkeit zu betrachten.

Ein weiterer wichtiger Aspekt des Problems – der wie alle hier angesprochenen einer gründlicheren Bearbeitung bedarf – ist das Zusammenfallen von Reform und „Repression", wie Ralph Miliband es genannt hat.[20] Die Erfahrungen der sozialliberalen Koalition beweisen es deutlich und sowohl in ökonomischer wie in rechtspolitischer Hinsicht. Die Zusammenhänge sind bei der großen Koalition weniger deutlich und deshalb auch noch vorsichtiger zu werten. Diese schuf ja neben den behandelten Erweiterungen der staatlichen Verantwortlichkeiten mit der Notstandsverfassung vom 24.6.1968 (BGBl. I S. 709) ein umfassendes Instrument möglicher Repression.

Welche Rolle spielt, nach den Erfahrungen mit der großen und den Ergebnissen der sozialliberalen Koalition, eigentlich eine sozialdemokratische Partei? Ist sie wirklich nur das Vehikel zur Durchsetzung notwendiger Modernisierungsschübe im kapitalistischen System und zur Beschaffung von Legitimation in der Krise? Auch diese Frage bedarf einer eingehenderen Untersuchung unter Würdigung des Umstandes, daß alle wesentlichen „neuen" Elemente der Sozialstaatlichkeit, die die große Koalition verwirklichte, aus dem programmatischen Reservoir der SPD stammten.

Aus der Fülle der weiteren denkbaren Fragen und Folgerungen aus der hier knapp aufgewiesenen Entwicklung von 1967 bis 1976 soll abschließend noch eine besonders wichtig erscheinende Problemstellung herausgehoben werden. In Thesenform kann sie so formuliert werden: Es gibt offenbar die Möglichkeit und die Realität einer Art „demokratischer Absorption sozialstaatlicher Fortschritte". Damit ist gemeint, daß die notwendigen und vor allem finanziellen Ressourcen weiter entfalteter Sozialstaatlichkeit dadurch aufgebraucht werden können, daß diejenigen, die in dem Prozeß der Demokratisierung mehr Möglichkeiten der Mit- und Selbstbestimmung erhalten haben, in Ausübung ihrer erweiterten Rechte unverhältnismäßig mehr Mittel beanspruchen als es diejenigen können, die über solche Mitbestimmungsmöglichkeiten nicht verfügen. Es ist dies der außerordentlich problematische Zusammenhang zwischen Bildungsreform und Besoldungsreform, der dann zum Gegensatz wird, wenn die Ressourcen knapp und die Verteilungskämpfe hart werden. Hier wird dann gleichsam der höhere Mitteleinsatz im Bildungswesen „demokratisch konsumiert", d.h. die Mittel werden von jenen beansprucht und verbraucht, die in den Bildungsinstitutionen aufgrund von Selbstverwaltung und Mitbestimmung relativ autonom über den Mitteleinsatz bestimmen, während gleichzeitig der gesellschaftliche Funktionswert der Einrichtung in bezug auf Aufnahmekapazität und Ergebnis stagniert bzw. sinkt. So wird denn aus der demokratischen Komponente des Sozialstaats auch in einem spezifischen Sinne eine Reduktion sozialstaatlicher Entfaltung. Gewisse Analogien gibt es offensichtlich im Sozialversicherungswesen. Es erweist sich, daß außer der Wirtschaftskrise und restriktiver Machtverhältnisse noch andere, hier gleichsam „immanente" Faktoren in Richtung auf eine Beeinträchtigung weiterer sozialstaatlicher Entfaltung wirken bzw. wirken können.

Versucht man, das Fazit dieser knappen Untersuchung über die Bedeutung der Reformpolitik für die Weiterentwicklung des Sozialstaatspostulats zusammenzufassen, so könnte man folgern – der Leser möge dies nachvollziehen –, daß die große Koalition die staatlichen Verantwortlichkeiten für die wirtschaftlichen Prozesse wesentlich und mit höchster Rechtsautorität ausgestattet erweiterte. Gesellschaftspolitischer Problemdruck und ökonomische Entwicklungstendenzen *beförderten* diese „Entfaltung des Sozialstaats". Die sozialliberlae Koalition versuchte, programmatisch orientiert, einen umfassenden Angriff auf die gesellschaftliche und rechtliche Privilegienstruktur. Hier *begrenzten* Krise und restriktive Bedingungen (entgegenstehende Macht- und Interessenstrukturen) die Erfolge.

Es bleibt noch bei offener und selbstkritischer Einschätzung der Untersuchung die Frage, ob nicht der Inhalt dessen, was „Sozialstaatlichkeit" genannt werden kann, unangemessen und gleichsam rein pragmatisch der politischen Entwicklung folgend ausgedehnt wurde. Die erste Antwort auf diese Erwägung lautet, daß die eingangs formulierten Kriterien in jedem Fall erkenntnisvermittelnd bleiben. Art und Umfang von „Weiterentfaltung" lassen sich bezeichnen. Dies erscheint zur Zeit immer noch angemessener als die Reduktion der Sozialstaatlichkeit auf eine Sozialpolitik, die auf individuelle Sicherung und Versicherung gegen Lebensrisiken zielt, zu dem Ziel der „Gesellschaftsgestaltung" aber aus mancherlei Gründen nicht durchzudringen vermag.

Anmerkungen

1 Hans-Hermann Hartwich, Sozialstaatspostulat und gesellschaftlicher status quo, Opladen 1970, 2. Aufl. 1977, S. 11.
2 Vgl. a.a.O., S. 359 ff.
3 Dies zu Peter Häberles differenzierter Rezension meines Buches in: Archiv des öffentlichen Rechts, 2/1975, S. 333 ff.
4 Abgedruckt in: Jahresbericht der Bundesregierung 1969, S. 13 ff.
5 Vgl. Häberle, a.a.O., S. 335
6 15. Gesetz zur Änderung des Grundgesetzes, vom 8.6.1967, BGBl. I S. 581.
7 20. und 21. Gesetz zur Änderung des Grundgesetzes, vom 12.5.1969, BGBl. I S. 357 und 358.
8 22. Gesetz zur Änderung des Grundgesetzes vom 12.5.1969, BGBl. I S. 363.
9 Gesetz über die Fortzahlung des Arbeitsentgelts im Krankheitsfall . . ., BGBl. I S. 961.
10 Hochschulbauförderungsgesetz vom 1.9.1969, BGBl. I S. 1556; Gesetz über die Gemeinschaftsaufgabe „Verbesserung der Agrarstruktur und des Küstenschutzes" vom 3.9.1969, BGBl. I S. 1573; Gesetz über die Gemeinschaftsaufgabe „Verbesserung der regionalen Wirtschaftsstruktur" vom 6.10.1969, BGBl. I S. 1861.
11 Änderung des GG vom 12.4.1972, BGBl. I S. 593 und vom 18.3.1971, BGBl. I S. 207.
12 Gesetz zur Änderung des Außenwirtschaftsgesetzes vom 23.12.1971, BGBl. I S. 2141.
13 Z.B. Gesetz zur Förderung von Investitionen und Beschäftigung vom 23.12.1974, BGBl. I S. 3676; Gesetz über Investitionszuschüsse für Mietwohnungen usw. vom 27.12.1974, BGBl. I S. 3698; Änderung des Investitionszulagengesetzes (v. 18.8.1969) vom 30.12.1974, BGBl. I S. 3726; Gesetz zur Förderung der Modernisierung von Wohnungen vom 23.8.1976, BGBl. I S. 2429.
14 Straffreiheitsgesetz 1968, BGBl. I S. 773; 1. Gesetz zur Reform des Strafrechts vom 25.6.1969, BGBl. I S. 645.
15 27. Gesetz zur Änderung des Grundgesetzes vom 31.7.1970, BGBl. I S. 1161; Gesetz zur Neuregelung des Volljährigkeitsalters vom 31.3.1974, BGBl. I S. 1713.
16 5. Gesetz zur Reform des Strafrechts vom 18.6.1974, BGBl. I S. 1297; 15. Strafrechtsänderungsgesetz vom 18.5.1976, BGBl. I S. 1213.
17 Einführungsgesetz zur Abgabenordnung vom 14.12.1976, BGBl. I S. 3341.
18 Hans Peter Bull, Die Staatsaufgaben nach dem Grundgesetz, Frankfurt a.M. 1973, S. 256 f.
19 Wirtschaftspolitik und Verfassung, Baden-Baden 1971, S. 139 ff.
20 Ralph Miliband, Der Staat in der kapitalistischen Gesellschaft, 1. Aufl. 1972, S. 350 ff.

Institutionelle Bestimmungsfaktoren politischer Veränderung*

Von Carl Böhret

> *Von dem Staat, wie er ist, dürfen wir keine Besserung erwarten, und den Staat, wie er sein soll, muß die bessere Menschheit erst begründen.*
>
> (Friedrich von Schiller)

I. Problemfeld und Untersuchungsmaßstäbe

Der Bundeswahlkampf 1976 hat bemerkenswerte Umkehrungen in der Argumentationsausrichtung der beiden großen Parteien gebracht.

Während die SPD Nüchternheit und Pragmatismus ausstrahlte, immer wieder auf das „Machbare" verwies und Stabilität als das Hauptziel herausstellte, wurde von der CDU die Notwendigkeit der Prioritätensetzung aus der Anbindung an Grundwerte betont.

Die Junge Union hatte schon vorher ganz modern postuliert: „Die zukünftige Gesellschaft muß geplant und gestaltet werden; sie kann nicht als das Produkt angeblich zwangsläufiger Entwicklungen einfach hingenommen werden."[1]

Die SPD erinnerte sich erst nach den Wahlen auf ihre grundwertbezogene Tradition: Breite Zustimmung für progressive Politik erreicht man offensichtlich nicht nur durch Management, sondern erst über ergänzende Motivationsangebote für den Bürger. In der variationsreichen Kombination von Wertevermittlungs- und Aktionsfähigkeit scheint eine Chance für veränderungsbezogene Konsenserzeugung zu liegen.[2]

Die in der Regierung vertretene Mehrheitspartei ist eher geneigt, pragmatischer zu argumentieren, schon weil sie mit den Begrenzungen für umfassendere Veränderungen täglich konfrontiert wird. Für die Opposition ist es dagegen einfacher, größere Problembereiche ohne direkten Realisierungsdruck zu thematisieren.

Für beide Seiten stellt sich nun die Frage nach dem Gestaltungsspielraum oder – skeptischer – nach dem Gestaltungs*rest* für die neue Legislaturperiode und damit nach dem Umfang und der Richtung politischer Veränderungschancen.

Zu einer Analyse dieser Möglichkeiten werden wir nun aber auch *deshalb* aufgefordert, weil die *sozialwissenschaftliche* Diskussion in jüngster Zeit durch zunehmend pessimistische Einschätzungen der Möglichkeiten für Veränderungen angereichert wurde.

Ausgehend von den „Grenzen des Wachstums" – wie sie der Club of Rome prognostizierte – folgert Knut Borchardt[3], daß bei Wachstumsbeschränkungen Zeiten diktatorischer Lenkung wahrscheinlicher seien als fortschreitende Emanzipation. *Falls* Wachstumsbeschränkungen eintreten, würde das den Kollaps der parlamentarischen Demokratie, der unkontrollierten Forschung und des Leistungswettbewerbs bedeuten.

Nicht-wachsende Gesellschaften würden dann nur mit strengen hierarchischen Strukturen und Einschränkungen der bürgerlichen Freiheiten – einschließlich der freien Berufswahl – gelenkt werden können. Drohende Freiheitsverluste und umfassende kollektive Regulierungen in westlichen Industriegesellschaften ahnt auch Daniel Bell. Das gilt insbesondere, wenn das Rüstungsgeschäft aufrechterhalten wird, trotz – ja wegen – der neuerlichen Warnungen C. F. von Weizsäckers. Helmut Klages konstatiert eine ziellos-unruhige Gesellschaft mit tiefgreifenden Instabilitäten.[4]

Aus anderer Position hat auch Jürgen Habermas darauf hingewiesen, daß kapitalistische Gesellschaften Wachstumsbeschränkungen nicht ohne Preisgabe ihres Organisationsprinzips verkraften könnten.[5]

Die Folgerungen der skeptischen Wissenschaftler über die dann jeweils erforderlichen Veränderungen sind höchst unterschiedlich. Sie reichen von der Forderung nach differenziertem Verzicht auf technischen Fortschritt über einen „Index verbotenen Wissens" (H. Kahn) bis zur Erziehungsdiktatur der Philosophen im Sinne Marcuses. Solche Äußerungen sind nicht „herrschende Meinung"; aber sie ergänzen die eher resignative Haltung in der politischen Praxis auf beachtenswerte Weise.

Folgt man den zunehmenden pessimistischen Äußerungen und berücksichtigen wir die eher konservierend als progressiv anmutende innenpolitische Szene wie die auf hohem Versorgungsniveau sich andeutenden Stagnationstendenzen, dann sprechen viele Anzeichen für *reduzierte* Veränderungschancen.

Diesen „Augenschein" wollen wir näher untersuchen, indem nach Bestimmungsfaktoren für politische Veränderung oder auch für deren „Verhinderung" gefragt werden soll. Unser *Erkenntnisinteresse* lautet also: In welchen gesellschaftlichen Bereichen sind die hauptsächlichen Restriktionen und die noch *un*genutzten Möglichkeiten für politische Veränderungen zu finden?

Bevor wir uns mit *Bestimmungsfaktoren* befassen, ist zu klären, was unter *„Veränderung"* verstanden werden kann.

Veränderung läßt sich *allgemein* definieren als „Wechsel in der Beschaffenheit oder Form eines Dinges", das selbst bestehen bleibt, (aber auch als) „Übergang zu einem qualitativ neu bestimmten Anderssein, (wobei der Übergang) nach Umfang, Richtung und Geschwindigkeit verschieden sein kann."[6]

Über die bloße *Fest*stellung hinaus, daß sich solche Veränderungen ereignen, folgt die Erweiterung zu einem „bewußten" *Handeln*. Verändern heißt dann *Ein*wirken auf den gegebenen Zustand mit dem Ziel, eine frühere Beschaffenheit wiederzuerwecken *oder* den gegenwärtigen Zustand in einen zukünftigen zu überführen.

Fast von selbst gelangen wir hieraus zu einem für unsere Themenstellung verwertbaren *generellen* Politikbegriff: „Politik ist der Kampf um Veränderung oder Bewahrung bestehender Verhältnisse."[7]

Politik verwirklicht sich nun aber im Spannungsfeld zwischen den *objektiven* sozialen und ökonomischen Verhältnissen und deren *subjektiver* Wahrnehmung durch die Träger und Adressaten der Politik, deren schichtenspezifische Sozialisation ihre *Einstellung* gegenüber Richtung und Ausmaß von Veränderungen mitbestimmt.

Vor *diesem* Hintergrund sollen kurz einige idealtypische Haltungen gegenüber politischer Veränderung skizziert werden.[8] Auf diese Einstellungen stoßen wir bei der Analyse der Bestimmungsfaktoren immer wieder; sie seien hier gewissermaßen „vor die Klammer gesetzt".

Der *restaurative* Politiker blickt in die *Vergangenheit* zurück, *verneint* die Gegenwart und erstrebt die Zukunft als *Rückkehr* in eine gute, alte Zeit. Demgegenüber sucht der *Revolutionär* das Heil in der Zukunft, von ihr aus bekommt die Gegenwart erst ihre Bedeutung. Der *Konservative* möchte, was sich *bisher* bewährt hat, erhalten und will nur *un*aufschiebbare Veränderungen – die das Bewährte bedrohen könnten – zulassen. Der kritische Kommentator der französischen Revolution, Edmund Burke, hat diesen Standort klassisch formuliert: „Einem Staat ohne Möglichkeiten zum Wandel fehlen zugleich die Möglichkeiten zu seiner Erhaltung. *Ohne* Veränderungsmöglichkeiten riskiert er sogar den Verlust *jener* Bestandteile seiner Verfassungsordnung, die er als geheiligste zu bewahren wünscht."[9]

So bleibt schließlich nur der *Reformer* gegenüber allen Zeiten offen. Er erkennt die Gegenwart als etwas aus der Vergangenheit Gewordenes, er ist aber auch *kritisch* gegenüber dem Bestehenden, das es zu verändern gilt, nicht ohne Bewährtes zu *berücksichtigen.*

Erhard Eppler hat mit den beiden Typen des Wert- und des Strukturkonservativen die Diskussion bereichert.[10] Während es dem *Struktur*konservativen vor allem um die Aufrechterhaltung von gegebenen, ihm letztlich nützlichen, Positionen und Systemstrukturen geht und seine Politik auf deren Stabilisierung zielt – gerade wenn er notwendige Veränderungen hinnimmt – will der *Wert*konservative humane Grundwerte und demokratische Basisnormen erhalten, *ja erst erreichen.* Deshalb würde *er* strukturelle Veränderungen *hin*nehmen, *soweit* dadurch mehr *Gleichwertigkeit* der Menschen erzielt werden kann.

Politische Haltungen dieser Art stellen eine durchgängige, wenn auch eher oberflächige Komponente für die Bestimmung von Veränderungen dar.

Um nun Richtung und Umfang von Veränderungen erkennen und bewerten zu können, benötigen wir mehr als Definitionen und mehr als die Beschreibung von Einstellungen. Aber wir brauchen auch mehr als nur Unbehagen gegenüber der Unzulänglichkeit des Bestehenden. *Hegels* „Nicht *daß* es ist, macht uns leidend, sondern daß es nicht *so* ist, wie es sein soll" führt schnell zu der Frage, *wie* „es" denn sein soll. Wohin und zu welchem Zweck soll Veränderung eigentlich stattfinden? Welches sind die erstrebenswerten Änderungsziele – für wen?

Um politische Veränderung *inhaltlich* bestimmen zu können, bedürfte es einer anerkannten *materialen Theorie* der Gesellschaft. An ihr ließen sich Ereignisse wie Forderungen messen. Nur auf solcher Grundlage könnte man letztlich postulieren, zu welchem Ziel und mit welchen Verfahren Veränderung in Gang gesetzt werden darf. Zwar sind in den letzten Jahren viele apologetische wie systemkritische Theorien entstanden bzw. neu formuliert worden, doch fällt es schwer, hieraus etwa Elemente für eine generelle Theorie der Industriegesellschaft mit historischem Erklärungswert zu synthetisieren.[11]

Eine *allgemein* anerkannte Theorie existiert jedenfalls *nicht* und wird aller Wahrscheinlichkeit nach auch nicht zustandekommen, ja für viele nicht zustandekommen *sollen.*

Da wir für unsere Analyse jedoch nicht ohne ein Minimum an theoretischem Bezug auskommen, ist eine „vorzugsgebende Wahl" erforderlich. Sie kann hier auf zwei Möglichkeiten reduziert werden:

Zum einen ließen sich die folgenden Analysen von *einer* der *existierenden* Theorien aus vornehmen. Das würde verlangen, daß die Bindung an eine *bestimmte* Theorie erfolgte. Der unbestreitbare Vorteil läge in der höheren Konsistenz der Argumentation.

Zum anderen ließen sich auf niedrigerem Niveau wenigstens grobe Maßstäbe für Richtung und Ausmaß von Veränderungen aus Mängelanalysen und unter Berücksichtigung genereller Wertorientierungen und Verhaltensweisen der politischen Kräfte gewinnen.

Ich möchte hier diese *zweite* Vorgehensweise wählen, auch wenn ich sie nicht unbedingt vorziehe. Da es offensichtlich keine *verbindliche* Theorie gibt, würde es problematisch bleiben, die Wahl einer *bestimmten* Theorie als *allgemein* annehmbar zu setzen. Nicht nur die Schlußfolgerungen, sondern bereits die Analysen würden auf wechselnde Zurückweisung stoßen, zumal es jedem von uns schwer fällt, und es auch kaum vertretbar ist, sich quasi „spielerisch" auf dem Boden einer eigentlich abgelehnten Theorie zu bewegen. Deshalb soll für die folgenden Erörterungen von einem relativ niederen, weitgehend phänomenologisch bestimmten Theorieniveau ausgegangen werden. Dieser begrenzte Ansatz öffnet jedoch einerseits die Chance, unterschiedliche theoretische Erkenntnisse einzubeziehen und beläßt andererseits die Möglichkeit, Bewertungsmaßstäbe zu wählen.

Unter Berücksichtigung der eingangs erwähnten Probleme und bei Beachtung von Grundlinien der reformtheoretischen Konzepte möchte ich der Politik die *Möglichkeit nicht* absprechen, *„konzeptionell"* sein zu *können,* historische Bezüge beachten und Verbesserungen erstreben zu wollen.

Ich wähle deshalb als Bewertungsmaßstab für die folgenden Untersuchungen, daß politische Veränderung dann vorliegt, wenn

> *erstens* im Gemeinwesen für die Lage und das Zusammenleben *aller* Menschen etwas „besser" wird;
>
> *zweitens,* wenn in *dieser* Hinsicht erstrebenswerte Zustände ganz oder doch in erheblichem Umfang erreicht worden sind – und zwar auf Wegen, die den erstrebten Leitbildern nicht deutlich widersprechen.
>
> Politische Veränderung ereignet sich *drittens* dann, wenn der Änderungs*prozeß* nicht nur in kleinen, voneinander isolierten Schrittchen (also in der Form *„inkrementaler"* Politik) vor sich geht, sondern trotz aller Hemmungen aus dem sozialen und ökonomischen Bereich eine *konzeptionelle* Ausrichtung erfährt.

Es wird also ausgegangen von einem Spannungsverhältnis zwischen Wünschenswertem und Machbarem mit der Maßgabe, daß das Wünschenswerte eine *höhere* Bewertung als das *nur* Bewahrungswürdige erfährt. Deshalb ist auch *nicht* schon *jede* Innovation „Fortschritt" oder „Verbesserung".

Im folgenden sollen nun „Bestimmungsfaktoren politischer Veränderung" benannt und auf diesen Anspruch hin analysiert werden.

Gemäß unserer Definition von „politischer Veränderung" müssen solche Bestimmungsfaktoren handlungsbezogen sein und in Richtung auf mehr als nur inkrementale

Verbesserung wirksam werden. Sie müssen prinzipiell eine *Anstoß*- und keine *Verhinderungs*funktion wahrnehmen, auch wenn sie durch die ihnen auferlegten Restriktionen diese Funktion aktuell *nicht* immer wahrzunehmen vermögen.

Es ist also zu prüfen, ob die Bestimmungsfaktoren *so* wirken oder wirken *können*, daß sie Veränderungen im definierten Sinne *auslösen*.

Beim gegenwärtigen Stand der Forschungsbemühungen ist es naheliegend, die relevanten Bestimmungsfaktoren aus den Bestandteilen der drei wesentlichen Subsysteme moderner Politikanalyse zu gewinnen, also

- aus dem *politisch-administrativen* System
- aus dem sinn- und wertevermittelnden *sozio-kulturellen* System und
- aus dem *ökonomischen* System.

II. Analyse relevanter Bestimmungsfaktoren politischer Veränderung

1. Bestimmungsfaktoren politischer Veränderung im politisch-administrativen System

Beginnen wir mit einer Grobanalyse von Bestimmungsfaktoren der Veränderung im politisch-administrativen System.

Es wäre wohl zu vermuten, daß vor allem Regierung und Verwaltung aktive Faktoren der Veränderung sind. Gestützt auf mehrere Untersuchungen und Beobachtungen ist nun aber festzustellen, daß wir es hier selten mit bedeutenden Trägern politischer Veränderung zu tun haben.[12]

Das liegt zunächst einmal an der durch Interessenbeziehungen und institutionelle Bedingungen reduzierten Politikerzeugungskraft. Dies macht sich besonders bemerkbar, wenn bei verkürztem Finanzspielraum und in den Grenzen von Koalitionsbindungen das kurzfristig angelegte konkurrenzdemokratische Prinzip nur Taktiken der Konfliktreduzierung zuläßt.

Nicht von ungefähr wurden im vergangenen Wahlkampf keine großen Themenbereiche benannt und Veränderungsanforderungen erhoben. Das „Modell Deutschland" der SPD rekurrierte auf relative Erfolge des ökonomischen Krisenmanagements, und die Opposition sprang auf die Ebene unverbindlicher Grundwertdiskussion oder schlagwortartig verkürzter Visionen. Bei starkem Führungswillen des Kanzlers und ausgeprägtem Profilierungsstreben des Koalitionspartners wird kein Anstoß zu umfassenderen Veränderungen erfolgen. „Maßnahmen" dominieren „Konzepte".

Erste Begründungen hierfür sind in den *Strukturbedingungen* von Regierung und Verwaltung überhaupt zu finden. Wir stellen nämlich eine unzureichende *Fähigkeit* zur Problemwahrnehmung und zur konzeptionellen Politikerzeugung fest.

Schon beim gegenwärtigen Stand eines unserer Forschungsvorhaben[13] kann man am Beispiel der „Entwicklung strukturschwacher Räume" und der „Gesundheitspolitik" zeigen, daß bestimmte Schwierigkeiten *überhaupt* nicht wahrgenommen werden; oft allein deswegen nicht, weil keine direkte Zuständigkeit vorhanden ist und – weil die Spitzenpolitiker eine Neigung zur partikularen Betrachtungsweise pflegen.

Einmal, weil sie sich wegen der erforderlichen Rückbindung zu ihrer Partei auf *bestimmten* Politikfeldern profilieren zu müssen glauben, *zum anderen*, weil sie von ihrem administrativen Apparat zum Ressortminister „degradiert" werden und deswegen auch im Kabinett zum größeren Teil nur noch fragmentierte Politikerzeugung betreiben.

Nicht selten wird – vielleicht unvermeidlich – in den Kategorien der Interessenverbände gedacht; einige Analysen haben geradezu verbale Gleichheiten nachgewiesen. Es ist vorgekommen, daß Ressorts zum Vollstrecker einer einlinigen Verbandspolitik herabsanken.

Ist schon die Problem*wahrnehmung* reduziert und überwiegend extern bedingt, dann kann auch die konkretisierende *Ziel*formulierung nicht vielversprechender sein. Wegen solcher Lücken kommt es zum häufig wechselnden Sprung in immer neue Problemfelder: von der Bildungspolitik zum Umweltschutz, von dort zur Energieversorgung usw. Durch den Übergang zum neu-thematisierten Problembereich wird die *Nicht*lösung der „angefangenen Probleme" verdeckt. Wie die Diskussion um die Erweiterung der deutschlandpolitischen Kompetenzen des Bundeskanzleramtes, um die Errichtung eines Infrastrukturministeriums, oder wie die mißlungene Implementation ressortübergreifender Planung auf Bundesebene zeigen, liegt die Konsensschwelle auch für Veränderungen hinsichtlich der internen Entscheidungsfähigkeit recht hoch.

In der *Programmierungsphase* treten die Ressorts nochmals in doppelter Weise innovationshemmend auf: So legt man sich beispielsweise auf Programme möglichst *spät* fest, weil sonst finanzielle Beanspruchungen zu *früh* sichtbar würden, die dann zur Streichung des Vorhabens führen könnten. Wem es dann allerdings gelingt, ein langfristig wirkendes Programm durchzusetzen, der schreibt – bei engem Ressourcenrahmen – auch die Handlungsspielräume der *anderen* Ressorts fest: Die dynamische Rente verhindert die ebenfalls geforderte Dynamisierung des Kindergeldes; vielleicht wäre deren potentielle Wirkung aber langfristig wichtiger.

Daß politische Veränderungen auch aus *Zuständigkeits*gründen verhindert werden, obwohl in der *Sache* schon prinzipielle Einigkeit besteht, wurde u. a. auch bei der Eherechtsreform bestätigt. Ein positiv verstandener „Wettbewerb der Zuständigkeiten" dagegen könnte Reformen befördern.

Ressortgrenzen verhindern gegenwärtig politisch relevante Veränderungen also nicht nur aus *inhaltlichem* Dissens, sondern auch wegen Verfahrens- und aus Imagegründen.

Außerdem erweist sich die Art der *Instrumentalisierung* häufig dem zu lösenden Problem als nicht adäquat. Am Beispiel: Zur Förderung strukturschwacher Räume dominieren *zwei Instrumente:* finanzielle Anreize und Verbesserung der Infrastruktur. Beide Instrumente werden auf dem *Angebots*wege eingesetzt. Die Wirkung ist abhängig von der Nachfrage, d. h. von privaten Nutzenkalkülen. Erst die Adressaten der Politik realisieren durch die Nachfrage *oder Nicht*-Nachfrage polititsche Ziele und Programme, mit dem Paradoxon: daß ökonomische Interessen zwar ein Angebot – wie die Wirtschaftsförderung – hervorriefen, es aber in der Nachfrageposition gar nicht bzw. nur noch teilweise in Anspruch nehmen. Als Beispiele für diese Umkehrung der Situation seien die Ansiedlungsfälle IBM (Hannover) und Dow-Chemie (Hamburg) genannt.

Die Verlagerung der staatlichen Politik von der monetären Gewerbeförderung auf die Infrastrukturförderung zeigt zwar ansatzweise Veränderungsfähigkeit, weil die Erstellung der Infrastruktur in staatlicher Regie abläuft; doch ergibt sich dann wieder, daß die Infrastrukturbereitstellung nicht *eigenen* Kriterien, sondern den vermuteten privaten Investitionswünschen folgt.

Wahrnehmungsschwierigkeiten, mehrstufige Auswahlprozesse, externe Einwirkungen und unzureichende Eingriffsmöglichkeiten schaffen so viele Lücken, mit denen sich schließlich niemand mehr befaßt.

Es bleibt festzustellen: In Regierung und Verwaltung *dominiert* die inkrementale Politik, das „Management der auftretenden Probleme". Ausnahmen (insbesondere auf Länderebene) bestätigen nur die Regel. Ein *zentraler* Bestimmungsfaktor für politische Veränderungen ist also ausgerechnet jene Institution *nicht*, von der man es am ehesten erwartet hätte.

In diesem Zusammenhang kann die interdependente aktionsbegrenzende Mitwirkung *anderer Bestandteile* des politisch-administrativen Systems nur thematisiert werden:

So erweisen sich beispielsweise *Wahljahre* für Regierung und Verwaltung zunehmend als Hemmung für Veränderungen. In Erwartung des Wahlausgangs in Bund oder Ländern passiert monatelang nichts mehr. Der politische Prozeß wird von den kurzen Zeiträumen zwischen den Wahlen und von deren *Rhythmus* beeinflußt; in diesen Perioden wird keine konzeptionelle Politik erzeugt, die Zeit reicht einfach nicht aus für die Berücksichtigung der *großen* Probleme.

Die Einschätzung, daß 1977 – ein Jahr *ohne* Wahlen – am ehesten noch Chancen für Veränderungsschübe bietet, während 1980 mit der Bundestagswahl und fünf Landtagswahlen ein Jahr der (konzeptionellen) Stille sein dürfte, wird – zumindest in Bonner Amtsstuben – generell geteilt.

Wahljahre *verhindern* politische Veränderung eher, als daß sie diese fördern.

Das liegt zu einem nicht geringen Teil an den *Parteien*, die ihre steuerungspolitische wie ihre legitimatorische Funktion nur sehr reduziert wahrnehmen. *Sie sollten* ja bei der Willensbildung des Volkes mitwirken und damit das zukünftige Erstrebenswerte thematisieren sowie alternative Wege diskutieren.

In mehreren Untersuchungen wurden die *gegenwärtigen* Hauptdefekte in unseren Parteien herausgearbeitet. Es zeigte sich vor allem, daß die Funktion der politischen Bewußtseinsbildung der Bevölkerung nicht ausreichend wahrgenommen wird, nicht zuletzt deswegen, weil die anbietbaren *Alternativen* schrumpfen. Denn die Rücksichtnahme auf die Koalitionspartner schwächt immer wieder das programmatische Profil auf Kosten der Kompromißloyalität. Gleichzeitig erzeugt die Tendenz zur „Mitte" Abgrenzungsneurosen; politische *Perspektiven* werden nicht entwickelt.[14] Gewiß, Kompromißsuche ist im Mehrparteiensystem ein strukturelles Erfordernis, doch dürfte sie nicht vorrangig auf der Ebene der puren Machterhaltung stattfinden.

Diese Machterhaltungsmaxime dominiert schnell den Gestaltungswillen, obwohl doch gerade das Herausstellen des wegen der Mehrheitsverhältnisse aktuell „Nicht-Möglichen" die *Chance* zur späteren Erhöhung der Zustimmung bringen könnte. Die „Legitimation" der Parteien ist gefährdet, wenn sie zu Apparaten werden, die nur noch den allgemeinen Konsens für Führungsentscheidungen erzeugen und zwischendurch Politiker ins Amt bringen, die nun wieder nur nach institutionellen Kriterien entscheiden, statt daß sie die Apparate von außen *leiten.*[15]

Bei der weitgehend apparativ gehandhabten *internen* Willensbildung, bei Regelungen wie dem Ex-officio-Stimmrecht u. a. m., ergeben sich notwendig Beschränkungen bei der Rekrutierung politischer Innovatoren: Als Kandidaten werden jene empfohlen, die sich besonders loyal zur Führung zu verhalten versprechen; die „unten" Ausgewählten stumpfen in ihrer Innovations- und Kritikbereitschaft im Apparat relativ früh ab.

Wer im innerparteilichen Prozeß gar nur Ideen äußert, aber nicht wenigstens auch ein *Amt* erstrebt, wird ohnehin nicht so ganz ernst genommen, oder man unterstellt ihm eine *noch* höhere Strategie als die, die man selbst verfolgt.

Die parteiinternen Diskussionen zeigen ein hohes Niveau bei *Geschäftsordnungsfragen* und in der Absicherung von Positionen, anstatt daß vorrangig Aufträge an Exekutive und Parlament formuliert und weitergeleitet würden. Die Parteien scheinen also – verständlicherweise – sehr eng mit den Mängeln ihrer Umwelt verbunden zu sein; für konzeptionelle Politikerzeugung, für Anstöße zur politischen Veränderung gegenüber Regierung und Verwaltung besteht in der Regel wenig Antrieb, vielleicht auch wenig Möglichkeit. Orientierungsrahmen, Grundsatzprogramme und einige Parteitage sind lichtvolle Einsprengsel in den durch Bürokratisierung, Parteimanagement und Pfründenskandale grau gewordenen Politikalltag.

In dieser Situation läßt sich auch wenig Veränderungsdruck von seiten des *Parlamentes* erwarten. Es besteht allgemeine Übereinstimmung darüber, daß die parlamentarischen Institutionen nur noch begrenzt als *Richtungsgeber* wirken können – nicht zuletzt wegen der *Macht der Interessen*, der *Vorbereitungsherrschaft* der Verwaltung, der relativen *Expertenabhängigkeit* und der etwas veralteten *Arbeitsmethoden*.

Uwe Thaysen hat in einem Gutachten nachgewiesen, daß die sozio-ökonomische Pluralität der Parlamentsfraktionen, der Hang zur Nachmodellierung von Regierungsaufgaben und die geringe Planungskapazität inhaltlich und im Verfahren keine umfassenderen Veränderungen initiieren *können.*[16]

Das Parlament gibt so bestenfalls den „Resonanzboden des Zumutbaren" (Steffani) ab; es erhält überwiegend im nachhinein legitimatorische Funktionen auf einem schon durch die Exekutive abgesenkten Niveau der Politikerzeugung.[17]

Die Veränderungskraft wird außerdem immer deutlicher durch den politischen *Föderalismus* gelähmt. Die Mitbestimmung des Bundesrates schafft ein retardierendes Moment. Die Notwendigkeit der Bundesregierung, sich mit den „A-Ländern" abstimmen zu müssen, und die in wenigen, aber gravierenden Politikfeldern angewandte *parteiliche* Handhabung der Zustimmungsbremse machen den Bundesrat zu einem potentiellen Faktor der Verhinderung politischer Veränderung und bringen – durch die induzierten Ausweichmanöver der Regierung – eine Aushöhlung der eigentlich intendierten bundesstaatlichen Gewaltenteilung.

Eine vergleichsweise wichtige Rolle spielen die *organisierten Interessen.*[18] Entgegen der vereinfachten Vorstellung vom pluralistischen Aufbau der Gesellschaft und dem harmonisierenden Wirken von „Gegenkräften" bildet sich zunehmend eine eher „oligopolistische" Struktur der Interessen bei Nichtberücksichtigung der weniger artikulationsfähigen Positionen heraus.

Überlagert und durchdrungen wird dieses Machtfeld zusätzlich durch eine *quasimonopolistische* Interessenkonzentration im vertretenen *Sachgebiet*. Weder die Vertretung der Pharma-Industrie noch ein Spezialverband wie die Automobilindustrie noch die organisierten Fluglotsen mobilisieren faktisch Gegenpositionen und vermögen deshalb keilförmig direkt in die politischen Entscheidungszentren vorzustoßen. Ähnliches gilt für einige Großkonzerne.

Solche „Interessenmonopolisten" vermögen ihre Positionen weiter auszubauen und dabei allerdings Strukturprobleme des ökonomischen Systems in den politisch-administrativen Bereich zu übertragen.

Fragmentierte Interessenvertretung und Veto-Positionen *verhindern* generell in beträchtlichem Maß die Durchsetzung konzeptioneller Politik. Ein Beispiel von vielen:

Die potentiellen Beschränkungen der Handlungsfreiheit der Wirtschaft durch ein progressives Berufsfortbildungsgesetz führte unter dem Druck der ökonomischen Interessenorganisationen schließlich zu wesentlichen Abstrichen – bis hin zum durchführungsbehinderten Ausbildungsförderungsgesetz.

Die Bremswirkung der konservierend ausgerichteten Interessen ist bei gleichzeitigem konzeptionellen Defizit anderer politischer Kräfte tendenziell erfolgreicher als die auf Veränderung gerichteten Bemühungen. Umfassendere Veränderungen werden eher verhindert als gefördert.

Es ist allerdings bemerkenswert, daß viele Verbände im Verlauf der Zeit ihre ursprüngliche Aufgabenstellung, die eine ursächliche Identität von Verbandsführung und Mitgliedern sicherten, erfolgreich erfüllt haben. Das trifft beispielsweise für viele sozialpolitische Funktionen der Gewerkschaften oder generell für die Vertriebenenverbände zu.[18a] Mit der Aufgabenerfüllung lösen sich aber solche Verbände nicht auf. Die Verbandsbürokratien dringen auf der Suche nach neuen Betätigungsfeldern in bisher nicht besetzte Felder vor. Der durch den Vertretungserfolg erreichte Funktionswandel bewirkt nun eine Absetzung in Teilbereiche, was durchaus zu neuen Anstößen führen und politische Veränderungen *initiieren* kann (beispielsweise Lohnfortzahlung im Krankheitsfall, Mitbestimmung, Jugendhilferecht etc.). Die *Ergebnisse* der damit verbundenen Aushandlungsprozesse bleiben jedoch wegen der Veto-Positionen der ökonomischen Gegeninteressen und des niederen Kompromißniveaus suboptimal.

Interessenorganisationen sind tendenziell durchaus Bestimmungsfaktoren politischer Veränderung, wenngleich dann deren Umfang wegen der Aushandlungsprozesse gering bleibt oder wegen temporärer Dominanz die erwähnten quasimonopolistischen Ergebnisse bringt. Der „Hang zum Inkrementalismus" bleibt erhalten, er ist organisierten Interessen geradezu inhärent.
geradezu inhärent.

Insgesamt hat unsere – verknappte – Analyse also ergeben, daß im politisch-administrativen System keine herausragenden Bestimmungsfaktoren für signifikante Veränderungen zu ermitteln sind. Reaktives Verhalten in einzelnen Problembereichen scheint die Regel zu sein. *Keiner* übernimmt eine konzeptionelle Funktion, und *alle* achten darauf, daß dies auch keiner ernsthaft *tut*.

Wenn aber „nur mit Zustimmung aller etwas zu bewegen ist, dann ist auch die Fähigkeit, Prioritäten zu setzen, radikal eingeschränkt, weil es darauf ankommt, die Zustimmung auch des letzten, zögerndsten, pessimistischsten oder skeptischsten Partners zu gewinnen".[19]

Dieser *„Grenzteilnehmer der Politik"* bestimmt dann letztlich Art, Umfang und Richtung der Veränderung, zumal es ja auch jenen *Grenzbedarf der Problemlösungskapazität* zu geben scheint, der nur die Implementierung von Instrumenten des akuten Krisenmanagements zuläßt.[20]

Wir werden nun in den anderen Subsystemen nach weiteren Gründen für die offensichtliche Einengung konzeptioneller Politikerzeugung zu suchen haben. Dabei müssen wir uns wiederum auf wenige, wenn auch nicht nur exemplarische Hinweise beschränken.

2. Zur Rolle des sozio-kulturellen Systems bei Veränderungsprozessen

Beginnen wir mit einer Betrachtung der im sozio-kulturellen System vermutlich signifikanten Bestimmungsfaktoren für politische Veränderung.

Offensichtlich bilden sich bestimmte Grundhaltungen in der Bevölkerung heraus, die Veränderungschancen eröffnen oder verhindern.

Nachhaltige Veränderungen müssen sich auch individuell in die privaten Verhaltensbereiche hinein fortsetzen, müssen Bestandteil politischer Sozialisation werden.

Ein großer Teil der individuellen Bedürfnisse und der Verhaltensmuster sind kollektiv erworben, durch die soziale Umwelt bedingt: Weitgehend wird das für gut und recht gehalten, was „die Gesellschaft" als angemessen erachtet. Solche Verhaltensmuster *dienen* auch der Bedürfnisbefriedigung, und sie *schaffen* zugleich Bedürfnisse. Zwar gehört es durchaus zu den Grundbedürfnissen, bestehende Zustände zu verändern[21], doch wird dies überlagert durch sichernde Werthaltungen. Einmal entstandene Verhaltensmuster sind konservativer als die sich wandelnden Verhältnisse, sie werden länger beibehalten und reduzieren die *akute* Veränderungsbereitschaft gegenüber der historisch latenten Chance, ja „Richtigkeit".

Neuere Analysen[22] haben ergeben, daß sich traditionelle Werthaltungen – insbesondere die „bürgerlich" orientierten – im Zusammenhang mit ökonomischen und technologischen Wandlungen zu verändern scheinen und zu gewissen Systemirritationen führen, die Individuum und Gesellschaft belasten sowie gewisse Orientierungsverluste und Selbstwertstörungen erzeugen.

Trotz relativer wirtschaftlicher Prosperität und beachtlichen Sozialleistungen bleibt überdies ein Erfahrungsrest von Unsicherheit und Distanz zu etablierten Institutionen und bei der Mehrheit der Lohnabhängigen ein latentes wenn auch partielles (z.B. auf den Arbeitsplatz bezogenes) Krisenbewußtsein.

Deshalb bleibt das Sicherheitsbedürfnis – gerade auf hohem Konsumniveau – vorrangig, und die Erwartungen an „den Staat" sind hier besonders ausgeprägt.[23] Doch werden Ansprüche hieraus weder in der Form fundamentaler Kritik erhoben noch wird aus Instabilitäten Veränderungsdruck entwickelt. Ganz im Gegenteil, „man zielt nicht auf Glück, Schicksal, Zufall . . . sondern auf möglichst erwartungsgerechte, widerspruchsfreie Veränderung, auf Stabilität des Veränderungsprozesses. Sie zu gewährleisten, gilt allenthalben als Aufgabe des politischen Systems".[24]

Solche niederen „gesellschaftlichen Risikoschwellen" reduzieren aber tendenziell die Möglichkeit für umfassendere Veränderungen.

Es existieren viele Befragungen und Analysen, die zeigen, daß die zu Beginn der siebziger Jahre noch feststellbare Minimalbereitschaft zur Erzeugung eines aktiven Veränderungsdrucks heute wieder zugunsten konservierender oder aber apathisch-resignierender Grundströmungen nachläßt.[25]

Die in Umfragen geäußerten *globalen* Meinungen sind zwar nicht immer identisch mit der Absicht über *konkret erlebte* Problembereiche oder gar Ausdruck der *objektiven* Situation. Sie sollten deshalb nicht schon als Ausdruck der *wirklichen* Bedürfnisse *nur begrenzt informierter* Befragter angesehen werden. Als eine Art Kommentar zu faktischen, wenn auch noch nicht begründeten Verhaltensweisen, besitzen sie durchaus Relevanz für die Erklärung temporärer Verhaltens- und Einstellungsweisen.

Die Zufriedenheit der Bevölkerung war in beachtlichem Ausmaß durch die wachsenden ökonomischen outputs mitbestimmt. Verteilungsungleichgewichte blieben demgegenüber zweitrangig. Der Kuchen wuchs für alle. Davon profitierte auch das politisch-administrative System, das in Struktur und Funktion auch deswegen anerkannt wurde und wird, weil es die ökonomische Systemeffizienz mindestens nicht verhinderte.

Wenn beispielsweise 74 % der Bevölkerung und rund 70 % der Arbeiter – von geringfügigen Mißständen abgesehen – *keine* Reformbedürftigkeit der sozialen Ordnung sehen (1972/74) und auch im Februar 1976 nur rund 26 % die gegenwärtige Lage als „schlecht" einschätzen, dann zeigt das (auf der Grundlage beachtlicher Gewöhnungseffekte) wenig Betroffenheit gegenüber der ökonomischen Situation bei prinzipieller Bevorzugung der gegenwärtigen Bedingungen. Die politischen Verhältnisse in der Bundesrepublik werden seit 1975 zunehmend positiv bewertet, auch die wirtschaftlichen Erwartungen steigen eher an; gewisse „Mängel" – wie höhere Arbeitslosenzahlen – werden weniger eindringlich empfunden.

Diesen offenbare Zufriedenheit mit dem Gegebenen insgesamt, ist teilweise zu relativieren, sobald spezielle Umfragen herangezogen werden. So läßt sich beispielsweise nachweisen, daß sogar im Tabu-Bereich Gesundheitsversorgung die Bereitschaft für *solche* Reformüberlegungen wächst, die nicht nur auf isolierte *Mängel*beseitigung angelegt sind.[26] Die Gesamttendenz der Einschätzungen wird dadurch aber nicht in Frage gestellt.

Im Gegensatz zur Rezession von 1966/67, in deren Gefolge immerhin einige Verunsicherungen auftraten, ist jedenfalls gegenwärtig keine vergleichbare Unruhe zu konstatieren. Zwar schwelen einige Sub-Krisen weiter: so Unsicherheiten bei der Rentenversicherung und die Jugendarbeitslosigkeit, doch ist – zum Teil auch wegen des positiven Vergleichs mit noch schlechteren Situationen im westlichen Ausland – eher Zufriedenheit, wenn auch nicht Begeisterung, festzustellen.

Wie die faktischen Verhaltensweisen erkennen lassen, ist in der gegenwärtigen Ausprägung der sogenannten „Wohlfahrtsgesellschaft" auch bei kleineren ökonomischen Einbrüchen kein Legitimationsproblem zu sehen, aus dem heraus sich politische Veränderungen umfassenderer Art ihrerseits begründen könnten. In einer äußerlich saturierten Gesellschaft mit sehr wenigen sozialen Randgruppen ist der Veränderungsdruck gering; da „Sicherheitsbedürfnisse" wachsen, verstärkt sich eher die Tendenz zur Stabilisierung.

Die auf Systemstrukturen bezogene aktive Veränderungsbereitschaft ist dementsprechend gering. Ansätze für ein „Reformbewußtsein" sind im Verlauf der ökonomischen und sozialen Unsicherheiten der jüngsten Zeit generell (wenn auch nicht in allen Problemfeldern) und deutlich geschwunden.

Dem widerspricht auch nicht die Aktivität von *Bürgerinitiativen*. Dies schon quantitativ nicht: Engagiert haben sich bisher rund 3 % der Bevölkerung.[27] Von wenigen Beispielen abgesehen (Kernkraftwerke, § 218 StGB, etc.) stand die Abwehr lokaler Belästigungen oder die interessenbezogene Anspruchserhöhung im Vordergrund. Problemwahrnehmung und Veränderungsabsichten sind im allgemeinen partikular und fragmentiert, der Politisierungseffekt ist nur temporär wirksam. Die Zielausrichtung „Besserung von Mängellagen" oder „Verhinderung bestimmter Vorhaben" lassen solche Spontanvertretungen als häufig gern gesehene Ventile für abgrenzbare Verärgerung ohnehin eher zu strukturkonservativem Verhalten tendieren.

Trotz anderweiter Erklärungsversuche ist so *gegenwärtig* kein akutes *allgemeines* Legitimationsproblem sichtbar, allenfalls gibt es gruppen- oder bereichsspezifische Motivationsverluste.

Nach wie vor könnte jedoch eine umfangreichere, einschneidendere Krisenlage über reduzierte Erwartungen und ein *erst jetzt festgestelltes* Versagen des Steuerungszentrums zur *De*motivation führen. Wenn also die Verlagerung von Teilkrisen aus dem ökonomischen in den politischen Bereich zustandekommt, würde der Legitimations*bedarf* des politischen Systems anwachsen und die Massenloyalität brüchig werden können. Ein solcher Veränderungsdruck ist jedenfalls gegenwärtig nicht zu spüren, eher nimmt eine gewisse Apathie zu, die nur durch einige politische Skandale (wie bei den Abhöraffären) vorübergehend durchbrochen wird.

Bei zusammenfassender Betrachtung ist so die Aussage berechtigt, daß ceteris paribus wenig Anstöße für politische Veränderungen umfassender Art aus der Bevölkerung selbst zu erwarten sind. Bestenfalls kann ein kurzfristiger Konsens für die Beseitigung partieller Ungleichgewichte und Mängellagen erzielt werden, zumal derzeit keine relevante Instanz andersartige Politisierungen betreibt.

Angesichts hohen Konsumniveaus, beachtlicher individueller Freiheitsgrade und breitgefächerter sozialer Absicherung für die meisten, ist ein *strukturkonservatives Verhalten* verständlich und subjektiv sogar angemessen.

3. *Exemplarische Analyse von Bestimmungsfaktoren politischer Veränderung im ökonomischen System*

Befassen wir uns nun noch kurz mit einigen vom ökonomischen System ausgehenden Bedingungen für Veränderungen.

Die ernsthafteren politischen Theorien konstatieren ein wechselseitiges, wenn auch nicht gleich*gewichtiges* Verhältnis zwischen Staat und Wirtschaft.

„Die gegenseitige Bedingtheit der beiden wichtigen Staatsaufgaben – Garantie störungsfreien Wirtschaftsablaufs und Erhaltung der Massenloyalität – erzwingt (daher) eine ‚wirtschaftsfreundliche' Politik: Um die Wirtschaft stabilisieren zu können, braucht der Staat Massenunterstützung; die erhält er nur, wenn er wirtschaftliche Erfolge vorweisen kann, und um sie wieder zu erreichen, ist er auf die Kooperation mit der Privatwirtschaft angewiesen."[28]

Die Regulierung des Wirtschaftsablaufs, die Herstellung der allgemeinen Produktionsbedingungen und die Übernahme der externen Kosten der Produktion (z. B. beim Umweltschutz) erweisen sich als die zentralen, wenngleich abhängigen, Steuerungsaufgaben des politisch-administrativen Systems, d. h. die letzte Bestimmung der konkreten Handlung wird zu einem überragenden Teil von sozioökonomischen Interessen und von der historischen Struktur des Wirtschaftssystems selbst bestimmt. Die Stärken wie die Strukturschwächen des ökonomischen Systems übertragen sich aber auf das politisch-administrative System *nachhaltiger* als umgekehrt die Steuerungsleistungen des Staates sich gegen gesellschaftliche Veto-Positionen oder gegen die mängelerzeugenden Strukturparameter der gegenwärtigen Produktionsweise *durchzusetzen* vermögen. In dieser Diskrepanz liegt ein wesentlicher Grund für begrenzte Eingriffsmöglichkeiten des politischen Systems.

Ein *paar* Illustrationen sollen hier wenigstens die Plausibilität dieser Aussagen *thesenartig* stützen:

Das temporäre Versagen der Selbststeuerungskräfte hat 1975/76 keine Auswirkung im Hinblick auf die Schaffung stärker greifender wirtschaftspolitischer Instrumente gehabt. Ein hierfür benötigter Minimalkonsens aus der Rezession heraus war deshalb nicht herstellbar, weil sich die ökonomischen Veto-Positionen paradoxerweise unter Verweis auf das fortune dieser Regierung durchsetzen konnten und weil das politisch-administrative System mit „Konterreformen" erfolgreich im Sinne der Wirtschaft reagierte: mit Investitionsanreizen durch Arbeitsförderungs- und Modernisierungsprogramme, mit Verlustrücktrag etc.

Ein weiteres Beispiel: Wie schon erwähnt, sollten mit der Gemeinschaftsaufgabe „Verbesserung der regionalen Wirtschaftsstruktur" der gewerblichen Wirtschaft direkte Hilfen und indirekte Anreize zur Investition in strukturschwachen Gebieten angeboten werden. Eine diesen Absichten entsprechende Durchsetzung hätte durchaus eine politische Veränderung in Form der Annäherung an das Ziel der „Gleichwertigkeit der Lebensverhältnisse bewirken *können.*

Bei dem gegebenen multilateralen Verbundsystem mit hohem Konsensbedarf und unter dem Einfluß ökonomischer Interessen ließen sich die verteilungs- und strukturwirksamen Maßnahmen aber bestenfalls pareto-optimal einsetzen. *Das heißt:* Weil sich keiner der Beteiligten nachher schlechter stellen darf als vorher, reduziert sich der Steuerungswille zu einer *unbeabsichtigten* „Esel-Streck-Dich"-Position mit nachfolgenden Überinvestitionen.

Weitgehend ungesteuert verläuft auch die Kostenexplosion in vielen Bereichen der Leistungsverwaltung. Zumeist haben wir es hier mit Nicht-Markt-Systemen zu tun, d. h. die Feststellung von Preisen, Mengen und Produktarten findet auf verschiedenen Ebenen statt. Günther Schmid beschreibt die Situation eindringlich: „Der Nachfrager ist nicht Konsument, der Konsument ist nicht Zahler und der Zahler ist weder Nachfrager noch Konsument. Ein typisches Beispiel ist der Arzneimittelmarkt: Der Patient konsumiert die Arznei, der Arzt aber legt Art und Menge fest, bezahlen muß das ganze die Krankenkasse, die ihrerseits wieder kaum Einfluß auf die Preise hat, weil sie weder konsumiert noch nachfragt." Ähnlich steht es mit der Krankenversorgung nach dem Krankenhausfinanzierungsgesetz: „Der Patient hat als Konsument keinen Einfluß auf die Kosten, die Nachfrager (Arzt, Krankenhaus) brauchen sich nicht um die Preise zu kümmern, weil sie in jedem Fall kostendeckend mit den Kassen abrechnen."[29]

Es ließen sich leicht viele weitere Beispiele finden, die bestätigen: Veto-Positionen und Strukturparameter des ökonomischen Systems lassen politische Veränderungen nur in pareto-optimaler Weise zu und stabilisieren dabei die Produktionsweise insgesamt. Bei Wachstumsverlusten erhöht sich bestenfalls die Chance zur inkrementalen Politik im Sinne der wechselseitigen, aber ungleichgewichtigen Zusammenwirkens von Staat und Wirtschaft.

Als generelles Ergebnis stellen wir fest: Ökonomische Einzelinteressen und ökonomisches System überhaupt erzeugen tendenziell kräftige Restriktionen für eine aktive, auf Veränderung gerichtete Politik.

III. Folgerungen

Insoweit diese – oft nur exemplarischen oder thesenartigen – Aussagen zutreffen, bleibt eher Resignation als Reformbegeisterung. Veränderungen ereignen sich offensichtlich zufällig, reaktiv und in kleinsten Schrittchen im politischen Alltagsgeschäft. Große Konzeptionen lassen sich – falls sie überhaupt noch vorhanden sind – in den komplexen Industriegesellschaften nicht durchsetzen, ja nicht einmal mehr ernsthaft thematisieren. Selbst aus temporären *Krisen* heraus werden keine umfassenderen Veränderungen induziert. Es gilt das *strukturkonservative* Prinzip. *Instrumentell* ist diese Verhaltensweise durch inkrementale Politik beschrieben.

An dieser Stelle sind wir aber aufgerufen, nochmals Rechenschaft gegenüber den wenig positiv erscheinenden Ergebnissen abzulegen:

> Sind wir nicht zu kritisch mit einem Gemeinwesen umgegangen, das eigentlich gerade darin hohe Anerkennung verdient, daß es so stabil und – trotz kleinerer Mängel – doch so funktionstüchtig ist? Ist es nicht gerade der Preis für eine pluralistisch verfaßte Gesellschaft hoher materieller Produktion, daß sie nur *gruppenspezifisch* legitimierte Veränderungen zuläßt und prinzipiell auf Bewahrung ausgerichtet ist?
>
> Ist es im übrigen nicht so, daß wir alle – nicht zuletzt im internationalen Vergleich – „unterm Strich" von dieser prinzipiell pareto-optimalen Politik profitieren?
>
> Oder umformuliert: *Zu was in aller Welt soll denn eigentlich etwas verändert werden, wenn es die meisten Leute – so wie es ist – ganz gut finden?*

Für diejenigen, die sich *eindeutig und abschließend* für diese Auffassung entscheiden, besteht kein großes Problem. Denn das Ausmaß der gegenwärtig erzielbaren Veränderungen ist für sie voll ausreichend und wird es weiterhin sein; *nur so ist noch* erträgliche Politik in komplexen Industriegesellschaften „machbar".

Oder für eine ganz *andere* Position mag gelten, *daß* eben Art und Ausmaß der Veränderung letztlich *doch* „historisch determiniert" sei.

Damit ergibt sich erneut ein – in diesem Beitrag vernachlässigter – Bezug zu Theorieansätzen, von denen aus erst die hier bestenfalls vortheoretisch entwickelten „Mängelanalysen" ihre Begründung und handlungsbezogene Erklärung gewinnen könnten. Dennoch möchte ich auch für die weiteren Folgerungen auf der Ebene der oben bestimmten Grobmaßstäbe für die zum großen Teil phänomenologisch bestimmten Vorüberlegungen bleiben. Das mag sowohl durch Konsistenzüberlegungen als auch durch die noch eingegrenzte Themenstellung zu rechtfertigen sein.[29a] So verbleiben die folgenden Erörterungen also weitgehend auf dem reduzierten, eher mängelanalytisch bestimmten Niveau mit reformtheoretischer Ausrichtung.

Ausgangspunkt für ein Weiterdenken ist zunächst das *Unbehagen*, das durch die eingangs erwähnte Krisenahnung vieler Wissenschaftler unterschiedlicher Position unterstützt wird. Es wäre doch immerhin möglich, daß sich die Resultante aus den vielen kleinsten Anpassungsschrittchen angesichts drängender, umfassenderer Probleme als *un*zureichend erweist. Und schließlich: Ist es nicht der Auftrag an die politischen Kräfte überhaupt, die Bevölkerung rechtzeitig auf *notwendige* und *mögliche* Veränderungen aufmerksam zu machen? Zum Beispiel eine „neue soziale Frage" oder das Erfordernis der „Ressourcenpflege" zu thematisieren? Und ist es dann nicht ebenso erforderlich, die Kompromißniveaus entsprechend den Anforderungen zu erhöhen?

Nun bieten sich allerdings unter Berücksichtigung der vorangegangenen Analysen und unter Beachtung der herrschenden politischen Grundüberzeugungen nur noch wenige Möglichkeiten für eine *initiale* Reaktivierung institutioneller Bestimmungsfaktoren an.

Wegen unseres Demokratieverständnisses ist es ohnedies erforderlich, gerade *progressive* Veränderungen auf eindeutig legitimiertem Wege zu erreichen.

Die einfache Frage für die wegen der bloß strukturkonservativen Politik Besorgten lautet daher: Wer *kann* in der gegebenen Situation überhaupt konzeptionelle Politik erzeugen, den Konsensbedarf dafür senken und mehr als nur inkrementale, mosaikhafte Veränderungen legitimiert erreichen? Welcher Träger von Politik soll und *darf* in unserem System diese Funktion wahrnehmen mit der Maßgabe, daß – unter Beachtung der Unabdingbarkeiten unserer Verfassung – auch über die Veränderungsnotwendigkeit der Subsysteme nachgedacht wird?

Wegen der akzeptierten Rahmenbedingungen bleiben für mein Verständnis nur die *Parteien* als initialer Bestimmungsfaktor für politische Veränderungen übrig. Die Verbindung von legitimatorischer und konzeptioneller Funktion ist nirgendwo enger. Es besteht außerdem die begründete Vermutung, daß aus *ihrer* Reaktivierung *auch* Anstöße auf *andere potentielle* Bestimmungsfaktoren wirken werden und so *insgesamt* eine interne Sytemverbesserung erreichbar sein könnte.

Möglicherweise klingt das recht banal, zumal wir ja auch gerade die *gegenwärtige* politische Leistung der Parteien mindestens *kritisiert* hatten und *aktuelle Bestätigungen* einer Berechtigung hierzu vorliegen.

Deshalb will ich auch gleich hinzusetzen, daß einige *Anforderungen* – die ihrerseits schon Veränderungen voraussetzen – zu erfüllen sind, *damit* die Parteien zu aktiven Bestimmungsfaktoren werden können.

Eine herausragende Anforderung ist, daß eine „*Repolitisierung*“ der Parteien erfolgen müßte.

Sie hätten dazu stärker als bisher ihre Programmaussagen an Zielwerten auszurichten, die aus erstrebenswerten Zukunftsbildern abgeleitet und von einer kritischeren Analyse der gegenwärtigen gesellschaftlichen Gegebenheiten bestimmt sind.[30] Der Verlust normativer Orientierung durch die „Freigabe der Werte“ bedingte individuelle Unsicherheit auch gegenüber der Zukunft.

Ohne konkrete Utopien *verdorrt* aber die Politik im Opportunismus.[31] Deshalb *darf* die Diskussion um das zu verwirklichende Menschenbild nicht abbrechen; keine andere Institution sollte so stark auf politische Philosophie bezogen sein wie gerade die Parteien. Dazu ist eine Verstärkung der Aufnahmefähigkeit für Informationen und Werte ebenso erforderlich wie die Erstellung von Zielkonflikt-Systemen.[32]

Nur auf diese Weise lassen sich wieder *Alternativen* entwickeln anstelle der gegenwärtigen *Variationen* um den Status quo.

Um diese Anforderungen erfüllen zu können, müssen allerdings drei *Funktionen* reaktiviert werden:

Einmal ist eine erhöhte Empfindsamkeit gerade gegenüber längerfristigen Problemlagen zu pflegen; die Parteien könnten als change agents begrenzte Innovationen in Schwerpunktbereichen erproben[33];

zum anderen sind aus den Grundwerten abgeleitete Zielvorstellungen zu groben *Vorgaben* für den politischen Prozeß zu erstellen

und schließlich sind *Konzepte* und Strategien dafür zu entwickeln, wie man den zukünftigen Anforderungen begegnen und dabei die wünschenswerten Zustände erreichen könnte.

Aber nicht nur auf dieser *initialen* Stufe der Politikerzeugung, sondern auch in der *durchsetzungsbezogenen* Phase müßten die Parteien stärker eingreifen: Indem sie als Regierungspartei eine möglichst hohe „Wirksamkeit“ der von Exekutive und Mehrheitsfraktion initiierten Programme dadurch erzielen helfen, daß sie die lokale Bevölkerung in diesen Politikerzeugungsprozeß einbeziehen und auf notwendige Veränderungen vorbereiten, oder aber, daß sie – als Oppositionspartei – Alternativen vorstellen bzw. dringliche Problemlagen thematisieren. Denn die Parteien sollten nicht nur *registrieren*, was die Bevölkerung *jetzt gerade will*, und was spontane, zumeist aber partikulare Initiativen fordern, sondern *sie* sollten *verändernd* auf das Verhalten der Gesellschaftsmitglieder gemäß *ihrer konzeptionellen* und analytischen Bemühungen einwirken.[34] Außerdem müssen die Parteien wieder mehr zum Rekrutierungsinstrument für politische Innovatoren werden. Dazu ist eine gewisse *Entkommerzialisierung* erforderlich – einschließlich der Rückbindung zentraler Amtsträger an die lokale Nominierung. Denn nicht im Wohlverhalten, sondern in der provozierenden Kritik realisieren sich die vorhin genannten Funktionen.

Ein paar thesenartige Überlegungen sind hier erforderlich:

Erstens: Soll die interne Willensbildung nach dem Proporz- oder nach dem Konkurrenzmodell vor sich gehen? Soll nicht doch die innerparteiliche Opposition bewußt gefördert werden, weil *nur* auf diese Weise die Kontrolle der einebnenden „Gemeinsamkeiten“ relativiert und damit auch die Tendenz zur „Bürokratisierung der Politik“ vermieden werden kann? Wenn die *interne* Konfliktaustragung erhöht wird, steigt die äußere *Konsens*fähigkeit, weil die inneren Frustrationen nun nicht mehr nach außen verlagert zu werden *brauchen*.

Und zweitens: Der Abbau der Oligarchisierungstendenzen und die Förderung des diskursiven Prozesses könnten durch ein System von Diskussionskreisen oder Arbeitsausschüssen[35] verbessert werden, die die Mitwirkung gerade der „einfachen" Parteimitglieder und von interessierten Bürgern ermöglichen und in denen Vor- und Nachteile alternativer Veränderungskonzepte *attraktiver* diskutiert werden könnten. Die *personale Auswahl* für viele Funktionen bis hin zum Abgeordneten wird verbessert: Wer in *solchen* Ausschüssen erfolgreich mitwirkt und den Basisbezug immer wieder herstellt, *hat* ein höheres Legitimationsniveau erreicht ... und eben das ist Sinn der Bindung der Partei *„an das Volk"*.

Die Parteien könnten schließlich *deswegen* zum zentralen Bestimmungsfaktor für politische Veränderungen avancieren, weil sie als Gegeninstitution zur *un*politischen Sozialisation das Bewußtsein für die Notwendigkeit von Veränderungen auf dem Weg in die nachindustrielle Gesellschaft *rechtzeitig* erzeugen könnten und so den schmerzhafteren Zwang über Krisenerlebnisse verhindern oder doch abmildern helfen würden.

Gerade wenn die materiellen Ressourcen relativ knapp werden sollten, könnte eine Mobilisierung immaterieller Ressourcen (z. B. über eine Betonung des quartiären Sektors) am ehesten über die Parteien mitgetragen werden. Die Gesellschaftsmitglieder auf eine solche Ressourcenumschichtung vorzubereiten und neue Werte beim Übergang zu der nachindustriellen oder zu der nachrevolutionären Gesellschaft (Johan Galtung) vorzubereiten, wird zur wichtigen Zukunftsperspektive für die politischen Parteien.

Weil die Verwirklichung dieser Funktionen noch nicht erreicht ist, besteht allerdings die ständige Gefahr des Legitimationsentzugs: dies genau in dem Moment, wo die Parteien *keine* Antwort mehr wissen auf drängende Fragen aus der gesellschaftlichen Entwicklung und nicht mehr in der Lage sind, Anstöße für politische Veränderungen zu erzeugen, mitzutragen und zu vermitteln.

Nun mag man all diese Anforderungen wiederum für *plausibel* und sogar für *wünschenswert* halten. Doch müssen wir uns *erneut* die Frage stellen, ob sie nicht zu idealistisch sind oder – anders ausgedrückt – wenn man sich die Parteien so ansieht, werden es *die* denn schaffen? Da sie doch ganz *ähnlichen* systemischen Bedingungen unterliegen und den gleichen Verfestigungstendenzen ausgesetzt sind wie die anderen Institutionen, ist doch kaum einzusehen, warum nun gerade *sie* über den eigenen Schatten springen könnten.

Vor diesem Hintergrund seien ein paar Argumente für die *spezielle* Befähigung der Parteien genannt, wobei hier nochmals auf die von gegebenen Institutionen – und nicht von Systemstrukturen – ausgehende Analyse hingewiesen werden soll. Daß sich die „systemischen Bedingungen" auch in den Parteien widerspiegeln würden und *deshalb* nur eine reduzierte oder überhaupt keine Chance für die Erzeugung und Durchsetzung konzeptioneller Politik vorhanden sein könnte, erweist sich zwar als plausibler Einwand.

Es wird hier aber gerade davon ausgegangen, daß *zunächst* von den eben dafür zuständigen Parteien erwartet werden darf, *daß* sie durch die geforderte Funktionswahrnehmung wesentliche Beiträge und Anstöße zur aktiven Veränderung leisten müssen. Die besondere Befähigung der Parteien, institutioneller Bestimmungsfaktor für politische Veränderung zu sein, soll durch drei Argumente beschrieben werden:

1. Alle anderen Institutionen scheinen ***noch weniger*** geeignet zu sein – vor allem, weil sie in der Problemwahrnehmung und Politikerzeugung selektiver und fragmentierter vorgehen.
2. Den Parteien ist es eher möglich, Innovationen in die Diskussion zu bringen, weil sie *nicht* dem *un*mittelbaren Machbarkeitsdruck und der direkten Erfolgskontrolle unterliegen.
3. Keine andere Institution ist in unserem Gemeinwesen für die politische Informations- und Wertaufnahme wie für deren Verarbeitung und Darstellung gegenwärtig legitimierter als eben die Parteien. Sie können sich am wenigsten „verselbständigen" und „vereinseitigen".

Für die Umsetzung dieser Befähigung benötigen die Parteien allerdings Anstöße „von außen", weil sie sonst „natürlicherweise" dazu tendieren, sich selbst zwischen kurzfristig-reaktiver Alltagspolitik und abgehoben-unverbindlicher Grundwertdiskussion zu vergeuden.

Die verbesserte Transformation mag auf *dreifache* Weise geschehen:
- *einmal* durch noch stärkere Sensibilisierung für politische Aktionen und Widerstandsgruppen, deren Ideen und Forderungen sie aufnehmen *und* mediatisieren,
- *zum anderen* durch eine offensivere Konfliktaustragung zwischen den Parteien im Kampf um die Zustimmung zu den alternativ angebotenen Konzepten
- und *schließlich* durch die Verarbeitung wissenschaftlicher Analysen und Erkenntnisse sowie durch die Anwendung von Instrumenten zur Verbesserung der Politikerzeugung. Zu letzterem sei beispielsweise auf die in jüngster Zeit entwickelten heuristischen Prognose- und Simulationsverfahren hingewiesen.[36]

Die Wissenschaft böte sich generell als *Partner* an, der politische Innovationen stimulieren könnte, dabei genügend Abstand von den *Alltags*bedingungen des politischen Prozesses hat, ohne doch von ihnen isoliert zu sein und der außerdem qua Funktion keinen Eigendrang nach Machterwerb besitzt. Die von der Wissenschaft gefertigten Analysen, die generellen Empfehlungen und Warnungen einschließlich der antizipierten Zukunftsmodelle könnten von den Parteien aufgenommen und programmatisch umgesetzt werden, wobei auch die politischen Folgen zu diskutieren wären. Auf diese Weise sollten Anstöße zur konzeptionellen Politikerzeugung in Regierung und Verwaltung transferiert werden. Die Problemwahrnehmungsaufgabe, die wir zu Beginn dieser Ausführungen als mangelhaft erfüllt konstatierten, könnte durch das mittelbare Zusammenspiel von Parteien und Wissenschaft besser gelöst werden.

Wird hier eine Politisierung oder gar eine Parteilichkeit der Wissenschaft und eine Legitimierung der Wissenschaft durch die Parteien gefordert?

Selbstverständlich nicht. Aber die Verknüpfung der freien – wenngleich gesellschaftlich verpflichteten – Wissenschaft und der parteipolitisch bewerteten und selektierten Übertragung einiger wissenschaftlicher Erkenntnisse in Veränderungsprogramme durch legitimationsbedürftige Parteien, könnte eine neue Qualität der konzeptionellen Politikerzeugung bewerkstelligen. Die politische Auseinandersetzung um die richtige Umsetzung in und die Durchsetzung von politischen Programmen würde eher vergrößert. Und der Bürger selbst könnte die Wahl zwischen Veränderungsalternativen im Zusammenspiel von Analyse und Wertbezug verantwortungsbewußter vollziehen.

Für *beide* Anstoßarten – für die Mediatisierung gesellschaftlich erzeugter Ansprüche wie für die Verarbeitung wissenschaftlicher Erkenntnisse – müssen die Parteien offener werden und die Übersetzung in politische Antworten auf die Herausforderungen der Gegenwart wie der Zukunft vornehmen, in Erfüllung ihres Verfassungsauftrags der politischen Bewußtseinsbildung. Im Nebeneffekt entgehen die Parteien dabei *eher* der ihnen immer neu drohenden „Verherrschaftlichung von oben" durch die eigene wie durch die administrative Bürokratie.

Nochmals: *Ob* es die Parteien schaffen werden, sich selbst zu verändern, bleibt offen. Daß sie – im gegebenen Gesellschafts- und Politiksystem – diesen Weg gehen sollten, daß *sie* am ehesten fähig sein müßten und daß *sie* den *Auftrag* dazu haben – scheint wenig bestreitbar. Vielleicht kann die Wissenschaft durch Kritik und praxisorientierte Angebote den schweren Weg der Selbsterkenntnis und der Selbstverbesserung für die Parteien erleichtern. Zu *mehr* allerdings sind wir qua Wissenschaft auch nicht berechtigt.

IV. Ergebnisse

Die Analyse der Bestimmungsfaktoren hatte ergeben, daß wir davon *aus*gehen können, daß sich unser Gemeinwesen darauf eingestellt hat, *unumgängliche* Veränderungen durch Anpassung in den Subsystemen insgesamt recht erfolgreich zu bewältigen.

Die Art, wie Politik *gemacht* wird, entspricht einem vorsichtigen Abtasten, dem Prinzip des Versuchs und Irrtums im Rahmen einer relativ engen Verfassungsauslegung, so wie diese auch durch den Großteil der Rechtsprechung gestützt wird.

Die Bewegung orientiert sich auf irgendeine „Mitte" hin, die – wegen der eingebauten Hemmfaktoren und geringer Konfliktfähigkeit – ein *mäßiges* Veränderungsniveau ermöglicht.

Für die meisten scheint diese – in ihrer *Viel*falt zwar nicht über*seh*bare – aber an persönlich fühlbaren Einzelleistungen ausgerichtete Politik *akzeptabel* zu sein . . . auch wenn dies nicht unbedingt ihren *objektiven* Interessen entsprechen muß. Bei hohem Versorgungsniveau und sozialer Befriedung herrscht wohl „natürlicherweise" der Hang zum *strukturkonservativen Verhalten.* Und es ist durchaus möglich, daß dies eine der komplexen Industriegesellschaft *angemessene* Verhaltensform ist; mindestens für einen bestimmten Zeitabschnitt.

Daß *zu* häufige und *zu* umfangreiche Veränderungen von den komplexen Systemen und von den in ihnen lebenden Menschen nicht verarbeitet werden können, daß Innovationen nach Art und Umfang *abhängig* sind von dem Ausmaß des zu Stabilität und Routine neigenden Verhaltens, ist immer wieder festzustellen. Vielleicht ist deshalb auch Demokratie in der entwickelten (pluralistischen) Industriegesellschaft genuin nur „inkrementale Demokratie".

Beachtenswert erschien uns aber auch *jene* Denkrichtung, die – bei prinzipiell *wertkonservativer* Haltung – der Auffassung ist, daß einige der Bestimmungsfaktoren für politische Veränderung angesichts der unsicheren Zukünfte *schon heute* progressiver zu nutzen wären und gerade eine *konsum*saturierte Gesellschaft sich mit ihrer *Zukunft ernsthafter* befassen müsse.

In der Erkenntnis, daß Eingriffe in den *Haupt*problemerzeuger, nämlich in einige zentrale Bedingungen des ökonomischen Systems *nicht* aktualisierbar sind, obwohl möglicherweise deswegen *härtere* Probleme *früher* auftreten, erscheint eine progressivere politische Veränderung nur durch die Schaffung eines ausreichenden Konsensniveaus für konzeptionelle Politik denkbar.

Bei den gegebenen Problemen und unter Berücksichtigung der pluralistischen Struktur der Gesellschaft zeigte sich hierfür keine andere *aktuelle* Lösung als die Repolitisierung der Parteien. Von dort aus ließen sich dann wieder Anstöße für vorauseilende Konzeptionen und die weitere Verbesserung institutioneller Gegebenheiten *erhoffen*.

Für denjenigen allerdings, der den entwickelten Industriegesellschaften inhärente Bewegungsgesetze eindeutig erkennen und prozessual einordnen zu können vermeint, bleibt die Unmöglichkeit – ja Sinnlosigkeit – konzeptioneller Politik durch in eben diese Gesellschaften inkorporierte „Träger" von Politik erhalten. Die in ihre historische Gesellschaftsform verstrickten Institutionen könnten dann eine konzeptionelle Veränderung nicht einmal thematisieren.

Anmerkungen

* Dieser Aufsatz ist eine Skizze, der ein größerer Beitrag zur „Theorie konzeptioneller Politik" folgen soll. Die Argumentation ist an einigen Stellen verständlicherweise noch etwas „grobmaschig". Meinen Mitarbeitern an der Hochschule für Verwaltungswissenschaften bin ich für Kritik und viele Hinweise dankbar.

1 Für eine humane Gesellschaft. Grundsatzprogramm der Jungen Union, Bonn o. J. (1972?), S. 2.

2 Vgl. zum Spannungsverhältnis von Gestaltungs- und Machterhaltungsmaxime Carl Böhret: Entscheidungshilfen für die Regierung, Opladen 1970, S. 43 ff.

3 Knut Borchardt: Dreht sich die Geschichte um? Denkmodelle für Wachstumschancen, Ebenhausen 1974, S. 26 und passim.

4 Vgl. Daniel Bell: The Coming of Post-Industrial Society, New York 1973 (dtsch.: Die nachindustrielle Gesellschaft, Frankfurt/New York 1975, gekürzt) und Carl Friedrich von Weizsäcker: Wege in die Gefahr, München 1976. Helmut Klages: Die unruhige Gesellschaft, München 1975. Vgl. neuerdings auch Robert L. Heilbroner: Die Zukunft der Menschheit, Frankfurt/M. 1976 und eher optimistisch: Amilcar O. Herrera/Hugo D. Scolnik u. a.: Grenzen des Elends, Frankfurt/M. 1977.

5 Vgl. Jürgen Habermas: Legitimationsprobleme im Spätkapitalismus, Frankfurt/M. 1972.

6 Brockhaus-Enzyklopädie, 19. Bd., Wiesbaden 1974, S. 419.

7 Christian Graf von Krockow: Reform als politisches Prinzip, München 1976, S. 199 und passim.

8 Vgl. hierzu auch Otto Heinrich von der Gablentz in der Einleitung zu: Texte zur Gesellschaftsreform, Frankfurt/M. u. a. 1972, S. 8 ff.; ferner Arnold Künzli: Partizipation: evolutionäre Revolution, in: Vorgänge, 13. Jg., Heft 3/1974, S. 30 ff. und Christian Graf von Krockow: Reform . . . a. a. O.

9 Edmund Burke: Reflections on the Revolution in France, Works III, S. 40 (zit. nach Christian Graf von Krockow: Reform . . . a. a. O., S. 54 f.) oder in etwas anderer Übersetzung bei O. H. von der Gablentz: Die politischen Theorien seit der französischen Revolution, Köln und Opladen 1957, S. 52.

10 Vgl. Erhard Eppler: Ende oder Wende? Von der Machbarkeit des Notwendigen, Stuttgart u. a. 1975.

11 Am ehesten wären noch die politische Krisentheorie des Spätkapitalismus (Claus Offe) und Konzepte der „aktiven Politik" (A. Etzioni, F. W. Scharpf) als Ausgangspunkte für eine solche Theorie zu sehen.

12 Die folgenden – hier oft argumentativ verkürzten – Ausführungen beruhen auf vorläufigen Ergebnissen und Vor-Ort-Beobachtungen aus mehreren Forschungsobjekten, auf vielfältigen Kontakten mit Verwaltungsangehörigen wie auf eigenen Erfahrungen. Vgl. zum generellen Hintergrund außerdem auch die Untersuchungen von Peter Grottian: Strukturprobleme staatlicher Planung, Hamburg 1974; Bärbel Steinkemper: Klassische und politische Bürokraten in der Ministerialverwaltung der Bundesrepublik Deutschland, Bonn 1974; Hartmut Häußermann: Die Politik der Bürokratie (phil. Diss.), Berlin 1975; Günther Schmid und Hubert Treiber: Bürokratie und Politik, München 1975 sowie die Beiträge von Fritz W. Scharpf: Wirtschafts- und Gesellschaftsstruktur in der Bundesrepublik Deutschland, Entwicklung und Perspektiven sowie von Klaus von Beyme: Der Konflikt zwischen Reform und Verwaltung der Wirtschafts- und Sozialordnung, in: Krise und Reform in der Industriegesellschaft, Bd. 2, Frankfurt/M. und Köln 1976, S. 22 ff. und S. 116 ff. Außerdem: Nach der Wahl '76: Welchen Spielraum hat die deutsche Innenpolitik (= Bergedorfer Gesprächskreis, Protokoll Nr. 54/1976) und Robert D. Putnam: Die politischen Einstellungen der Ministerialbeamten in Westeuropa, in: Politische Vierteljahresschrift, 17. Jg., Heft 1/1976, S. 23 ff.

13 Vgl. C. Böhret, W. Hugger, W. Jann und E. Kronenwett: Entscheidungsfähigkeit und Handlungsspielräume des politisch-administrativen Systems der Bundesrepublik Deutschland am Beispiel ausgewählter Bundesländer und Politikbereiche. Zwischenbericht für die Deutsche Forschungsgemeinschaft, Speyer 1977.

14 Vgl. Ingrid Reichart-Dreyer: Werte – Systeme – Programme. Modell, Praxis und Alternativen politischer Willensbildung und Programmatik, entwickelt am Beispiel der CDU, Diss. rer. pol. (FU Berlin) 1976. Außerdem: Dittberner/Ebbinghausen (Hrsg.): Parteiensystem in der Legitimationskrise, Opladen 1975 und Wilhelm Hennis: Systemüberwindung, Wandel oder Verfall? Zur Lage der Parteiendemokratie in der Bundesrepublik Deutschland, in: Freiheitsräume in der Industriegesellschaft, Köln 1976, S. 103 ff. *Positiver:* O. W. Gabriel u. a.: Strukturprobleme des lokalen Parteiensystems, Bonn 1975 und Peter Haungs: Parteiensystem und Legitimität des politischen Systems in der Bundesrepublik Deutschland (Referat auf dem Kongreß der DVPW in Duisburg 1975, vervielf. Manuskript). Neuerdings auch Gerhard Lehmbruch: Parteienwettbewerb im Bundesstaat, Stuttgart u. a. 1976.

15 So auch R. R. Grauhan und W. Linder: Politik der Verstädterung als praktische Strategie, Frankfurt/M. 1974, S. 172 ff.

16 Frank Grube, Gerhard Richter und Uwe Thaysen: Stand und Perspektiven politischer Planung in Parteien und Parlamentsfraktionen (= Projekt Nr. 157 der Kommission für den wirtschaftlichen und sozialen Wandel), Göttingen 1976/77 vervielf. Typoskript. Vgl. *ferner:* Uwe Thaysen: Unter welchen Bedingungen ist Parlamentsreform möglich? In: Der Bürger im Staat, 26. Jg., Heft 2/1976, S. 131 ff. Außerdem: Welche Zukunft hat die Parlamentarische Demokratie westlicher Prägung (= Bergedorfer Gesprächskreis, Protokoll Nr. 51/1975) sowie Thomas Ellwein: Regieren und Verwalten, Opladen 1976.

17 *Ob* allerdings die Vorschläge Friedrich von *Hayeks* weiterhelfen, mag sehr bezweifelt werden. Hayek empfahl Anfang Dezember 1976 eine *gesetzgebende Versammlung* unabhängig von den Parteien aus „reifen Menschen" über 45 Jahren einzurichten. Diese vom Druck der Sonderinteressen Befreiten sollten auf 15 Jahre gewählt und dann jedes Jahr nach einem Schlüssel durch einige neugewählte 45-Jährige *ergänzt* werden. *Wahlgremium* wären die Altersgenossen, also alle jeweils 45-Jährigen: Jahrgang-Clubs kontra Parteiensystem? (lt. mehreren Pressemeldungen).

18 Wegen ihrer prinzipiell vorhandenen Steuerungspotenz werden die organisierten Interessen hier dem politisch-administrativen System zugerechnet.

18a Erste Hinweise verdanke ich Werner Tegtmeier (Bundesministerium für Arbeit, Bonn).

19 Diskussionsbeitrag Fritz W. Scharpfs in: Nach der Wahl '76 . . . a. a. O., S. 45.

20 Vgl. auch Carl Böhret: Diskussionsbeitrag zum Thema „Der Haushalt als Instrument der Koordination und Prioritätensetzung", in: Regierungspolitik und Koordination (= Internationale Arbeitstagung 1974 der Hochschule für Verwaltungswissenschaften Speyer), hrsg. von H. Siedentopf, Berlin 1976, S. 376–383.

21 Vgl. auch Werner Baumann: Psychologie für eine künftige Gesellschaft, München 1972, passim. Distanziert zur üblichen Bedürfnisforschung äußern sich Karola Brede und Walter Siebel: Zur

Kritik der Bedürfnisforschung, in: Leviathan, Heft 1/1977, S. 1 ff. Vgl. im übrigen auch Katrin Lederer und Rainer Mackensen: Gesellschaftliche Bedürfnislagen. (= Kommission für wirtschaftlichen und sozialen Wandel, Bd. 92), Göttingen 1975, passim.

22 Vgl. vor allem Peter Kmieciak: Wertstrukturen und Wertwandel in der Bundesrepublik Deutschland (= Kommission für wirtschaftlichen und sozialen Wandel, Bd. 135), Göttingen 1976, passim. Generell dazu auch Alfred Grosser: In wessen Namen? Werte und Wirklichkeit in der Politik, Frankfurt/M. u. a. 1976 (erstmals 1969), passim.

23 Vgl. Basisdaten, bearb. von Roland Ermrich, Bonn-Bad Godesberg 1974, passim.

24 Thomas Ellwein: Regieren und Verwalten, Opladen 1976, S. 43.

25 Vgl. die Zusammenfassungen bei: Basisdaten ... a. a. O. sowie Peter Kmieciak: Wertstrukturen ... a. a. O. und die ersten drei Bände von *transfer* (Sozialwissenschaftliche Daten und Konzepte), Opladen 1976 ff.

26 Vgl. Werner Hugger: Gesamtsystemplanung und Reform des Gesundheitswesens der Bundesrepublik Deutschland. Diss. rer. pol. (FU Berlin), Speyer 1977.

27 Vgl. Basisdaten ... a. a. O., Tab. 528; außerdem die Analysen von Max Kaase: Strukturen politischer Beteiligung, in: Form und Erfahrung, Festschrift für F. A. Hermens, hrsg. von R. Wildenmann, Berlin 1976, S. 129 ff.

28 Für viele zusammenfassend Heidrun Abromeit: Zum Verhältnis von Staat und Wirtschaft im gegenwärtigen Kapitalismus, in: Politische Vierteljahresschrift, 17. Jg., Heft 1/1976, S. 15. Vgl. außerdem Claus Offe: Überlegungen und Hypothesen zum Problem politischer Legitimation (vervielf. Manuskript, DVPW-Kongreß 1975 in Duisburg), insbes. S. 11 f.

29 Nach G. Schmidt: Verwaltung, in: Wörterbuch zur politischen Ökonomie, 2. Aufl., Opladen 1977; vgl. auch Werner Hugger: Gesundheitsökonomie, ebda.

29a Die theoriebezogene Erweiterung und Auseinandersetzung soll der geplanten größeren Arbeit vorbehalten bleiben.

30 Vgl. dazu die wichtigen – auch auf Grundwertdefizite verweisenden – Schritte der SPD bei Marie Schlei und Joachim Wagner: Freiheit – Gerechtigkeit – Solidarität. Grundwerte und praktische Politik, Bonn-Bad Godesberg 1976.

31 Vgl. Christian Graf von Krockow: Reform ... a. a. O., S. 131.

32 Vgl. zu Begriff und Einordnung D. Storbeck: Zielkonflikt-Systeme als Ansatz zur rationalen Gesellschaftspolitik, in: Zur Theorie der allgemeinen und regionalen Planung, Bielefeld 1969, S. 62 ff.

33 Vgl. die Ansätze zum „sozialen Experimentieren" bei J. A. Pechman/P. Michael Timpane (Eds.): Work Incentives and Income Guaranties, sowie Alice M. Rivlin/P. Michael Timpane (Eds.): Planned Variation in Education; beide Washington, D. C. 1975 und H. W. Riecken/ R. F. Boruch (Eds.): Social Experimentation, New York u. a. 1974.

34 Vgl. auch den Diskussionsbeitrag Richard von Weizsäckers in: Nach der Wahl '76 (= Bergedorfer Gesprächskreis, Protokoll Nr. 54), Hamburg 1976, S. 60.

35 Vgl. dazu auch Norbert Lammert: Lokale Organisationsstrukturen innerparteilicher Willensbildung, Bonn 1976, S. 58 ff. und 93 ff.

36 Vgl. u. a. Carl Böhret: Problemlösungsansätze für die Entwicklungsplanung, in: Kommunalpolitik zwischen Krise und Reform (Festschrift L. Voit), Köln 1976, S. 181 ff. sowie ders.: Ein Großstadt-Szenario, in: transfer 3 (= Stadtforschung und Stadtplanung), Opladen 1977, S. 203 ff., ferner Peter Wordelmann: Simulation von Systemveränderungen. Möglichkeiten und Grenzen einer Planungsmethode, dargestellt am Beispiel des Ausbildungssektors. Diss. rer. pol. (Freie Universität Berlin), Berlin 1977.

Politische Ökonomie – Herkunft, Probleme, Ansätze: Eine Übersicht

Von Gerhard Himmelmann

I. Politische Ökonomie in der DVPW

Der folgende Übersichtsartikel soll eine Art „Nabelschau" der Politischen Ökonomie innerhalb der Politischen Wissenschaft bieten.

Nun: Innerhalb der Deutschen Vereinigung für Politische Wissenschaft hat es mehrfach Versuche gegeben, das Verhältnis von Politik und Ökonomie bzw. von Politikwissenschaft und Wirtschaftswissenschaft in einem eigenen Arbeitskreis „Politische Wirtschaftslehre" bzw. „Politische Ökonomie" zu verankern.

Ein früherer Versuch, einen Arbeitskreis Politische Wirtschaftslehre einzurichten, von Gert von Eynern angeregt, war in der Vereinigung lange umstritten; einerseits weil dieses Thema der Vereinigung nicht so sehr aktuell erschien, andererseits weil die Politische Ökonomie mit ihren übergreifenden Fragestellungen gegen die Wissenschaftsabgrenzungen zu verstoßen und vom herrschenden Wissenschaftskonsens abzuweichen schien. Das war in der Zeit vor 1968.

Mit der Studentenbewegung und der Rezeption der marxistischen Theorie an den Hochschulen belebten sich die Versuche wieder, innerhalb der Vereinigung einen Arbeitskreis Politische Ökonomie einzurichten. Er kam schließlich auch zustande. Der Verfasser stand diesem Arbeitskreis zeitweise mit anderen vor. Der Kreis tagte mehrere Male, verzehrte sich allerdings in ermüdenden wissenschaftstheoretischen Kontroversen, so daß viele Mitglieder die Lust an der Mitarbeit verloren. Der Arbeitskreis schlief schließlich mit der Begründung wieder ein, daß ein solcher Arbeitskreis eigentlich auch gar nicht notwendig sei. Gerade marxistische Vertreter meinten, man dürfe sich nicht aus dem Gesamtspektrum der Politischen Wissenschaft ausgrenzen und nicht auf eine „Spielwiese" absondern (lassen), sondern politisch-ökonomische Probleme müßten in allen Arbeitskreisen und Sektionen der DVPW vertreten werden. So zerstreuten sich die Teilnehmer wieder und arbeiteten z. T. allein weiter oder beteiligten sich – unter Wahrung ihres Wissenschaftsstandpunktes – an anderen, konkreteren Arbeitskreisen. Nicht zuletzt litt dieser Arbeitskreis an mangelnder Mitarbeit von Nicht-Marxisten. Die esoterische Sprache und die Art des Umgangs, die in diesem Arbeitskreis gepflegt wurde, waren nicht dazu angetan, „Ungeschulten" den Einstieg zu erleichtern bzw. Nicht-Puristen Freude zu bereiten.

Bisher ist kein neuer Versuch unternommen worden, das Thema Politische Ökonomie innerhalb der DVPW institutionell lebendig zu machen, so daß es eine „Politische Ökonomie" im arbeitskreisähnlichen Sinn in der Vereinigung eigentlich nicht mehr gibt.

Die Agonie des Arbeitskreises Politische Ökonomie/Politische Wirtschaftslehre in der DVPW soll und kann freilich nicht darüber hinwegtäuschen, daß der damit angesprochene Problemzusammenhang: die Analyse der Interdependenzen von Politik und Ökonomie und die Rekonstruktion der Politischen Ökonomie gerade in den letzten Jahren einen enormen Aufschwung zu verzeichnen hat (u. a. Offe, 1972; Habermas, 1973; Ronge/Schmieg, 1973; Eynern, 1973; Widmaier, 1974; Frey-Meißner, 1974; Vogt, 1973; Frank, 1976; Riese, 1977; Hereth, 1977; Heinemann, 1974 u. a.) Die DVPW selbst hat mit ihrer Hamburger Tagung zum Thema „Politik und Ökonomie – autonome Handlungsmöglichkeiten des politischen Systems" (1973) den Anspruch bekräftigt, daß sie das Thema Politik und Ökonomie als einen ihrer zentralen Forschungsschwerpunkte ansieht.

Ein wichtiger Teil der Diskussion um eine Rekonstruktion der Politischen Ökonomie spielt sich heute allerdings (leider) außerhalb oder am Rande der Politikwissenschaft ab, so daß dieser Übersichtsartikel, wie es dem Selbstverständnis der Politischen Ökonomie entspricht, den Blick auch und gerade über die eigene Disziplin hinaus richten muß. Wir wollen im folgenden entlang der relevanten Literaturquellen argumentieren. Wir wollen die spezifischen Forschungsgegenstände und Probleme der Politischen Ökonomie/Politischen Wirtschaftslehre aufzeigen, also auch problemorientiert vorgehen, um sowohl dem Laien wie dem Kenner Anhaltspunkte zu geben. Von einer eingehenden Würdigung bes. der angelsächsischen Literatur muß an dieser Stelle allerdings abgesehen werden.

II. Volkswirtschaftslehre und Politische Ökonomie

Das zentrale Problem der „Politischen Ökonomie heute" (Salin, 1955; Albert, 1967; Molitor, 1972; Böhret, 1967, 1973) besteht darin, daß sich die Wirtschaftstheorie, die früher den stolzen Namen „Politische Ökonomie" trug, fast gänzlich aus der Sphäre der „Politik" zurückgezogen hat. Sie hat sich zu einer funktionalistischen Wirtschaftstheorie mit hohem Abstraktionsgrad und ausgefeilter mathematischer Methodik entwickelt, bei der es schwerfällt, die gesellschaftswissenschaftlichen Zusammenhänge, die gerade die ältere Politische Ökonomie thematisiert hatte, noch zu erkennen. Gerade um diese Zusammenhänge geht es auch der heute neu zu rekonstruierenden Politischen Ökonomie (Tudyka, 1969; Eynern, 1973; Heinemann, 1974; Kramm, 1977).

Die Wirtschaftswissenschaft verleiht freilich heute noch den Titel „Dr. rerum politicarum" und führt z. T. den Begriff „Nation" oder „Volk" noch im Namen („Nationalökonomie", W. Eucken, „Volkswirtschaftslehre", A. Paulsen, P. A. Samuelson). Die herrschende Meinung innerhalb der Wirtschaftswissenschaft dürfte allerdings eher die formale Selbstbezeichnung „Positive Ökonomie" (Lipsey, 1971) oder „Wirtschaftstheorie" (Schneider, 1967) für sich in Anspruch nehmen – neben anderen Bezeichnungen wie „Mikro-" und „Makroökonomie" oder auch „Volkswirtschaftliches Rechnungswesen" (Stobbe, 1966).

Die „Normative Ökonomik" (Beckerath, 1963) und die „Volkswirtschaftspolitik" (Gäfgen, 1966; Boulding, 1958; Dahl/Lindblom, 1963) sind als „politische Kunstlehren" zuweilen an den Rand der Lehrbuchliteratur und des Vorlesungszyklus gerückt (Volkswirtschaftslehre, Teil IV). Autoren wie Boulding, Galbraith, Dahl/Lindblom oder Wissenschaftler, die sich mit Sozialethik in der Ökonomie beschäftigen (Katterle, 1972; Küng, 1967) oder die das Thema „Gemeinwirtschaft" und „öffentliche Unternehmen" bearbeiten (Thiemeyer, 1964, 1970, 1975), können schon fast als die „Dissidenten" der herrschenden Wirtschaftstheorie definiert werden. Im Nachvollzug der Ablehnung der herrschenden funktionalistischen Wirtschaftstheorie in den USA (Hunt/Sherman, 1974) beginnt sich auch in der Bundesrepublik ein Zweig der "radical economics" zwischen Marxismus und herrschender Wirtschaftstheorie herauszubilden (Vogt, 1973a, 1973b, 1973c; Frank, 1974, 1976).

Auch die Disziplin der „Sozialpolitik" sucht sich langsam aus der Umklammerung und Vereinnahmung durch die Wirtschaftstheorie zu lösen (Ferber, 1977; Widmaier, 1976; Riese, 1975) – allerdings nur unter schweren Krisensymptomen und nur dort, wo sie nicht durch die „Transfer-" oder die "Grants-Economics" (Recktenwald, 1972; Boulding/Pfaff, 1972) aufgesogen ist. „Sozialökonomie", wie sie der allzu früh verstorbene W. Hofmann (1961 ff.) gepflegt hat, ist heute rar geworden.

III. Aufstieg der klassischen Politischen Ökonomie und Rückzug auf die funktionalistische Wirtschaftstheorie

Die Entwicklung der klassischen Politischen Ökonomie und der Rückzug auf eine funktionalistische Wirtschaftstheorie lassen sich skizzenhaft wie folgt nachzeichnen:

Die begriffssystematische Forschung führt den Begriff der „Politischen Ökonomie" auf Antoine de Montchretien (1575–1621) zurück, und zwar auf sein 1615 veröffentlichtes Werk „Traité de l'Economie politique, dédié en 1615 au Roy et la Mère du Roy" (Mundorf, 1957). Über hundert Jahre wurde es dann still um den Begriff. Als er schließlich doch zum Durchbruch kam, spiegelte sich in ihm der Wandel der alteuropäischen Ökonomik des „ganzen Hauses" zur nationalen Ökonomik wider (Brunner, 1956). Wie die aristotelische „oikonomia" ging die alteuropäische Ökonomik vom Begriff der familialen Hausgemeinschaft (oikos) aus, in der der treu sorgende Hausvater die Hauswirtschaft für die Angehörigen und sonstigen Mitglieder der Hausgemeinschaft besorgte.

Im Zuge des sozialökonomischen Wandels hatte sich die Hauswirtschaft jedoch zur Gutswirtschaft des ländlichen Adels erweitert. Mit der Heraufkunft des Nationalstaates und des Absolutismus gewann die höfische Haus- und Domänenwirtschaft des Fürsten immer mehr an Gewicht (Seckendorf, 1656). Die Ökonomik der Fürsten entwickelte sich – mit planmäßigem Budget – zu einem „Politikum". Mit der Festigung der Fürstenherrschaft erweiterte sich die Ökonomik des Fürstenhaushalts zur „Cameralwissenschaft", zu einer Staatseinnahmen- und Staatsausgabenlehre. Die deutsche Finanzwissenschaft als Staatswirtschaftslehre hat hier ebenso ihren Ausgangspunkt wie die ältere politische Wissenschaft (Maier, 1962). Politische Wissenschaft war zugleich Politische

Ökonomie. Politische Ökonomie wurde als Anleitung zur ökonomischen Regierungskunst des Fürsten verstanden.

War die alteuropäische Ökonomik auf „Versorgung" ausgerichtet, so wurde die sich entwickelnde moderne Politische Ökonomie in den neuen Nationalstaaten bald durch das absolutistische Machtstreben geprägt. Die Bildung der Nationalstaaten und die Ausdehnung des Fürstenregiments setzten den Ausbau des Militärwesens voraus. Das kostete vor allen Dingen Geld. Dann brauchte man zum Regieren des Nationalstaates eine Verwaltung. Auch die kostete Geld. Wer seine Macht erweitern und Kriege führen wollte, mußte militärisch und finanziell gerüstet sein. Noch die Testamente Friedrichs II drücken dies überdeutlich aus. Die Akkumulation eines Staatsschatzes wurde zur Maxime der Staatslehre und der Politischen Ökonomie. Die Hauswirtschaft aus den fürstlichen Domänen konnte zu solcher Akkumulation nur noch wenig beitragen. Das ganze Volk (und der Außenhandel) sollte sein Schärflein beitragen. Steuererhebungen waren notwendig, die tief in das Eigenleben der Haus-Ökonomik des Adels, in das Gewerbe der Städte und des sich entwickelnden Bürgertums eingriffen. Doch wie waren Steuererhebungen zu rechtfertigen? Woher sollte man sie gerechtfertigterweise nehmen? Wie entstand Wert, Reichtum und Volkswohlstand?

In Frankreich hatten die Physiokraten die Theorie entwickelt, daß sich die „Wertschöpfung" in einem Staat überhaupt nur in der Landwirtschaft vollziehe (Quesney, 1758). Die Wertlehre der Physiokraten war eine nationale Ertragslehre. Nur die Landbevölkerung bilde eine „produktive Klasse", so daß der Herrscher, wenn er sein Staatssäckel, seinen Reichtum und seine Macht mehren wolle, im Grunde nur aus dieser Quelle schöpfen könne. Einer der berühmtesten Physiokraten (Turgot) wurde Steuer- und Finanzminister. Die französische Landbevölkerung litt furchtbar unter der Last.

In Preußen dagegen wurde die Arbeit der Untertanen insgesamt, die produktive Gewerbearbeit, als Steuerquelle entdeckt *und* gepflegt. Die landesväterliche Sorge für das Gewerbe, insbesondere des Außenhandelsgewerbes, und die Ansiedlung fleißiger Hugenotten konnte nur dazu dienen, die Quelle, aus der die Staatskämmerer steuerpolitisch zu schöpfen beabsichtigten, immer reichlicher fließen zu lassen. Hier entwickelte sich die Fürsten-Ökonomik weiter: von einer Staatseinnahmen- und Staatsausgabenlehre zu einer Verwaltungslehre mit strukturfördernden Zielsetzungen i. S. der Förderung von Wirtschaft und Gesellschaft durch die Staatsorgane (policey) – zu einer „Policey-Wissenschaft" (Justi, 1759).

Wichtig ist festzuhalten, daß das Paradigma der alteuropäischen Ökonomik, die familiale „Versorgung", zurücktrat hinter einer nationalen Volkswohlfahrtslehre. Diese neue "political oeconomy" war eine "science of domestic policy" (Steuart, 1767). Während man in Deutschland kaum von einer „Politischen Ökonomie" sprach, bürgerte sich dieser Begriff im angelsächsischen Bereich ein. "What oeconomy is in a family, political oeconomy is in state", sagte J. Steuart 1767.

In Deutschland sprach man bald nicht mehr von „Cameral- und Policeywissenschaft" sondern von „Nationalökonomie" oder von „Volkswirtschaftslehre" (Hufeland, 1807). Noch Friedrich List hielt 1841 die „nationale" Orientierung der Ökonomie für die „eigentliche" Politische Ökonomie, die er von der argwöhnisch betrachteten „albinen" und doch „kosmopolitischen" Ökonomie der englischen Klassik absetzte.

Am Paradigma „Förderung des Reichtums der Nationen“ knüpfte bezeichnenderweise auch Adam Smith (1776) an – führte es aber gleichwohl zu ganz anderen Dimensionen. Er dehnte die Wert- und Ertragslehre der Physiokraten von der Landarbeit auf alle Formen der Arbeit aus und entwarf aus der „natürlichen Neigung der Menschen zum Tausch“ ein sich selbst regulierendes System der Sozial-Ökonomie. Von der Arbeitsteilung (Nadelbeispiel) und immer spezialisierter Produktion versprach er sich den größten Wohlstandseffekt. Je stärker die Einzelindividuen ihren „Neigungen zum Tausch“ nachgehen könnten, desto reicher blühe das Gewerbe, desto mächtiger werde die Gesellschaft. Die Maxime „Untersuchung der Ursprünge des Reichtums der Nationen“ hatte für Smith also nur den Stellenwert einer Anknüpfung. Smith richtete sein Interesse nicht mehr auf die Staatsschatzanhäufung und die Förderung des Reichtums eines „Sonnenkönigs“ oder eines aufgeklärten Monarchen, sondern er hatte den Wohlstand aller Individuen einer Nation im Auge – von der letztendlich auch der Staat profitiere. Auch hier also – wie beim Übergang von der alteuropäischen Ökonomik zur kameralistischen Ökonomik – liegt ein elementarer Wandel des erkenntnisleitenden Interesses vor (Kuhn, 1973). Das Ziel der Untersuchung war die individuelle Wohlstandsmehrung und der Entwurf einer umfassenden „sozialen Physik“ der wirtschaftlichen Erscheinungen.

Schon in seinen ”Moral Sentiments“ (1759) hatte Smith hervorgehoben, daß die Dynamik des menschlichen Handelns nicht durch Nächstenliebe oder durch alteuropäisch-christliche „caritas“ bestimmt werde, sondern durch die Eigenliebe der Menschen. Seine berühmte These aus der ”Inquiry“ lautet: „Wir erwarten unser Essen nicht von der Wohltätigkeit des Fleischers, Bauers oder Bäckers, sondern davon, daß sie ihre eigenen Interessen wahrnehmen. Wir wenden uns nicht an ihre Menschlichkeit, sondern an ihre Eigenliebe und sprechen mit ihnen nie von unseren Bedürfnissen, sondern von ihren Vorteilen“ (1776/1963, S. 21/22). Smith's Untersuchung ist weit davon entfernt, eine formale Wirtschaftstheorie zu sein. Sie ist eine systematische erfahrungswissenschaftliche Studie zum Problem des Werts und des Tausches mit einer Fülle normativer Wertungen und sozialstruktureller Anmerkungen. Seine Thesen über die Klassenlage der Unternehmer, ihres negativen Verhältnisses zum Gemeinwohl und ihrer permanenten „geheimen Absprachen“, „nicht mehr als einen bestimmten Lohn zu zahlen“ (S. 187), sind noch heute überaus lesenswert und stünden selbst einer heutigen Politischen Ökonomie gut zu Gesicht.

Smith ist in der herrschenden Wirtschaftstheorie nur partiell rezipiert worden: mit seiner Tauschtheorie.

Damit freilich führte er in die polit-ökonomische Diskussion das ein, was die neuere politische Theorie von Hobbes bis Locke schon thematisiert hatte: den bürgerlich-individualistischen Interessenansatz des Handelns. Von diesem Ansatz her allein wird in der Folgezeit die Funktionsweise von Politik und Wirtschaft der bürgerlichen Epoche analysiert. Die politisch ökonomische Theorie des aufklärerischen Individualismus war schon bei Locke an das Eigentum, an das Besitzstreben und an die individuelle Nutzenmehrung gebunden (MacPherson, 1967; Euchner, 1973; Neuendorff, 1973). Die utilitaristische Wohlfahrtsformel von J. Bentham vom „größtmöglichen Glück der größtmöglichen Zahl“ (maximum maximorum) schlug sich auch in der Politischen Ökonomie nieder (Bohnen, 1964; Kade, 1962).

Schon früher hatte Mandelville (1714) in seiner berühmten „Bienenfabel" die „natürliche Ordnung des Zusammenlebens" im Analogieschluß von der Tierwelt auf die Menschenwelt übertragen. Diese „natürliche Ordnung" („ordre naturelle") bestehe darin, daß „private Laster" zu „öffentlichen Vorteilen" führten, wenn die Menschen nur frei genug miteinander umgehen könnten.

Die Dynamik der Tauschgesellschaft war nunmehr Forderung und Untersuchungsgegenstand der Politischen Ökonomie zugleich. „Politische Ökonomie", das war Theorie der sozio-ökonomischen Austauschbeziehungen und Theorie der Zielsetzungen der Tauschpartner in einem, Systemtheorie und normative Gesellschaftstheorie zugleich. Die Wohlfahrt der Nation wurde nicht mehr direkt durch den Staat, wie noch im Kameralismus/Merkantilismus, angestrebt, sondern als Abfallprodukt, gleichsam als „Kuppelprodukt" (Kramm, 1977) individualistisch-ökonomischer Nutzenmaximierung gedacht. Darüber brauche man sich im Grunde kaum Gedanken zu machen, da eine "invisible hand", der Wettbewerb am freien Markt, den „Kampf aller gegen alle" zum Wohle der Gesamtheit lenke. Der Staat könne nicht nur aus der Wirtschaft heraustreten, er müsse sogar zurückweichen, damit sich die Tauschprozesse ungehindert vollziehen könnten.

So zeigt sich im Höhepunkt der klassischen englischen Politischen Ökonomie eine eigentümliche Doppeltendenz. Einerseits hatte sich die Ökonomik zu einer Privatwirtschaftslehre der individuellen Reichstumsmehrer, andererseits zu einer die gesamte Gesellschaft erfassenden Theorie entwickelt. Die klassische Ökonomie-Theorie wurde für die Gesamtgesellschaft entworfen, der Staat aber, die institutionalisierte „Politik", aus dem ökonomischen Leben ausgesperrt. Die Handels- und Betriebslehre als Profitwirtschaftslehre des privaten Kaufmanns erlebte ihren Durchbruch. Die Besitzbürger regelten nun selber den Bereich der Wirtschaft unter sich. Die Menschen wurden zu eigenständigen Wirtschaftssubjekten – und zu Bürgern. Sie ergriffen Besitz von der Gesellschaft und beanspruchten als Rechte, was vorher fürstliche Privilegien waren und nur in „Konzessionen" abgegeben wurde. Sie beanspruchten bald auch das zentrale Machtinstrument des Fürsten, die Finanzhoheit, das Budgetrecht (Beginn des Parlamentarismus). Die bürgerliche Ökonomik ist also Politische Ökonomie, Sozialökonomie per se und Anti-Politische-Ökonomie zugleich. Der Staat wird zum „Nachtwächterstaat" (Lassalle) degradiert. Bei D. Ricardo (1817) reduziert sich der staatswirtschaftliche Teil der Wirtschaftstheorie allein auf die „Grundsätze der Besteuerung". Bei ihm klingt das alte kameralistische Motiv nur noch in Ansätzen durch. Ansonsten beschäftigt er sich ausgiebig mit der Werttheorie. Da gab es Schwierigkeiten.

Grundlage der klassischen, besitzbürgerlichen Politischen Ökonomie war ja die Werttheorie. Auf den Märkten bilde sich ein „natürlicher Preis", der sich als Tauschwert zwischen Arbeitswert und Gebrauchswert schiebe, der aber zugleich auch beide in sich vereinige, da die Konkurrenz und die Selbstregulierung des Marktes nie eine langfristige Abweichung der verschiedenen Werte voneinander erlaube. Krisen und Stockungen würden alsbald überwunden bzw. könnten gar nicht erst entstehen (Theorie der Absatzwege, J. B. Say, 1830). Aber war das Gebäude stimmig?

Karl Marx erhebt in seiner Kritik dieser Politischen Ökonomie des Bürgertums die Scheinheiligkeiten und Unstimmigkeiten der klassischen Gleichsetzung von Arbeitswert = Tauschwert = Gebrauchswert im Ideal des vollständigen „Ausgleichs von Nachfrage und Zufuhr" (Marx) zu seinem Thema und knüpft an die Schwierigkeiten an, die Ricardo damit gehabt hatte. Marx setzt an die Stelle der Kategorie des „Tausches" die Kategorie des „Kapitals" als zentralen Gegenstand der ökonomischen Analyse. Die geschichtliche Dynamik und bestimmende Kraft des Kapitals unterwerfe die Menschen und mache sie zu „Charaktermasken". Marxens Theorie ist eine Entlarvung der These von der Autonomie des menschlichen Handelns. Sie ist die Theorie der Entfremdung und der Versklavung des Menschen durch das Kapital. Das Kapital erscheint bei ihm allerdings als hegelianisch-autonomes, immer stärker zu sich selbst kommendes, (Konzentration, Zentralisation) geschichtliches Bewegungselement. Der „Weltgeist" wird materialisiert zum „Weltkapital". Das Bewegungsgesetz des Geistes (Dialektik) wird zum Bewegungsgesetz des Kapitals. So verknüpft Marx die klassische deutsche Philosophie mit der klassischen englischen Ökonomie in kritischer Sicht. Marx hebt zugleich die Kategorie des Arbeitswertes hervor und weist nach, daß zwischen Arbeitswert und Tauschwert eine Differenz in Höhe des Mehrwerts existiere und die natürliche Ordnung der Märkte nur der Macht des stärkeren Kapitals gehorche. Politische Ökonomie ist bei Marx immer Kritik der bürgerlichen Politischen Ökonomie und nie Entwurf eines eigenen Systems. Aber seine Kritik erschien vorderhand genauso „logisch" wie die These von der „sozialen Physik".

Mit C. Menger, J. St. Jevons, A. Marshall und L. Walras wie V. Pareto gewinnt die Klassik (ab 1875) jedoch vor den vielfältigen Angriffen wieder Boden unter den Füßen. Auf der Grundlage der Gossenschen Gesetze vom sinkenden Grenznutzen und vom Grenzgenuß- bzw. Grenznutzenausgleich bei alternativer Verwendung vorhandener Güter (Gossen, 1854) steigt nun die „Neo-Klassik" wie Phönix aus der Asche empor und wendet sich gegen die „historische Schule" (Roscher, Hildebrand, Schmoller), gegen den „Kathedersozialismus" und gegen die Staatswirtschaftslehre (Wagner, Sax). Die Verbindung der Wert-Preis-Lehre zur Theorie vom „natürlichen" Preis wird fallen gelassen und das Gebäude der Tauschtheorie neu errichtet, diesmal allerdings allein auf der Grundlage der subjektiven Nutzeneinschätzungen der Anbieter und Nachfrager (subjektive Wertlehre, zur Kritik bes. Bucharin, 1919; Kade, 1962). Die neo-klassische Theorie (Wiener Schule, Lausanner Schule) verläßt den Boden der „natürlichen Ordnung der Dinge", sondern fragt nur noch nach den Funktionen bestimmter wirtschaftlicher Erscheinungen im gesamtwirtschaftlichen Prozeß, nach ihrem funktionellen Beitrag zur Wohlfahrtssteigerung und nach den Bedingungen des Ausgleichs von Angebot und Nachfrage im gesamtwirtschaftlichen Gleichgewicht (Optimum). Sie wird zu einer Theorie der optimalen Allokation der Produktionsfaktoren zur Erreichung des Wohlfahrtsoptimums.

Die „Moral" der bis heute durchschlagenden Theorie von Grenznutzen ist die eines rational kalkulierenden, autonom-selbstbestimmten und umfassend informierten „homo oeconomicus". Sie verdichtet sich zur „Grenzmoral" (Briefs, 1956) eines theoretisch unterstellten ökonomischen Homunkulus, der nichts kennt, als seinen individuellen materiellen Nutzen (Gewinn) zu maximieren. Es ist die Ökonomie des selbstsüchtigen, skrupellosen Räubers ebenso wie des „ehrbaren Kaufmanns", der allerdings in seiner „Ehrbarkeit" nur der dümmliche Nachahmer der "tycoons" des "rugged individualism", d.h. der „Pionierunternehmer" ist (Schumpeter, 1942).

Das alte Paradigma vom „Reichtum der Nationen" bleibt in der Neo-Klassik bestehen. Es erlebt allerdings eine neue Begründung und entwickelt sich zur Wohlfahrtstheorie (V. Pareto, 1896), die ihre formallogische Stringenz in individuell angenommenen Nutzenfunktionen von Anbietern und Nachfragern und in aus diesen Nutzenfunktionen entwickelten mathematischen Gleichgewichtsmodellen findet. Die Grenznutzen- und Gleichgewichtstheorie kann auch heute noch als die herrschende Lehre in der Wirtschaftswissenschaft angesehen werden. Teilweise haben sogar Theoretiker wie G. Rittig (1968) die „oeconomica pura" auf der Basis der Grenznutzentheorie für die einzig mögliche Wirtschaftstheorie in Kapitalismus und Sozialismus gehalten. Andere (Dickinson, Lerner u. a.) versuchten, auf der Basis des Instrumentariums der Grenznutzen- und Gleichgewichtstheorie sogar die von L. Mises 1920 angezweifelte Funktionsfähigkeit einer Zentralverwaltungswirtschaft mathematisch zu beweisen. Und in der UdSSR gab es lange Zeit Experimente, um mit diesem Instrumentarium die Sowjetwirtschaft zu lenken.

Während Menger sein Werk noch „Grundsätze der Volkswirtschaftslehre" (1871) nennt, heißt es bei Marshall nur noch "Principles of Economics" (1890). Walras zeichnet die Abkehr von der Politischen Ökonomie in der Wirtschaftswissenschaft insofern nach, als er sein Werk „Eléments d'Economique Politique Pure" (1874) nennt und ein zweites „Théorie mathématique de la richesse sociale" (1876) nachliefert. Bei ihm läßt sich der Übergang von der Politischen Ökonomie als Gesellschaftswissenschaft zu einer „Economique Pure", zu einer „Positiven Ökonomik" und zur heute beherrschend gewordenen mathematischen Methode in der Wirtschaftswissenschaft deutlich ablesen. Das Diktat der mathematisch-funktionalistischen Methodik verbreitet ihr Flair von wissenschaftlicher Exaktheit allerdings nur auf der Grundlage restriktiver Realitätswahrnehmung. Wenn Helmstädter meint, der Ausdruck „Politische Ökonomie" verleihe im heutigen Modetrend „ein gewisses Marx-Image" (1972), so könnte der herrschenden Wirtschaftstheorie leicht das Echo zurückschallen, daß die mathematische Methode (Mode) der Wirtschaftstheorie „ein gewisses naturwissenschaftliches Exaktheitsappeal" verleihe.

IV. Abschirmung gegen Politische Ökonomie

Im Terminus „Wohlfahrtsökonomik" und „Gleichgewichtszustand" schwingen noch Anklänge an ursprüngliche politisch-ökonomische Ideen wie „Reichtum der Nationen" und „naturhaft-gerechte Ordnung" mit. Doch hat sich die Wirtschaftstheorie seither vehement dagegen gewehrt, als Politische Ökonomie zu gelten, deren Fragestellung zu übernehmen oder anzuerkennen (Menger, 1883). Zur Abwehr politisch-ökonomischer Fragestellungen sind in der Wirtschaftstheorie vier bedeutende Auffangstellungen gegen Politische Ökonomie aufgebaut bzw. rezipiert worden.

1. Die erste betrifft die These, daß politische Fragestellungen allenfalls im theoretischen Zweig der Wirtschaftspolitik und bei der Frage der Verteilung der Wertschöpfung eine Rolle spielen dürfe. Schon J. St. Mill hatte in seinen "Principles of Political

Economy" (1848) angedeutet, daß die Produktion von Gütern und Dienstleistungen sich nach den objektiven, neutral vorgegebenen, marktbestimmten Gesetzmäßigkeiten vollziehen müsse. Für politische Fragen bleibe allenfalls bei der Verteilung der Erträge Raum. Diese Friedensformel zwischen Politischer Ökonomie und Wirtschaftstheorie hat sich bis heute erhalten: nach der Maxime, daß nicht mehr verteilt werden könne, als produziert wurde, bzw. daß alles, was verteilt werde, schließlich erst produziert werden müsse; und an einer hohen Verteilungssumme müsse ja wohl jeder interessiert sein. So wird die Verteilungsfrage unmittelbar an das Wachstum angekoppelt bzw. damit zugekleistert.

2. Die zweite Auffangstellung wurde in gleicher Weise gegen die „historische Schule" in der Nationalökonomie, gegen die Kathedersozialisten wie gegen marxistische Theorieansätze aufgerichtet. Böhm-Bawerks berühmte Fragestellung „Macht oder ökonomisches Gesetz" (1914) hat das Problem auf den Punkt gebracht und für die herrschende Lehre anscheinend schlüssig beantwortet. Macht spiele in der Wirtschaft zwar eine Rolle, aber letztlich müßten sich die ökonomischen Gesetze immer wieder durchsetzen. So war im zweiten Schritt Politische Ökonomie nicht mehr nur auf die Verteilungsfrage abgedrängt, sondern sogar um ihren entscheidenden Problem- und Forschungsschwerpunkt gebracht.

3. Die dritte Auffangstellung ist die schon früh von C. Menger (1883), dann aber durchschlagend von Max Weber (1922) begründete und ebenso gegen die historische Schule wie gegen politische Ökonomie gerichtete Schranke der „Objektivität" und der „Wertfreiheit" in den Sozialwissenschaften. Dieses Objektivitäts- bzw. Wertfreiheitspostulat beinhaltet, daß in den Sozialwissenschaften zwischen „Sachaussagen" bzw. „Tatsachenfeststellungen" und normativen „Bewertungen" deutlich getrennt werden müsse, da nur Sachaussagen und nicht Werturteile wissenschaftlich begründbar, beweisbar oder nachvollziehbar seien. Nur Sachaussagensysteme könnten objektive Wissenschaftlichkeit für sich in Anspruch nehmen. Diese These – bzw. die so rezipierte These –, so einleuchtend sie erscheinen mag, hat sich freilich in der Praxis als ein vielfach verwendungsfähiges Instrument entpuppt, um wertende Stellungnahmen ganz aus dem Wissenschaftsprozeß auszuschalten – eine Forderung, die M. Weber keinesfalls zugeschrieben werden kann und die er auch nicht für sich selbst hat gelten lassen (Kocka, 1976).

4. Die vierte Abwehrposition gegen Politische Ökonomie liegt in der Methode der Wirtschaftstheorie selbst begründet – und zwar in der theoretischen Isolierung bestimmter wirtschaftlicher Erscheinungen unter der Annahme, alle anderen Faktoren, die auf den Untersuchungsgegenstand auch Einfluß haben, seien konstant. Diese ceteris-paribus-Klausel, ursprünglich als didaktisches Mittel zur Veranschaulichung elementarer Zusammenhänge gedacht („Robinson auf der Insel") und evtl. auch sinnvoll, ermöglicht es allerdings, grundsätzlich zentrale politische Faktoren des Wirtschaftsprozesses in eine cet.-par.-Klausel zu setzen. Sie werden in die Randkonstellation der Theorie verwiesen bzw. in den Datenkranz verbannt. Diese Methodologie ermöglicht

es, unter bestimmten – meist weitreichenden – Annahmen abstrakte Modelle zu konstruieren, Parameter einzusetzen und auszuschließen, Variablen und Determinanten auszutauschen, Bedingungen einzuführen und wieder aufzulösen, die Zeitdimension (Geschichte!) zu berücksichtigen oder nicht. Wirklichkeit kann allerdings damit kaum realistisch abgebildet werden. Vielfach werden die Annahmen und Bedingungen, die vorher bei der Modellkonstruktion gemacht wurden, später kaum mehr reflektiert und bewußt gemacht, so daß abstrakte, d. h. statische oder geschlossene Modelle schon als Abbilder der Wirklichkeit erscheinen, daß die Unterschiede von Realität und Modell dem Betrachter verschlossen bleiben oder daß Vorschläge zum wirtschaftspolitischen Handeln als umfassend fundiert und theoretisch exakt abgeleitet erscheinen.

V. Theorieentwicklung als Politische Ökonomie? Ein Beispiel: Die Wettbewerbstheorie

Nun soll in der Nachzeichnung des Rückzugs von der klassischen Politischen Ökonomie auf eine funktionalistische Wirtschaftstheorie und auf die Abwehrpositionen gegen „Politik", „Macht", „Wertung" und „ganzheitliche Methode" nicht behauptet werden, daß die Wirtschaftstheorie nicht seit Menger, Jevons, Walras, Marshall und Pareto ihrerseits enorme Fortschritte gemacht hätte.

Hier seien zunächst nur die Marktformenlehre (Stackelberg), dann die Konjunkturlehre (Schumpeter, Spiethoff), die Beschäftigungs- und Fiskaltheorie (Keynes), die Lehre von den Wirtschaftsordnungen, Wirtschaftsstilen und Wirtschaftssystemen (Eucken, Müller-Armack, Hensel) und die neue Wohlfahrtstheorie (Hicks/Kaldor) sowie die dynamische Wachstums- und Investitionstheorie (Harrod/Domar) genannt.

Doch alle diese Fortschritte stellen die funktionalistischen Grundannahmen der neoklassischen Grenznutzentheorie nicht in Frage. Sie lösen die Homunkulus-Konstruktion nicht auf, sondern entwickeln eher immer neue Schutzwälle gegen die Kritik an der Theorie vom prästabilierten Gleichgewicht. Die Lehre von den idealtypischen Wirtschaftsordnungen (Marktwirtschaft/Zentralverwaltungswirtschaft) hat statt zur differenzierteren Systembetrachtung eher zur Apologie der liberalistischen Marktökonomik gedient und eine neo-liberale „ORDO-Doxie" (Eynern, 1968; Riese, 1972) begründet. Gerade deshalb mag sie in der Kritik auch als „Politische Ökonomie" erscheinen, d. h. einer Kritik der Politischen Ökonomie anheimfallen, da sie ganz bestimmte Wertprämissen enthält und gesellschaftliche Machtpositionen verteidigt. Müller-Armack hat nur das soziale Mäntelchen von der „sozialen" Marktwirtschaft geliefert. Praktisch zum Zuge gekommen ist *er* nicht. Er war viel kritischer als die Epigonen, die sich seiner Wortschöpfung bedienten.

Ein besonderes Feld der wirtschaftstheoretischen Forschung stellt die Wettbewerbstheorie dar. Sie muß unsere besondere Aufmerksamkeit anziehen, da die Wettbewerbstheorie der Kern und der Prüfstein der Wirtschaftstheorie einer Marktgesellschaft ist. In der Wettbewerbstheorie lassen sich die Entwicklungslinien von der grundlegenden Annahme der vollständigen Konkurrenz zur entgegengesetzten Annahme des vollständigen Monopols (Cournot, schon 1838) ziehen. Sie lassen sich weiter verfolgen zur Theorie der "monopolistic competition" (Chamberlin, 1933), zur These von der ''imperfect competition" (Robinson, 1937), zum Konzept der ''workable competion" oder ''effectice competition" (Clark, 1939/1961) bis hin zu Arndts These vom „Wettbewerb der Nachahmer" (1952), zu Galbraith's These von den „Gegenkräften" (1951), eine Theorie, die im übrigen schon E. Heimann 1929 entwickelt hatte, und zu Kantzenbachs These von der „funktionsfähigen" Konkurrenz im Oligopol (1966).

Allerdings kann bezweifelt werden, ob diese Entwicklungen in der Wettbewerbstheorie neue Impulse für eine Politische Ökonomie gegeben haben, bzw. dies beabsichtigten. Eher sind die Thesen der Wettbewerbstheorie Stadien auf der Suche nach einem realistischen Konzept zur Erklärung der Wirklichkeit, Stadien auf dem Wege, um Realität überhaupt erst angemessen theoretisch abbilden zu können.

Gleichwohl: L. Miksch hatte schon 1937 dem späteren ORDO-Liberalismus der Nachkriegszeit „Wettbewerb als Aufgabe" ins Stammbuch geschrieben, da man sonst unweigerlich den „Weg in die Knechtschaft" eines totalen Staates gehen werde (Hayek, 1943). Aber konnte der Staat die „rechtsschöpferische Leistung", die Böhm dazu verlangte (1936), überhaupt erbringen? Konnte er die „Ordnung des Wettbewerbs" (Eucken) überhaupt leisten?

Einem Offenbarungseid der Theorie kam es dann gleich, als anläßlich der Beratung über das Kartellgesetz im Deutschen Bundestag (1958) die Fachdisziplin aufgerufen war zu definieren, was denn Wettbewerb sei, woran sich die Wettbewerbspolitik also ausrichten könne. Kompetente Wettbewerbstheoretiker wurden angehört. Hoopmann resümiert: „Wettbewerb als Norm der Wirtschaftspolitik läßt sich nicht praktikabel definieren" (1975, S. 240). Marktabgrenzungskriterien fehlen und für Marktergebnistests fehlt ja gerade der so oft postulierte Vergleichsmaßstab der Optimalität. Der soll erst gefunden werden. So läßt sich Wettbewerb nur dadurch definieren, was die Marktteilnehmer nicht tun dürfen (sollen). Was aber noch regelrecht, also erlaubt und was schon regelwidrig, also unerlaubt ist, dafür fehlt wiederum ein theoretischer Maßstab. Der kann nur politisch – und auch dann nur negativ – gesetzt werden.

Herdzina bezeichnet das Dilemma der Wettbewerbstheorie: „Wenn die Produktionsbedingungen durch das Phänomen steigender Skalenerträge gekennzeichnet sind (und das sind sie in unvollkommenen, expandierenden Märkten, G. H.), dann ist aus der Sicht des Ziels der Wohlfahrtssteigerung die Errichtung von kostengünstig produzierenden Großunternehmen erforderlich. Da Großunternehmen aber nicht in dem Maße dem Wettbewerb ausgesetzt sind, besteht die Gefahr, daß sie die an sich möglichen Kostenvorteile entweder gar nicht realisieren oder nicht weitergeben. So wird entweder das Wohlstandsmaximum gar nicht erreicht, oder es wird wegen der zu hohen Unternehmergewinne gegen das Ziel der Verteilungsgerechtigkeit verstoßen" (1975, S. 19). Gleichzeitig stellt die Monopolkommission (Mestmäcker, Kantzenbach u. a.) in ihrem Hauptgutachten 1973/1975 (2. Aufl. 1977) aber fest: „Mehr Wettbewerb ist möglich" und läßt die Kritik an der bisher grazil umgangenen „Macht der Banken" in der Bundesrepublik mit handfesten Argumenten wieder aufleben.

Für die Klassiker war der Wettbewerb kein Problem: Wettbewerb war für sie das Instrument, durch das „private vices" zu ''public benefits" werden und mit dem sich eine natürliche Ordnung in Freiheit, Gleichheit und Verteilungsgerechtigkeit realisiert und zugleich der wirtschaftliche Wohlstand maximiert.

Wenn aber der Wettbewerb, der zentrale Mechanismus des Ausgleiches des Nutzens in der Wirtschaft, sich nicht definieren läßt, gleichzeitig die ursprüngliche Doppelfunktion des Wettbewerbs: Wohlstandsmaximierung und Freiheitssicherung bei Verteilungsgerechtigkeit nicht einmal mehr theoretisch gesichert ist und zugleich in politischer Beratung mehr Wettbewerb für möglich gehalten wird, muß man stutzen.

Unseres Erachtens gibt der Stand der Wettbewerbstheorie – und nicht nur der – Anlaß und Möglichkeit genug, zu einer Politischen Ökonomie zurückzufinden, bzw. für Vertreter der Politischen Ökonomie bietet der Stand der Wettbewerbstheorie heute genug Ansatzpunkte, um daran anzuknüpfen. H. Riese (1972, 1975) plädiert dafür, daß die Fragestellung nach der Wohlfahrt der Menschen und der Nation heute als politisch-ökonomische Fragestellung neu durchdacht werden muß, daß sie nicht einfach als Nebenprodukt einer individualistischen Nutzen- oder Wettbewerbstheorie, deren logisch-theoretischen und praktisch-empirischen Schwierigkeiten die Toleranzgrenze überschreiten, erwartet werden kann. Das setzt freilich einen Paradigmawechsel in der Wirtschaftstheorie hin zu einer Politischen Ökonomie voraus.

VI. Theoriekritik als Politische Ökonomie?: „Das süße Gift von H. Albert"

Bevor wir die Kritik an der herrschenden Wirtschaftstheorie näher betrachten, wollen wir unsererseits zunächst eine Definition der Politischen Ökonomie bzw. eine Definition von „Politik" im Begriffsdualismus von Politischer Ökonomie vortragen. Wir führen damit einen Vergleichsmaßstab ein, an den sich eine noch zu konstituierende Politische Ökonomie halten könnte und an dem andere Ansätze, insbesondere kritische Meinungen zur herrschenden funktionalistischen Wirtschaftstheorie, gemessen werden können. Allgemeine Thesen, daß „die Wirtschaft der Bedürfnisbefriedigung dienen soll", daß Wirtschaft und Politik in der Realität immer mehr verschmelzen und demnach auch wissenschaftlich zusammengebracht werden müssen oder daß der Staat ein immer wichtigerer Garant der Prozeßfunktionen der Wirtschaft werde, also lange über eine reine Ordnungsfunktion (ORDO-Gedanke) hinausgewachsen sei, genügen nicht. Sie verweisen nur auf das Problem der „Politischen Ökonomie". Wir verstehen Politische Ökonomie nicht nur als Theorie der Verschränkung von politischen und wirtschaftlichen Systemen.

Als „Politik" verstehen wir im folgenden alle Probleme, die die Normen, Interessen und Zielsetzungen in Wirtschaft und Gesellschaft betreffen und alle Fragen, die mit der Erlangung, Erhaltung und dem Verfall von Macht zusammenhängen, von Macht, die dazu dient, Positionen zu besetzen, in denen Entscheidungen über gesellschaftlich relevante Normen-, Interessen- und Zielrealisierungen gefällt, durchgeführt und kontrolliert werden. Im englischen Sprachgebrauch ist diese doppelte Politik-Definition durch die Spaltung des Politik-Begriffs in "policies" und "politics" deutlicher zu markieren als im Deutschen. Ein wichtiger Inhalt der Politik wie der Politischen Wissenschaft und mehr noch der Politischen Ökonomie ist die alte Fragestellung von Lasswell: "Who gets what, when, how?", d. h. die Frage der Bedürfnisbefriedigung in der Gesellschaft und der Verteilung der Bedürfnisbefriedigungsmittel unter den Menschen. Sie schließt die Frage nach dem „Sinn" und nach der „Macht" ein. Als „Macht" definieren wir im Sinne Max Webers „die Chance, innerhalb einer sozialen Beziehung den eigenen Willen auch gegen Widerstreben durchzusetzen, gleichviel worauf diese Chance beruht" (Weber 1922, S. 28). Damit wird auch die Sozialstruktur als eine Grundlage für Machtchancen zum Inhalt und Gegenstand politologischer Analyse. Die Trennung zwischen Wirtschaft und „Politik" ist in dieser Definition aufgehoben. Vielleicht relevantere Entscheidungen über Normen, Interessen und Zielsetzungen als in der „politischen" Sphäre fallen in der wirtschaftlichen Sphäre der Gesellschaft. Daraus begründet sich Politische Ökonomie. Politische Ökonomie überschreitet Wissenschaftsgrenzen und kann sich keinem ressortegoistischen Methodendogmatismus fügen.

Geht man von diesem Politikbegriff aus und betrachtet man die Schranken, die die h. L. in der Wirtschaftstheorie gegen Politische Ökonomie aufgebaut hat, so zeigt sich, daß ein Großteil der „Dissidenten" der herrschenden Wirtschaftstheorie wichtige Bausteine einer zu rekonstruierenden Politischen Ökonomie geliefert haben.

Allen voran sind die Arbeiten von G. Myrdal zu nennen, der immer wieder als das „politische Element in der nationalökonomischen Doktrinbildung" (1932), auf das „Wertproblem in der Sozialwissenschaft" (1965) aufmerksam und damit die „Norm"-Schranke der herrschenden Theorie durchbrochen hat. Auch G. Weisser hat immer wieder versucht, das Normenproblem in die Wirtschaftswissenschaft zu reintegrieren (1943, 1951, 1971) und den „Ökonomismus" der Wirtschaftstheorie zu überwinden (auch Thiemeyer, 1964; Katterle, 1972; Küng, 1967). Insbesondere der „Weisser-Schüler" Hans Albert hat auf die Phänomene der „Marktsoziologie" hinter den entscheidungslogischen Modellen der herrschenden Lehre verwiesen (1967), auf die Probleme der „Macht" (1955) und der „Ideologie" (1972) aufmerksam gemacht und gegen den methodologischen „Modell-Platonismus" (1967) in der Wirtschaftstheorie polemisiert. Albert scheint nicht nur die Normschranke sondern auch die Politikschranke, die Macht- und Methodenschranke einzureißen. Im Anschluß an Albert hat Aldrup das „Rationalitätenproblem" (1971, 1975) neu bearbeitet, das seiner Meinung nach auch die sog. Neue Politische Ökonomie noch mit sich herumschleppt – wie übrigens, nach Aldrups Meinung, auch die marxistische Theorie. Auf die politikwissenschaftlichen Arbeiten zum Rationalitätsproblem (Hartfield, 1968; Flor, 1972) kann hier nur verwiesen werden. Für die ökonomische Diskussion wäre auch J. Robinson mit ihrer Ideologiekritik zu nennen (1966, 1974). H. Arndt hat seinerseits das Phänomen der „Macht" im Rahmen der von ihm vertretenen Mikro-Theorie betont (1966, 1974) und schließlich sah sich der Verein für Socialpolitik 1972 genötigt, sich noch einmal mit der Frage zu beschäftigen, ob Böhm-Bawerks Thesen von der Vorherrschaft rein ökonomischer Gesetze noch realistisch seien (dort vor allem Vogt, 1973c). Neuerdings hat K. G. Zinn die Grundlegung einer „kritischen Ökonomie" (1970, 1972) in Angriff genommen (auch Vogt, 1973; Frank, 1976). Der schon erwähnte K. E. Boulding bezeichnet die Ökonomie schlicht als „Moralwissenschaft" (1973, auch 1971) und J. K. Galbraith charakterisiert die Volkswirtschaftslehre frech als „Glaubenssystem" (1973) und wendet sich im übrigen einer umfassenderen Analyse des „Industriesystems" zu (1959, 1968, 1974).

Die Front der kritischen und von der herrschenden Lehre abweichenden Meinungen läßt sich hier nicht abschreiten.

Doch sollte deutlich werden, daß es eine Fülle von Ansätzen gibt, die das anscheinend so festgefügte und geschlossene Gebäude der Wirtschaftstheorie in Frage stellen und erschüttern und daß die h. M. in der Wirtschaftstheorie so monolithisch nicht ist, wie sie manchmal erscheint. Diese Ansätze von „Dissidenten“ sind u. E. das Salz, das die Suppe des Studiums der Wirtschaftstheorie noch schmecken läßt. Sie sind aber auch Anknüpfungspunkte, evtl. Grundsubstanzen zu dem Sauerteig, aus dem eine zukünftige Politische Ökonomie gebacken werden könnte. Sie lassen zumindest die Tür zur Entwicklung einer Politischen Ökonomie offen.

Es war allerdings wiederum H. Riese (1972), der vor dem „süßen Gift Hans Alberts“ glaubte warnen zu müssen. Albert versucht zwar, die soziologische Analyse, das Problem der „Macht“ und der „Politik“ zu integrieren, aber an die Stelle des von ihm selbst kritisierten empirielosen Modell-Platonismus setzt er die Rigorosität des „kritischen Rationalismus“ und errichtet damit selbst wieder methodologische Schranken und Denkverbote. Auch wenn Albert für die Rezeption seiner Thesen nicht zu kritisieren ist, läßt die epigonale Rezeption des kritischen Rationalismus mit seiner methodologischen Restriktion wiederum ähnliche Resultate zu, wie sie die von Albert selbst kritisierten Ansätze bieten. Im Positivismusstreit hat Albert eine ganz ähnliche Stellung eingenommen, wie früher C. Menger im Streit mit G. Schmoller oder wie Böhm-Bawerk in weiteren Methodologie- und Werturteilsdebatten. Gegen Alberts „positivistisch halbierten Rationalismus“ (Habermas, 1969) und gegen Poppers „Stückwerktechnologie“ (1971) der instrumentellen Vernunft bleiben die Kategorien „Totalität“, „holistische Methode“ und „Geschichte“ allzu leicht auf der Strecke. So ist die Methodologie des kritischen Rationalismus nicht von ungefähr von der SPD (Lührs u. a., 1976) aufgegriffen worden, um sich gegen Politische Ökonomie, gegen sozial-kritische Theorie und auch gegen marxistische Denkanstöße abzuschotten – allerdings nicht ohne Widerspruch. Wir kritisieren den kritischen Rationalismus hier nicht abstrakt, sondern weil die Praxis der Wissenschaft ",viel schlampiger‘ und ,irrationaler‘ ist als ihr methodologisches Spiegelbild“ (Feyerabend, 1976, S. 249).

Unorthodoxe Anstöße und von der h. M. abweichende Analysemethoden dürfen u. E. in einer zukünftigen Politischen Ökonomie nicht durch methodologische Regularien unterbunden werden. Methodologische Regeln garantieren weder „Objektivität“ noch „Wahrheit“ noch unbedingt Erkenntnisfortschritte. Restringierte Theoriekritik kann also u. E. allein noch keine Politische Ökonomie begründen. Gleichwohl bietet die in vielfältiger Art vorgetragene Theoriekritik wertvolle Hinweise, die eine neu zu begründende Politische Ökonomie verarbeiten müßte.

VII. Politische Ökonomie als Mode?

Noch 1964 hat es E. Liefmann-Keil für wichtig genug gehalten, ihre Einführung in die Probleme des Wirtschaftslebens „Politische Ökonomie“ zu nennen. Sie stand damit lange Zeit allein, sieht man einmal von der früheren „Einführung in die Politische Ökonomie“ von Hans Peter (1950) ab.

Nach der Studentenbewegung und der Politisierung von Teilen der Wissenschaft schien es manchem angemessen, sich auf den Begriff der Politischen Ökonomie zu besinnen. So veröffentlichte Salin seine „Geschichte der Volkswirtschaftslehre" 1967 neu als „Politische Ökonomie". Auch Recktenwalds „Geschichte der Volkswirtschaftslehre" wurde 1971 als „Geschichte der Politischen Ökonomie" neu aufgelegt und in der englischen Übersetzung hieß sie 1972 nur noch "Political Economy". Otto Morfs Untersuchung über das „Verhältnis von Wirtschaftstheorie und Wirtschaftsgeschichte bei Karl Marx" (1951) erfuhr eine Umwandlung in „Geschichte und Dialektik in der politischen Ökonomie" (1970). J. Robinsons "Economics: An Awkward Corner" wurde 1966 als „Die fatale Politische Ökonomie" veröffentlicht und A. Lowes "On Economic Knowledge" (1964) erschien 1965 als „Politische Ökonomik". Auch Erich Preiser veröffentlichte frühe Aufsätze 1970 unter dem Titel „Politische Ökonomie im 20. Jahrhundert". Der Richta-Report „Zivilisation am Scheidewege" (tschechisch, 1968) wurde 1971 unter dem plakativen Titel „Politische Ökonomie des 20. Jahrhunderts" verbreitet. In der Betriebswirtschaftslehre änderte H. Arndt den Titel seiner „Mikroökonomie" (1966) in der 2. Auflage zu „Markt und Macht" (1973).

Das Verfahren solcher Titeländerungen soll hier in keiner Weise moniert werden (anders Heinemann, 1974; Helmstädter, 1972). Gewiß nicht. Wissenschaft ist auch ein sozialer Prozeß und auch Objekt der Marketingstrategie der Verlage. Bei anderen Autoren ließe sich seit der ominösen „Tendenzwende" ein umgekehrter Wechsel feststellen. Nur: Das Problem der Neukonstruktion einer Politischen Ökonomie wird durch Titelwechsel natürlich nicht gelöst. Gesucht sind neue Fragestellungen und interdisziplinäre Forschungsmethoden (Tudyka, 1969; Böhret, 1967). Es sollte nicht unbeachtet bleiben, daß einige Autoren immerhin den Mut hatten, sich der alten Tradition ihrer Wissenschaft zu erinnern. Schließlich ist auch Gert von Eynern in seinem Bemühen um eine Rekonstruktion der Politischen Ökonomie zunächst von einer neuen Begriffsprägung „Politische Wirtschaftslehre" ausgegangen (1968, auch Böhret, 1967), um sich dann über „Politische Wirtschafts- und Soziallehre" wieder der alten Tradition der „Politischen Ökonomie" (1973) anzuschließen.

VIII. Ökonomische Theorie der Politik/Neue Politische Ökonomie: Das Dilemma der Wohlfahrtstheorie oder: Vom Wert der Analogie

Neben der traditionellen Wirtschaftstheorie neoklassischer Prägung hat sich innerhalb der Wirtschaftstheorie seit einiger Zeit ein neuer Zweig entwickelt. Er nennt sich:

„Ökonomische Theorie der Politik" (Frey, 1975; Frey/Meißner, 1974; Kirsch, 1974),
„Ökonomische Theorie der Demokratie" (Downs, 1957),
„Ökonomische Theorie des politischen Wettbewerbs" (Herder-Dornreich/Groser, 1977) bzw.
„Neue Politische Ökonomie" (Frey, 1975; Widmaier, 1974; Berry, 1975)
oder aber schlicht
„Politische Ökonomie" (Bernholz, 1972, 1974).

Der Ausgangspunkt dieser „Neuen Ökonomischen Politik" (NÖP) ist ein doppelter. Wir lassen hier einmal das elementare Problem der „externen Kosten" beiseite, mit deren Herausarbeitung Kapp (1968) die Wirtschaftstheorie in ebenso elementare Schwierigkeiten gestürzt hatte.

1. Der Ausgangspunkt der NÖP liegt zunächst in dem Dilemma der Wohlfahrtsökonomik (Pigou, 1932; Little, 1957; Pahlke, 1960; Peter, 1967). Das größte Problem der "welfare economics" war (und ist), wie sich die individuellen Nutzen der Wirtschaftssubjekte (Anbieter und Nachfrager) feststellen und messen lassen. Im Sinne der Grenznutzen- und Gleichgewichtsökonomik läßt sich das gesamtwirtschaftliche Wohlfahrts- bzw. Wohlstandsoptimum nur dann berechnen, wenn sich die Nutzen der Individuen zugleich ermitteln, messen und aggregieren lassen. Die Lösung des Problems wird heute primär mit Hilfe des Pareto-Optimums gesucht (Dahl/Lindblom, 1963; Külp, 1975). Das Pareto-Optimum der Versorgung soll dann erreicht sein, „wenn kein Verbraucher in einer Gesellschaft besser gestellt werden kann, ohne daß wenigstens ein anderer schlechter gestellt wird" (Bernholz, 1972, S. 21). Die pareto-optimale Produktion ist dann erreicht, wenn von keinem Gut mehr produziert werden kann, ohne daß nicht mindestens die Produktion eines anderen Gutes vermindert werden muß.

Für die Versorgung mit rein „privaten", d.h. privatwirtschaftlich erstellten Gütern wird unterstellt (!), daß sich ein solches Optimum von selbst durch den Wettbewerb ergibt. Die eminenten Probleme der Wettbewerbstheorie haben wir schon oben angesprochen. Offen blieb in der herrschenden Theorie allerdings bisher immer das Problem, nach welchen Kriterien die Produktion und Verteilung der „politisch administrierten Güter", der „öffentlichen Güter" oder die Befriedigung der „Kollektivbedürfnisse" vor sich gehe (Musgrave, 1959; Buchanan, 1968). Die Bedeutung des Problems wird einsichtig, wenn man in Erinnerung ruft, daß mehr als 40 % des Bruttosozialprodukts über die öffentlichen Haushalte abgewickelt wird. Die Frage ist: Gibt es in der Politik ein ähnlich „rationales" Entscheidungsverfahren wie (theoretisch) am Markt?

Hier setzt die Analyse der Entscheidungsprozesse in der Politik durch die NÖP an. Sie bedient sich dabei der Methoden der ökonomischen Theorie. Wie die (ökonomische) Wohlfahrtstheorie entwickelt sie eine politische Entscheidungs- und Wohlfahrtstheorie und wendet dabei ähnlich mathematische Methoden wie die Wirtschaftswissenschaft an (Frey/Lau, 1968; Tullock, 1967; Bernholz, 1972, 1974). Die NÖP will eine Theorie der optimalen Entscheidung in der Politik sein bzw. eine solche entwerfen. Demokratie selbst wird dabei allerdings zuweilen zu einer Variablen!

Die Brisanz des Ansatzes der NÖP und die „gefährliche Naivität" (Tudyka, 1969), mit der hier Demokratie als „Variable" der pareto-optimalen Güterversorgung behandelt wird, demonstriert B. S. Frey. Mit Verweis auf Davis/Hinich (1966) definiert er den anzustrebenden „Optimalzustand" im „Gleichgewicht" wie folgt: „Das Ergebnis entspricht also derjenigen Politik, die ein ideeller „wohlwollender Diktator" durchführen würde (Davis und Hinich, 1966)" (Frey, 1974, S. 45). Frey relativiert und distanziert sich von solcher Theorieentwicklung nicht. Dagegen melden Herder-Dornreich/Groser zumindest erhebliche Bedenken an, wenn sie die Thesen von Ilchmann/Uphoff referieren, die sich mit dem Bild des "political entrepreneurs", dem Analogiebild zum freien Unternehmer der Wirtschaft in der Politik, beschäftigen: „Die Entscheidung des Staatsmannes als Ausgangspunkt der politischen Theorie legt gedankliche Verbindungen zum Machiavellismus nahe" (1977, S. 44).

U. E. muß sich die Politische Wissenschaft hier angesprochen fühlen.

2. Der zweite Ansatzpunkt der NÖP bzw. der „Ökonomischen Theorie des politischen Wettbewerbs" ist der formale Analogieschluß von der Ökonomie auf die Politik, der Analyse der Politik mit ökonomischer Terminologie – mit Instrumenten aus dem Werkzeugkasten der ökonomischen Theorie. Sie hat ihren Ausgangspunkt in der berühmten Politik-Definition von J. A. Schumpeter, der Politik als „Konkurrenzkampf um die politische Führung" bzw. als „Konkurrenzkampf um die Stimmen des Volkes" (1942/1972, S. 428) bestimmte.

Downs (1957) hat daraufhin ein Demokratiemodell des Konkurrenzkampfes zwischen den – ihren individuellen Nutzen maximierenden – Wählern (Anbietern von Stimmen) und den – ebenfalls ihren individuellen Nutzen (Macht, Geld, Prestige) maximierenden – Nachfragern nach Stimmen (den "political entrepreneurs") entworfen (auch Harding/= Herder Dorneich, 1957, 1968). Wählerstimmen sind in der NÖP der Maßstab der Politik und nicht etwa die Grundrechte! Politik selbst wird als „Tauschgeschäft" aufgefaßt, gehandelt werden „politische Güter", die Rechnung wird in Stimmen bilanziert. Gemeinwohl wird dadurch hergestellt, daß die (eigensüchtig gedachten) Berufspolitiker durch den Rückkopplungsmechanismus der Wahl an der Entfaltung ihrer Eigensucht gehindert werden. Die hegelianische „List der Demokratie" (Herder-Dorneich/Groser, 1977) soll bewirken, daß ex post das Gemeinwohl erfüllt wird. Die Parteien werden in diesem Prozeß als die „Unternehmen" der Politiker (political entrepreneurs) betrachtet, die ihnen bei der Stimmenmaximierung helfen sollen bzw. die sie zu diesem Zweck benutzen. Es herrscht die Marktform des Oligopols (Verbandsoligarchie, „Kartellparteien") und zwischen den Fraktionen können Koalitionen (Preisabsprachen) zum günstigsten Vorteil der Parteien (auf Kosten der Verbraucher, lies: Wähler) geschlossen werden. Das Parkinsonsche Gesetz der Bürokratie findet in der NÖP seine Erklärung in der Unterstellung, daß die Bürokraten ebenfalls nichts als ihren Eigennutz zu mehren suchen. Verbände liefern ihren Mitgliedern „quasi-öffentliche Güter" (z. B. Gewerkschaften) (Olson, 1968). Von daher läßt sich u. a. erklären, daß nicht alle Arbeitnehmer, wie es eigentlich, d. h. nach dem unterstellten Nutzentheorem zu erwarten wäre, Mitglieder der Gewerkschaften sind. Als Nutzenmaximierer und Kostenminimierer zugleich zahlen sie keinen Beitrag, nehmen aber, da die Gewerkschaften ein „kollektives Gut" ohne Ausschließung von Nichtmitgliedern (closed shop) anbieten, dennoch die Leistungen der Gewerkschaften in Anspruch. Die Theorie nennt dies das "free-rider-problem", zu deutsch schlicht: „Trittbrettfahrer-Problem".

Im Konkurrenzkampf der Parteien und Verbände entsteht gemäß der NÖP eine Art „Gleichgewicht" (politisches Pareto-Optimum), in dem alle zufrieden sind, in dem allerdings nach der Theorie auch niemand mehr Mitglied einer Partei oder eines Verbandes zu sein braucht bzw. niemand mehr seine Stimme abzugeben braucht, da es ja nichts mehr zu maximieren gibt. Frey hat – in dieser Hinsicht differenzierend – auf ein Paradoxon aufmerksam gemacht: Im Konkurrenzkampf um die Wählerstimmen drängen die Parteien und Politiker immer mehr zur Mitte des politischen Spektrums, da hier die größten Chancen für eine Stimmenmaximierung bestehen. „Da ein rationaler Wähler nur abstimmt, falls ein Unterschied in den Parteiprogrammen besteht, diese aber im Gleichgewicht identisch sind, ist die perfekte Demokratie durch völlige Stimmenthaltung gekennzeichnet" (Frey 1974, S. 45). Diesem Dilemma und logischem Zwang der selbst auferlegten Methodologie und der unterstellten Verhaltensannahme bei den Wählern haben sich einige Autoren dadurch zu entziehen versucht, daß sie ein „Kompensationskriterium", einen „Residualfaktor" bzw. einen zusätzlichen „Verhaltensparameter" namens „Bürgersinn" eingeführt haben, der erklären soll, warum die Menschen z. B. auch dann noch zur Wahl gehen, wenn sie eigentlich saturiert sind, also einen Grenznutzenausgleich gefunden haben, oder warum die Menschen auch dann wählen, wenn sie überzeugt sind, daß ihre *eine* Stimme keinen Einfluß auf den politischen Prozeß hat.

Was ist das für eine Theorie, die vom „Machiavellismus" ausgeht und die im angestrebten „Gleichgewicht" des Optimums zum logischen Ergebnis des „wohlwollenden Diktators" und der totalen „Stimmenthaltung der Wahlbürger" kommen muß?

Obgleich Herder-Dorneich/Groser wohl die bisher abgewogenste, vor allem selbstkritischste Analyse zur „Ökonomischen Theorie des politischen Wettbewerbs" vorgelegt haben, seien noch einmal Frey's Zweifel gegenüber dem von ihm vertretenen Ansatz der NÖP zitiert: „So fruchtbare Impulse von einem unorthodoxen Ansatz auch ausgehen können, so besteht doch die Gefahr, bei der bloßen Übersetzung der behandelten Fragen in eine neue Terminologie steckenzubleiben, ohne wirklich zusätzliche Erkenntnisse gewonnen zu haben. Besonders anfällig ist die Neue Politische Ökonomie für die Einführung von soziologischen und psychologischen „Residualfaktoren", die zur Erklärung der Abweichung des ökonomischen Ansatzes von der Realität dienen sollen" (Frey 1974, S. 56).

Aus der Fülle der Kritik, die bisher an diesem Ansatz vorgetragen wurde, seien hier nur folgende Autoren genannt: Albert, 1967; Aldrup, 1971, 1976; Elsner, 1976; Engelhardt, 1976; Fach, 1973; Fetscher, 1971; Fleischmann, 1968; Frank, 1974, 1976; Kleinhenz, 1976; MacPherson, 1977; Mattfeld, 1973; Riese, 1977; Rudzio, 1972.

Die Kritik an der NÖP enthält praktisch die gleichen Argumente, wie sie die „Dissidenten" gegenüber der funktionalistischen Wirtschaftstheorie und der Wohlfahrtsökonomik vorgebracht haben:

- die Beschränkung auf einen individualistischen Ansatz (Vernachlässigung der Sozialisationsprobleme und sozialen Bestimmungsgründe des Handelns),
- die Annahme der Autonomie des menschlichen Handelns und der vollständigen Information des Individuums (Nicht-Manipulation),
- die Annahme eines „rationalen" Verhaltens der Menschen (reines Zweckmittel-Denken),
- die Annahme einer rein materiellen Nutzenmaximierung der Menschen („ökonomische Konditionierung"),

dann:

- die Unterstellung eines homogenen Wertkonsensus (in der Politik),
- die Begrenzung auf Entscheidungstheorie,

– die willkürliche Verwendung von Parametern und Datenkränzen,
– die Vernachlässigung der Kategorie „Geschichte", also der Genese und des Wandels von Staats-, Herrschafts- und Ideologieformen u. a. m.

Fetscher meint (1971), daß die Ökonomische Theorie der Politik gerade das „Politische" der praktischen Politik durch ihre restriktive ökonomische Methodik nicht zu erfassen vermöge, daß sie ahistorisch und ebenso partikularistisch wie die rein institutionelle Politische Wissenschaft sei. Die Argumente gegenüber der NÖP können hier nicht im einzelnen ausgeführt werden. An dieser Stelle ging es nur um die Darstellung der grundsätzlichen Problemstellung und der Forschungsmethode: das Dilemma der Wohlfahrtstheorie und die Analogie-Methode.

Wir meinen, daß die Selbstbezeichnung dieser Richtung in der Wirtschaftswissenschaft als „Neue Politische Ökonomie" oder als „Politische Ökonomie" (Bernholz) gewagt ist. Sie kommt einer Begriffsursurpation, einem Übergriff der restringierten ökonomischen Methode auf die Politische Wissenschaft gleich, um nicht den härteren Ausdruck von K. E. Boulding vom „Wissenschaftsimperialismus" zu gebrauchen. Von einem „Imperialismus der ökonomischen Methode" kann man in jedem Fall sprechen. Auch eine noch so gigantische Analogie-Analyse bringt nicht unbedingt Erkenntnisfortschritte. Die Analogie-Methode sagt zudem nichts darüber aus, welche tatsächlichen Verbindungen zwischen Politik und Ökonomie bestehen!

Eine zu rekonstruierende Politische Ökonomie könnte ganz sicherlich aus diesem Ansatz – wenn überhaupt – nur in Ausschnitten „Honig saugen". Die Neue Ökonomische Politik verweist aber sehr deutlich auf die Notwendigkeit, daß sich die Politische Wissenschaft stärker um eine eigene Politische Ökonomie bemühen sollte. Das Bedauern über den Mangel an einer systematischen Verknüpfung von politischen und ökonomischen Fragen ist schon zu oft vorgetragen worden. Einem „methodologischen Imperialismus" kann sich die Politische Wissenschaft nicht beugen, will sie sich nicht selbst aufgeben.

IX. Marxistische Politische Ökonomie: Das Dilemma der Werttheorie

An dieser Stelle muß zunächst der Meinung entgegengetreten werden, die neu zu konzipierende „Politische Ökonomie" löse sich in marxistische Polit-Ökonomie auf. Leider lassen einige Autoren den Eindruck entstehen, als ob es in der Politischen Ökonomie nur die traditionelle Wirtschaftstheorie und die marxistische Polit-Ökonomie gebe (Frey/Meißner, 1974; Köllner, 1973). Ebenso wie ein Übergriff der NÖP auf die Politische Wissenschaft zurückzuweisen ist, so auch ein Übergriff der marxistischen Theorie.

Zudem: Wie die NÖP, so liegen auch in der marxistischen Polit-Ökonomie die logisch-theoretischen und praktisch-empirischen Unstimmigkeiten und Probleme oberhalb der Toleranzschwelle, so daß sie schon aus diesen Gründen – und nicht einfach, weil sie in der politischen Konsequenz nicht akzeptiert wird – für die Rekonstruktion einer Politischen Ökonomie nur begrenzten Stellenwert haben kann. Marx allerdings überhaupt nicht zur Kenntnis zu nehmen, ist freilich ebenso töricht wie unakzeptabel; auch die herrschende Wirtschaftstheorie kann man nicht einfach als belanglos betrachten und beiseite lassen.

1. Gerhard Kade macht es sich da sehr einfach, wenn er das Studium der Politischen Ökonomie auf marxistische Polit-Ökonomie beschränkt und einfach unter das Motto stellt: „Die Marxsche Methode im Nachvollzug" (Kade, 1972) und zugleich nur einige einführende Kapitel aus dem Werk von Marx und Engels zur Lektüre empfiehlt. So wird das Studium der Politischen Ökonomie zur Text-Exegese der Werke von Marx und Engels.

Die Geschichte der Diskussion um die Marxsche Politische Ökonomie ist zumindest ebenso reich wie die Geschichte der Diskussion um die klassische und neo-klassische Wirtschaftstheorie. Diese Diskussion um Marx oder die „Debatte um Engels" (Mehringer/Mergner, 1973) nicht zur Kenntnis nehmen zu wollen – keinen Zweifel an der Richtigkeit der Marxinterpretation aufkommen lassen zu wollen – ist ebenso töricht wie dogmatisch. Für dogmatische Abschließung von der Diskussion ist die marxistische Polit-Ökonomie fast so anfällig wie die herrschende Wirtschaftstheorie für die Einführung immer neuer Parameter zur Rettung des Theoriegebäudes. Auch für die marxistische Theorie könnte Galbraith's Verdikt von der „Glaubenslehre" (1973) gelten.

2. Eine der wichtigsten Fortschritte der neueren Marx-Interpretation seit 1966 stellt sicherlich Reichelts Fetscher-Dissertation „Zur logischen Struktur des Kapitalbegriffs" (1970) dar. Reichelt hat auf den Kern des Problems aufmerksam gemacht, nämlich: „daß so etwas wie eine strukturelle Identität von Marxschem Kapitalbegriff und Hegelschem Begriff des Geistes" (S. 76) bestehe und „daß das Kapital in der Marxschen Darstellung weit mehr mit Hegels absolutem Begriff gemeinsam hat, als eine Wissenschaft wahrhaben möchte, die sich handfest materialistisch gebährdet" (S. 77). Platter marxistisch sich gerierender Materialismus wird leicht zur „Legitimationswissenschaft" – sowohl einer ansonsten hilflosen und oberflächlichen Kapitalismuskritik als auch einer sozialistischen Machtausübung im Namen der Geschichte, ein Faktum, auf das O. Negt nur zu eindringlich hingewiesen hat (1974).

Allerdings konnte sich schon Reichelt auf die 1962 (mit gleichnamigem Titel: O Logické Strukture Marxova Kapitálu) erschienene und 1967 in deutscher Sprache herausgebrachte Arbeit von J. Zeleny: „Die Wissenschaftslogik bei Marx und ‚Das Kapital'" stützen. Zeleny schrieb: „Im Marxschen Denken spielt der objektiv reale Prozeß, der in seiner Materialität einheitlich ist und allmählich tiefer und objektiv wahr erkannt wird, die Rolle der Substanz im kartesianischen Sinne (als etwas, was zu seiner Existenz nichts als sich selbst bedarf)" (S. 43). Das bedeutet, daß bei Marx zwischen dem „Wesen" des in immer höherer Vollkommenheit (Konzentration, Zentralisation) zu sich selbst kommenden Kapitals und der „Erscheinungen des Kapitals in der Wirklichkeit" ein elementarer logischer und nicht zu vernachlässigender theoretischer Unterschied besteht. Marxens „Kapital" ist die Analyse des „Kapitals im allgemeinen", hegelianisches Subjekt, das sein „Wesen" allenfalls sporadisch an der Oberfläche der tatsächlichen Erscheinungen zeigt (Himmelmann, 1974). So hat auch Thomas Mayer (1973) den Zwiespalt der logischen Ebenen in der Marxschen Argumentation, die Unterscheidung zwischen dem „Wesen" und der „Erscheinung" zum Inhalt seiner Interpretation der Marxschen Emanzipationstheorie gemacht. Nur allzu viele „Marxisten" und auch Kritiker des Marxismus gehen leichthin über die logische Unterscheidung von

„Abstraktem" und „Konkretem", von „Wesen" und „Erscheinung", von „Inhalt" und „Form" bei Marx hinweg. Marx hat sein Gesamtwerk nach der Methode des „Aufsteigens vom Abstraktem zum Konkreten" konzipiert. Das vorliegende dreibändige Werk „Das Kapital" umfaßt allein die Darstellung „des Kapitals im allgemeinen". So ist in der Tat „Marx nicht ohne Hegel" zu verstehen (Lenin). Zu der Darstellung des „Kapitals im konkreten" ist Marx bekanntlich nicht mehr gekommen. Selbst redigiert hat er nur den I. Band des „Kapitals" (1867). Das vorliegende „Kapital" ist eine Analyse des Kapitals auf der allgemeinsten kategorialen Ebene und beansprucht keine Realanalyse zu sein, wenngleich Marx immer wieder empirische Tatbestände zur „Illustration" des „Wesens" der Dynamik der Kapitalentwicklung heranzieht. Mehr als „Illustrationen" sind es aber nicht.

Aus diesem methodologischen und theoretischen Problem resultieren eine Menge von Mißverständnissen in der Marx-Interpretation (auch Eberle, 1973).

3. In der Kritik des Marxschen „Kapitals" und seiner Werttheorie darf man es sich aber auch nicht so leicht machen wie Werner Becker (1972) in seiner Kritik der Werttheorie von Marx, der nicht einmal das ganze „Kapital" – geschweige denn Marxens andere Schriften – heranzieht, sondern sich allein auf die Kritik des I. Kapitels des I. Bandes des „Kapitals" bezieht, dies schon für eine empirische Analyse hält und in einem „Rundschlag" die Werttheorie und die Marxsche Methode zu „erledigen" meint. Die Dinge liegen hier wesentlich komplizierter (Eberle, 1973; Mayer, 1973; Himmelmann, 1974). Beckers Arbeit steht im Grunde auf der gleichen Stufe mit Analysen mancher Marxisten, die glauben, mit der Exegese des I. Kapitels des I. Bandes des „Kapitals": „Die Ware" schon die Marxsche Theorie erfaßt zu haben.

Allerdings: Wir haben schon oben betont, daß die Arbeits- und Mehrwerttheorie von Marx einen zentralen Rang in der Marxschen Kritik der bürgerlichen Politischen Ökonomie einnimmt.

Und er hatte ja auch recht, die klassische Werttheorie zu kritisieren. Die Neo-Klassik hat ja auch die Verbindung der Werttheorie (besser: Preistheorie) mit irgendeiner Art des „natürlichen Preises" fallen gelassen. Die Klassik postulierte so etwas wie eine „gewinnlose" Wirtschaft, in der – gemäß der vollständigen Konkurrenz – jeder jedem den Gewinn abjagen werde, so daß am Schluß eigentlich niemand „Gewinn" gemacht haben kann. W. Hofmann hat darauf verwiesen, daß auch in der Klassik der Gewinn immer schon einkalkuliert ist und es eigentlich nur noch um den außerordentlichen Gewinn gehe. Marx hat dieses Faktum bloßgelegt und vermerkt, daß die zentrale Frage der Ökonomie diejenige sei, wie hoch denn die allgemeine oder durchschnittliche (einkalkulierte) Profitrate sei. Er meinte, sie falle.

Habermas hat seine Ablehnung einer Marx-Nachfolge und Marx-Exegese nach dem Motto: „Marx im Nachvollzug" und die Ausarbeitung einer „kritischen Theorie" gerade damit begründet, daß „immer noch keine befriedigende Klärung über den Status herbeigeführt worden ist, den die werttheoretischen Grundannahmen für eine empirisch gehaltvolle Analyse des Spätkapitalismus beanspruchen könne" (1963/1972, S. 7). Er kenne keine Realanalyse des Spätkapitalismus auf der Grundlage der Arbeitswerttheorie. Der Verfasser dieser Zeilen kennt bis heute (April 1977) keine solche Arbeit (vgl. Diefenbach u. a. 1976). Er hat 1974 im Anschluß an Petry (1916) darzulegen versucht, daß die Marxsche Werttheorie – so berechtigt Marxens Kritik an der Klassik ist – auf der allgemeinsten kategorialen Ebene angesiedelt ist, und er hat zu analysieren versucht, warum die Ansätze, die Marxsche Mehrwerttheorie auf der Ebene der wirklichen Erscheinungen, d. h. in Form von Bilanzanalysen zu testen (Huffschmid, Schmidt u. a.), scheitern mußten.

4. Wir können hier nur auf grundlegendste Probleme der Marxschen Theorie (Methode und Werttheorie) hinweisen. Wir müssen die Erörterung der Probleme der Marxschen Staatstheorie (Hennig u. a., 1974, auch Blanke/Jürgens/Kastendiek, 1975), auf eine Kritik der Theorie vom staatsmonopolistischen Kapitalismus, auf die Erörterung des Problems des „subjektiven Faktors" (bes. Varga, schon 1920) oder auch des Problems des „tendenziellen Falls der Profitrate" (Himmelmann, 1972) verzichten, so reizvoll diese Probleme auch sind.

An dieser Stelle soll nur darauf verwiesen werden, daß man sich bei manchen neueren Analysen aus dem Bereich der marxistischen Theorie des Eindrucks nicht erwehren kann, daß sich eine typische Form des „Ableitungsmarxismus" entwickelt habe. Das Beharren auf der abstrakt-logischen Ebene, die Vernachlässigung der empirischen Analyse sowie die Betonung des allgegenwärtigen „Kapitals" in seiner ihm eigentümlichen Unterwerfung aller Erscheinungen unter sein Diktat veranlaßt Breuer zu der Bemerkung: „Am Ende hätte der Idealismus mit seiner Hypostasierung des Abstrakten recht behalten" (1977, S. 131). Breuer hebt so die philosophiegeschichtliche Wurzel und Tradition der marxistischen Theorie wieder ins Bewußtsein.

Gerade im Bereich der marxistischen Staatstheorie und der Kritik der „Sozialstaatsillusion" durch Marxisten sind diese Probleme besonders deutlich geworden. Die Theorien vom „Stamokap" und „Monokap" haben aber gegenüber weiteren Kap-Theorien ein besonderes Problem: die Fundierung einer Monopoltheorie. Dabei tritt bei antirevisionistischen Analytikern, die eine platte leninistische Gleichsetzung von Großkonzern und Monopol (Katzenstein, 1975) ablehnen und eine simple Monopolgruppentheorie („bestimmte Monopolgruppen beherrschen den Staat") verwerfen, die Schwierigkeit auf, wie die abstrakt-logische Ebene des Wertgesetzes mit der Ebene der konkreten monopolistischen Profitaneignung und der Marktformationen zu vermitteln ist. Altvater (1975) nähert sich dabei einer recht realistischen Markt-Macht-Theorie des Monopols und einer von Stackelberg her bekannten „Marktformenlehre". Altvaters Inflationstheorie (1974; Anwachsen des fixen Kapitals im Rahmen der steigenden organischen Zusammensetzung des Kapitals) las man freilich bei Schmalenbach schon früher (wachsende Erhöhung des Fixkostenanteils = Erklärung der Inflation bei Stagnation). Es scheint, daß manche Marxisten, soweit sie „real" werden, an den Ergebnissen bestimmter „bürgerlicher" Ökonomen nicht vorbeigehen können, bzw. daß sie zuweilen vorhandene Ergebnisse marxistisch „neu" entdecken oder daß ihre Analysen im Endergebnis mit denen mancher bürgerlicher Ökonomen z.T. sogar konvergieren.

5. Um den möglichen Beitrag der marxistisch-sozialistischen Theorie zu einer neu zu konstituierenden Politischen Ökonomie abzuschätzen, soll hier noch ein weiteres Faktum hervorgehoben werden, das jedoch von allergrößter politischer Bedeutung war. Die

Marxsche Theorie ist vor allem „Kritik der Politischen Ökonomie" der Klassik. Sie ist „negative Dialektik". Diesem Umstand ist es u. a. zuzuschreiben, daß eine „Politische Ökonomie des Sozialismus" als konstruktive Handlungslehre, als Handlungsanleitung für die Lenkung der Sowjetwirtschaft, so schwer zu entwickeln war. „Kritik" und „Konstruktion" sind unterschiedliche Dinge. 35 Jahre lang (!), von 1917 bis 1952, mußte die Sowjetunion ohne ein auch nur einigermaßen ausgearbeitetes Lehrbuch zur „Politischen Ökonomie des Sozialismus" auskommen (Trifonow, 1973). „Politische Ökonomie" blieb auch in der sowjetischen Wissenschaft lange – zu lange – einfach Kritik der Politischen Ökonomie des Kapitalismus. Das zentrale Problem der Ausarbeitung einer Politischen Ökonomie des Sozialismus war: Gilt das Wertgesetz (subjektive Wertlehre, Theorie von Angebot und Nachfrage) auch im Sozialismus? Oder nicht? Erst als Stalin selbst, höchst offiziell, 1952, grünes Licht gegeben hatte, konnte die erste „Politische Ökonomie des Sozialismus" erscheinen. Damit war in Teilbereichen auch der sozialistischen Wirtschaft die subjektive Wertlehre (wieder) anerkannt – wenngleich nur im Rahmen der Planung. Erst 1952 erschien also die erste „Politische Ökonomie des Sozialismus". Jeder, der sich damit beschäftigt hat, kennt die eminenten Mängel dieses Werkes. Erst spät – zu spät – d. h. in den 60er Jahren (Libermann-Diskussion) entfaltete sich die innersozialistische Kontroverse um die Konstruktion einer „Politischen Ökonomie des Sozialismus". Sie spiegelt sich auch in den Lehrbüchern wider (vgl. Zagolow, 1972; Koslow, 1973; Radajew, 1974; Trifonow, 1972). Diese Probleme muß man sich vor Augen halten, wenn man von der Rekonstruktion einer „Politischen Ökonomie" spricht und den (möglichen) Beitrag der marxistisch-sozialistischen Theoriediskussion würdigen will.

Die Divergenz verschiedener Interessen in der sozialistischen Gesellschaft und ihre Steuerung auf das Systemziel hin bildeten in der modernen sozialistischen Ökonomik das größte Problem (Stichwort: Materielle Interessiertheit versus unmittelbar gesellschaftliche Verausgabung der Arbeit). Die Wiederentdeckung der Kategorie des „Interesses" in der sozialistischen Ökonomik stellt wohl das wichtigste Ergebnis der neueren Ökonomikdiskussion in der Sowjetunion dar (Radajew, 1974; Trifonow, 1972). Die Rezeption westlicher Theoriebestandteile (betriebswirtschaftliche Organisationslehre, Marketing u. a. bis hin zur Rezeption der Cobb/Douglas-Funktion) – mit großer Verzögerung und z. T. unter anderer Namensgebung – im Rahmen der sozialistischen Ökonomik ist nicht neu. Schon Lenin bestand auf der „strikten Anwendung des Taylorismus". Der Taylorismus feiert denn auch in der „Sozialistischen Betriebswirtschaft"(slehre) und in der „Ökonomik der Arbeit" (Griachen u. a., 1973; Bley u. a., 1974) immer neue Triumphe – wenn auch in modifizierterer Form als im Westen.

Allerdings: Schadenfreude und Triumphgefühle gegenüber diesem Stand der Marxschen/sozialistischen Politischen Ökonomie sind ebenso fehl am Platze wie gegenüber dem Theoriestand der funktionalistischen Ökonomik und gegenüber der Neuen Politischen Ökonomie. Sie sind schlechte Ratgeber beim Versuch, eine „Politische Ökonomie" neu zu konzipieren. Wertvolle Anregungen ließen sich, wenn auch nicht aus der marxistischen Theorie und der offiziellen Politischen Ökonomie des Sozialismus – so doch – wieder – aus den Arbeiten der „Dissidenten" der herrschenden Politischen Ökonomie des Sozialismus gewinnen. An dieser Stelle sei nur auf einige Arbeiten und Autoren hingewiesen: Sik, 1972; Kosta, 1974; Brus, 1971; Richta, 1971 u. a.

X. Politologische Ansätze zur Rekonstruktion der Politischen Ökonomie

Böhret (1973) hat in seiner Zusammenfassung der verschiedenen Ansätze der nicht-funktionalistischen und nicht-marxistischen Politischen Ökonomie u. a. auf die Arbeiten von Heilbronner und Galbraith verwiesen, die er zur „kritischen Ökonomie" rechnet. In ähnlicher Weise möchten wir verstanden werden, wenn wir auf die „Dissidenten" der h. M. in der jeweils herrschenden Wirtschaftstheorie verwiesen haben.

Innerhalb der Politischen Wissenschaft sind die nicht-ökonomistischen und nicht-marxistischen Ansätze zur Rekonstruktion einer Politischen Ökonomie nicht eben zahlreich – wenn auch in einigen Fällen wegweisend genug.

1. Hier ist zunächst auf die von der Frankfurter Schule – bzw. ihren Erben Habermas (1963, 1972, 1973) und Offe (1972, 1973) – ausgegangenen Impulse zu einer sozialwissenschaftlich-integrativen Analyse von Politik und Wirtschaft hinzuweisen. Auf Habermas' Ablehnung einer Marx-Epigonistik im Sinne einer Methode „Marx im Nachvollzug" und auf seine Skepsis gegenüber der Brauchbarkeit der Werttheorie als empirisches Instrument zur Analyse des Spätkapitalismus wurde schon verwiesen.

Gleichwohl nehmen Habermas und Offe das grundlegende Paradigma von Marx auf, indem sie nach den Strukturproblemen und Krisenmomenten spätkapitalistisch verfaßter Gesellschaften fragen. Ihre zentrale These – soweit man beide Autoren zusammenfassen kann – lautet, daß spätkapitalistische Gesellschaften nicht mehr allein mit den Instrumenten der (marxistischen) polit-ökonomischen Theorie zu erfassen sind. Sie widersprechen insbesondere der These, daß die Krise des Spätkapitalismus noch nach dem Muster der polit-ökonomischen Krisentheorie zu begreifen sei. Sie setzen bei den – nach ihrer Ansicht immer umfassenderen – Intervention des Staates in die Wirtschaft an. Offe spricht sogar von einem „umfassenden" und „lückenlosen System staatlicher Interventionsapparate" (1972, S. 141). Vor dem Hintergrund solcher Betonung der staatlichen Regelungstätigkeit bescheinigen sie dem Staat jedoch eine prinzipiell mangelhafte Steuerungskapazität („Rationalitätskrise"). Der Staat sei weiterhin an den Mechanismus der privaten Kapitalverwertung gebunden und könne die von ihm verlangte umfassende Steuerung gar nicht erbringen. Neben Habermas und Offe haben insbesondere Ronge/Schmieg (1973) im Anschluß an Otto Kirchheimer auf die „Restriktionen" der politischen Planung aufmerksam gemacht. Die Rationalitätskrise entwickele sich auf der Grundlage der fehlenden Planungsinstrumente („Steuerungskapazitätskrise"), der fehlenden Informationsressourcen („Perzeptionsdefizit", „Informationskrise") und der immer knapper werdenden Finanzressourcen zur Alimentation kapitalistischer Fehlentwicklungen („Finanzkrise"). Aus dem Anspruch der Bevölkerung nach höherer Bedürfnisbefriedigung und nach entsprechender Steuerungsleistung des Staates glauben sie entnehmen zu können, daß der Staat aufgrund der „Steuerungskapazitätskrise" in eine „Legitimationskrise" gerate, denn das Ausbleiben bedürfnisgerechter Steuerung durch den Staat schlage sich in der Bevölkerung als „Motivationskrise" nieder. Durch sie verliere der Staat an „Massenloyalität". Das politisch-administrative System laufe daher in eine „kumulative Selbstblockierung" hinein. Die manipulativen Instrumente der Loyalitätssicherung müßten schließlich versagen.

Da sowohl die Parteien („Kartellparteien") wie die Verbände („Verbandsoligarchien") und die Parlamente („legitimatorische Fensterreden") degeneriert seien und nicht mehr zur Durchsetzung und Artikulation legitimer Ansprüche der Bürger taugten, hofft Habermas auf den „Dialog" und die sich evtl. doch durchsetzende „Vernunft", während Offe einen Ausweg allein in der Strategie von Bürgerinitiativen sieht, die eine „Kombination von Verhandlungsstrategie mit kalkulierten Gewaltakten" (1973, S. 165) praktizierten. Hier liegt ein wichtiger Dissens zwischen Habermas und Offe.

Habermas und Offe haben eine überragende Rezeption innerhalb der Soziologie und Politikwissenschaft erfahren. Sie haben sicherlich auf verschiedene funktionale Probleme der modernen Massendemokratie spätkapitalistischer Prägung aufmerksam gemacht.

Allerdings läßt sich die stürmische Rezeption wohl u. a. darauf zurückführen, daß besonders Offe in beispielhaft innovativer wissenschaftlicher Fabulierkunst sowohl die rechte wie die linke Kritik am gegenwärtigen Kapitalismus gemischt und auf einen neuen Begriff gebracht hat, ohne sich der rechten Theorie oder der marxistischen Polit-Ökonomie anzuschließen. Offes Parteien-, Pluralismus- und Parlamentskritik fußt auf der populistisch gewendeten Demokratiekritik von Leibholz, Schelsky und Forsthoff (vgl. seine Zitate und Verweise auf diese Autoren) und seine Verbändekritik hat ihren Ursprung in den Analysen von Olson. In Frage steht, ob Offe insgesamt weiter geht als die sattsam bekannte, „allseitige" Pluralismus-, Parteien-, Verbände- und Parlamentarismuskritik, die er in sein System inkorporiert hat. Man muß gegen Offe betonen, daß er keine Angaben darüber macht, wie sich die von ihm beschriebene kumulative Selbstblockierung des Systems in der Krise löst oder lösen kann. Einen sozialen Träger einer politischen Erneuerung vermag er nicht anzugeben. Die Frage einer sozialistisch-marxistischen oder im Gegenteil faschistischen Lösung der Krisenblockierung des Systems läßt er offen. Seine Theorie von den „horizontalen Disparitäten", die – so Offe – die „vertikalen Disparitäten" überlagert hätten, weist eine strukturelle Identität zum CDU-Slogan von der „Neuen Sozialen Frage" auf (Himmelmann, 1976).

Insgesamt scheint es, daß die Zusammenfügung politisch gewendeter Krisentheorie marxistischen Ursprungs und populärer Demokratieschelte konservativer Prägung *bei Absehung von der Arbeiterbewegung als einem zentralen Moment in der sozialen Dialektik des Kapitalismus* in programmatischer Hilflosigkeit und perspektivloser Kulturkritik einmündet, die nur noch zu „Gewaltakten" als kombiniertes Mittel der verhandlungsorientierten Interessendurchsetzung und zu Radikalität aufrufen kann.

Eine wichtige Konstante in Offes System ist, daß die Menschen bestimmte, wachsende Bedürfniserwartungen haben und daß der Staat immer neue Erwartungen wecke und Bedürfnisbefriedigungen verspreche (versprechen müsse), um Massenloyalität zu erhalten. Dagegen ist hervorzuheben, daß es ja schließlich auch möglich ist, daß der Staat Massenloyalität gerade dadurch gewinnt, daß er soziale Leistungen temporär oder in Teilen reduziert und die Steuern erhöht (Beispiel Japan in der Öl-Krise 1974 ff., auch BRD 1974/75, Sparprogramm) und liebgewonnene Wohlstandsaccessoires beschneidet (Carters auterity-Programm, 1977). Wenn der Staat dies alles durch wahrheitsheischende „Blut-und-Tränen-Reden" oder „Weltwirtschaftsverflechtungsreden" verkauft, kann er ebenso gut und im Gegensatz zu Offes Modell in der Krise eine Anspruchsreduktion und ein Zusammenrücken der Gesellschaft erreichen, also sogar zusätzliche Loyalität gewinnen und Stabilität auf einem niedrigeren bzw. gewandelten Anspruchsniveau erreichen (vgl. auch England in der Zeit von 1940–1945).

Trotz aller fruchtbaren Anstöße, die von dem Ansatz von Habermas und Offe ausgegangen sind, wirft also diese Theorievariante der modernen Sozialwissenschaft doch manche Probleme auf. Der These, daß die vorwiegend von der Arbeiterbewegung in langen Kämpfen erreichten Partizipationschancen nur eine manipulative „Scheinpartizipation" bedeute und allein der „Scheinlegitimierung" von bestehenden Machtstrukturen dienten (Offe, 1973), vermag der Verfasser dieser Zeilen so nicht zu folgen.

Der Politikbegriff von Offe löst sich in seiner Analyse zu sehr in reiner Manipulationstechnik der Herrschenden und in Scheindemokratie auf, als daß er zu einer realistischen Analyse auch der Konflikte innerhalb des politisch-administrativen Systems noch taugen könnte. Sein therapeutischer Politikbegriff bei Bürgerinitiativen, definiert als loyalitätsverweigernder „Gewaltakt", mag zwar einen gewissen provokativen Sinn ergeben, erscheint aber gleichfalls viel zu undifferenziert. Er taugt zugleich kaum, um z. B. integrativ wirkende und systemüberwindende Bürgerinitiativen voneinander abzugrenzen.

2. In der Präsentation von Ansätzen zur Rekonstruktion einer Politischen Ökonomie jenseits von funktionalistischer Wirtschaftstheorie und marxistischer Polit-Ökonomie ist im weiteren die von Gert von Eynern begründete „Politische Wirtschaftslehre" (1968, auch Tudyka, 1969) zu nennen, die über den Ansatz der „Politischen Wirtschafts- und Soziallehre" heute wieder zum Begriff der „Politischen Ökonomie" (1973) zurückgefunden hat. Eynern geht von einem Politikbegriff aus, den er mit „Kampf um rechte Ordnung" (1968, S. 19) umschreibt. Er impliziert damit:

a) daß sich Politische Ökonomie/Politische Wirtschaftslehre als Teil der Politischen Wissenschaft mit der Gestaltung des „öffentlichen Lebens" befasse,
b) daß sie das „Gestalten" und „Ordnen", insbesondere das Problem der „Macht" als dem „dynamischen Element" der Politik zum Gegenstand habe und
c) daß sie sich auch mit den Werten, nach denen das Gemeinwesen geordnet werden soll, auseinanderzusetzen habe, also die Normen, Interessen und Zielsetzungen, die auf die Gesellschaftsgestaltung einwirken, berücksichtigen müsse.

Sein Ansatz fragt:

a) nach den wirtschaftlichen Ordnungen und Systemen und nach den Interdependenzen zwischen den politischen und wirtschaftlichen Ordnungen und Systemen,
b) nach den wirtschaftlichen und sozialen Grundlagen politischer Entscheidungen und
c) nach den wirtschaftlichen Folgen politischer Entscheidungen.

Ohne dem Ansatz Gewalt anzutun, ließen sich die beiden letzten Punkte untergliedern zu den Fragestellungen nach: den wirtschaftlichen Voraussetzungen *und* Folgen politischer Entscheidungen und: den politischen Voraussetzungen *und* Folgen wirtschaftlicher Entscheidungen.

Eynern beansprucht nicht, eine Endzeit- oder Krisentheorie zu generieren, sondern er beschränkt sich auf die Präsentation eines analytischen Rahmenprogramms. Mit diesem Programm scheint allerdings eine hinreichend präzise Forschungsstrategie aufgezeigt, auf deren Grundlage weitergearbeitet werden kann, wenngleich hier die Grenzen zwischen Politischer Ökonomie und allgemeiner Politikwissenschaft selbst fraglich werden. Doch: Wenn man Eynerns zentrales Kriterium „Interdependenz" auf die Wissenschaft selbst anwendet, scheint dies kein Nachteil zu sein.

3. Neben Gert von Eynern hat in der Politischen Wissenschaft insbesondere Michael Hereth Arbeiten zum Problem von Politik und Ökonomie vorgelegt (1972, 1974, 1977). Hereth fragt nach dem, was „Jenseits der politischen Ökonomie" liegt (1972). Er fragt nach dem „Sinn" des Menschen und des Wirtschaftssystems und nach der „Freiheit" außerhalb von Arbeit und Wirtschaft. Er kritisiert vehement die Ökonomisierung des Menschen, d. h. das, was Widmaier die „ökonomische Konditionierung des Menschen" genannt hat (1974, 1976). Hereths Analysen enthalten Elemente der Kritik heutiger Bewußtseinsstrukturen. Sie sind Industriekritik, Kritik der Eigengesetzlichkeit der Technik und Kritik der herrschenden nationalökonomischen Denkweise zugleich.

Doch: Insgesamt hat Hereth bisher nur die aktuellen Fragen im Nachgang zur Ökologiedebatte verarbeitet. Diese Fragen finden sich in vielfältiger Form auch in der oben zitierten Kritik der „Dissidenten" an der herrschenden funktionalistischen Wirtschaftstheorie. Die Kritik des ökonomisch reduzierten Rationalitätsbegriffs in der herrschenden Wirtschaftstheorie, in der Neuen Ökonomischen Politik und in der marxistischen Theorie liest man bei Aldrup früher und besser als bei Hereth (Aldrup 1971, 1975).

Das zentrale Kriterium von Hereth ist „Freiheit", der er die „Notwendigkeit" des Arbeitens gegenüberstellt. Freiheit verlagert er ins Private, in die Psyche, ins Bewußtsein, in die Philosophie. „Der Ort der Freiheit jenseits der Befriedigung materieller Bedingung der physischen Existenz der Menschen muß deshalb vielmehr die Psyche, das Bewußtsein der Menschen sein" (1974, S. 26). „Freiheit ist nicht in der Ökonomie sondern jenseits der Ökonomie möglich" (1972, S. 530). „Den höchsten Freiheitsspielraum, der der menschlichen Praxis gegeben ist, eröffnet sich den Menschen in der Philosophie" (1972, S. 532). „Politik" ist für Hereth: Verwirklichung dieser Freiheit. Dort also – jenseits von Notwendigkeit der Sorge für den eigenen Lebensunterhalt – verankert Hereth seinen Politikbegriff, dem der Verfasser dieser Zeilen nicht zu folgen vermag. Offensichtlich ist Hereths Freiheitsbegriff irreal und ahistorisch und sein Politikbegriff esoterisch und apolitisch.

Hereth will keinen Entwurf einer Politischen Ökonomie vorlegen, sondern er fordert eine neue (aristotelische) Anthropologie, von der her offensichtlich Mensch, Gesellschaft, Wirtschaft und Politik neu definiert werden sollen. Die Politische Wissenschaft solle der Versuchung widersagen, „modischen Strömungen nachzugehen, die der traditionellen ökonomischen Interpretation der Gesellschaft eine Kritik der politischen Ökonomie entgegensetzen, welche den Rahmen der Ökonomie wiederum nicht sprengt" (1972, S. 546). Die Bemühungen, eine Politische Ökonomie zwischen herrschender Wirtschaftstheorie und marxistischer Polit-Ökonomie neu zu begründen, nimmt Hereth nicht zur Kenntnis. Ebenso ist seine Rezeption der herrschenden Wirtschaftstheorie verkürzt und um die vielfältigen Ansätze der „Dissidenten" der herrschenden Lehre geschmälert. Die Dissidenten der herrschenden Politischen Ökonomie des Sozialismus nimmt er ebenfalls nicht wahr. Wenn Eynern einen klar umrissenen

Politik-Begriff verwendet (über den sich freilich streiten läßt) und klar definierte Forschungsansätze für die Analyse des Verhältnisses von Politik und Ökonomie geliefert hat, ist Hereths Forderung nach einer neuen Anthropologie zwar berechtigt, doch geht sie am eigentlichen Problem vorbei. Über die tatsächlichen Verbindungen zwischen ökonomischem und politischem System sagt Hereth nichts aus.

4. Demgegenüber hat Klaus Heinemann 1974 einen eher systemwissenschaftlich-wirtschaftssoziologischen Ansatz vorgelegt, der zwar nicht das Ziel hat, eine eigene „Politische Ökonomie" zu begründen, der jedoch besondere Aufmerksamkeit beanspruchen darf. Heinemann untersucht, welchen Beitrag die Wirtschaftssoziologie zu einer neu zu konzipierenden Politischen Ökonomie leisten könnte. Die Probleme der Politischen Ökonomie bestimmt er ganz ähnlich wie Eynern:

„a) Probleme, die mit ordnungspolitischen Grundsatzentscheidungen zusammenhängen,

b) Probleme, die mit politischen Entscheidungen innerhalb eines Wirtschafts- und Gesellschaftssystems zusammenhängen,

c) Probleme, die mit den sozial-ökonomischen Bestimmungsgründen des wirtschaftlichen Verhaltens zusammenhängen" (S. 18).

Heinemann sieht den Beitrag der Wirtschaftssoziologie zur Rekonstruktion der Politischen Ökonomie im Rahmen der Analyse der Wechselbeziehungen zwischen Wirtschaft und Gesellschaft, des sozialökonomischen Wandels, der Struktur der sozioökonomischen Handlungsfelder, der Kategorie des Interesses und der Wirtschaftsgesinnung. Insbesondere in der Betonung der Kategorie des „Interesses" (Heinemann, 1971) kann der Verfasser ihm mit Nachdruck folgen (Himmelmann, 1976; auch Neuendorff, 1973; Massing/Reichel, 1977).

Allerdings: Allein aus wirtschaftssoziologischen Analysen kann sich Politische Ökonomie nicht neu begründen. Leider findet sich bei Heinemann auch kein definierter Politikbegriff. So stellt Heinemanns Skizze eine wertvolle Ergänzung insbesondere zu Eynerns Ansatz dar. Heinemann selbst sieht seine Arbeit freilich eher als Beitrag, „die Wirtschaftssoziologie neu zu konzipieren" (1974, S. 134). Die Kopplung der Politischen Wirtschaftslehre/Politischen Ökonomie und einer so verstandenen politisch-ökonomisch orientierten Wirtschaftssoziologie wäre nur zu begrüßen, bezieht doch die Politische Wirtschaftslehre/Politische Ökonomie in Eynerns Prägung schon heute wesentliche Impulse aus der Wirtschaftssoziologie.

XI. Ausblick: Desiderata und Parallelanalysen

Wir müssen hier den Überblick über „Herkunft, Probleme und Ansätze" und über die u. E. „relevante" Literatur zur Politischen Ökonomie beenden. Allerdings sollte zum Abschluß betont werden, daß Politische Ökonomie nicht nur Makro-Theorie sein kann und sich nicht selbst um eine wesentliche Dimension der Beziehungen zwischen Wirtschaft und Politik bringen darf. Ein Desiderat der Politischen Ökonomie ist der Mikro-Bereich. Es fehlt, obgleich bei Eynern integrierbar, eine Einbeziehung der „Politischen

Ökonomie der Unternehmung". Auf einen solchen Ansatz (vgl. Projektgruppe, 1974) und auf die Literatur zur Diskussion dieses Ansatzes in der Betriebswirtschaftslehre (Chmielewicz, 1975; Koubek u. a. 1974; Koubek 1977) sowie auf weitere relevante Literatur in der BWL aus der Sicht der Politischen Ökonomie (Ortmann, 1976; Thiemeyer, 1975; Bidlingmaier 1968; Heinen, 1966, 1974; Berthel, 1973 u. a.) kann hier nur verwiesen werden.

Zudem muß noch ein generelles Problem angesprochen werden. Politische Ökonomie hat ein weitreichendes Programm. In jüngster Zeit sind die Beziehungen zwischen Wirtschaft und Politik von Politologen und Soziologen immer deutlicher ins Blickfeld gerückt worden (u. a. Miliband, 1972), auch wenn sich diese u. a. Wissenschaftler nicht einer Politischen Ökonomie – und dazu noch einer bestimmten Herkunft – verpflichtet fühlten. Gleichwohl scheint es uns wichtig, daß auch die Politische Wissenschaft sich um eine Systematisierung und Konzeptualisierung einer „Politischen Ökonomie" bemüht, um zumindest in eine Diskussion mit der herrschenden Wirtschaftstheorie, der Neuen Ökonomischen Politik und mit der marxistischen Theorie eintreten zu können. Die Argumente, die sie hat, sind nicht die schlechtesten!

Vielleicht wäre dann auch die Wiederbelebung des Arbeitskreises Politische Ökonomie in der DVPW sinnvoll. Das im wahrsten Sinne Übergreifende, das die Disziplingrenzen Sprengende, das Unorthodoxe und „Unbehäbige" der Politischen Wirtschaftslehre/Politische Ökonomie ist das, was zumindest den Verfasser an diesem Wissenschaftsbereich fasziniert, ohne daß er einem eigenen Wissenschaftsimperialismus der Politischen Wirtschaftslehre/Politischen Ökonomie das Wort reden wollte.

Ob allerdings die Politische Ökonomie noch einmal „Leitwissenschaft" sein kann, wie sie es in früherer Zeit war, erscheint mehr als zweifelhaft. Es fragt sich, ob dies nicht in Zukunft die „Politische Ökologie" sein wird (Gorz, 1977).

Literatur

Albert, H.: Politische Ökonomie und rationale Politik. Vom wohlfahrtsökonomischen Formalismus zur politischen Soziologie, in: Theoretische und institutionelle Grundlagen der Wirtschaftspolitik, hrsg. v. H. Besters, Berlin 1967.
–: Der Mythos der totalen Vernunft, in: Adorno, Th. W. (Hrsg.), Der Positivismusstreit in der deutschen Soziologie, Neuwied 1969, S. 193 ff.
–: Ökonomische Ideologie und politische Theorie, 2. Aufl., Göttingen 1972.
–: Marktsoziologie und Entscheidungslogik, Neuwied 1967.
–: Macht und Zurechnung. Von der funktionellen zur institutionellen Verteilungstheorie, Schm. Jb. 75/1955, S. 57 ff.
–: Modell-Platonismus: Der neoklassische Stil des ökonomischen Denkens in kritischer Betrachtung, in: Marktsoziologie und Entscheidungslogik, Neuwied 1967.
Aldrup, D.: Das Rationalitätsproblem in der politischen Ökonomie, Tübingen 1971.
–: Rationale Theorie der Politik – Kritischer Rationalismus und irrationale Theorie der Politik, in: Lührs u. a. (Hrsg.), Kritischer Rationalismus und Sozialdemokratie, Bd. I, Berlin 1975.
Altvater u. a.: Materialien zur Kritik der bürgerlichen Ökonomie. Begründung einer Lehreinheit „Politische Ökonomie", Gießen 1971.
Arndt, H.: Wirtschaftliche Macht, München 1974.
–: Markt und Macht, 1973, 2. Aufl. von Mikroökonomische Theorie, Bd. I, Tübingen 1966.
Arrow, K. J.: Social Choice and Individual Values, New York 1963.

Badura, B.: Bedürfnisstruktur und politisches System, Stuttgart 1972.
Baran, P. A.: Zur politischen Ökonomie der geplanten Wirtschaft, Frankfurt/M. 1969.
Barry, B. M.: Neue Politische Ökonomie. Ökonomische und Soziologische Demokratietheorie, Frankfurt/M. 1975.
Becker, W.: Kritik der Marxschen Wertlehre, Hamburg 1972.
Beckerath, E. v. u. a. (Hrsg.), Probleme der normativen Ökonomik und der wirtschaftspolitischen Beratung, Schr. d. V. f. Socialpolitik, Berlin 1963.
Bernholz, P.: Grundlagen der Politischen Ökonomie, Bd. I/II, Tübingen 1972, 1975.
Berthel, J.: Zielorientierte Unternehmenssteuerung, Stuttgart 1973.
Bidlingmaier, J.: Zielkonflikte und Zielkompromisse im unternehmerischen Entscheidungsprozeß, Wiesbaden 1968.
Bley u. a. (Autorenkollektiv), Ökonomik der Arbeit, 6. Aufl., Berlin (Ost) 1974.
Böckels/Scharf/Widmaier: Machtverteilung im Sozialstaat, München 1976.
Böhm, F.: Die Ordnung der Wirtschaft als geschichtliche Aufgabe und rechtschöpferische Leistung, Stuttgart 1936.
Böhm-Bawerk, E. v.: Macht oder ökonomisches Gesetz?, in: Zeitsch. f. Volkswirtschaft, Sozialpolitik und Verwaltung, Bd. 23, 1914, S. 205 ff.
Böhret, C.: Politische Wirtschaftslehre. Portrait einer Disziplin, in: ders./Grosser, D. (Hrsg.), Interdependenzen von Politik und Wirtschaft, Festgabe f. Gert von Eynern, Berlin 1967, S. 11–35.
–: Politische Ökonomie, in: Eynern, G. v. u. a. (Hrsg.), Wörterbuch zur politischen Ökonomie, Opladen 1973, S. 292 ff.
Bohnen, A.: Die utilitaristische Ethik als Grundlage der modernen Wohlfahrtsökonomik, Göttingen 1964.
Boulding, K. E.: Gerechtigkeit im Wirtschaftsleben, in: Külp/Schreiber (Hrsg.), Soziale Sicherheit, Köln 1971.
–: Principles of Economic Policy, New York 1958.
–: Ökonomie als Moralwissenschaft, 1969, in: Vogt, W. (Hrsg.), Seminar: Politische Ökonomie, Frankfurt/M. 1973, S. 102 ff.
Boulding, K. E./Pfaff, M.: Transferwirtschaft: Regelungstheorie der Wirtschafts- und Sozialpolitik, in: Wirtschaftswoche (Kontaktstudium), Nr. 36/1972.
Braun, G.: Politische Ökonomie für den Sozialkundeunterricht, Hamburg 1976.
Brauweiler, H.: Wirtschaftslehre als Politische Wissenschaft, München-Berlin 1938.
Briefs, G.: Grenzmoral in der pluralistischen Gesellschaft, in: Beckerath, E. v. u. a. (Hrsg.), Wirtschaftsfragen der freien Welt, 2. Aufl., Frankfurt/M. 1957, S. 97 ff.
Brunner, O.: Das „ganze Haus" und die alteuropäische „Ökonomik", 1950, wieder abgedruckt in: Neue Wege der Sozialgeschichte, Göttingen 1956, S. 47 ff.

Brus, W.: Funktionsprobleme der sozialistischen Wirtschaft, Frankfurt/M. 1971.
Buchanan, J. M.: The Demand and Supply of Public Goods, Chicago 1968.
Buchanan, J. M./Tullock, G.: The Calculus of Consent. Logical Foundations of Constitutional Democracy, Ann Arbor 1962.
Bucharin, N.: Das Elend der subjektiven Wertlehre. Die politische Ökonomie des Rentners, 1926, Frankfurt/M. 1966.

Chmielewicz, K.: Arbeitnehmerinteressen und Kapitalismuskritik in der Betriebswirtschaftslehre, Reinbek 1975.

Dahl, R. A./Lindblom, Ch. E.: Sieben Grundziele der Gesellschaftsgestaltung, in: Gäfgen, G. (Hrsg.), Grundlagen der Wirtschaftspolitik, Köln 1966.
—: Politics, Economics and Welfare, New York 1963.
Davis, A. O./Hinich, M.: A Mathematical Model of Policy Formation in a Democratic Society, in: Bernd, J. L. (ed.), Mathematical Science, Dallas 1966.
Dettling, W. (Hrsg.), Macht der Verbände – Ohnmacht der Demokratie?, München 1976.
Dettling, W. u. a.: Die Neue Soziale Frage und die Zukunft der Demokratie, Bonn 1976.
Diefenbach/Grözinger/Ipsen/Warthenpfuhl/Wengenroth: Wie real ist die Realanalyse, in: ProKla, H. 24/1976, S. 173 ff.
Dobb, M.: Organisierter Kapitalismus. Fünf Beiträge zur Politischen Ökonomie, Frankfurt/M. 1966.
Downs, A.: Ökonomische Theorie der Demokratie, 1957, Tübingen 1968.
Duve, F.: Was kostet das Industriesystem?, in: Technologie und Politik, aktuell-Magazin, Nr. I, Reinbek 1975.

Easton, D.: A Framework for Political Analysis, Englewood Cliffs 1965.
Eberle, F.: Bemerkungen zum Erklärungsanspruch der Marxschen Theorie, in: Aspekte der Marxschen Theorie I, Frankfurt/M. 1973.
Eberle, F./Hennig, E.: Anmerkungen zum Verhältnis von Theorie und Praxis, in: Gesellschaft. Beiträge zur Marxschen Theorie 2, hrsg. v. Backhaus u. a., Frankfurt/M. 1974.
Elsner, W.: Die „neue politische Ökonomie" und Ansätze politisch-ökonomischer Neubesinnung in den Wirtschaftswissenschaften, in: Blätter für deutsche und internationale Politik, H. 11/1975 und H. I/1976.
Engelhardt, W. W.: Politische Ökonomie und Utopie, in: Lührs u. a. (Hrsg.), Kritischer Rationalismus und Sozialdemokratie, Bd. II, Berlin 1976, S. 201 ff.
Euchner, W.: Egoismus und Gemeinwohl. Studien zur Geschichte der bürgerlichen Philosophie, Frankfurt/M. 1973.
Eynern, G. v.: Grundriß der Politischen Wirtschaftslehre 1968, 2. Aufl., Opladen 1972.
Eynern, G. v. u. a. (Hrsg.): Wörterbuch zur politischen Ökonomie, Opladen 1973, 2. Aufl. 1977.

Fach, W.: Über einige Schwierigkeiten der Neuen Politischen Ökonomie: Das Beispiel des Koalitionstheorie, in: Zeitschr. f. d. ges. Staatswiss., Bd. 129/1973, S. 247 ff.
Ferber, Ch. v.: Werden die Sozialpolitiker aus den Erfahrungen lernen?, in: Gewerkschaftliche Monatshefte, H. 3/1977, S. 151 ff.
Fetscher, I.: Kritische Glossen zum Demokratieverständnis, in: Lembruch, G. u. a. (Hrsg.), Demokratisches System und politische Praxis, München 1971.
Fleischmann, G.: Wissenschaftstheorie und Demokratie, in: Hamburger Jahrbuch, 13. Jg., Tübingen 1968, S. 35 ff.
Frank, J.: Kritische Ökonomie, Reinbek 1976.
—: Neue Politische Ökonomie als Kritik der herrschenden Wirtschaftstheorie?, in: Widmaier, H. P. (Hrsg.), Politische Ökonomie des Wohlfahrtsstaates, Frankfurt/M. 1974, S. 313 ff.
Freier, U./Lieber, P.: Politische Ökonomie des Sozialismus in der DDR. Frankfurt/M. 1972.
Frey, B. S.: Entwicklung und Stand der Neuen Politischen Ökonomie, in: Widmaier, H. P. (Hrsg.), Politische Ökonomie des Wohlfahrtsstaates, Frankfurt/M. 1974, S. 30 ff.
Frey, B. S./Meißner, W. (Hrsg.), Zwei Ansätze der Politischen Ökonomie. Marxismus und ökonomische Theorie der Politik, Frankfurt/M. 1974.
Frey, B. S.: Eine Einschätzung der Neuen Politischen Ökonomie der 70er Jahre, in: Zeitschrift f. d. ges. Staatswiss. Bd. 131/1975, S. 697 ff.
Frey, B. S. / Lau, L.: Towards an Mathematical Model of Government Behavior, in: Zeitschrift für Nationalökonomie, Bd. 28/1968, S. 355 ff.

Gäfgen, G. (Hrsg.): Theorie der wirtschaftlichen Entscheidung, 2. Aufl., Tübingen 1968.
Galbraith, J. K.: American Capitalism. The Concept of Countervailling Power, Boston 1952.
–: Gesellschaft im Überfluß, München 1959.
–: Die moderne Industriegesellschaft, 1967, München 1968.
–: Wirtschaft für Staat und Gesellschaft, München-Zürich 1974.
–: Volkswirtschaftslehre als Glaubenssystem, in: Vogt, W. (Hrsg.), Seminar: Politische Ökonomie, Frankfurt/M. 1973, S. 56 ff.
Gossen, H. H.: Entwicklung der Gesetze des menschlichen Verkehrs und der daraus fließenden Regeln für das menschliche Handeln, Neuauflage Braunschweig 1954.
Graichen, D. u. a. (Autorenkollektiv): Sozialistische Betriebswirtschaft, 2. Aufl., Berlin (Ost) 1973.
Grochla, E.: Unternehmensorganisation, Reinbek 1972.
Guldimann, T.: Die Grenzen des Wohlfahrtsstaates, München 1976.
Gutenberg, E.: Einführung in die Betriebswirtschaftslehre, Wiesbaden 1958.
–: Grundlagen der Betriebswirtschaftslehre Bd. I: Die Produktion, 21. Aufl., Berlin-Heidelberg-New York 1975.

Habermas, J.: Gegen einen positivistisch halbierten Rationalismus, in: Adorno, Th. W. (Hrsg.), Der Positivismusstreit in der deutschen Soziologie, Neuwied 1969, S. 235 ff.
–: Zur Logik der Sozialwissenschaften, Frankfurt/M. 1970.
–: Legitimationsprobleme im Spätkapitalismus, Frankfurt/M. 1973.
–: Theorie und Praxis, 1963, Neuauflage, Neuwied 1972.
Hanusch, H.: Theorie des öffentlichen Gutes, Göttingen 1972.
Hartfiel, G.: Wirtschaftliche und soziale Rationalität, Stuttgart 1968.
Hartwich, H. H.: Sozialstaatspostulat und gesellschaftlicher Status quo, 2. Aufl., Opladen 1977.
Hayek, F. A.: Der Weg zur Knechtschaft, 1943, deutsch Zürich 1945.
Heimann, E.: Soziale Theorie des Kapitalismus, Tübingen 1929.
Heinemann, K.: Zur Soziologie des Interesses, in: Soziologia Internationalis, Bd. 8/1970, S. 80 ff.
–: Politische Ökonomie – Heute, Tübingen 1974.
Heinen, E.: Das Zielsystem der Unternehmung, Wiesbaden 1966.
–: Industriebetriebslehre. Entscheidungen im Indutriebetrieb, 3. Aufl., Wiesbaden 1974.
Helmstädter, E.: Politische Ökonomie – Wozu?, in: Molitor, R. (Hrsg.), Kontaktstudium Ökonomie und Gesellschaft, Frankfurt/M. 1972, S. 82 ff.
Henning/Hirsch/Reichelt/Schäfer (Hrsg.): Karl Marx/Friedrich Engels. Staatstheorie. Materialien zur Rekonstruktion der marxistischen Staatstheorie, Frankfurt/M. 1974.
Hensel, K. P.: Grundformen der Wirtschaftsordnung. Marktwirtschaft – Zentralverwaltungswirtschaft, München 1972.
Harding, F. O. (Herder-Dorneich, Ph.), Politisches Modell zur Wirtschaftstheorie, Freiburg 1957.
Herder-Dorneich, Ph. (Hrsg.): Politik als Stimmenmaximierung, Köln 1968.
Herder-Dorneich, Ph./Groser, M.: Ökonomische Theorie des politischen Wettbewerbs, Göttingen 1977.
Herdzina, K. (Hrsg.): Wettbewerbstheorie, Köln 1975.
Hereth, M.: Jenseits der politischen Ökonomie, in: Politische Vierrteljahresschrift, Jg. 13/1972, H. 4, S. 522 ff.
–: Freiheit, Politik und Ökonomie, München 1974.
– (Hrsg.): Grundprobleme der Politischen Ökonomie, München 1977.
Himmelmann, G.: Lohnbildung durch Kollektivverhandlungen, Berlin 1971.
–: Arbeitswert, Mehrwert und Verteilung, Opladen 1974.
–: Marxisten kontra Marx (Der tendenzielle Fall der Profitrate), in: Wirtschaftswoche (Kontaktstudium), H. 51/52, 1972, S. 37 ff.
–: Bedürfnisse – Interessen – Politik, in: Gegenwartskunde, H. I/1976, S. 105 ff.
Hofmann, W.: Sozialökonomische Studientexte, Bd. I: Wert- und Preislehre, Bd. II: Einkommenstheorie, Bd. III: Theorie der Wirtschaftsentwicklung, Berlin 1961, 1965, 1966.
Hoopmann, E.: Wettbewerb als Norm der Wirtschaftspolitik, in: Herdzina, K. (Hrsg.), Wettbewerbstheorie, Köln 1975, S. 230 ff.
Hunt, E. K./Shermann, H. J.: Ökonomie aus traditioneller und radikaler Sicht, 2. Bde., Frankfurt/M. 1974.

Ilchman, W. F./Uphoff, N.: The Political Economy of Change, Berkeley 1971.

Justi, J. H. G. v.: Grundsätze der Policeywissenschaft, Göttingen 1759.

Kade, G.: Grundannahmen der Preistheorie, Berlin-Frankfurt 1962.
–. Politische Ökonomie – Heute, in: Vogt, W. (Hrsg.): Seminar: Politische Ökonomie, Frankfurt/M. 1973, S. 149 ff.
–: Die Marxsche Methode im Nachvollzug, in: Molitor, R. (Hrsg.): Ökonomie und Gesellschaft, Frankfurt/M. 1972.
Kantzenbach, E.: Die Funktionsfähigkeit des Wettbewerbs, Göttingen 1967.
Kapp, W. K.: Volkswirtschaftliche Kosten der Privatwirtschaft, Tübingen 1968.
Katterle, S.: Sozialwissenschaft und Sozialethik, Göttingen 1972.
Kirsch, G.: Betriebswirtschaftslehre: Systeme, Entscheidungen, Methoden, Wiesbaden 1974.
–: Ökonomische Theorie der Politik, Tübingen 1974.
Kleinhenz, G.: Zur Konzeption einer „Politischen Ökonomie" auf der Grundlage des Kritischen Rationalismus, in: Lührs u. a. (Hrsg.): Kritischer Rationalismus und Sozialdemokratie, Bd. II, Berlin 1976, S. 177 ff.
Kocka, J.: Kontroversen über Max Weber, in: Neue Politische Literatur, Jg. XXI, H. 3/1976, S. 281 ff.
Köllner, L.: Wirtschaftswissenschaft versus politische Ökonomie, Stuttgart 1973.
Koslow, G. A. u. a. (Autorenkollektiv): Politische Ökonomie, Bd. 3: Der Sozialismus – die erste Phase der kommunistischen Produktionsweise, Berlin (Ost) 1973.
Kosta, J.: Sozialistische Planwirtschaft. Theorie und Praxis, Opladen 1974.
Koubek/Küller/Scheibe-Lange (Hrsg.), Betriebswirtschaftliche Probleme der Mitbestimmung, Frankfurt/M. 1974.
Koubek, N.: Arbeitsorientierte Rationalität und Arbeitnehmerinteressen. Zum Stand der Auseinandersetzung über die Arbeitsorientierte Einzelwirtschaftslehre (AOEWL), in: Zeitschrift für betriebswirtschaftliche Forschung, H. I/1977, S. 31 ff.
Kramm, L.: Was ist Politische Ökonomie?, in: Hereth, M. (Hrsg.), Grundprobleme der Politischen Ökonomie, München 1977, S. 201 ff.
Kritik der politischen Ökonomie heute, 100 Jahre „Kapital", hrsg. v. W. Euchner/A. Schmidt, Frankfurt/M. 1968.
Kühne, K.: Ökonomie und Marxismus, Neuwied, Bd. 1/1972, Bd. 2/1974.
Kuhn, T. S.: Die Struktur wissenschaftlicher Revolutionen, Frankfurt/M. 1973.
Külp, B.: Wohlfahrtsökonomik, 2 Bde., Tübingen 1975.
Küng, E.: Wirtschaft und Gerechtigkeit, Tübingen 1967.

Lange, O.: Politische Ökonomie, Frankfurt/M. 1963.
Lasswell, H.: Politics: Who gets, what, when, how?, 1936, New York 1965.
Liefmann-Keil, E.: Einführung in die politische Ökonomie, Freiburg 1964.
Lindbeck, A.: Die Politische Ökonomie der Neuen Linken, Göttingen 1973.
Lipsey, R. G.: Einführung in die Positive Ökonomie, Köln 1971.
List, F.: Das nationale System der politischen Ökonomie, 1841, Tübingen 1959.
Little, J. M. D.: A Critique of Welfare Economics, Oxford 1957.
Lowe, A.: On Economic Knowledge, 1964, deutsch: Politische Ökonomik, Frankfurt/M. 1965.
Lührs u. a. (Hrsg.): Kritischer Rationalismus und Sozialdemokratie, 2 Bde., Bonn-Bad Godesberg 1975, 1976.

MacPherson, C. B.: Die politische Theorie des Besitzindividualismus, Frankfurt/M. 1967.
–. Demokratietheorie, München 1977.
Maier, H.: Die Lehre der Politik an deutschen Universitäten vornehmlich vom 16. bis 18. Jahrhundert, in: Oberndörfer, D. (Hrsg.), Wissenschaftliche Politik, Freiburg 1962, S. 59 ff.
Mandeville, B.: Die Bienenfabel oder private Laster, öffentliche Vorteile, 1714, hrsg. v. W. Euchner, Frankfurt/M. 1968.
Marshall, A.: Principles of Economics, London 1890.
Mattfeld, H.: Einige Aspekte empirischer Untersuchungen in der Neuen Politischen Ökonomie, in: Zeitschrift für Wirtschafts- und Sozialwissenschaft, Bd. 93/1973, 2. Hbd., S. 709 ff.
Mayer, Th.: Der Zwiespalt der Marxschen Emanzipationstheorie, Kronberg 1973.

Mehringer, H./Mergner, G.: Debatte um Engels, 2 Bde., Reinbek 1973.
Mellerowicz, K.: Allgemeine Betriebswirtschaftslehre, Bd. I–V, 13. Aufl., Berlin 1968 ff.
Menger, C.: Untersuchungen über die Methoden der Socialwissenschaften und der politischen Ökonomie insbesondere, Leipzig 1883.
–: Grundsätze der Volkswirtschaftslehre, Wien 1871.
Miksch, L.: Wettbewerb als Aufgabe, Stuttgart 1937.
Miliband, R.: Der Staat in der kapitalistischen Gesellschaft, 1969, Frankfurt/M. 1972.
Molitor, R. (Hrsg.), Kontaktstudium Ökonomie und Gesellschaft, Frankfurt/M. 1972.
Monopolkommission: Mehr Wettbewerb ist möglich. Hautgutachten 1973/1975, 2. Aufl., Baden-Baden 1977.
Morf, O.: Das Verhältnis von Wirtschaftstheorie und Wirtschaftsgeschichte bei Karl Marx, 1951, 2. Aufl., Geschichte und Dialektik in der politischen Ökonomie, Frankfurt/M. 1970.
Müller-Armack, A.: Wirtschaftsordnung und Wirtschaftspolitik, 2. Aufl., Bern 1976.
Mundorf, H. D.: Der Ausdruck „Politische Ökonomie" und seine Geschichte, Köln 1957.
Musgrave, R. A.: Finanztheorie, Tübingen 1966 (The Theory of Public Finance, New York 1959).
Myrdal, G.: Das politische Element in der nationalökonomischen Doktrinbildung, Hannover 1963.
–: Das Wertproblem in der Sozialwissenschaft, Hannover 1965.

Negt, O.: Marxismus als Legitimationswissenschaft. Einleitung zu: Bucharin/Deborin: Kontroversen über den dialektischen und mechanischen Materialismus, Frankfurt/M. 1974.
Neuendorff, H.: Der Begriff des Interesses, Frankfurt/M. 1973.
Neumark, F.: Wirtschafts- und Finanzprobleme des Interventionsstaates, Tübingen 1961.

Offe, C.: Strukturprobleme des kapitalistischen Staates, Frankfurt/M. 1972.
Olson, M. jr.: Die Logik des kollektiven Handelns. Kollektivgüter und Theorie der Gruppen, Tübingen 1968.
Ortmann, G.: Unternehmensziele als Ideologie, Köln 1976.

Pahlke, J.: Welfare Economics. Grundlage allgemeingültiger wirtschaftspolitischer Entscheidungen?, Berlin 1960.
Peter, H.: Welfare Economics – Ethik und doch Wissenschaft, in: Montaner, A. (Hrsg.), Geschichte der Volkswirtschaftslehre, Köln 1967.
–: Einführung in die politische Ökonomie, Stuttgart 1950.
Phelps, E. S. (Hrsg.), Private Wants und Public Goods, New York 1965.
Pigou, A. C.: The Economic of Welfare, London 1932.
Pollock, F.: Stadien des Kapitalismus, München 1975.
Popper, K. R.: Das Elend des Historizismus, 3. Aufl., Tübingen 1971.
Preiser, E.: Politische Ökonomie im 20. Jahrhundert, München 1970.
Projektgruppe im WSI (Briefs/Engelen-Kefer/Helfert/Himmelmann/Kohl/Koubek/Küller/Mühlhaupt/Scheibe-Lange): Grundelemente einer Arbeitsorientierten Einzelwirtschaftslehre, WSI-Studie, Nr. 23 (Bund-Verlag), Köln 1974.

Radajew, W. W.: Ökonomische Interessen im Sozialismus, Berlin (Ost) 1974.
Recktenwald, H. C.: Grants Economy. Zweite Krise der Wirtschaftstheorie?, in: Wirtschaftswoche (Kontaktstudium), Nr. 34/1972.
–: Geschichte der Volkswirtschaftslehre, Neuauflage: Geschichte der Politischen Ökonomie, Stuttgart 1971, engl.: Political Economy. An Historical Perspective, London 1972.
–: Nutzen-Kosten-Analyse. Entscheidungshilfe der Politischen Ökonomie, Tübingen 1971.
Reichelt, H.: Zur logischen Struktur des Kapitalbegriffs bei Karl Marx, Frankfurt/M. 1970.
Ricardo, D.: Grundsätze der politischen Ökonomie und der Besteuerung, 1817, Frankfurt/M. 1972.
Richta, R. u. a.: Zivilisation am Scheidewege (tschechisch 1968), deutsch: Richta-Report: Politische Ökonomie des 20. Jahrhunderts, Frankfurt/M. 1971.
Rieger, W.: Einführung in die Privatwirtschaftslehre (1928), 2. Aufl., Erlangen 1959.
Riese, H.: Ordnungsidee und Ordnungspolitik – Kritik einer wirtschaftspolitischen Konzeption, 1972, wiederabgedruckt in: Widmaier, H. P. (Hrsg.): Politische Ökonomie des Wohlfahrtsstaates, Frankfurt/M. 1974, S. 294 ff.
–: Wohlfahrt und Wirtschaftspolitik, Reinbek 1975.

Rittig, G.: Kapitalismus, Marxismus und oeconomica pura, in: Kritik der politischen Ökonomie heute. 100 Jahre „Kapital", hrsg. v. W. Euchner/A. Schmidt, Frankfurt/M. 1968, S. 118 ff.
Robinson, J.: Economics: An Awkward Corner, deutsch: Die fatale Politische Ökonomie, Frankfurt/M. 1966.
–: Ökonomische Theorie als Ideologie, Frankfurt/M. 1974.
Rudzio, W.: Eine Verwissenschaftlichung der Politikwissenschaft? Zu ökonomischen Politiktheorien, in: Arndt, A. (Hrsg.): Konkretionen politischer Theorie und Praxis, Stuttgart 1972.

Salin, E.: Politische Ökonomie – heute, Kyklos, H. 8/1955.
–: Politische Ökonomie. Geschichte der wirtschaftlichen Ideen von Platon bis zur Gegenwart, 5. Aufl. der Geschichte der Volkswirtschaftslehre, Tübingen 1967.
Schneider, E.: Einführung in die Wirtschaftstheorie, Bd. 1, 13. Aufl., Tübingen 1967.
Schmidtchen, D.: Politische Ökonomie, in: ORDO, Bd. 25/1974, S. 233 ff.
Schumpeter, J. A.: Kapitalismus, Sozialismus und Demokratie, 1942, 3. Aufl., München 1972.
Sik, O.: Der dritte Weg, Hamburg 1972.
Smith, A.: Eine Untersuchung über Natur und Wesen des Reichtums der Nationen, 1776, Berlin (Ost) 1963.
Steuart, J.: An Inquiry into the Principles of Political Oeconomy: Being an Essay of the Science of Domestic Policy in Free Nations, London 1767, 2 Bde., deutsch: Untersuchung über die Grundsätze der Volkswirtschaftslehre, Jena 1913/1914.

Thiemeyer, Th.: Grenzkosten bei öffentlichen Unternehmen, Opladen 1964.
–: Gemeinwirtschaftlichkeit als Ordnungsprinzip, Berlin 1970.
–: Wirtschaftslehre öffentlicher Betriebe, Reinbek 1975.
Trifonow u. a. (Autorenkollektiv): Geschichte der politischen Ökonomie des Sozialismus, Grundrisse, Berlin (Ost) 1973.
Tudyka, K. P.: Politische Ökonomie. Ein Desiderat der Politikwissenschaft, in: Politische Vierteljahresschrift, 10. Jg., H. 1/1969, S. 129 ff.
Tullock, G.: Toward a Mathematics of Politics, Ann Arbor 1967.

Varga, E.: Die wirtschaftlichen Probleme der proletarischen Diktatur, 1920, Rotdruck (Erlangen) 1970.
Vogt, W.: Das ökonomische Gesetz als Macht, in: Schr. d. Ver. f. Socialpolitik, NF, Bd. 74, II, Macht oder ökonomisches Gesetz, Berlin 1973, S. 947 (zit. als 1973c).
–: Zur Kritik der herrschenden Wirtschaftstheorie, in: ders. (Hrsg.): Seminar: Politische Ökonomie, Frankfurt/M. 1973, S. 197 ff. (zit. als 1973b).
– (Hrsg.): Politische Ökonomie. Zur Kritik der herrschenden Nationalökonomie, Frankfurt/M. 1973 (zit. als 1973a).

Walras, L.: Eléments d'Economique Politique Pure ou Théorie de la Richesse Sociale, Lausanne 1874.
Ward, B.: What's Wrong with Economics?, New York 1972.
Weber, M.: Wirtschaft und Gesellschaft, Studienausgabe, Tübingen 1972.
–: Gesammelte Aufsätze zur Wissenschaftslehre, 1922, Neudruck Tübingen 1968.
Weisser, G.: Wirtschaftspolitik als Wissenschaft, Stuttgart 1934.
–: Politik als System aus normativen Urteilen, Göttingen 1951.
–: Grundsätze der Verteilungspolitik, in: Külp/Schreiber (Hrsg.), Soziale Sicherheit, Köln 1971, S. 110 ff.
Widmaier, H. P.: Sozialpolitik im Wohlfahrtsstaat, Reinbek 1976.
– (Hrsg.), Politische Ökonomie des Wohlfahrtsstaates, Frankfurt/M. 1974.
Wöhe, G.: Einführung in die allgemeine Betriebswirtschaftslehre, 12. Aufl., München 1976.

Zagolow u. a. (Autorenkollektiv), Lehrbuch Politische Ökonomie Sozialismus, Frankfurt/M. 1972.
Zeleny, J.: Die Wissenschaftslogik bei Marx und „Das Kapital" (O Logické Strukture Marxova Kapitálu, 1962), Berlin 1967.
Zinn, K. G.: Allgemeine Wirtschaftspolitik als Grundlegung einer kritischen Ökonomie, Stuttgart 1970.
–: Wohlstand und Wirtschaftsordnung. Zur Leistungsfähigkeit von marktwirtschaftlichen und planwirtschaftlichen Systemen, Darmstadt 1972.

Zusatz:

Altvater, E.: Wertgesetz und Monopolmacht, in: Zur Theorie des Monopols. Argument-Sonderband 6, Berlin 1975, S. 129 ff.
Altvater/Hofmann/Semmler: Inflation und Krise der Kapitalverwertung, in: Prokla, H. 17/18, Berlin 1974, S. 237 ff.
Attali, J./Guillaume, M.: L'Anti-Economique, Paris 1974.
Blanke/Jürgens/Kastendiek: Zur neueren marxistischen Diskussion über die Analyse von Form und Funktion des bürgerlichen Staates, in: Narr, W.-D. (Hrsg.), Politik und Ökonomie – Autonome Handlungsmöglichkeiten des politischen Systems, PVS-Sonderheft 6, Opladen 1975, S. 19 ff.
Breuer, S.: Zur Theorie des Gebrauchswerts, in: Leviathan, H. 1/1977, S. 123 ff.
Feyerabend, P.: Wider den Methodenzwang, Frankfurt/M. 1976.
Gorz, A.: Ökologie und Politik. Beiträge zur Wachstumskrise, Reinbek 1977.
Himmelmann, G.: Zur Problematik der Neuen Sozialen Frage, in: Gewerkschaftliche Monatshefte, H. 2/1976, S. 65 ff.
Katzenstein, R.: Zur Frage des Monopols, des Monopolprofits und der Durchsetzung des Wertgesetzes im Monopolkapitalismus, in: Zur Theorie des Monopols, Argument-Sonderband 6, Berlin 1975, S. 93 ff.
Krüsselberg, H. G.: Die Wiederentdeckung der Politischen Ökonomie, in: Soziologie, Réné König zum 65. Geburtstag. Hrsg. Albrecht/Daheim/Sack, Opladen 1973, S. 440 ff.
Massing, P./Reichel, P. (Hrsg.), Interesse und Gesellschaft, München 1977.
Offe, C.: Politische Herrschaft und Klassenstrukturen. Zur Analyse spätkapitalistischer Gesellschaftssysteme, in: Kress/Senghaas (Hrsg.), Politikwissenschaft. Eine Einführung in ihre Probleme, Taschenbuchausgabe, Frankfurt/M. 1972, S. 135 ff.
Ronge, V./Schmieg, G.: Restriktionen politischer Planung, Frankfurt/M. 1973.
Thiemeyer, Th.: Die soziale Relevanz „unhaltbarer" ökonomischer Theorien, in: Flohr/Lompe/Neumann (Hrsg.), Freiheitlicher Sozialismus, Bonn-Bad Godesberg 1973, S. 79 ff.
Wehler, H.-U.: Sozialökonomie und Geschichtswissenschaft, Neue Politische Literatur, H. 3/1968.

Gert von Eynern
Veröffentlichungen

I. Monographien

Die Reichsbank. Probleme des deutschen Zentralnoteninstituts in geschichtlicher Darstellung, Jena 1928.
Die Unternehmungen der Familie vom Rath. Ein Beitrag zur Familiengeschichte, Bonn 1930.
Die deutsche Schuhindustrie. Ausschuß zur Untersuchung der Erzeugungs- und Absatzbedinungen der deutschen Volkswirtschaft (Enquête-Ausschuß), 1. Unterausschuß, 5. Arbeitsgruppe, Bd. 2, Berlin 1930.
Die deutsche Hausschuhindustrie, ebda., Bd. 3, Berlin 1930.
Die deutsche Lederwarenindustrie, ebda., Bd. 4, Berlin 1930.
Mit Herbert Gaedicke: *Die produktionswirtschaftliche Integration Europas,* I. Textband, II. Tabellenband, Berlin 1933.
Zusammen mit Fritz Münch: *Internationale Organisationen und Regionalpakte* (ohne Europa-Organisationen), (= Die Wissenschaft von der Politik, 10. Band), Köln und Opladen (1962).
Grundriß der Politischen Wirtschaftslehre. (= 14. Band der Reihe „Die Wissenschaft von der Politik"), Köln-Opladen 1968; 2. Aufl. (= Band 152 der Uni-Taschenbücher), Opladen 1972.
Wörterbuch zur Politischen Ökonomie (Hrsg.), Opladen 1973 (2. erw. und verb. Aufl. 1977).
Gemeinwirtschaftliche Bindung von Unternehmen (= Bd. 7 der Schriftenreihe Gemeinwirtschaft), Frankfurt/M. 1975.

II. Vorträge

Die wirtschaftliche Macht (= Schriftenreihe der Deutschen Hochschule für Politik, Bd. 6), Berlin 1952.
Probleme der Begrenzung wirtschaftlicher Macht. Bad Homburg v. d. H. und Berlin (1954).
Die Unabhängigkeit der Notenbank (= Schriftenreihe der Deutschen Hochschule für Politik, Bd. 21), Berlin 1957.
Zum Verhältnis von Wirtschaftswissenschaft und Wirtschaftspolitik. Bad Homburg v. d. H., Berlin, Zürich (1966).
Betrachtungen zum wirtschaftlichen Wiederaufstieg der Bundesrepublik. Bad Homburg v. d. H., Berlin, Zürich (1967).

III. Beiträge in Zeitschriften

Frankreich in der Weltwirtschaftskrise, in: Vierteljahreshefte zur Statistik des Deutschen Reiches, Jg. 1933.
Die Bedeutung der Weltwirtschaftskrise für Kanada, in: Vierteljahreshefte zur Statistik des Deutschen Reiches, Jg. 1935.
Liberalismus als Utopie, in: Das Sozialistische Jahrhundert (Berlin), Heft 7/1949.
„Politologie", in: Zeitschrift für Politik, Jg. 1, Heft 1/1954.
Die öffentliche Wirtschaft im Antimonopolgesetz?, in: Die öffentliche Wirtschaft, Nr. 2/1956.
Zur Dynamik des Bevölkerungswachstums, in: Gewerkschaftliche Monatshefte, 7. Jg., Heft 9/1956.
Mehrere Beiträge (Bevölkerungspolitik, Währungspolitik, Wirtschaftspolitik usw.), in: *Staat und Politik,* 7. Aufl., 1957–1964.
Die öffentliche Bindung privater Unternehmen, in: Die öffentliche Wirtschaft, Heft 3/1957.
Über die Ziele einer sozialistischen Wirtschaftspolitik, in: Grundfragen moderner Wirtschaftspolitik, Frankfurt/M. 1958.
Das öffentlich gebundene Unternehmen, in: Archiv für öffentliche und freigemeinwirtschaftliche Unternehmen, Bd. 4/1958.
Public Enterprise, in: Archiv für öffentliche und freigemeinwirtschaftliche Unternehmen, Bd. 4/1958.

Über den Einfluß des Bundes auf seine Unternehmen, in: Hamburger Jahrbuch für Wirtschafts- und Gesellschaftspolitik, 4. Jahr, Tübingen 1959.
L'impresa pubblica in Germania, in: Civiltà delle Macchine (Roma), März/Juni 1959.
Der Finanzausgleich zwischen Bund, Ländern und Gemeinden, in: Bund und Länder, hrsg. von O. K. Flechtheim, Berlin 1959.
Soziale Probleme in Entwicklungsländern, in: Soziale Arbeit, Heft 6/1961.
Die Weltbevölkerung darf nicht wachsen. Eine Kritik an Colin Clark, in: Der Monat, 13. Jg., Heft 151/1961.
Geburtenkontrolle, in: Soziale Arbeit, Heft 1/1961.
Bewertungsprobleme bei der Hochbegabtenauswahl, in: Mitteilungen der Stiftung Mitbestimmung, Heft 3/4, 1962.
Menschenrechte – nur für Weiße, in: Der Politologe, Dezember 1963.
Tendenzen wirtschaftlicher und politischer Annäherung von Ost und West, in: Wissenschaft und Planung (= Universitätstage 1965 der Freien Universität Berlin), Berlin 1965.
Staat und Wirtschaft, in: Verwaltung im modernen Staat. Staat und Wirtschaft (= Berliner Beamtentage 1965), Berlin (1966).
Mehr Mitbestimmung im Betrieb, in: Gegenwartskunde, H. 3, 1972.
Tarifkonflikte, in: Politische Bildung, Stuttgart, Januar 1973.

IV. Beiträge zu Festschriften

„Soziale Marktwirtschaft", Analyse eines wissenschaftlichen und politischen Schlagworts, in: Beiträge zur empirischen Konjunkturforschung. Festschrift zum 25jährigen Bestehen des Deutschen Instituts für Wirtschaftsforschung, Berlin 1950.
Deutschland – gespalten, in: Ordnung als Ziel. Festschrift zum 60. Geburtstag von Peter van Aubel, Stuttgart 1954.
Die Chancen der Mitbestimmung in West und Ost, in: Neue Perspektiven aus Wirtschaft und Recht, Festschrift für Hans Schäffer zum 80. Geburtstag, Berlin 1966.
Ein Anwalt der Verbraucher, in: Wirtschaft, Recht und Politik, Wolfgang Abendroth zum 60. Geburtstag, Neuwied 1968.
Politische Bildungsarbeit an der Freien Universität Berlin, in: Politische Bildung in der Demokratie, Fritz Borinski zum 65. Geburtstag, Berlin 1968.
Tarifautonomie trotz Mitbestimmung?, in: Wettbewerb, Konzentration und wirtschaftliche Macht, Festschrift für Helmut Arndt, Berlin 1976.

V. Verschiedene Beiträge zu Wörterbüchern

Staat und Politik – Das Fischer Lexikon, Frankfurt/M. 1957 ff.
Wörterbuch der Soziologie, Stuttgart 1955, zweite Auflage 1969, sowie Frankfurt/M. 1972 ff.
Wörterbuch zur politischen Ökonomie, Opladen 1973, zweite Auflage 1977.
Handwörterbuch des öffentlichen Dienstes, Berlin 1976.

VI. Buch-Rezensionen

u. a. in *Schmollers Jahrbuch*, in der Zeitschrift für die gesamte Staatswissenschaft, im Archiv für öffentliche und freigemeinwirtschaftliche Unternehmen, in der Neuen Politischen Literatur, der Deutschen Rundschau, den Gewerkschaftlichen Monatsheften.

VII. Redaktions- und Herausgebertätigkeit

Gert von Eynern war *Redakteur* des „Sozialistischen Jahrhundert", Berlin 1946 ff.; der erste Redakteur der „Zeitschrift für Politik", Berlin 1954 f.; Mitherausgeber der „Politischen Vierteljahresschrift (PVS)", Opladen 1960 ff. In den sechziger Jahren Mitarbeit im Beirat des Kuratoriums vom „Theodor-Heuß-Archiv" in Stuttgart.

GPSR Compliance

The European Union's (EU) General Product Safety Regulation (GPSR) is a set of rules that requires consumer products to be safe and our obligations to ensure this.

If you have any concerns about our products, you can contact us on ProductSafety@springernature.com

In case Publisher is established outside the EU, the EU authorized representative is:

Springer Nature Customer Service Center GmbH
Europaplatz 3
69115 Heidelberg, Germany

Batch number: 10809472

Printed by Printforce, the Netherlands